거의 모든 IT의 역사

10주년 기념 스페셜 에디션

10주년 기념 스페셜 에디션

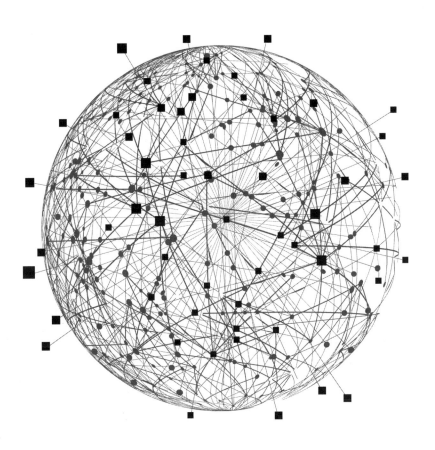

거의 모든
IT의 역사

정지훈 지음

메디치

20세기 100년의 변화를 뛰어넘는
2010~2020년의 새로운
'거의 모든 IT의 역사'

『거의 모든 IT의 역사』는 2010년 애플과 마이크로소프트, 구글을 중심으로 한 IT 산업 역사에서 주요 인물과 기업들의 이야기를 '인간의 역사'라는 측면에서 기존 산업의 역사를 바라보는 시각과는 달리 접근해 많은 분들의 사랑을 받았다.

그런데 IT 역사는 여느 역사와는 달리 변화 속도가 매우 빠르다. 그래서 내용을 업데이트하는 개정이 필요하다고 생각하고는 있었지만, 필자가 게으른 탓도 있고 찔끔찔끔 개정증보판을 내는 일도 부담스러워서 시기를 기다리다 보니 어느덧 10년이라는 시간이 흘렀다. 그 사이 IT 역사에는 마치 여느 역사의 수백 년이 흐른 것과도 같은 큰 변화가 있었다. 전통의 강자들인 애플, 마이크로소프트, 구글 등에도 변화가 있었지만, 아마존이 급부상했고, 한국, 일본, 중국 등 동아시아의 IT 기업들도 전 세계 IT 역사 전반에 큰 영향을 미치는 일이 많아졌다. 그뿐인가? 원래는 페이팔이라는 기업을 통해 IT 역사의 한 귀퉁이를 차지했던 일론 머스크는 IT 기술을 활용해 자동차 산업, 에너지 산업, 우주산업, 심지어는 인간의 뇌에 칩을 심을 수 있는 생명공학 기업까지 혁신하며 돌풍을 일으키고 있다. 이에 이제는 정말 개정증보판을 내야 할 때라고 결심하게 되었고, 때마침 책의 출간 10주년을 맞이해 대폭 내용을 덜어내고 새롭게 추가하는 작업을 하게 되었다.

이 책은 10주년 기념판이기는 하나, 사실상 새로운 책이라고 해도 될 만큼 일반적인 개정 수준을 훌쩍 넘어섰다. 새롭게 바뀐 원고가 전체의 1/3에 이르며, 지난 10년간 변화와 앞으로의 미래상까지 담아내려고 노력했다. 또한 기존 책이 IT 산업 전반을 정리한다는 느낌으로 역사를 기술했다면, 이번 10주년 기념판은 모든 산업이 IT의 영향을 받는 것은 물론이고 코로나19로 인해 전 세계가 디지털 트랜스포메이션의 물결에 들어간 것을 감안해 사실상 모든 산업의 최근대사와 미래에 대한 이슈를 다룬다는 각오로 집필했다. 그래서 이 책을 처음 만나는 사람들을 비롯해 10년 전 발간된 책을 가지고 있는 독자들 역시 새로운 10주년 기념판을 읽어도 전혀 후회하지 않을 정도로 충실히 보강했다.

개정된 내용이 워낙 많아서, 그 내용을 일일이 개괄하는 것조차 간단치 않다. 그래도 10주년 기념판을 구매하기에 앞서 서문을 읽는 사람들을 위해 매우 간략히 설명하면, 우선 가장 큰 변화는 기존의 『거의 모든 IT의 역사』에서 다루지 못했던 한국과 일본 그리고 중국 IT 기업들의 흥망성쇠를 정리해보았다는 점에 있다. 2020년 코로나19를 비롯해 전 세계에 엄청난 변화를 일으킨 일들이 많았지만, 우리나라 IT 역사에서 가장 큰 획을 그었던 삼성전자의 이건희 회장이 타계한 일도 IT 역사에 하나의 방점을 찍은 사건이라고 생각한다. 2010년

이 책을 집필할 당시만 해도 사실상 미국 중심의 플랫폼 기업들이 전 세계를 집어삼키는 분위기였기에 책 집필도 여기에 초점을 맞췄지만, 지난 10년간 삼성전자를 비롯한 한국과 중국, 일본의 거대 IT 기업 그리고 손정의 회장을 비롯한 몇몇 인물들은 미국의 거대 기업과 비교해도 크게 뒤지지 않는 수준의 변화를 만들어냈다. 그래서 이번에는 이들의 개별 이야기와 역사는 물론이거니와 일본과 한국 그리고 중국으로 이어지는 국가 수준의 IT 산업 변천사도 같이 담아내려고 많은 공을 들였다. 이 새로운 글은 '스페셜 챕터 거의 모든 동아시아 IT의 역사'라고 이름 붙였다. 이 내용만으로도 이번 10주년 기념판은 읽을 가치가 충분하다고 자신한다.

또한 마지막 장에서는 미래에 가장 중요하다고 생각되는 인공지능 기술의 부상이 가지는 역사적 의미를 전망하고, 코로나19 이후 전 세계의 변화에 IT 기술과 IT 역사가 얼마나 큰 역할을 하게 될지 가늠해보았다. 이 장 역시도 향후 한 권의 책으로 따로 엮어내도 될 만큼 알차게 담아냈다.

그밖에 나머지 장들에서도 지난 10년간 있었던 무수한 변화들을 고스란히 업데이트했다. 애플 CEO인 팀 쿡, 마이크로소프트 CEO인 사티아 나델라, 구글과 알파벳의 CEO인 순다 피차이 등 『거의 모든 IT의 역사』에서 다루는 주요 기업들의 대표가 모두 바뀐 점을 감안해 이들과 이전 대표들이 어떻게 다르고 어떤 방향으로 기업을 이끌고 있는지에 대해 살펴봤다. 특히 지난 10년간 가장 일취월장한 아마존과 제프 베조스 그리고 IT 산업을 넘어 전 세계 주요 산업에서 혁신을 이끌고 있는 일론 머스크의 이야기를 대폭 보강했다. 그뿐만 아니라 이 책에서 언급한 수많은 기업들의 소소한 변화들도 모두 새롭게 검증하고 변동된 부분은 모두 수정했다.

끝으로, 역사에 대한 새로운 시각을 언급하고자 한다. 역사를 기술하는 방법으로는 크게 랑케와 크로체라는 인물의 두 가지 역사관이 유명하다. 랑케는 역사를 객관적 사실에 의거해 있는 그대로 검증하고 기술하는 것을 중시했다. 그에 비해 크로체는 "모든 역사는 오늘의 역사"라는 말에서 잘 알 수 있듯이 역사가가 오늘날의 시각으로 역사를 해석하는 것을 중시했다. 이 둘의 시각을 종합한 E. H. 카는 역사적 사실과 역사가의 끊임없는 상호작용에 대해 기술하고 이를 "과거와 현재의 대화"라고 언급했다. 필자는 저 말에 『사피엔스』라는 명저의 저자이며 역사학자인 유발 하라리가 언급한 "미래는 역사의 연장"이라는 시각을 더하여 역사를 미래지향적으로 기술하려고 노력했다. 특히 IT 역사는 '미래의 역사'라고 부를 수 있을 만큼 우리의 가까운 미래를 읽는 데 매우 중요한 교훈을 많이 던져준다. 이 책을 통해 IT 역사뿐만 아니라 모든 산업의 역사, 아니 우리 사회 전체의 역사를 바꿀 수 있는 영감을 독자들이 적어도 하나씩 얻기를 기원한다.

2020년 11월 가을 끝자락에
정지훈

2010년의 프롤로그

사람의 역사가 IT의 역사다

E. H. 카가 쓴 『역사란 무엇인가』라는 책이 있다. 역사 자체에 관심이 없으면 자칫 지겨울 수도 있는 이 책의 요지는 절대적인 진실을 찾아야 한다는 객관주의적 역사관과 절대적인 진실은 존재하지 않으며 역사도 역사가의 해석에 달렸다는 주관주의적 역사관 사이에서, 역사란 '과거와 현재의 대화'라며 미묘한 균형을 강조한 것이다.

결국 역사는 과거에 존재했던 인물과 사건을 통해 현재에서 미래로 나아가는 힌트를 얻을 수 있는 가장 중요한 기록이라는 말이다. 그런 측면에서 논란이 된 국사 과목 의무화 주장이나, 세계를 이해하기 위해서 세계사를 공부해야 한다는 주장은 모두 일리가 있다. 과거에 비해 주변 여건과 환경은 바뀌었지만 인간이 가진 보편타당한 판단기준이나 욕구에는 커다란 차이가 없다. 더구나 근현대사에 접근하면 그 유사성은 더욱 커진다.

수많은 사람들이 대한민국의 미래는 IT 산업에 달려 있다고 말하고, 또 그 업종에 종사하고 있다. 그런데 특정 기업이나 제품, 기술에 대해서만 이야기할 뿐, 도대체 어떤 인물들이 이런 기술과 제품, 서비스들을 만들어냈고, 무슨 이유로 그런 일들을 시작했으며, 주변 환경이 어땠는지에 관한 기초 자료는 본 적이 없다. 기술이나 기업도 결국 사람이 만들어낸 것이고, 이들의 철학과 에너지가 모여서 기업과 제품, 서비스로 이어지는 것인데도 말이다. 아마 IT 산업 자체가 기술 중심 산업이고 업계 종사자도 대부분 과학과 공학 등을 공부해온 사람들이다 보니, 인간과 역사에 대한 이해와 필요성을 느끼지 못한 것이 아닐까 싶다. 그리고 이것이 내가 이 책을 쓰려고 마음먹은 이유이기도 하다.

그래서 블로그에 〈애플, 마이크로소프트, 구글의 IT 삼국지〉를 쓰기 시작했다. 처음에는 일주일에 2~3개 정도의 글을 포스팅하겠다는 단순한 의도였는데, 글을 읽어주는 이들이 늘어나면서 멈출 수 없는 작업이 되었다. 하지만 블로그 글로는 IT 산업 전체를 담을 수도 없고 지나치게 장구한 역사를 다룰 수도 없어서, 일단 1955년에 태어난 동갑내기 세 천재인 스티브 잡스, 빌 게이츠, 에릭 슈미트와 그들이 이끄는 회사인 애플, 마이크로소프트, 구글을 중심으로 자료를 정리했다. 가능한 한 사실을 바탕으로 IT 업계와 인물들의 흥망성쇠를 비교적 담담하게 기술하려고 했고 필자의 생각이나 우리나라 IT 업계에 하고 싶은 말 등을 전달하려는 노력도 아끼지 않았다. 그리고 그 글을 다듬고 보태서 이 책을 내게 됐다.

우리네 삶보다 더 재미있는 소설은 없다고 하지 않는가. 그 말처럼 실제로 벌어진 수많은 사건들을 보고 있으면, 기술만 나열한 지겨운 IT 관련 글들을 볼 때와는 달리 마음이 뜨거워지고, 그때 사건들을 머릿속에 그리는 나를 발견하곤 한다.

개인적으로 블로그에 글을 쓰고, 더 나아가서 이렇게 한 권의 책으로 엮는 작업을 하면서 너무나 많이 배웠다. 새로 알게 된 사실도 많았고, 잘못 알고 있었던 것들에 대해 다시 이해하는 계기도 되었다. 또 그동안 막연하게 생각했던 사람과 회사의 이미지도 달리 느껴지기 시작했다. 그리고 건방진 말일 수도 있지만, IT 산업의 미래가 흘러가는 방향을 읽는 눈도 생긴 것 같다.

이 책을 쓰면서 다음에는 더 최근의 일에 초점을 맞추거나, 집중적으로 탐구해야 할 인물들에 대해 더 조사를 해서 IT와 관련한 역사의 후속편을 집필하고 싶다는 생각이 들었다. 또한, 외국의 역사뿐 아니라 우리나라 IT기업과 인물들을 통해 국내 IT 역사를 정리해보자는 생각도 들었다. 젊은 창업자들을 위한 흥미로운 읽을거리가 되지 않을까 싶다.

마지막으로, 이 책이 나올 때까지 응원을 아끼지 않은 아내 서가원과 우리 아이들 선우와 민서, 그리고 부모님께 감사의 말을 전하고 싶다. 또한, 고집스러운 필자의 주장을 받아들여 많은 부분 양보를 하면서도 훌륭한 책을 만들어준 메디치미디어 식구들과도 출간의 기쁨을 함께 나누고자 한다.

2010년 11월 가을 끝자락에
정지훈

차례

Chapter1
인간을 바라봐야 세상을 바꿀 수 있다

Chapter2
첫 번째 전환 : 개인용 컴퓨터 혁명(1976~1985)

Chapter3
두 번째 전환 : 소프트웨어 혁명(1985~1995)

등장인물

애플 왕국

스티브 잡스 Steve Jobs

애플 창업자. 애플II로 개인용 컴퓨터에서, 아이폰으로 스마트폰에서 IT 역사에 길이 남을 혁명을 두 번이나 일으킨 천재. 애플II 이후 IBM PC의 등장으로 어려움을 겪게 되자, 자신이 데려온 존 스컬리에 의해 애플에서 쫓겨난다. 하지만 픽사와 넥스트를 거치면서 창의적인 리더십으로 재무장하고 돌아온 뒤 애플의 전성기를 열었다.

스티브 워즈니악 Steve Wozniak

스티브 잡스와 함께 애플을 창업했다. 애플II를 실질적으로 개발해낸 희대의 천재 엔지니어. 스티브 잡스와 환상적인 호흡을 자랑하며 애플의 성공을 이끌었다. 부에 집착하지 않고, 자신이 좋아하는 일에 열정적으로 뛰어들며, 외부 시선을 의식하지 않는 기발하고 상상력 넘치는 괴짜로 유명하다.

존 스컬리 John Sculley

펩시콜라의 유명한 마케팅 시리즈를 연달아 히트시키며 최연소로 사장 자리에까지 올랐던 최고의 스타 마케터. 스티브 잡스의 도발에 자극을 받아 애플에 입사를 결심한 뒤 스티브 잡스를 몰아내고 애플의 실권을 장악한다. 애플을 위기에서 구하기도 했지만, 결국 혁신 에너지를 제대로 관리하지 못하고 애플에서 쫓겨난다.

조나단 아이브 Jonathan Ive

매킨토시에 반해 애플에 입사한다. 처음에는 그의 천재성을 알아보는 사람들이 없었으나 스티브 잡스의 복귀와 함께 최고 스타로 부각된 디자인 천재. 아이맥과 다양한 파워맥, 아이팟, 아이폰 등 애플을 대표하는 제품의 디자인을 직접 책임지고 있으며, 오늘날 가장 성공한 디자이너로 많은 사람들의 존경을 받고 있다.

팀 쿡 Tim Cook

스티브 잡스에 이어 애플의 CEO가 된 인물. 스티브 잡스와 달리 공급망 관리를 중심으로 하는 관리의 달인으로 불리웠기에, 스티브 잡스의 색깔이 강한 애플이라는 거함을 제대로 운영할 수 있을 것인지에 대한 우려가 있었으나, 기존 애플의 장점을 크게 훼손시키지 않고 안정적인 성장을 구가하는 데 성공하면서 완전한 세대교체를 이뤄냈다는 평가를 받고 있다.

마이크로소프트 제국

빌 게이츠 Bill Gates

마이크로소프트 공동창업자. 소프트웨어의 전성기를 열면서 MS-DOS와 윈도, 오피스로 대표되는 거함 마이크로소프트를 진두지휘했다. 뛰어난 사업전략과 협상기술로 IBM과 협력하는 동시에, 자신들이 직접 헤게모니를 장악하는 데 성공한다. 이후 마이크로소프트를 세계 최고의 기업으로 키워냈다.

폴 앨런 Paul Allen

빌 게이츠와 함께 마이크로소프트를 설립한 공동창업자. 스티브 잡스와 스티브 워즈니악처럼 고등학교 시절부터 빌 게이츠의 단짝으로 마이크로소프트를 설립하는 데 큰 역할을 했다. 지병의 악화로 2018년 유명을 달리했다. 활발한 지역사회 운동과 고향 지역의 프로 스포츠단 인수, 기부활동 등으로 큰 존경을 받는 인물이다.

스티브 발머 Steve Ballmer

빌 게이츠의 뒤를 이어 마이크로소프트 CEO가 된 인물. 하버드 대학교에서 맺은 인연으로 빌 게이츠와 함께 마이크로소프트라는 제국을 완성했다. 불같은 성격에 고집이 세서 빌 게이츠와도 여러 차례 갈등을 빚었으며, 2000년 빌 게이츠를 밀어내고 마이크로소프트 CEO 자리에 오른다. 그러나 10년 동안 새로운 혁신을 일으키는 데 실패하면서, 애플과 구글이라는 라이벌들의 추격을 허용했다.

사티아 나델라 Satiya Nadella

2014년 스티브 발머의 뒤를 이어 마이크로소프트 CEO로 발탁된 인물. 애플과 구글과의 경쟁에서 밀리는 것처럼 보였던 마이크로소프트를 다시금 최고의 IT 기업으로 평가받게 만드는 혁신을 과감히 실행해 제2의 전성기를 열었다는 평가를 받고 있다. 과감한 M&A와 과거의 마이크로소프트에서는 생각할 수 없었던 오픈소스 중심의 개방적 혁신전략으로, 마이크로소프트 공동창업자들과는 확연히 다른 미래지향적인 기업으로 마이크로소프트를 인식시키는 데 성공했다.

구글 공화국

세르게이 브린 Sergey Brin

구글 공동창업자. 구소련에서 유태인이라는 이유로 차별을 겪다가 부모와 함께 미국으로
건너온 컴퓨터 천재. 래리 페이지와 더불어 구글을 설립하면서 세계에서 가장 영향력 있는
인물이 되었다. 지금도 인권이나 민주화 같은 이슈에 민감하다.

래리 페이지 Larry Page

스탠퍼드 대학교 선배인 세르게이 브린과 운명적으로 만나서 구글을 창업했다. 내성적이지
만 비즈니스에 밝고 치밀한 성격의 소유자이며 고집도 세다고 알려져 있다. 세계의 웹 사이
트를 복사하고 검색랭킹을 만드는 등 구글의 기본적인 아이디어를 만들어낸 장본인이다.

에릭 슈미트 Eric Schmidt

대학시절에 유닉스 운영체제용 유틸리티 프로그램을 제작할 만큼 뛰어난 프로그래머로,
실리콘밸리의 대표적 기업인 썬 마이크로시스템스의 기술총책임자 자리에까지 오른 인물.
노벨 CEO를 거쳐 구글의 좌충우돌하는 젊은 창업자들을 이끌어갈 CEO로 발탁되었으며,
유약하다는 처음의 이미지를 벗고 입지를 강화하는 데 성공한다.

쉐릴 샌드버그 Sheryl Sandberg

하버드 대학교 경제학과와 MBA 역사상 최고의 여성 인재 중 한 명으로, 클린턴 행정부 시
절 스승인 로렌스 서머스를 따라 백악관 비서진으로도 활약한 여걸. 에릭 슈미트의 권유로
구글에 입사한 뒤 검색광고 애드워즈를 탄생시키기도 했다. 페이스북 CEO인 마크 주커버
그와의 만남을 계기로 페이스북 COO로 자리를 옮긴다.

순다 피차이 Sundar Pichai

2015년 구글 공동창업자인 래리 페이지의 뒤를 이어 구글의 CEO로 취임한 인물. 크롬 브라우저를 성공시키고, 크롬OS와 크롬북까지 제대로 안착시키며 신임을 얻었다. 2014년 마이크로소프트의 새로운 CEO로도 물망에 올랐는데, 구글에서 그를 CEO로 지명하면서 사티아 나델라와 실리콘밸리 인도계 CEO 경쟁구도가 성사되었다. 2019년 12월, 구글의 다양한 프로젝트와 기업들을 관리하는 지주회사인 알파벳의 CEO로도 임명되며 완전한 세대교체를 이루게 된다.

그 외 주요 인물

마크 주커버그 Mark Zuckerberg

페이스북 창업자이자 CEO. 하버드 대학교 재학시절 인맥을 연결하고, 이를 일종의 공공앨범으로 엮어내려던 프로젝트가 미국의 여러 대학을 거쳐 전 세계로 퍼져나가면서 일약 구글을 견제할 수 있는 다크호스로 성장한다. 젊은 나이지만, 뛰어난 창의력과 실행력뿐만 아니라 쉐릴 샌드버그, 브렛 테일러 등 뛰어난 인물들을 영입하고 설득하는 카리스마까지 겸비했다.

제프 베조스 Jeff Bezos

이베이와 함께 닷컴 열풍을 일으킨 아마존 CEO. 인터넷을 통해 처음으로 책을 판매하면서 전자상거래의 전형을 보여주었고, 고객 데이터베이스를 과감히 개방해 쇼핑몰을 열어주는 개방형 마켓 정책을 도입했다. 50년간 버려졌던 전자잉크 기술을 활용한 리더기 킨들로 혁신을 일으키는 등 놀라운 직관력을 가졌다. 구글의 두 창업자를 만난 자리에서 바로 거액의 수표를 끊어주며 투자를 감행할 정도로 실행력이 있으며, 시대 변화에 발 빠르게 대응하는 명장이다.

에반 윌리엄스 Evan Williams

웹 기반의 개인관리 서비스를 제작하는 파이라랩스를 창업했으며, 그중 일부 서비스인 블로거 서비스 플랫폼을 만들면서 구글과 한 식구가 되었다. 창업정신이 충만한 탓에 다시 독립해 팟캐스트를 위한 서비스 오데오를 창업하지만, 본 서비스보다는 임시로 만든 트위터가 큰 성공을 거두면서 오늘날 가장 영향력 있는 인물 중 한 명이 되었다. 어찌 보면 운을 몰고 다니는 사나이.

일론 머스크 Elon Musk

남아프리카공화국 출신으로 세상을 바꾸겠다는 몇 가지 거대한 꿈을 품고 모친이 있던 캐나다로 건너와 다양한 혁신기업을 설립한 풍운아. 인터넷 영역의 세계적인 지불결제 플랫폼인 페이팔을 창업해 IT 기업으로서 큰 성공을 거둔 뒤, 전기자동차와 우주산업, 인간의 뇌를 확장하기 위한 하드웨어 기업에 이르기까지 매우 어려운 혁신사업들에 잇따라 도전했다. 주변의 우려와 불가능하다는 평가를 딛고, IT 기술의 혁신성과 접근방법을 이들 산업에 접목하며 성공신화를 계속 써나가고 있다.

손정의 Masayoshi Son

한국과 일본, 중국을 넘나들며 동아시아 IT 역사의 주인공으로서 종횡무진 활약하고 있는 소프트뱅크 창업자. IT와 관련한 미디어와 전시사업으로 시작했으며, 미래를 보는 탁월한 안목과 승부사적인 투자감각을 무기로 야후!와 알리바바라는 당대 최고의 IT 기업에 초기 투자하였다. 수많은 전도유망한 기업에 대한 인수 합병과 투자를 거듭하며 현재도 전 세계 IT 산업에 막강한 영향력을 행사하고 있다.

이병철과 이건희

대한민국을 넘어 세계적인 IT 기업으로 도약한 삼성전자의 창업자 부자. 초창기에는 일본의 전자제품 생산 기업들의 모델을 따라하면서 성장했으나, 1983년 도쿄에서 비장한 각오를 담아 '왜 우리는 반도체 사업을 해야 하는가'를 발표한 도쿄선언을 시작으로 세계적인 반도체 신화를 달성하며 삼성전자를 명실상부한 글로벌 IT 기업으로 키워냈다.

Chapter 1

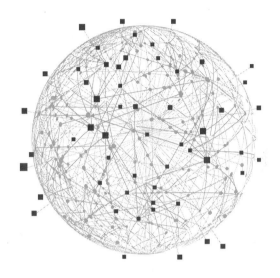

인간을 바라봐야
세상을 바꿀 수 있다

스탠퍼드 대학교 연구진과 제록스의 파크 같은 세계적인 연구소를 이끌어간 수많은 인재들이
과거에 히피 생활을 했다는 건 이미 공공연한 비밀이다. 그들은 자신만의 철학을 기지고 있었고,
그 철학이 결국 PC 혁명으로 이어졌다.

2010년 1월 28일, 스스로 얼리어댑터라고 자신하는 한 누리꾼이 주로 활동하는 커뮤니티에 아침 일찍 접속했다. 미국시간으로 1월 27일 발표할 예정이었던 아이패드가 매우 궁금했기 때문이다. 애플이 이번에는 또 어떤 제품을 들고 나올까 기대를 품고 커뮤니티에 올라온 동영상을 눈을 비비며 쳐다보았다. 결과는 대실망이었다. 혁신적인 제품일 거라고 생각하며 지켜봤지만 새로운 거라곤 하나도 없어 보였다. 이 누리꾼은 커뮤니티에 댓글을 남겼다.

"이게 뭐야? 그냥 화면만 커진 아이폰이잖아. 스티브 잡스도 한물간 건가?"

잠시 후 자신의 댓글 바로 아래에 댓글이 달린 것을 확인할 수 있었다.

"그게 바로 내가 원하던 거라고, 이 바보야!"

IT 전문가들이 넷북의 성능에도 미치지 못하는 어정쩡한 기기라고 혹평하던 아이패드는 '2010년 최대 히트작'이 되었다.

문제는 기술이 아니라 인간이다

아이패드가 처음 나왔을 때 호의적인 반응도 있었지만, 많은 IT 전문가와 블로거 들은 이 제품에 의문점을 표시했다. 노트북처럼 성능이 뛰어난 것도 아니고, 아이폰이나 아이팟처럼 휴대성이 좋은 것도 아닌 이런 기계로 도대체 무얼 할 수 있느냐는 평이 지배적이었다. 1GHz의 CPU로는 턱없이 부족할 거고 키보드도 없으니 입력도 불편할 거라며 모든 것을 부정적으로만 해석했다.

기술의 발전만을 진보로 받아들인 사람들은 몇 개월이 지난 후 자신들이 틀렸음을 인정해야 했다. 아이패드는 아이폰보다 조금 더 큰 화면을 가진 것에 불과해 보였지만, 실제로는 사람들에게 새로운 경험과 새로운 컴퓨팅 환경을 제공했던 것이다.

🌐 _ 사람들, 그리고 회사의 DNA를 알아야 한다

수많은 회사들이 나타나고 사라진다. 어떤 회사들은 세계적인 기술을 개발하고, 혁신적인 상품을 선보이기도 하며, 멋진 서비스를 제공하기도 한다. 그렇지만 애플과 마이크로소프트, 구글과 같이 전 세계를 움직이는 힘을 보여주는 기업은 많지 않다. 역사와 전통을 자랑하는 제조업 기반의 기업들이 있지만, 이들이 현재 세상을 움직인다고 말하기는 어렵다.

마이크로소프트는 오피스 제품군 중심의 비즈니스 생활이라는 강력한 영토와 소프트웨어 판매를 통해 이익을 추구해왔다. 애플은 PC

를 판매하는 회사였지만, 스티브 잡스가 복귀한 이후에는 아이팟과 아이폰 그리고 아이패드를 중심으로 경험을 디자인하고 개인의 생활을 즐겁게 해주는 영역을 개척했고, 이를 바탕으로 영향력을 넓히고 있다.

구글은 태생부터 인터넷에 자리 잡고 수많은 데이터를 검색해 찾아주는 서비스를 시작한 회사로, 인터넷에서 가장 강성한 영토를 차지하고서 이를 다양한 방향으로 넓혀가는 전략을 펼치고 있다.

지금까지 세 회사는 저마다 영역이 명확했고 서로 협조도 하면서 성장해왔지만, 2010년을 기점으로 물러설 수 없는 충돌의 길로 들어서고 있다. 여기에 더해 다크호스 정도로 생각했던 페이스북과 아마존이 약진하고 있고, 단순한 영화 유통서비스로 생각했던 넷플릭스와 줌(zoom)이 코로나19와 함께 역사상 가장 빠른 속도로 성장하고 있다는 평가를 받고 있다. 일론 머스크가 세운 기업들도 IT 혁명에 관여한 기술을 에너지와 자동차, 우주개발 등 또 다른 거대 산업분야로 확장시키며 전 세계에 끊임없는 뉴스거리를 던져주고 있고, 아시아에서 도약한 소프트뱅크, 알리바바, 삼성전자 등과 같은 신흥강자들까지 급부상하고 있다. 이로 인해 IT 역사의 미래는 과거보다 훨씬 복잡한 양상으로 진행될 가능성이 높아졌다.

이들이 펼치게 될 미래산업과 미래사회를 제대로 이해하기 위해서는 역사적인 맥락에서 이들 기업의 탄생과 성장, 그리고 기업문화와 DNA에 대해 알아야 한다. 『사피엔스』의 저자로 유명한 유발 하라리는 "미래는 역사의 연장"이라는 유명한 말을 남겼다. 이제 미래로 연장되는 역사의 현장으로 타임머신을 타고 날아가보자.

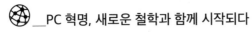

PC 혁명, 새로운 철학과 함께 시작되다

1980년대 초 PC 혁명이 일어난다. 그런데 당시만 해도 PC 시장을 놓고서 자웅을 겨룬 것은 전통의 동부에 자리 잡은 컴퓨터 업체들인 IBM, 왕랩, 마이크로컴퓨터 등과 서부 실리콘밸리에 자리 잡은 매우 작은 신생회사들인 애플, 탠뎀(HP 출신들이 1974년 설립했고 1997년 컴팩에 합병되었다) 등이었다. 이들의 대결은 컴퓨터 전쟁이라고 부를 만했는데, 서부의 작은 다윗들이 동부의 거대한 골리앗을 쓰러뜨리면서 오늘의 실리콘밸리 전성기가 시작되었다.

이 전쟁에서 서부가 이긴 것은 컴퓨터 아키텍처 디자인 철학의 승리였다. 동부의 철학은 기본적으로 계층적인 전통 제조업 기반의 논리였고, 서부의 디자인 철학은 인간의 인터페이스에 대한 철학을 기반으로 했다.

어떻게 서부에서 동부의 전통적인 철학에 반대되는 디자인 철학이 나올 수 있었을까? 그것은 바로 60년대 젊은 세대들이 동부의 기존 문화질서에 저항하면서 서부, 특히 샌프란시스코의 한 거리에 모여 히피 문화운동을 벌이던 사람들이었기 때문이다. 이들은 서구의 전통 기독교 대신 동양의 참선과 요가를 하고 육식 대신 채식을 하는 등 기행을 하면서, 자유와 대중을 중심에 두고 권위와 전통을 부정하는 여러 가지 운동을 펼쳤다. 그런데 이들도 인생이란 게 있는 터라 70년대 말이 되어 가정을 이루고, 자식도 낳고, 교육문제 등을 해결하기 위해 일자리를 구하러 다녀야 했다.

히피 문화를 경험했던 이들이 머리가 나쁘거나 교육을 못 받았던 건 아니다. 그렇다 보니 인근 실리콘밸리에서 막 태동한 신생 컴퓨

터 회사의 프로그래머, 시스템 분석가, 컴퓨터 아키텍처 디자이너 등
으로 취직했는데, 그들이 그동안 갖고 있던 철학들이 자신도 모르는
사이에 새로운 디자인 철학으로 승화하였고, 이런 디자인 철학이 PC
혁명으로 이어진 것이다.

스탠퍼드 대학교 연구진과 제록스의 파크 같은 세계적인 연구소
를 이끌어간 수많은 인재들이 과거에 히피 생활을 했다는 건 이미 공
공연한 비밀이다. 스티브 잡스만 해도 동부의 유명한 대학이 아닌 오
리건에 있는 리드 칼리지라는 곳에 입학했다가 중퇴하고, 대마초를
팔아서 창업자금을 만들었다는 유명한 일화가 있을 정도다.

이들이 상상한 건 IT 기술을 새로운 문명 창출에 이용하는 것이었
다. 80년대와 90년대 출간되던 잡지 〈몬도 2000〉에서는 '어떻게 IT
와 비서구적인 철학이 공존할 수 있는가?'에 대한 문제를 주로 다루
었고, 특히 인간의 영혼을 중시하는 과학기술에 대한 글을 많이 실
었다.

🌐__비즈니스가 아닌 사람을 이해한다는 것

IT 산업을 움직이는 것이 복잡한 과학과 기술이라고 생각해서 컴
퓨터와 논리의 싸움, 돈과 비즈니스의 관점으로만 바라본다면 본질
을 꿰뚫어볼 수 없다.

산업에서 파생되는 제품과 서비스는 기술적인 것이지만, IT 산업
에 종사하고 새로 만들어진 기술을 이용하는 것은 모두 사람이기 때
문이다. 결국 사람과 역사에 대한 올바른 이해가 없으면 제대로 된
철학을 만들 수도 없고, 무모한 도전을 하는 사람들의 마음에 공감할

수도 없다.

우리나라 IT 산업은 제조업 논리를 중심으로 성장한 것이 사실이다. 주로 제조업 마인드를 가지고 설비 투자, 생산성 향상 및 비용절감을 경쟁력으로 삼거나, 정부에서 주도한 막대한 인프라 산업과 이를 독점한 일부 대기업의 서비스를 중심으로 발달하다 보니 IT 산업에서 가장 중요한 사람들의 이야기가 실종되어버렸다.

물론 미국의 닷컴 버블이 있던 시절, 국내에도 벤처기업(최근에는 스타트업 기업이라고 한다)이라는 개념이 생기면서 젊은 사람들이 중심이 되어 창업에 나섰고, 맨주먹으로 아이디어만 가지고 시작해 오늘날 굴지의 기업이 된 사례도 있다. 메디슨을 창업한 고(故) 이민화 회장은 우리나라 벤처기업을 활성화하기 위해 정열을 불태웠다. 실제로 국내 벤처기업의 자금문제를 상당 부분 해결해준 코스닥을 탄생시키기도 했다. 물론 코스닥이라는 시장을 통해 부정한 방법으로 거액을 챙겨서 흥청망청 쓴 일부 때문에 수많은 사람들이 피해를 보고, 그 거품이 꺼진 여파로 오늘날까지 창업이 힘들어진 부작용도 만만치 않았다. 그러나 이런 사정은 미국도 크게 다르지 않았다.

과거 경영자들이 비정상적인 방법으로 돈을 빼돌리고 호의호식하면서 돈놀이를 통해 회사를 전횡했던 기억 때문에 아직도 많은 국민들은 스타트업에 대한 부정적인 인식을 일정 부분 가지고 있다. 물론 최근 뛰어난 창업자와 좋은 스타트업 들이 많이 등장했고, 정부도 스타트업 생태계를 활성화하기 위해 많은 노력을 기울이고 있어 과거와 비교하면 사정이 크게 나아졌다. 하지만 한 번의 실패가 영원한 실패로 낙인찍힌다는 두려움 때문에 사업에 전망이 없는데도 접지 못하고, 그렇게 부실만 키워가다 실패하면 결국 인생을 망치게 되는 악순환의 고리가 아직 남아 있는 것도 사실이다. 이제는 그런 부정적인 인식을 끊고, 새로운 도전을 쉽게 할 수 있어야 혁신의 수레바퀴를 돌릴 수 있다.

유명한 IT 관련 블로그 미디어 〈리드라이트웹〉 COO인 버나드 런은 1997년 인도 잡지에 '미국이 최고의 기업환경을 가진 5가지 이유'라는 제목으로 인도와 미국을 비교한 글을 썼다. 버나드 런은 독일 베를린 태생으로, 미국뿐만 아니라 아시아와 유럽에서도 풍부한 사업 경험을 가진 글로벌 경영자이고 인터넷 관련 사업에도 정통한 사람이다. 그의 글을 다 소개할 순 없지만, 현재 우리나라 기업들과 기업환경에 어떤 문제가 있는지 다시 생각하게 만드는 구절들이 많다.

그중에서도 맥킨지나 앤더슨, 부즈 앨런 같은 거대한 컨설팅 회사가 최근 똑똑한 인재들을 뽑기 어려운 이유를 들면서, 미국의 최고 인재들은 언제나 실리콘밸리나 다른 곳에 있는 작은 벤처기업에서 자신의 꿈을 시작하고 싶어하기 때문이라고 설명한 글을 볼 때 가장 가슴이 아팠다.

우리나라는 어떨까? 똑똑한 인재들은 죄다 대기업에만 가려고 하거나 전문직 자격증에만 집착한다. 직업의 안정성이 꿈을 펼쳐보는 것보다 훨씬 중요하다고 생각하기 때문이다. 이것은 단순히 버는 돈의 문제가 아니다. 결국 문화의 문제다. 이렇게 뛰어난 인재들이 모여서 잘나가는 작은 회사를 만들 환경이 없는데, 어떻게 작은 기업이 성공신화를 쓸 수 있겠는가?

이러한 문화가 형성되기 위해서는 먼저 혁신에 대한 보상과 위험을 감수할 수 있는 시스템이 있어야 한다. 미국이라는 나라의 최대 강점은 위험과 실패에 대단히 관대하고, 건전한 복구시스템이 있다는 것이다. 스타트업은 기본적으로 위험이 많을 수밖에 없다. 당연히 실패도 많다. 미국에서는 스타트업을 하다가 실패한 젊은 엔지니어가 회사 문을 닫으면, 젊은 사람이 경험을 통해 많이 배웠을 거라고 생각하고 다음에 성공할 수 있는 기반을 닦았을 거라고 여긴다. 물론 큰 회사에서도 실패한 사람들을 기용하는 데 주저하지 않는다.

우리나라 경제가 살려면 뛰어난 젊은이들이 과감히 창업할 수 있고, 이들이 사업에서 성공할 수 있는 토대를 만들어야 하며, 동시에 실패하더라도 그들의 경험을 높이 사고 재기할 수 있는 환경을 조성해 주어야 한다. 청년실업을 해소하기 위한 방편도 많이 나오지만, 사실 가장 근본적인 해결책은 이러한 기업가 정신을 재발견하고 대기업과 중소기업 그리고 스타트업 기업의 생태계를 재창조하는 일에서부터 나올 것이다. 젊은이들이 그 에너지를 바탕으로 신산업을 지속적으로 발굴해내는 환경을 갖추지 않으면 결국 사람이 최고 재산인 우리나라의 미래는 그다지 밝지 않을 것이기 때문이다.

창의성과 고유정신이 넘치는 문화를 향해 가다

실리콘밸리에서는 많은 엔지니어들을 포함한 여러 회사 직원들이 버닝맨이라는 이벤트에 참여한다. 도대체 이 독특한 이벤트와 실리콘밸리 문화에는 어떤 연관성이 있는 것일까?

버닝맨은 네바다주 블랙락 사막 한가운데서 열린다. 사람들은 인근에서 가장 싼 모텔이나 차 안에서 또는 아예 사막에 천막을 치고 잠을 청하는 불편을 감수한다. 이곳에 사람들이 모이면 사막은 완전히 다른 세상으로 변해버린다. 이곳에는 상당히 별난 사람들이 많이 모인다. 학교를 다니면서 이상한 아이로 취급받았거나, 직장에서 사이코로 불렸던 사람들도 여기에서만큼은 너무나 평범한 사람으로 느껴진다.

예술가들과 창의력이 넘치는 사람, 정열적인 음악가와 엔지니어 등 각계각층의 사람들이 사막에 모여서 무얼 하는 것일까? 사막 한가운데에는 커다란 사람 모형이 서 있는데, 이 모형은 모든 사람을 환영하며 즉석에서 형성된 커뮤니티를 바라본다. 이들은 생판 처음 만나지만 자신들의 열정을 나누는 것이다.

사막의 뜨거운 열기는 계속 물을 먹고 선블록을 듬뿍 발라야 할 정도로 고통스럽다. 충분한 음식과 물 그리고 자신을 열사의 태양으로부터 대피시킬 피난처를 직접 확보해야 하지만, 수많은 사람들이 이곳으로 모여든다. 왜일까?

버닝맨 참가자는 누구도 관객이 아니다. 모두 참가자들이며 새로운 월드를 같이 만든다. 피난처도 같이 만들고 필요한 물품도 즉석에서 구하고 차량을 장식해서 예술활동에도 동참한다. 짚으로 만든 모자를 쓰고 처음으로 치마를 입어보기도 한다. 그리고 모두 함께 즉석에서 만들어진 버닝맨 라디오 방송을 듣는다. 자동차와 오토바이를 눈을 감고 마음껏 몰아보기도 하고, 그릴에 구운 치즈 샌드위치처럼 생전 처음 먹어보는 음식을 맛본다. 이상형을 만나는 경우도 있으며,

잘 아는 사람이나 사랑하는 사람과 같이 가서 관계를 더욱 돈독히 다지기도 한다.

토요일 밤이 되면 사막 한가운데서 참가자들을 맞아준 커다란 사람 형상의 구조물을 불태운다. 이 불타는 사람을 중심으로 거대한 원을 그린 뒤에 모두 같이 대규모 캠프파이어를 경험한다. 개인에게도 엄청난 체험이겠지만, 수많은 사람들과 새롭게 하나가 되는 커다란 경험을 선사하는 것이 바로 이 버닝맨이라는 행사다.

행사가 끝나고 집으로 돌아갈 때면 이곳에는 아무것도 남지 않는다. 며칠 동안 같이 만든 모든 것을 부수고 태우고 소모하고 돌아가는 것이다. 일부 자원봉사자들이 남아서 몇 주간 사막을 이전과 똑같은 상태로 복원하고 돌아가는 것으로 이 행사는 완전히 끝난다. 그렇지만 버닝맨의 기억과 이 행사에서 맺어진 인연과 네트워크는 계속 발전한다. 새로운 세상을 같이 만들어본 사람들과 경험을 공유하는 것이다. 이를 버닝맨 커뮤니티라고 한다.

버닝맨은 1986년 샌프란시스코의 해변 파티에서 기원했다고 한다. 그러다가 어느 순간 네바다의 가장 깊숙한 사막으로 장소를 옮겼는데, 초기에는 훨씬 더 거친 환경이었다. 규칙도 없었고, 차를 타고 가면서 총을 쏘는 사람이 있는 등 무법천지에 가까웠지만, 이제는 안전과 질서를 위한 많은 장치와 자원봉사자들에 의해 안정되었다. 그렇다 해도 여전히 이들이 가지고 있는 기본적인 개방정신은 그대로 남아 있다. 워낙 많은 사람들이 몰려드는 탓에 불행한 죽음이 생기는 등 사고가 끊이지 않지만 이들은 이 행사를 멈추지 않는다.

버닝맨 주간이 되면, 샌프란시스코와 실리콘밸리 지역의 인구가 줄어든 것이 느껴진다. 차량도 적고 주차장 공간도 비교적 여유롭다. 버닝맨 이벤트를 즐기려고 많은 사람들이 떠나버린 것이다.

버닝맨이 열리는 블랙락 사막은 샌프란시스코에서 몇 시간 정도 달리면 나오는 네바다주 리노라는 도시에서 2시간 정도 더 가면 있다. 이 사막의 버닝맨 주변 지역은 일주일 동안 네바다주에서 가장 커다란 도시가 된다. 그러고 나서 흔적도 없이 사라진다. 이를 블랙록 시티라고 하는데, 일주일 동안 믿을 수 없을 정도로 대단한 빌딩과 설치물이 세워진다. 이곳에 모인 모든 사람이 자신의 머릿속에 들어 있던 창의성과 야망을 불태우는 것이다. 이 활동에 상업적인 회사의 입김은 얼음과 커피를 제공하는 것 이외에는 전혀 들어올 수 없다.

일주일 동안 몇 개의 신문사와 수십 개의 라디오 방송국이 생기며 테마 캠프 수백 개가 즉석에서 만들어지는데, 원하는 곳에 참여해서 다양한 경험을 해볼 수 있다. 이곳에는 실리콘밸리에 속한 무수한 회사 직원들이 참가해서 새로운 세상을 만드는 작업을 같이하고 있으며, 새로운 문화를 몸속 깊이 체험한다.

버닝맨 문화는 개방과 창조성, 자기조직, 공유, 그리고 혁신이라는 실리콘밸리의 가장 중요한 문화와 그 맥이 닿아 있으며, 서로에게 셀 수 없을 정도의 영향을 주고받으면서 성장했다. 실리콘밸리에서 생긴 오픈소스 운동 아이디어가 버닝맨의 개방형 협업에서 기원했다고도 한다.

이와 같이 버닝맨에는 실리콘밸리 신화 중 가장 중요한 숨겨진 요체와도 같은 측면이 있다. 거대한 플라야(광장)는 방대한 인터넷과도 같이 느껴지는데, 다른 의미로는 엄청나게 커다란 캔버스이자 사람들의 창의력을 발산시키는 플랫폼이다.

실리콘밸리의 성공은 버닝맨 문화를 이해할 때 더욱 잘 헤아릴 수 있다. 우리도 이와 똑같지는 않더라도 창의성을 주입해서 모두 같이 공유하고 개방하며 나누는 문화 이벤트가 필요하지 않을까? 이런 이야기를 비즈니스와 기술 그리고 시장과 같은 일반적인 논리로 과연 이해할 수 있을까? 우리에게 필요한 것은 그보다 훨씬 깊은 사람들에 대한 이야기이며, 이를 몸으로 느끼고 공감하면서 그 이상의 행복을 추구하고 서로의 발전에 도움을 주는 일이다. 실리콘밸리를 피상적으로만 이해해서는 아무것도 얻을 수 없다.

＿사람과 꿈 그리고 열정에 대한 이야기

『거의 모든 IT의 역사』에 등장하는 인물과 회사 들을 보면 하나같이 꿈과 희망 그리고 열정이 넘친다. 실패도 많이 하고, 권모술수도 등장하며, 어제의 친구가 오늘의 적이 되고 어제의 적이 오늘의 친구가 되는 일도 비일비재하다. 하지만 그 역사와 사람들의 이야기를 통해 많은 것을 배울 수 있다.

2010년 10월 쉐라톤 워커힐에서 열린 세계지식포럼에서 마크 주커버그와 함께 페이스북을 창업한 크리스 휴즈가 '페이스북 스토리와 소셜 웹의 미래'라는 주제로 특강을 했다. 필자는 국내에서 소셜 웹과 관련한 글을 많이 쓴 인연으로 그 세션 좌장 역할을 맡아 많은 이야기를 함께 나눌 수 있었다.

크리스 휴즈는 당시 스물일곱 살로 대단히 혁신적이며 사회 발전을 위해 애쓰는 젊은이라는 인상을 주었다. 페이스북을 창업해서 잘나가고 있었지만, 2007년 오바마 캠프에서 대통령 선거와 관련한 온라인팀을 맡을 수 있겠냐는 부탁을 해오자 자신의 역량을 발휘하면 '세상을 바꿀 수 있을 것'이라는 신념을 가지고 주저 없이 제안을 수락했다.

인생에서 그런 기회는 다시 오지 않을 거라는 생각도 있었고, 오바마가 가진 혁신적인 사고에 반해서 당시 민주당에서도 한참 열세였던 선거판을 뒤집는 데 자신의 역량을 총동원하고 싶었다고 한다.

그는 트위터와 페이스북, 유튜브 등의 소셜 미디어를 총동원해 사실상 미국 역사에서 길이 남을 선거혁명을 일으켰다. 그는 유명 잡지인 〈패스트 컴퍼니〉 2009년도 표지를 '오바마를 대통령으로 만든 아이들'이라는 자극적인 제목으로 장식했고, 그가 일으킨 선거혁명은 선거역사를 새로 썼다는 평가를 받았다.

대통령 선거 이후에 아프리카와 아시아 그리고 남미의 여러 나라를 돌아다니면서 각지의 문제점을 파악한 그는 자신의 경험과 능력을 바탕으로 인터넷을 활용해서 사람과 재능이 부족한 곳에 필요한 것을 연결해주는 일을 하기 위해 '주모'라는 비영리단체를 만들었다.

이렇게 사람의 가치관과 생각을 이해하지 못하면, 그가 어째서 페이스북 같은 최고의 회사를 때려치우고 어린 나이에 선거판에 뛰어들었는지 설명할 길이 없다.

이제부터 내가 이야기하려는 '거의 모든 IT의 역사'가 꿈을 꾸는 젊은이와 안정기에 접어든 선배, 그리고 여력이 있는 커다란 기업들과 사회 전체의 생각을 조금이나마 긍정적인 방향으로 바꾸고, 미래를 관통하는 지혜를 얻게 만드는 데 도움이 되기를 바란다.

Chapter 2

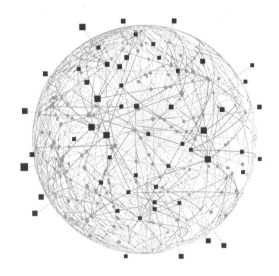

첫 번째 전환:
개인용 컴퓨터 혁명
(1976 ~ 1985)

스티브 잡스와 스티브 워즈니악은 아타리 컴퓨터에서 여러 작업을 하면서 컴퓨터가 인생을 즐겁게 만들 수 있다고 생각했고, 누구나 쉽게 접근할 수 있는 컴퓨터를 만들기 위해 애를 썼다. 동료들도 그러한 생각을 잘 이해했고 다른 컴퓨터 회사들과 차별화하는 데 성공했다.

1977년 히피 행색을 한 두 젊은이가 차고에서 흰색 플라스틱 박스를 심각하게 쳐다보고 있었다. 그리고 고개를 든 젊은이들은 일반인이라면 이해할 수 없는 이야기를 떠들었다.

"벽돌깨기는 선명한 TV 화면으로 보는 게 낫겠어. 안에 RF 모듈레이터를 집어넣어야 해."

"그것보다는 이쪽을 곡선으로 만들어야 더 아름다워 보이고 쓰기에도 편할 것 같은데."

"메모리를 끼워 넣으려면 곡선은 안 돼!"

"무슨 소리야. 여기를 곡선으로 하지 않으면 이건 쓰레기에 불과하다고!"

아름다움을 추구하고 철저하게 사용자 중심인 스티브, 그리고 뼛속까지 공학자인 또 하나의 스티브. 두 스티브는 하나의 안건을 놓고 치열한 설전을 벌였다. 격한 감정의 격돌 끝에 탄생한 하얀 박스에 이들은 이름을 붙였다. 두 명이 공동작업으로 만든 최초의 개인용 컴퓨터 애플의 이름을 물려받아서, 이 하얀 박스는 애플II라 불렸고, 세계는 드디어 개인용 컴퓨터 시대로 접어들었다.

숙명의 두 라이벌,
그리고 미래의 라이벌이 탄생하다 | 1955

1955년 2월 샌프란시스코, 동거 중인 대학원생 부모에게서 한 아이가 태어났다. 그러나 아버지가 시리아에서 미국으로 유학을 온 가난한 대학원생이어서 이 커플은 아이를 돌볼 여력이 없었다. 이들은 태어난 지 일주일도 채 안 된 아이를 입양기관에 넘긴다. 아이는 캘리포니아 샌프란시스코 지역에 터전을 잡은 한 기계공 부부에게 입양되는데, 이 아이가 바로 스티브 잡스다. 스티브 잡스가 다섯 살이 되던 해, 가족은 마운틴 뷰(오늘날 실리콘밸리의 중심으로 급부상한 도시)로 이사를 가고, 여기에서 애플이 탄생했다.

❀__과수원에서 세계를 움직이는 도시로

캘리포니아 북부 샌프란시스코 만 남부에 위치한 실리콘밸리는 초창기에는 라디오와 TV 그리고 전자부품을 군대에 납품하던 스탠퍼드 대학교 주변 회사들을 중심으로 성장했다. 1940~50년대 스탠퍼드 대학교 공대학장이던 프레데릭 터먼은 교수와 학생 들의 창업을 장려했고, 이런 정책 속에서 성장한 대표적인 회사가 휴렛팩커드(HP)다.

그 뒤를 이어 수많은 반도체와 전기, 전자 관련 하이테크 회사들이 나타나면서 실리콘밸리는 오늘날 세계를 대표하는 기술 중심지가 되었다. 1953년 벨 연구소를 떠난 윌리엄 쇼클리는 1956년 쇼클리 반도체 연구소를 창업하고, 게르마늄보다 실리콘으로 트랜지스터를 만들면 훨씬 좋을 거라는 확신을 품고서 여러 가지 연구를 진행했으나, 자신의 회사에서는 뜻을 이루지 못했다. 그러나 이 회사 엔지니어 8명이 독립해 창업한 페어차일드 반도체는 커다란 성공을 거두었고, 페어차일드 반도체에서 독립해 인텔을 창업한 로버트 노이스와 고든 무어로 뿌리가 이어지면서 실리콘밸리 신화는 가속화했다. 스티브 잡스는 이런 환경에서 자라는 행운을 누릴 수 있었던 것이다.

스티브 잡스는 학창시절 문제아였다. 학교도 다니기 싫어해서 자주 결석했는데, 초등학교 4학년 때 담임선생님이 자신을 돈과 사탕으로 구슬리지 않았다면 정규교육도 제대로 받지 못했을 거라고 여러 인터뷰에서 스스로 밝혔다.

그런 그에게 열정을 불러일으킨 사건이 있었는데, 그것은 HP에 다니던 동네 아저씨가 건네준 히스키트라는 아마추어용 전자공학 키트와의 만남이었다. 양아버지도 기계공학을 공부했기 때문에, 스티브 잡스가 대여섯 살 때 이미 작은 워크벤치와 도구들을 주면서 언제라도 뭐든지 만들 수 있게 했다. 이런 재미있는 체험은 스티브 잡스에게 열정과 자신감을 선사했다. 멋지고 창의적인 하드웨어를 갈망하는 스티브 잡스와 애플의 DNA는 바로 이렇게 시작되었다.

✷__동갑내기 라이벌의 탄생

스티브 잡스의 평생 라이벌이 될 빌 게이츠는 1955년 시애틀의 유복한 가정에서 태어났다. 빌 게이츠의 아버지는 변호사였고 어머니는 유력한 은행의 이사진이었다. 외할아버지 또한 내셔널뱅크의 총재였기에, 태어날 때부터 빌 게이츠는 현대사회를 지탱하는 가장 강력한 시스템인 법과 경제에 익숙할 수밖에 없었다.

빌 게이츠의 어린 시절은 다소 평범했다. 스티브 잡스가 아주 어렸을 때부터 실리콘밸리 한가운데서 신기한 물건과 기계 들에 둘러싸여 자란 반면, 빌 게이츠는 열세 살이 되어 레이크사이드 스쿨(중고등학교 통합 사립학교)에 입학해 컴퓨터와 운명적으로 만나기 전까지는 비교적 무난한 학창시절을 보냈다. 그렇지만 빌 게이츠는 처음부터 하드웨어보다는 소프트웨어에 관심을 가졌고, 이것이 마이크로소프트의 DNA가 되었다.

✇__컴퓨터를 좋아한 엘리트 집안의 모범생

애플의 스티브 잡스와 마이크로소프트의 빌 게이츠가 1955년에 태어난 동갑내기라는 건 이미 널리 알려진 사실이다. 그런데 오랫동안 구글이라는 거함을 이끌었던 에릭 슈미트 역시 1955년생이라는 것을 아는 사람은 그리 많지 않은 듯하다. 이들이 모두 한 해에 태어났다는 점도 어찌 보면 역사의 필연이 아닐까 싶다.

에릭 슈미트는 1955년 4월 27일 버지니아주 폴스처치라는 도시에서 태어났다. 이곳은 워싱턴 DC에서 그리 멀지 않은 살기 좋은 도시다. 아버지 윌슨 슈미트는 존스홉킨스 대학교 국제경제학 교수였고 닉슨 대통령 시절 미국 재무부에서 일을 했으며, 어머니인 엘 리너는 심리학 석사 출신의 전업주부로 내조와 가정에 충실했다. 이렇게 전형적인 엘리트 집안에서 에릭 슈미트는 자랐다.

스티브 잡스나 빌 게이츠와 마찬가지로 에릭 슈미트 역시 중고등학교를 다닐 때 대형컴퓨터를 이용한 프로그래밍에 푹 빠져 살았다.

시간을 나누어 써야 했던 카드 천공식 컴퓨터였지만, 그 역시 컴퓨터와의 운명적인 사랑을 외면하기 어려웠다.

그러나 에릭 슈미트는 빌 게이츠나 스티브 잡스처럼 어렸을 때부터 창업의 길을 걷지는 않았다. 공부도 잘했지만 운동 역시 잘했던 에릭 슈미트는 특히 장거리 육상에 소질이 있어서 중고등학교 시절 학교를 대표하는 최고의 육상선수였다.

에릭 슈미트는 고등학교를 졸업하고 명문 프린스턴 대학교 건축학과에 입학한다. 그러나 워낙 컴퓨터 프로그래밍을 좋아해서 전기공학과로 전과하기로 결정한다. 대학 컴퓨터가 밤만 되면 빨라졌기 때문에 밤마다 잠을 자지 않고 프로그래밍을 했다. 매해 여름이 되면 당시 최고의 연구소 중 하나였던 벨 연구소에서 일했는데, 벨 연구소는 가장 위대한 운영체제 중 하나이며 수많은 운영체제의 원형이 된 유닉스를 1969년 탄생시킨 곳이다. 이곳에서 에릭 슈미트는 대학생 신분으로 역사에 남을 프로그램을 하나 완성했는데, 그것이 바로 컴파일러를 만들 때 사용하는 구문해석기(lex)라는 소프트웨어다.

1979년 프린스턴 대학교에서 전기공학 학사학위를 취득한 에릭 슈미트는 같은 해 캘리포니아로 떠난다. 컴퓨터 공학을 좀 더 깊이 공부하기 위해 버클리를 선택한 그는 여름이면 제록스 파크 연구소에서 다양한 연구를 하며, 컴퓨터 공학의 이론과 실제를 꾸준히 공부하고 수련하면서 착실히 내실을 다졌다.

에릭 슈미트는 1982년 버클리에서 대학 졸업 3년 만에 초고속으로 박사학위를 취득했다. 그 기간에 바로 옆 동네인 실리콘밸리에서는 동갑내기 천재인 스티브 잡스가 이끄는 애플이, 그리고 시애틀에서는 빌 게이츠가 이끄는 마이크로소프트가 세상을 바꾸기 시작했다.

소처럼 꾸준히 컴퓨터 공학을 공부하고 다양한 프로젝트를 경험하면서 경력을 쌓던 에릭 슈미트는 결국 두 명의 천재와 어깨를 나란히 하는 세계적인 회사의 CEO 자리에 올랐다.

같은 해에 태어난 세 명의 거인은 서로 라이벌이 될 거라고는 생각도 못 했다. 하지만 컴퓨터가 이끈 혁명은 세 명을 라이벌로 만들었다.

스티브 잡스,
스티브 워즈니악을 만나다 | 1969

초등학교 시절 좋은 선생님의 영향을 받아 학교 공부에 재미를 붙인 스티브 잡스는 6학년 때는 한 해를 월반해서 바로 중학교에 입학할 정도로 공부를 잘했다. 스티브 잡스는 현재 애플 본사가 있는 쿠퍼티노에 위치한 쿠퍼티노 중학교와 홈스테드 고등학교를 다녔다.

유복한 가정에서 자란 것은 아니지만, 실리콘밸리라는 환경은 그에게 많은 경험을 제공했다. 스티브 잡스는 열 살 때 컴퓨터를 처음 보았다. NASA가 실리콘밸리에 설립한 연구센터에 놓여 있던 터미널이었다. 터미널 자체는 독자적으로 작동하지 않으므로 엄밀히 말해 컴퓨터는 아니지만, 유선으로 메인 프레임 컴퓨터와 연결되어 있기 때문에 전체적으로는 컴퓨터라고 할 수 있다. 스티브 잡스는 그의 표현에 따르면 이것을 보자마자 '사랑에 빠졌다.'

✦__운명적 동지와의 만남

스티브 잡스는 어린 학생이었지만 이미 히스키트를 통해 전자부품 조립과 기계의 작동원리를 깨우쳤고, 팔로알토에 위치한 HP에서 주최하는 방과 후 강의에 짬이 나는 대로 참여했다. 특히 전자제품 조립에 취미가 있던 그는 어렸을 때부터 배짱이 두둑해서, 심지어는 HP 창업자인 휴렛에게 전화를 걸어 수십 분간 설득한 끝에 원하는 부품을 얻기도 했다.

이곳에서 그의 인생을 바꾼 위대한 엔지니어를 만났는데, 그가 바로 스티브 워즈니악이다. HP는 방과 후 강의에서 열정적인 모습을 보이던 스티브 잡스에게 관심을 기울였다. 스티브 잡스에게 여름방학 동안 일하는 인턴을 제의했고, 잡스 역시도 이를 받아들여서 실제로 일을 시작했다.

스티브 워즈니악은 1950년생으로 스티브 잡스보다 다섯 살 많다. 정말 희대의 괴짜라고 할 만한 사람으로 흔히 '워즈'라는 애칭으로 불린다. 그의 아버지는 세계적인 방위산업체로 이름 높은 록히드마틴 사에서 일하는 미사일 개발자였기에, 그는 아버지의 영향을 받아 어렸을 때부터 장난감과 희한한 기계 들을 만들어냈다. 워즈니악은 UC 버클리에서 전자공학을 전공하다가 평생 엔지니어로서 기계를 만들고 싶다는 일념에 휴학하고 HP에 취직했다. 기계를 좋아하는 괴짜들이 만났으니 둘이 친해지는 것은 시간문제였다.

⊕__교황청과 통화한 괴짜들

1971년 스티브 워즈니악은 '블루박스'라는 장치를 만들었다. 전화 회사 시스템 특성을 분석한 뒤에 전화선에 접속해서 돈 한 푼 들이지 않고 전화를 거는 장치인데, 스티브 워즈니악은 워낙 장난기가 심한 사람이라 이 장치를 이용해서 여기저기 장난전화를 걸곤 했다.

이를 본 고등학생 스티브 잡스는 직감적으로 이 물건이 돈이 된다고 판단하고 부품을 40달러 정도에 구해서 스티브 워즈니악에게 더 만들어 달라고 한 뒤에, 완성된 박스를 UC 버클리 학생들에게 150달러에 판매했다.

이들은 장치를 테스트하는 과정에서 재미있는 장난전화를 많이 했다. 그중에서도 가장 압권은 스티브 워즈니악이 당시 미국 국무부 장관이던 헨리 키신저를 흉내 내서 바티칸 시티에 있는 교황과 통화를 시도한 사건이다. 교황이 잠을 자고 있었기에 통화는 무산되었다. 워낙 강심장인 워즈니악이지만, 바티칸에서 교황을 깨워주겠다고 말하는 것을 듣고는 덜컥 겁이 나서 먼저 전화를 끊었다고 한다.

⊕__스티브 잡스의 뇌리에 박힌 한 편의 강의

1972년 스티브 잡스는 고등학교를 졸업하고 포틀랜드 오리건에 위치한 리드 칼리지 물리학과에 입학했다. 그런데 잡스는 단 한 학기만 다니고 학교를 그만둔다. 스티브의 양부모는 스티브를 양자로 들이는 조건으로 대학교육을 약속했다. 그래서 대학교육을 위해 저축을 했는데, 그 돈을 입학금과 등록금으로 한 학기 만에 다 썼다는 사실을 잡스가 알아버렸다. 그 사실을 안 다음부터 학업을 계속할 수 없었다.

잡스는 이 사실을 양부모에게 알리지 않고, 친구들에게 이리저리 빌붙어 살면서 2년간 자신이 원하는 수업들을 들으러 다녔다. 그중에서 그의 미래에 많은 영향을 미친 강의가 있었는데, 바로 서체 디자인 강의다. 이후에 스티브 잡스가 스탠퍼드 대학교에서 연설할 때 서체 디자인 강의에서 듣고 느꼈던 모든 것을 10년 뒤 매킨토시에 구현하면서 전자출판 혁명을 이끌었다고 고백할 정도였으니, 그 학문에 대한 열정이 얼마나 대단했는지 짐작이 간다.

만약 대학을 중퇴하지 않았다면 학교에서 지정하거나 졸업에 필요한 강의 위주로 수강하고 마음이 끌리는 강의는 듣지 못했을 터이기에, 오늘날의 스티브 잡스는 없었을지도 모른다.

스티브 잡스는 이처럼 엔지니어면서도 예술과 아름다움에 대한 커다란 열정을 지닌 독특한 사람이었다. 잡스는 서체 디자인 강의를 도강하면서 서체의 아름다움에 흠뻑 빠져들었으며, 그 서체 속에 깃든 역사와 세상의 일부를 몸으로 느꼈다.

✸ __아타리 컴퓨터를 찾아간 기인

1974년 스티브 잡스는 다시 캘리포니아로 돌아와서 배짱도 좋게 당시 실리콘밸리에서 성공가도를 달리던 아타리의 문을 두들긴다. 놀란 부쉬넬(1943년생이며, 비디오 게임 산업의 아버지로 유명하다)이 창업한 아타리는 세계 최초의 상업용 게임인 퐁의 대성공에 힘입어 세계적인 기업으로 성장하고 있었다. 이 게임에 매료된 스티브 잡스는 무작정 아타리의 직원이 되고 싶었다.

1974년 가을, 아타리를 찾아간 스티브 잡스는 냄새나는 수염투성이에 장발을 한 더러운 히피 모습 그대로였다. 경비원은 무작정 회사를 찾아와 높은 사람을 만나게 해달라는 스티브 잡스를 보고, 부랑자가 찾아왔다며 쫓아내려고 했다. 그러나 당시 아타리의 경영진이자 퐁의 게임 디자이너였던 앨런 알콘은 열여덟의 잡스가 HP에서 일한 적이 있으며 생각보다 기술에 해박하다는 점을 파악하고, 아케이드 게임기를 고치는 일에 투입할 요량으로 즉석에서 5달러 시급을 주는 조건으로 채용했다.

이때가 1974년 5월로, 스티브 잡스는 잘나가는 40인의 아타리 직원 중 한 명이 되었다. 언제나 맨발로 돌아다니고, 다른 직원들의 일에 간섭하며 이상한 말만 하는 스티브 잡스는 회사 내 기피인물 1호였다. 이에 앨런 알콘은 하는 수 없이 잡스가 거의 아무도 없는 저녁 시간에만 나와서 일을 하도록 했다. 스티브 잡스는 주로 엔지니어들이 만들어놓은 디자인을 약간씩 변형해 회로를 일부 추가하거나 다른 음향을 집어넣는 등의 일을 했다.

그런데 야간에 아타리에서 스티브 잡스와 희희낙락 즐거운 시간을 보내는 사람이 하나 더 있었는데, 그가 바로 괴짜 스티브 워즈니악이었다. HP 엔지니어로 남부럽지 않은 생활을 하고 있던 스티브 워즈니악 역시 아타리의 광팬으로, 퐁 게임을 자기 마음대로 디자인해서 만든 독특한 퐁 게임을 가지고 있을 정도였다. 밤마다 스티브 워즈니악을 아타리 본사로 불러들인 스티브 잡스는 그의 실력을 동료들에게도 자랑했다. 앨런 알콘은 스티브 워즈니악의 재능을 알아보고 아타리로 스카우트하려 했지만, HP에서 전자계산기를 만드는 일에 만족해하던 스티브 워즈니악은 그 제의를 거절했다.

그래도 워즈니악은 스티브 잡스를 따라 밤마다 아타리를 찾아서 여러 가지 일을 같이(실은 워즈니악이 거의 도맡아)했다. 어쨌거나 상당히 어려운 일들도 쉽게 해결했기에, 아타리 창업자인 놀란 부쉬넬은 스티브 잡스를 주목했다. 6개월 정도 아타리에서 일을 하던 스티브 잡스는 회사 수뇌부에게 인도로 여행 보내줄 것을 요구했다. 사실 스티브 잡스는 대학시절부터 인도에 심취해서 영혼여행을 떠나고 싶어 했다. 신참내기 직원의 황당한 요구에 앨런 알콘과 놀란 부쉬넬은 당황했지만, 때마침 독일에서 터진 게임기 문제를 현지에 가서 해결한다면 인도 여행을 허락하겠다고 약속했다.

스티브 잡스는 바로 짐을 싸서 독일로 날아가 단 2시간 만에 문제를 해결했다. 다행히 문제는 앨런 알콘이 예상했던 것과 동일했고, 여행을 떠나기 전 앨런에게 고치는 법을 배웠던 스티브 잡스는 별다른 어려움 없이 수리를 마칠 수 있었던 것이다. 문제를 해결한 뒤에 스티브 잡스는 곧장 리드 칼리지를 다닐 때부터 친구였고 앞으로 애플에서 같이 일하게 되는 댄 콧키와 함께 6개월간 인도 여행을 떠난다.

스티브 잡스는 인도 여행을 통해 기대한 대로 종교적인 측면에서는 다양한 경험을 했지만, 지독히도 가난하고 불행하게 사는 사람들을 보면서 최소한의 물질이 밑바탕이 되지 않으면 이런 경험들은 아무짝에도 소용이 없다는 것을 절실히 깨달았다. 이때부터 행복한 삶을 위해서는 부가 필요하다고 생각한 스티브 잡스는 아타리로 다시 복직하는데, 히피 행색을 버리고 삭발과 면도를 한 모습으로 나타난다. 앨런 알콘은 잡스가 예전처럼 다시 밤에 일을 할 수 있도록 조치하고, 친한 친구이자 스티브 잡스의 집에서 같이 살던 댄 콧키에게도 일을 맡겼다.

🌐 _전설의 게임, 벽돌깨기의 탄생

이 시기에 아타리는 회사의 여러 프로젝트들이 계획대로 진행되지 않아서 어려움을 겪고 있었다. 아타리는 차세대 게임인 벽돌깨기(Breakout) 게임 디자인과 프로토타입에 대한 사내 아이디어를 수집하면서, 보드에서 TTL 칩(당시 아케이드 게임 대부분에 이용되던 칩)을 줄이는 아이디어나 기술에 돈을 거는 콘테스트를 진행했다. 당시 게임 하나에 보통 130~170개 정도 칩이 들어갔는데, 아타리는 칩을 70~100개 정도로 줄이는 것을 목표로 잡았다.

스티브 잡스는 이 기회를 놓치지 않고 과감히 콘테스트에 지원해서 벽돌깨기 사양서를 받아 왔다. 스티브 잡스에게는 스티브 워즈니악이라는 믿는 구석이 있었다. 주어진 시간은 단 4일이라고 워즈니악에게 설명한 잡스는 아타리에서 칩을 50개 이하로 설계하면 700달러, 40개 이하면 1,000달러를 주기로 했다고 말한 뒤에 협상을 통해 칩의 수를 몇 개로 줄이든 스티브 워즈니악이 700달러 중 반을 받고 보너스는 없는 것으로 하기로 합의했다.

훗날 스티브 워즈니악은 원래 아타리에서는 4일로 시간을 제한한 적이 없다고 이야기한다. 빨리 프로젝트를 완수하고 싶었던 스티브 잡스가 임의로 시간을 설정하고서 워즈니악에게 거짓말을 했던 것이다. 어쨌든 워즈니악은 4일 밤을 새면서 게임보드의 프로토타입을 거의 완성했다. 워즈니악은 TTL(Transistor-Transistor Logic) 칩 수를 44

개까지 줄이는 데 성공했고, 이들의 성과에 감명받은 아타리 경영진은 스티브 잡스에게 원래 지급하기로 했던 금액보다 훨씬 많은 5,000 달러를 주었는데, 잡스는 워즈니악에게 원래 약속한 350달러만 주고 오리건으로 몇 달간 휴가를 떠났다.

그런데 워즈니악의 디자인이 워낙 정교해서 당시 기계로는 양산할 수 없었다. 하는 수 없이 다시 만들다시피 한 이 게임은 워즈니악의 오리지널 디자인을 수정해서 1976년에야 세상에 선보였고, 게임 역사상 가장 위대한 히트작 중 하나로 남게 된다. 이것이 바로 전설의 게임 '벽돌깨기'다.

컴퓨터 천재들, 마이크로소프트를 창업하다 | 1975

스티브 잡스에 비해 빌 게이츠는 시애틀의 유복한 가정에서 엄격한 교육을 받고 자랐다. 워낙 머리가 좋아서 한번 본 것은 모조리 외워버렸다는 이야기가 전해지는데, 백과사전이나 성경책을 통째로 암송할 정도였다.

빌 게이츠는 열한 살이 되던 해에 레이크사이드 스쿨에 입학했다. 중고등학교가 함께 있는 시애틀의 유명한 사립학교인데, 동부의 명문 대학 등록금보다 학비가 비쌌고 그만큼 시설도 좋았다. 교육방식도 굉장히 엄격했는데, 빌 게이츠는 이런 환경에 잘 적응하지 못했다. 심지어는 반항적인 행동 때문에 아동심리 치료까지 받았는데, 다행히 심리치료사로부터 마음의 안정을 얻고 학업에 복귀해 잘 적응했다. 특히 다양한 주제의 책을 읽으라는 심리치료사의 충고를 진지하게 받아들여 엄청난 양의 독서가로 변신했다. 스티브 잡스에게 초등학교 선생님이 있었다면, 빌 게이츠에게는 마음의 병을 치료해준 심리치료사가 있었던 것이다.

🌐 __폴 앨런, 그리고 컴퓨터와 만나다

1968년 빌 게이츠의 인생은 한 번의 만남으로 뒤바뀐다. 레이크사이드 스쿨은 부모회에서 주최한 바자회의 수익금으로 컴퓨터 단말기를 들여놓았는데, 제너럴 일렉트릭(GE) 사의 ASR-33이라는 단말기였다. 컴퓨터가 매우 드물던 당시에 시애틀에서 컴퓨터를 쓸 수 있는 환경을 최초로 구축한 곳이 레이크사이드 스쿨이었다. 이때만 해도 메인 프레임이라고 부르는 커다란 컴퓨터가 외부에 있고, 이 컴퓨터와 연결한 터미널을 내부에 들여놓고 이용했다. 메인 프레임 컴퓨터와 터미널은 전화선으로 연결했는데 사용량에 따라 추가 요금을 내야 하는 방식이었다. 시간당 40달러나 되는 요금을 감당할 만한 학교의 재력이 없었다면 오늘날의 빌 게이츠는 없었을지도 모른다.

빌 게이츠는 폴 앨런이라는 친구와 함께 이 컴퓨터 단말기 앞에서 살다시피 했다. 이들은 후에 마이크로소프트를 창업하고, 평생 친구로 지내게 된다.

그런데 선생님보다도 뛰어난 실력을 닦은 그들에게 약간의 문제가 생겼다. 과도한 컴퓨터 사용량 때문에 초기에 확보한 예산이 단 몇 주 만에 동난 것이다. 결국 학교에서는 컴퓨터 사용을 금지했는데, 다행히 이미 컴퓨터를 잘 다루게 된 이들에게는 컴퓨터를 쓸 방법이 있었다. 바로 자신들의 실력을 이용하는 것이었다.

빌 게이츠는 폴 앨런과 몇 명의 친구들을 더 모아서 레이크사이드 프로그래밍 그룹이라는 것을 만들었다. 이들은 메인 프레임 컴퓨터를 임대 및 판매하는 인근 회사에 찾아가서 프로그래밍을 하고 버그를 찾는 일을 하는 대신 컴퓨터를 마음껏 쓰게 해달라고 했고, 야간에는 써도 된다는 허락을 얻어냈다.

그러다 이 회사가 망하자, 이번에는 폴 앨런의 아버지가 주선해서 시애틀에 있는 명문 대학인 워싱턴 주립대학교 컴퓨터를 쓸 수 있게 되었다. 워낙 실력이 뛰어나서, 고등학생들이지만 일거리를 주는 곳들이 생겨났다. 특히 인포메이션 서비스라는 회사가 만든 급여관리 프로그램의 경우에는 빌 게이츠가 프로젝트를 관리하면서 3개월간 1만 달러라는 당시로서는 거액의 돈을 벌기도 했다.

이 성공을 발판으로 사업에 눈을 뜬 빌 게이츠는 정식으로 창업한다. 이때 아버지가 직접 창업을 도와주었는데, 그 회사가 '트래프-오-데이터'였다. 이 회사는 당시로서는 최신 마이크로프로세서였던 인텔의 8008(후에 8080이 나오고, 그 후속으로 개발된 8088이 IBM PC에 채택된다) CPU를 이용해서 교통상황을 점검하는 소프트웨어를 개발했고, 빌 게이츠는 이를 바탕으로 1973년 초에 미국 하원의회를 위해 일하기도 했다.

외부에서 용역 받은 일로도 돈을 벌고, 학교에서도 다양한 관리 프로그램을 제작하는 등 종횡무진 활약한 빌 게이츠는 1973년 하버드대학교에 입학하면서 컴퓨터 프로그래밍으로 둘러싸여 지내던 고등학교 생활을 마감한다.

하버드 대학교에 입학한 빌 게이츠는 그를 이어 마이크로소프트 CEO를 맡게 되는 스티브 발머를 만난다. 하버드 대학교에서도 학업보다 컴퓨터에 심취했던 빌 게이츠는 폴 앨런과 계속 연락을 주고받았고, 1974년 여름에는 하니웰에서 같이 일을 했다.

빌 게이츠는 고등학교 시절 컴퓨터와 관련한 사업을 하면서도 하버드 대학교에 여유 있게 들어갈 만큼 공부도 잘했던 천재다. 하버드 대학교에서 공부벌레같이 공부만 할 수도 있었겠지만, 컴퓨터를 향한 그의 사랑과 열정 때문에 학교라는 울타리는 그에게 족쇄처럼 느껴졌던 것 같다.

🌐 __하버드를 버리고 선택한 창업

세계 최초의 개인용 컴퓨터 알테어 8800은 〈파퓰러 일렉트로닉스〉 1975년 Vol 7, 1권 표지를 장식했다. 잡지에서 소개한 조립키트는 인텔 8080 마이크로프로세서와 256바이트 RAM, 라이트와 스위치, 그리고 철제 케이스와 파워 서플라이를 합쳐서 397달러였고, 조립을 완료한 제품은 498달러였다.

가판대에서 이 잡지의 표지를 본 폴 앨런은 언제나 이야기하던 개인용 컴퓨터 시대가 오리라는 것을 직감하고 잡지를 사서 바로 빌 게이츠에게 달려갔다. 두 사람은 자신들의 운명이 바뀌고 있다는 걸 깨닫고 대학 캠퍼스를 나와서 사업에 뛰어든다.

알테어 8800이 신나게 판매되고 있을 무렵, 에드 로버츠(알테어 8800을 생산하던 MIT S 창업자)는 시애틀에 있는 한 회사에서 베이식이라는 프로그래밍 언어를 구매할 의사가 있는지 묻는 편지를 받았다. 당시 베이식이라는 것에 대해 들어본 적도 없던 에드 로버츠는 회사에 전화도 해보고 주소로도 찾아가 보았지만 아무것도 알 수 없었다.

사실 그 편지는 보스턴에 있던 빌 게이츠와 폴 앨런이 보낸 것으로 그때까지 베이식을 개발한 건 아니었다. 다만 에드 로버츠가 베이식 같은 것에 관심이 있는지 알고 싶었는데, 여러 차례 사업을 통해 어른들이 어린 학생들 말보다는 기업체의 공신력 있는 편지를 더 신뢰한다는 점을 알았기 때문에 에드 로버츠가 그 편지를 읽어보게 하기 위해 머리를 썼던 것이다.

어쨌든 이런 해프닝을 거쳐 빌 게이츠와 폴 앨런은 에드 로버츠와 접촉할 수 있었다. 어린 학생들이 당돌해 보이긴 했지만, 밑져야 본전이라는 생각에 에드 로버츠는 한번 만들어서 가져와보라고 했다. 에드 로버츠가 일단 관심이 있다는 것을 확인한 빌 게이츠는 폴 앨런과 함께 PDP-10 미니컴퓨터에 있는 8080 시뮬레이터를 이용해 베이식 인터프리터(프로그램 언어를 한 줄씩 읽어 들여 실행하는 일종의 프로그램 번역기)를 제작하기 시작했다.

완성된 프로그램을 종이테이프에 천공해서 MITS가 있는 뉴멕시코주 앨버커키까지 날아간 폴 앨런은 알테어 8800에서 자신들이 만든 프로그램을 실행시켰지만, 화면에 'Altair Basic'이라는 표시만 남기고 작동을 멈췄다. 첫 번째 작업이 실패했지만 일단 빌 게이츠와 폴 앨런이 일을 계속할 수 있을 정도의 신뢰를 에드 로버츠에게 심어주는 데에는 성공했고, 지속된 작업을 통해 프로그램을 완성했다. 여기서 바로 역사적인 기업 '마이크로소프트'가 탄생한다. 베이식을 시작으로 포트란 컴파일러와 디스크 운영체제인 MITS-DOS를 개발한 마이크로소프트는 결국 MITS의 품을 떠나 워싱턴주에서 독립해 독자적인 길을 걸어나간다. 마이크로소프트와 빌 게이츠가 베이식을 그토록 사랑하는 데에는 이와 같은 역사가 있었다.

　컴퓨터광이었지만 '만드는 것'보다 '판매하는 것'에 먼저 눈을 뜬 빌 게이츠는 이렇게 판매처를 확보하고 사업을 시작했다. 이 방식은 마이크로소프트의 앞날에도 많은 영향을 끼친다.

인물 열전

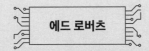

에드 로버츠

인텔 8008 기반의 마크-8을 시초로 보기도 하지만, 일반적으로 세계 최초의 PC로 일컬어지는 알테어 8800은 MITS(Micro Instrumentation and Telemetry Systems)에서 탄생했다. MITS 창업자인 에드 로버츠와 포레스트 밈스 3세는 미국 공군에서 연구를 하고 있었다. 1969년 이들은 로켓을 제작하는 취미를 가진 사람들에게 제작키트를 만들어 판매하려는 목적으로 스탠 케이글과 로버트 쟬러와 함께 MITS를 창업한다. MITS가 만든 로켓 제작키트는 비교적 성공을 거두었지만, 키트 제작사업에 흥미를 잃은 케이글과 밈스는 회사를 떠난다. 회사에 남은 에드 로버츠는 일렉트로닉 어레이라는 회사에서 전자계산기를 제작할 수 있는 LSI IC들을 발표하자, 이를 이용해 계산기를 조립하는 키트를 만들기 시작하는데 이를 통해 완성된 제품이 MITS 816 계산기 키트였다.

이 키트는 1971년 〈파퓰러 일렉트로닉스〉의 커버를 장식하며 상당한 성공을 거두었다. 뒤이어 1973년에는 MITS 1440 계산기를 선보였고, 점점 발전된 모델을 다른 잡지에도 소개했다. HP에 입사했던 스티브 워즈니악은 틈틈이 스티브 잡스와 아타리의 일을 하기도 했지만, 그가 맡았던 원래 역할이 바로 이런 전자계산기를 만드는 일이었다. 이와 같이 공학용 전자계산기를 만드는 기술이 발전해서 PC로 이어진 것이다.

MITS는 주로 전자계산기 조립키트를 만들던 회사였기에, 당시 판매와 홍보 역할을 동시에 담당했던 〈라디오 일렉트로닉스〉나 〈파퓰러 일렉트로닉스〉와 같은 잡지사와 관계를 맺는 일이 무척 중요했다.

〈파퓰러 일렉트로닉스〉 편집장이었던 레스 솔로몬은 당시로서는 최첨단 CPU였던 인텔 8080을 MITS가 잘 다룬다는 사실을 알았고, 이들에게 새로운 형태의 프로그래밍이 가능한 완성된 제품(현대적 PC 개념)을 개발하도록 권유한다. 솔로몬은 박스까지 완전하게 제작된 전문적인 제품키트를 원했고, MITS는 이 권유를 받아들여서 알테어 8800을 설계하고 제작에 착수한다.

1976년에 개최된 알테어 컴퓨터 컨벤션에서 레스 솔로몬은 알테어라는 이름을 당시 열두 살이던 딸이 스타트렉 에피소드를 보면서 제안했다고 밝혔다. 당시 스타트렉 에피소드는 엔터프라이즈의 승무원이 알테어 별을 향해 가는 내용이었는데, 미지의 신세계를 찾아간다는 의미에서 선택한 이름이었다.

에드 로버츠가 이 프로젝트를 진행하면서 가장 깊이 고심한 부분은 바로 CPU를 정하는 것이었다. 인텔의 4004나 8008은 그다지 강력하지 않았고, 그 대안으로 고민한 내셔널 반도체의 IMP-8이나 IMP-16은 외부 하드웨어를 요구했으며, 모토롤라의 6800은 아직도 개발 단계였다. 그래서 다소 위험 부담을 안고 인텔이 새롭게 출시한 8비트 CPU인 8080을 선택했다. 인텔 8080은 1974년 4월에 출시되었다. 유닛당 360달러라는 가격이 붙어 있었지만, 에드 로버츠는 성공적인 협상을 통해 75달러에 칩을 공급받기로 하고 본격적인 컴퓨터 제작에 들어간다.

이렇게 제작된 알테어 8800은 빌 게이츠를 포함한 전 세계 젊은이들의 마음에 불을 댕겼다. MITS는 수백 대 정도가 판매될 것으로 예상했지만, 제작된 키트와 완성품이 순식간에 동나는 대성공을 거두었다. 알테어 8800은 1975년 8월이 되기 전에 이미 5,000대가 넘게 팔렸고, MITS는 직원을 20명에서 90명까지 늘려야 했다.

1975년 전반기까지만 해도 시장에는 경쟁자가 없었다. 그러나 4K 메모리에 이용된 다이너믹 RAM에 일부 디자인 문제가 있었고, 이로 인해 공급이 늦어지면서 다른 경쟁자들이 진입할 수 있는 여지를 남겨두고 말았지만 에드 로버츠는 최초의 PC를 만든 인물로 기억될 것이다..

애플 컴퓨터,
혁명의 중심으로 태어나다 | 1976

스티브 잡스가 아타리 컴퓨터에서 일하게 되면서 다시 뭉친 잡스와 워즈니악은 홈브루 컴퓨터 클럽이라는 전자제품 마니아 모임에도 적극 참여했다.

이 클럽은 다양한 전자부품과 회로 그리고 정보를 교류하고 컴퓨터 관련 장비를 직접 조립하는 등의 활동을 해왔는데, 1975년에 고든 프렌치의 차고에서 처음 모인 후 부정기적으로 활동했다.

이때 멤버들은 아직도 정기적으로 모이는데, 취미생활을 공유하는 사람들의 모임이었지만 수준은 당대 최고였다. 알테어 8800 컴퓨터가 나온 뒤에는 이와 유사한 컴퓨터를 조립하거나 프로그래밍에 대해서도 논의했으며, 가끔씩 발행하는 소식지는 실리콘밸리의 문화를 만드는 데에도 커다란 영향을 미쳤다. 특히 개인용 컴퓨터라는 아이디어를 확산시키고, 후에 애플 컴퓨터가 출범하는 데에도 직간접적으로 관여했다.

이 컴퓨터 클럽에서 가장 두각을 나타낸 사람은 단연 스티브 워즈니악이었다. 그는 뛰어난 하드웨어 디자인과 조립 실력, 그리고 컴퓨터 프로그래밍 능력으로 클럽 멤버들을 수시로 깜짝 놀라게 했다.

❀__애플 컴퓨터 창업

이렇게 새로운 컴퓨터 시대를 맞이한 잡스는 개인용 컴퓨터 시대가 올 거라고 생각하고 워즈니악을 자신의 집으로 데려와서 컴퓨터를 설계하고 차고에서 컴퓨터를 조립하기 시작했다. 그렇게 이들은 1976년 로널드 웨인과 함께 애플 컴퓨터의 깃발을 올렸다. 워즈니악은 잡스의 차고에서 만든 애플I 퍼스널 컴퓨터 키트를 홈브루 컴퓨터 클럽에 처음 소개했다. 애플I은 알테어 8800과 비슷한 형태였는데 내부에 확장카드를 꽂을 수 있도록 했고, 25달러 정도였던 MOS가 만든 6502 CPU를 장착했으며, 256바이트 ROM과 4KB에서 8KB 사이의 RAM을 설치했다.

디스플레이 컨트롤러는 40열에 24개 행을 표시할 수 있었는데, 케이스나 파워, 키보드, 디스플레이 등도 없이 보드만 판매하는 형태였다. 사실 워즈니악은 애플 컴퓨터에 알테어가 사용한 인텔 8080 칩을 쓰고 싶어했지만 가격이 무려 179달러였기 때문에 포기해야 했다. 그 다음으로 고려한 모토롤라 6800 역시 가장 낮출 수 있는 가격이 175달러였기에, 결국 애플은 이름 없는 회사에서 만들었고 기능도 많이 떨어졌지만 가격은 7분의 1에 불과한 CPU 6502를 채택할 수밖에 없었다. 다행히 6502는 6800 CPU와 기능적으로 상당히 비슷했기 때문에 4KB RAM에 작동하는 베이식 인터프리터를 스티브 워즈니악이 만들어서 탑재시킨 뒤에 판매할 수 있었다.

스티브 잡스는 실리콘밸리에 있는 여러 컴퓨터 판매점을 돌아다니며 애플 컴퓨터를 보여주고 주문을 받았다. 가격은 666.66달러로 결정했는데, 이에 대한 이런저런 말들이 많았지만 정확한 의도를 알 수는 없는 노릇이었다.

애플I을 가장 먼저 주문한 사람은 후에 컴퓨터 체인으로까지 발전한 바이트숍을 준비하던 폴 테렐이었다. 500달러에 50대를 구매하기로 하고 잡스에게 주문했지만, 애플에 50대를 만들 돈이 없다는 것이 문제였다. 이 문제를 해결하기 위해 잡스는 자신의 폭스바겐 미니버스를 팔았고 워즈니악은 자신이 아끼던 HP의 최고급 공학용 전자계산기까지 팔았으나, 돈이 부족했다. 잡스는 특유의 영업력과 화술을 활용해 부품을 공급하는 가게들로부터 신용을 담보로 부족한 자금의 상당 부분을 메웠고, 추가로 은행에서 5,000달러 대출을 받아 부품을 구했다.

스티브 워즈니악은 뛰어난 기술자였지만 협상이나 계약을 하는 것 자체를 싫어했고, 그냥 컴퓨터와 기술이 좋아서 그것만 하기를 원했다. 그에 비해 스티브 잡스는 사람의 가능성을 볼 줄 알았고, 잘 모르는 사람도 설득할 수 있는 화술과 열정을 지니고 있었다.

인물 열전

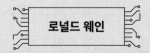

로널드 웨인은 아타리에서 스티브 잡스와 함께 일했으며, 스티브 워즈니악의 기술을 신뢰했다. 그는 첫 번째 애플 로고를 고안하고 애플I의 매뉴얼을 만들며 각종 계약서를 작성하는 등의 실무를 맡았고, 애플 주식 10퍼센트를 가져갔는데, 겨우 2주 뒤에 성공을 확신하지 못한 채 800달러에 자신의 주식을 매각하고 애플을 떠났다. 훗날 웨인은 당시 자신의 결정을 후회하지 않는다고 이야기했지만, 현재 애플의 가치를 생각하면 아마도 마음이 편치 않았을 것이다.

⊛ __대중을 위한 컴퓨터를 만들다

애플I은 200대 정도 제작했는데, 10개월여 동안 대부분 판매되었다. 애플I은 알테어와 비교하면 그래도 사용하기 쉬운 편이었지만, 조립이 간단치 않았기 때문에 일반인들이 접근하기는 어려웠다. 또한 소프트웨어 측면에서도 베이식을 이용하려면 ROM에 3KB 정도

되는 16진수 코드를 입력해야 했는데, 적어도 20분에서 30분은 소요되는 작업이었다. 잡스는 애플I이 마니아들을 위한 컴퓨터는 될 수 있어도, 자신이 꿈꾸듯이 일반인들이 마음대로 사용하는 컴퓨터는 될 수 없다고 판단했다.

잡스와 워즈니악은 애플I을 추가로 생산하기보다는 사용자가 다루기에 편리한 형태의 컴퓨터를 만들기 위한 연구를 시작했다. 초기 애플I 판매에 큰 도움을 준 바이트숍의 폴 테렐이 소비자 입장에서 여러 가지를 조언해주어 기능을 개선할 수 있었다. 먼저 저장하기와 불러오기가 가능하도록 카세트 인터페이스를 디자인하고, 마더보드에 추가했다. 여기에 워즈니악이 만든 베이식 언어를 담아서 팔기 시작했는데, 폴 테렐이 나무로 만든 박스에 마더보드를 넣어서 애플I을 더욱 매력적으로 보이게 했다.

뒤를 이어 나온 애플II는 처음부터 예쁜 플라스틱 케이스와 키보드를 통합한 형태로 디자인되었다. 스티브 워즈니악은 아타리에서 작업했던 벽돌깨기를 실행할 수 있는 하드웨어를 만들기 위해서 컬러를 지원하기로 결심했다. 이를 위해 라인을 그리고 컬러를 바꾸는 명령이 들어간 새로운 베이식 언어와 루틴을 추가하고 소리를 내기 위한 사운드 작업을 하고 본체에 스피커까지 달았다. 이처럼 애플II는 게임을 좋아하고 벽돌깨기를 사랑한 스티브 워즈니악에 의해 게임을 손쉽게 즐길 수 있는 컴퓨터로 재탄생했다.

결국 이렇게 다양한 기능을 추가했기 때문에 애플II용으로 수많은 컴퓨터 게임들이 등장했고, 애플II가 PC 시장의 최강자로 군림하게 되었다. 추가로 RAM 증설에도 신경을 썼는데, RAM 크기에 따라 다양한 가격의 제품들이 나왔다. 4KB부터 최대 48KB까지 메모리를 설치할 수 있었는데, 지금 생각하기에는 우스운 크기지만, 당시로서는 상당히 큰 용량이었다. 16KB RAM이 1977년 당시 500달러에 육박했기 때문에 가격경쟁력에서 장애가 되었다. 경쟁사였던 코모도어 PET나 라디오섀크 TRS-80은 개방형 구조가 아니었지만, 워즈니악은 앞으로 확장이 가능하도록 마더보드를 제작함으로써 경쟁에서 앞서나갈 수 있는 발판을 마련했다.

스티브 워즈니악은 애플II에 8개의 확장슬롯을 설계해서 마더보드와 통합했다. 이는 다른 경쟁제품들에 비해 강력한 장점이었다.

수많은 주변기기 제작사들이 다양한 확장카드를 만들면서 애플 전성시대를 열었다. 사실 이때에도 잡스는 프린터와 모뎀을 위한 확장슬롯 2개 정도만 있으면 되고 나머지는 불필요한 데다 쓸데없이 제작비만 올린다고 반대했지만, 워즈니악이 HP에서 겪은 경험을 바탕으로 확장성이 중요하다고 강력히 주장해 8개의 슬롯을 모두 지킬 수 있었다.

필자 역시 어렸을 때부터 애플II를 이용했는데, 애플의 개방형 아키텍처가 강력한 생태계를 구성해 수많은 주변기기와 확장카드가 나왔고, 이 점이 애플을 선택한 가장 큰 이유였다. 스티브 잡스는 개방철학에 대해 처음부터 긍정적이지는 않았다. 그럼에도 애플II를 그렇게 개방적인 컴퓨터로 만든 것은 워즈니악의 영향력이 컸기 때문이다.

잡스는 워즈니악과는 달리 애플II가 정말로 다른 컴퓨터와는 차별된 모습이기를 원했다. 그래서 다양한 스케치와 모형을 만들어가면서 기존의 각진 육면체를 탈피한 형태의 새로운 컴퓨터를 디자인하는 데 역량을 집중했다. 당시만 해도 대부분의 컴퓨터들은 전자제품 마니아들이 부품을 구해서 조립하거나, 케이스가 있더라도 상자 같은 모양에 나사가 여기저기 보이는 등 예쁜 것과는 엄청나게 거리가 멀었다.

잡스는 비대칭이면서도 날카로워 보이고 기능성도 겸비한 케이스를 원했고, 나사가 겉에서 보이지 않는 케이스를 디자인했다. 나사는 모두 바닥에 위치시켰고, 누구나 쉽게 보드에 접근할 수 있도록 케이스 뚜껑을 열기 편하게 만들었으며, 확장슬롯에 카드를 꽂는 작업이 간편한 디자인을 멋지게 완성해냈다.

또한 키보드의 컬러와 파워, 냉각팬 등에도 신경을 썼는데, 아타리에서 같이 일했던 아날로그 회로 전문가 로드 홀트를 고용해서 경량의 파워와 냉각팬을 디자인했다. 가벼운 파워 서플라이와 TV를 연결할 수 있게 만든 디자인은 애플II의 경쟁력을 한층 높여주었다. 당시 애플II 디자인은 정말 파격적인 것이었고, 멋진 외관은 애플II의 대성공에 단단히 한몫했다.

당대 최고의 천재인 워즈니악과 잡스는 각자의 장점과 특기를 최대한 발휘해 만든 애플II 컴퓨터를 1977년 4월 일반에 공개했고, 새로운 애플 로고와 함께 전 세계를 PC 열풍에 빠져들게 만들었다.

애플과 마이크로소프트, 손을 맞잡다 | 1977

대담하게 세계 최초의 PC인 알테어 8800에 공급할 베이식 언어 인터프리터를 개발하겠다며 MITS를 졸랐던 빌 게이츠와 폴 앨런은 가능성을 인정받고 약속한 8주 만에 베이식을 완성해 뉴멕시코주 앨버커키로 날아갔다. 이들이 개발한 베이식은 완벽하게 작동했고, 이를 바탕으로 앨버커키에 마이크로소프트를 설립한다.

⊕ _마이크로소프트, 성장의 발판을 마련하다

빌 게이츠는 아버지의 도움도 받고, 과거 레이크사이드 고등학교 시절에 함께했던 동료들을 속속 마이크로소프트에 합류시키며 회사를 키워나갔다.

마이크로소프트가 개발한 베이식은 이용하기도 쉽고, 다양한 응용 프로그램을 만들어내는 데 최적의 환경을 제공했기 때문에 컴퓨터 마니아들 사이에서 인기가 높았다. 당시만 해도 전문 소프트웨어 회사가 많지 않아서, 마이크로소프트의 실력을 신뢰한 여러 하드웨어 회사들이 많은 일을 의뢰하기 시작했다.

창업하자마자 매출을 10만 달러 이상 기록하며 성공가도를 달렸지만, 이제는 MITS가 걸림돌이었다. 소프트웨어를 직접 판매하는 것이 아니라, 하드웨어에 딸려나가면서 로열티를 받는 구조였으므로 어쩔 수 없이 MITS의 하드웨어 생산능력과 판매량에 따라 회사의 성장이 제한받을 수밖에 없었다. 빌 게이츠는 이런 형태로는 회사를 키울 수 없다고 생각했다. 더구나 독점적 계약을 미끼로 다른 회사

하드웨어에는 베이식을 탑재하지 못하도록 한 MITS의 정책에 불만이 쌓인 끝에, 1년 뒤인 1977년 결국 MITS와 맺은 계약을 파기했다.

계약 파기에 불복한 MITS는 빌 게이츠와 마이크로소프트를 상대로 소송을 제기했고, 마이크로소프트는 MITS 측이 자사 소프트웨어를 판매하기 위한 노력을 기울이지 않았다고 주장하며 대립했다. 법원은 빌 게이츠의 손을 들어주었고, 마이크로소프트는 자신들이 개발한 베이식을 다른 회사에도 판매할 권리를 획득하면서 때마침 불어닥친 PC 시대와 함께 급성장했다.

1978년 11월에는 일본의 하드웨어 업체들에게 베이식을 공급하기 위해 아스키 마이크로소프트라는 법인을 일본에 설립했는데, 이 회사는 나중에 마이크로소프트의 일본지사로 변모해 일본을 중심으로 결성한 MSX 컴퓨터 연합을 이끄는 핵심 역할을 했다.

이러한 과정을 통해 전 세계 PC 하드웨어 업체를 고객으로 맞은 빌 게이츠는 뉴멕시코를 떠나 자신의 고향인 워싱턴주 시애틀 인근의 벨뷰로 회사를 옮기는데, 이때가 1979년 1월 1일이다. 마이크로소프트의 시애틀 시대가 열린 것이다.

1979년 동부에 있었던 에릭 슈미트는 캘리포니아로 넘어오고, 1977년 애플II를 발표한 스티브 잡스는 1979년부터 본격적으로 전 세계를 호령하기 시작했으니, 1979년은 세 회사 모두에게 커다란 의미가 있는 해일 것이다.

🌐 마이크로소프트, 애플과 손을 잡다

1977년 애플II가 출시될 당시 PC에서 가장 중요한 기본 소프트웨어는 베이식 언어를 해석해서 실행해주는 인터프리터였다. 애플II에는 스티브 워즈니악이 만든 정수 베이식이라는 인터프리터가 탑재되어 있었는데, 이 베이식 언어는 이름에서도 느껴지듯이 실수와 일부 문자열을 처리하는 데 문제가 있어 비즈니스용 애플리케이션을 개발하기가 까다로웠다.

1977년부터 1979년 6월까지 정수 베이식은 애플II에서 이용할 수 있는 유일한 베이식 인터프리터로 많은 사랑을 받았다. 그러나 앞에서 언급한 문제들 때문에 애플은 새로운 베이식 인터프리터를 원하게 되었고, 그 파트너로 마이크로소프트를 선택한다.

마이크로소프트는 1975년 이후 베이식 인터프리터 개발에서 최고의 실력을 보여주고 있었다. 1976년 중반 마이크로소프트의 첫 번째 직원인 마크 맥도널드는 6502 마이크로프로세서에 관심을 가졌고, 당시에 6502를 이용한 PC는 애플I밖에 없었다. 애플II가 출시되기 전에 마이크로소프트는 스티브 잡스에게 전화해서 혹시 새로운 베이식에 관심이 없는지 의사를 타진하기도 했다.

이때만 해도 스티브 워즈니악이 만든 정수 베이식이 있었기 때문에 스티브 잡스는 자신들은 이미 베이식을 가지고 있다면서 그 제안을 거절했다.

그럼에도 선견지명이 있었는지, 맥도널드는 6502용 베이식을 계속 만들었다. 애플은 애플II를 출시했는데 탑재한 정수 베이식의 성능이 불만족스럽다며 수정을 요구하는 사람들이 늘어났다. 베이식을 개발한 스티브 워즈니악은 DISK Ⅱ라는 새로운 인터페이스 카드를 디자인하고 있었기 때문에 베이식을 손볼 시간이 없었다. 스티브 잡스는 1976년 마이크로소프트가 제안했던 내용을 기억해내곤 새로운 베이식을 만들어줄 수 없느냐며 마이크로소프트에 문의했다.

1977년 8월 애플과 마이크로소프트는 10년간 마이크로소프트가 개발한 6502 베이식을 마음대로 사용하고 수정하는 권한을 애플이 가진다는 내용을 골자로 하는 1만 500달러짜리 개발계약을 맺었다. 당시 마이크로소프트는 1976년 10월 코모도어 PET에 탑재할 ROM 베이식을 개발하는 데 역량을 기울였지만, 하드웨어 제작과 판매가 지연되면서 일시적인 자금경색을 겪던 상황이었다. 때문에 선호하던 하드웨어 판매당 로열티 지급방식을 고집하지 않고 일반적인 개발계약에 동의했다.

물론 이면에는 새로 만들 베이식이 기존에 만들어둔 베이식을 약간만 손보면 되는 수준이었고, 이후 수정과 개발은 랜디 위긴턴 같은 자사의 엔지니어를 통해 애플에서 책임지겠다고 약속했기 때문에 부담이 없었다는 이점이 있었다. 그러나 협상의 귀재인 빌 게이츠답지 않게 애플Ⅱ가 거둔 대성공의 달콤한 열매를 같이 누릴 수 없었던 최악의 계약이었다. 새로운 베이식의 이름을 애플과 마이크로소프트의 이름을 따서 애플소프트 베이식으로 결정하고, 1977년 11월 카세트테이프에 담아서 출시했다.

이처럼 처음으로 애플과 마이크로소프트가 벌였던 줄다리기와 협상에서는 애플의 스티브 잡스가 판정승을 거두었다. 일반적인 로열티 계약 대신 자사 엔지니어를 투입하고 마이크로소프트의 개입을 최소화하면서 10년간 마음대로 고쳐 쓸 수 있는 계약을 이끌어낸 스티브 잡스도 대단하지만, 천하의 마이크로소프트와 빌 게이츠도 초창기의 돈이 궁하던 시절에는 어쩔 수 없었다는 인간적인 면모도 보인 사건이라 하겠다.

⊛ __애플소프트 베이식II와 애플II+ 출시

우여곡절 끝에 탄생한 초창기 애플소프트 베이식에는 문제가 많았다. 테이프로 로드하는 데 시간이 많이 걸렸고, 컴퓨터를 껐다 켠 후에는 베이식을 다시 로드하고 프로그램을 다시 돌려야 했다. 또한 애플II의 고해상도 그래픽을 위한 메모리 영역에 침범할 수밖에 없었기 때문에 그래픽 언어를 이용할 수 없었다.

그렇긴 해도 실수(實數)를 처리할 수 있는 베이식은 애플소프트 베이식밖에 없었기 때문에 비즈니스용 애플리케이션 개발자들에게는 선택의 여지가 없었다.

1978년 봄, 랜디 위긴턴과 애플의 동료들은 애플소프트 베이식을 업그레이드했다. 버그도 고치고, 애플II의 고해상도 그래픽을 쉽게 쓸 수 있도록 하여 '애플소프트 베이식II'를 출시했다. 이 베이식을 카세트테이프와 RAM, 펌웨어 카드 ROM, 언어카드 ROM과 같은 다양한 방식으로 출시했다. 언어 자체에 대한 반응도 좋았고 특히 ROM으로 출시한 것에 대한 호평이 늘면서, 소비자들은 차츰 애플소프트 베이식을 본체에 내장해 달라고 요구했다. 애플은 마침내 애플II의 메인보드에 애플소프트 베이식을 기본으로 탑재했는데, 이것이 바로 애플II+의 탄생으로 이어졌다.

애플Ⅱ+는 애플Ⅱ와 큰 차이는 없지만 무엇보다 애플소프트 베이식을 메인보드에 기본으로 탑재했고, RAM의 가격이 떨어졌기 때문에 기본 메모리를 48KB로 늘렸다. 또한 일부 문제가 있었던 버그를 고치고 메인보드의 디자인도 개선한 뒤에 1979년 6월 애플Ⅱ+를 출시했다.

우리나라를 비롯한 수많은 애플 컴퓨터 복제회사들이 원형으로 삼은 것이 바로 이 애플Ⅱ+다. 일부 컴퓨터는 16KB RAM을 더 탑재해서 64KB로 내놓기도 했지만, 크게 바뀐 것은 없었다. 필자 역시 1983년 애플Ⅱ 호환기종을 청계천 세운상가에서 구입했는데, 이 역시 RAM이 16KB 확장된 애플Ⅱ+ 호환기종이었다.

초창기 애플의 성장을 주도했던 또 하나의 자원이 마이크로소프트라는 사실은 새삼 역사를 돌아보게 만든다. 『삼국지』에서 관우가 조조를 위해 싸운 적이 있듯이, 서로의 장점을 알아보고 그것을 제 것으로 만드는 능력은 거인들의 특징인 듯하다.

인물 열전

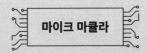

마이크 마쿨라

애플I에서 약간의 성공을 거두긴 했지만 하드웨어 사업을 위해 돈이 필요했던 스티브 잡스는 자금을 지원해줄 사람을 찾아다니느라 동분서주했다. 먼저 아타리 사장 놀란 부쉬넬을 찾아가 투자를 부탁했지만 이때 아타리는 과거 잘나가던 아타리와는 거리가 멀었다. 놀란 부쉬넬은 자금

사정에 여유가 없었기에 스티브 잡스에게 대신 아타리의 투자자였던 돈 밸런타인을 소개해주었다.

돈 밸런타인은 실리콘밸리 벤처캐피탈의 할아버지로 불릴 만큼 유명한 인물로, 최고 벤처캐피탈 중 하나인 세콰이어 캐피탈을 1972년 설립했다. 당시 돈 밸런타인은 편집증 환자처럼 보이고 격식이라고는 없었던 스티브 잡스를 굉장히 싫어했다. 그럼에도 스티브 잡스가 끈질기게 찾아와서 투자를 요청하자, 돈 밸런타인은 인텔에서 큰돈을 벌고 젊은 나이에 은퇴한 마이크 마큘라에게 일을 떠넘겼다.

돈 밸런타인의 부탁을 받은 마이크 마큘라는 그다지 큰 기대를 하지 않고 스티브 잡스를 따라서 애플의 본거지였던 스티브 잡스의 차고를 찾아갔다. 허름한 차고에서 스티브 워즈니악이 개발 중이던 애플II를 본 마이크 마큘라는 한눈에 성공을 직감했다.

마큘라는 즉시 25만 달러 투자를 결정했는데, 8만 달러로는 애플 주식 3분의 1을 사들이고 나머지 17만 달러는 싼 이자로 대출해주었다. 그러고 나서 자신이 애플의 세 번째 직원이 되기를 자청했다. 마큘라는 인텔이라는 성공적인 회사에서 마케터로 일했던 경험을 살려 스티브 잡스와 스티브 워즈니악을 도와 애플을 제대로 돌아가는 회사로 만들기 시작했다. 첫 번째 사장으로 내셔널 반도체에서 마이클 스콧을 영입하고 그밖에 여러 인재들을 합류시켰으며, 돈 밸런타인을 포함한 여러 투자자들까지 설득해 애플의 재정을 책임졌다.

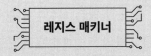

애플Ⅱ, 비지캘크와 함께 날아오르다 | 1979

스티브 잡스의 직관과 추진력, 스티브 워즈니악이라는 걸출한 엔지니어, 새로운 시대의 탄생을 내다볼 줄 알았던 마이크 마큘라라는 젊은 엔젤투자자의 경영능력, 그리고 레지스 매키너라는 당대 최고의 마케터가 뭉친 애플Ⅱ는 세상을 바꾸기 시작했다.

당시 최고의 컴퓨터 회사였던 IBM의 CEO 토머스 왓슨은 전 세계에 필요한 새로운 컴퓨터는 매년 5대 정도면 충분하다는 논리를 폈다. 알테어 8800의 출시로 개인용 컴퓨터가 가능성을 보였고 젊은 사업가들이 세상을 바꿀 거라는 분위기가 무르익을 때도 그는 찻잔 속의 태풍쯤으로 여겼다. 또한 IBM과 함께 대형컴퓨터 시장을 장악하고 있던 DEC의 CEO 켄 올슨 같은 사람은 가정에서 컴퓨터가 왜 필요하냐고 반문하면서 PC 사업을 쓸데없는 짓으로 여겼다.

다른 어떤 회사보다도 뛰어난 기술 인력과 네트워크, 자본을 보유하고 있었지만, 이들은 세상의 변화를 읽지 못했다. 결국 애플II의 대성공으로 세상이 바뀌기 시작하면서 그나마 IBM은 움직이기 시작했고, DEC는 결국 변화를 따라잡지 못하고 회사가 매각되는 운명을 맞았다.

애플 컴퓨터 역시 스티브 잡스가 아닌 스티브 워즈니악이 전권을 쥐고 엔지니어 마인드로 접근했다면 비슷한 결과를 초래했을지 모른다. 그러나 스티브 잡스와 스티브 워즈니악은 아타리 컴퓨터에서 여러 작업을 함께하면서 컴퓨터가 인생을 즐겁게 만들어줄 수 있다고 생각했다. 게임을 비롯한 여러 가지 용도로 이용될 수 있다는 점을 강조했고, 누구나 쉽게 접근할 수 있는 컴퓨터를 만들기 위해 애를 썼다. 마이크 마큘라나 레지스 매키너 같은 동료들도 이들의 생각을 잘 이해했고 다른 컴퓨터 회사들과 차별화하는 데 성공했다.

사용자 편의적이고 인생에 즐거운 도움을 주는 도구라는 개념은 애플의 역사를 타고 도도히 이어졌다. 인생을 풍요롭고 즐겁게 만들기 위한 다양한 철학들이 담겨 있다는 흔적을 현재 애플 컴퓨터가 만드는 제품이나 서비스 곳곳에서 발견할 수 있다.

✸__애플II의 성공을 이끈 킬러 앱, 비지캘크

애플II의 성공에는 물론 스티브 잡스와 스티브 워즈니악이라는 천재들의 역할이 절대적이었다는 점을 부정할 수 없지만, 또 다른 숨은 공로자로 댄 브리클린이 있었다. 댄 브리클린과 밥 프랭크스턴이 공동개발한 비지캘크는 컴퓨터 역사의 한 획을 그은 기념비적인 소프트웨어다. 이 소프트웨어 하나로 애플II는 단순한 가정용 컴퓨터라는 평가를 넘어 기업에도 꼭 필요한 기기로서 자리 잡는다.

1978년 하버드 대학교 MBA 과정에 있던 댄 브리클린은 종이 스프레드시트를 이용한 전통적인 강의를 듣다가 교수가 하나의 셀에서 실수한 것을 발견했다. 그런데 이를 고치기 위해서는 모든 셀의 값을 바꿔야 한다는 점을 깨닫고 컴퓨터를 이용하면 훨씬 생산적이지 않을까 생각했다.

무슨 일이든 아이디어가 있으면 실행력이 뒤따라야 하는 법인데, 댄 브리클린이 바로 그런 사람이었다. 그는 즉시 베테랑 프로그래머인 밥 프랭크스턴을 고용하고 자신의 아이디어를 소프트웨어로 구현하는 계획을 세우는데, 당시 컴퓨터를 구하기 쉽지 않았기 때문에 주변에서 컴퓨터를 가진 사람을 먼저 수소문했다. 이때 간신히 구한 컴퓨터가 바로 애플II였다. 애플II에는 당시 정수 베이식이 구현되어 있었는데, 밥 프랭크스턴은 이 언어를 이용해서 데모 프로그램을 짰다.

댄 브리클린에게 애플II를 빌려준 사람은 퍼스널 소프트웨어 사의 댄 필스트라였다. 그 역시 애플II를 가지고 있었던 데에는 이유가 있었다. 댄 필스트라는 스티브 잡스에게 자사의 체스 프로그램을 애플II용으로 포팅하겠다고 설득한 끝에 매우 싸게 애플II를 구할 수 있었다. 이런 측면에서 보면 비지캘크가 애플II용으로 개발된 데에는 대단한 행운이 작용한 셈이다. 두 명의 댄은 밥 프랭크스턴이 구현한 비지캘크의 데모를 보고 즉시 제품 개발계약을 맺는데 이런 과정을 통해 탄생한 회사가 바로 비지캘크를 발표한 소프트웨어 아츠다.

비지캘크는 소프트웨어 역사에서 '최초'라는 수식어를 달고 다니는 제품이다. 역사상 최초의 '킬러 애플리케이션'이자 최초의 스프레드시트다. 비지캘크가 정형화한 스프레드시트 형태는 현재까지도 그대로 이어지고 있다.

당시 애플Ⅱ는 폭으로 40자(40컬럼)만 표시할 수 있는 하드웨어적인 제한이 있었다. 이런 한계 때문에 비지캘크를 사용하는 데 다소 불편했다. 그래서 애플은 이런 한계를 80컬럼으로 늘리는 확장카드도 판매했는데, 이 카드의 판매량은 비지캘크 판매 이후 비약적으로 증가했다.

비지캘크는 1979년 11월부터 시판에 들어갔는데, 100달러로 가격이 비교적 높은데도 엄청난 판매고를 올린다. 소프트웨어 판매가 급성장하자, 애플Ⅱ도 번들전략을 이용해 같이 성장했다. 사람들이 애플Ⅱ 컴퓨터 수십만 대를 단지 비지캘크를 사용하기 위해 구입한 것이다.

비지캘크의 성공은 또 다른 업무용 소프트웨어를 개발하도록 자극했다. 유명한 업무용 데이터베이스 소프트웨어인 디베이스와 워드프로세서인 워드스타 등이 PC용으로 개발되었고, 이는 PC가 바야흐로 사무자동화의 첨병으로 대접받는 결과를 가져왔다.

이런 성공에 힘입어 댄 브리클린은 아담 오스본의 하얀코끼리 상을 받기도 했다. 그러나 비지캘크 성공신화는 IBM PC와 함께 로터스 1-2-3가 나오면서 저물기 시작한다. 여기에 더해 1983년에는 동업자였던 퍼스널 소프트웨어와 법적 분쟁까지 겪게 되어, 결국 소프트웨어 아츠는 로터스에 팔리는 운명을 맞는다. 당시만 해도 소프트웨어 특허가 존재하지 않았던 것이 가장 큰 실패요인이었다.

비지캘크는 사무혁명을 일으킨 소프트웨어이며 OA라는 것을 처음으로 대중화한 기념비적인 애플리케이션이다. 컴퓨터를 기계의 일종으로만 바라보던 관점을 완전히 바꿔놓은 것도 비지캘크의 공이다.

애플II는 비지캘크를 무기 삼아 당시 난립하던 가정용 PC 시장에서 압도적인 승리를 거머쥐었다. 그런 면에서 바라보면 애플도 대단히 운이 좋았다. 댄 브리클린이 비지캘크를 개발할 때, 애플II 컴퓨터가 아니라 당시 경쟁관계에 있던 라디오섀크 TRS-80이나 코모도어 PET 같은 컴퓨터를 가지고 있었다면 PC 시장의 판도가 완전히 바뀌었을지도 모른다.

그런데 IBM PC가 등장하면서, 시장을 지배하던 로터스 1-2-3 역시 마이크로소프트 엑셀에 소비층을 넘겨주고 말았다. 아무리 시장을 지배하고 성공가도를 달리더라도 영원한 것은 없다. 미래를 내다보지 못하고 제대로 변화에 대처하지 못하며 매일같이 혁신을 준비하지 않는 사람들에게 미래는 성공을 약속하지 않는 법이다.

🌐 __애플II의 또 하나의 성공전략, 게임과 교육

애플II가 사무실에서 거둔 성공에 비지캘크가 큰 역할을 했다면, 애플II가 가정에 보급되는 데 가장 중요한 역할을 한 것은 뭐니 뭐니 해도 게임과 교육이다. 스티브 잡스도 게임회사에 다녔었고, 스티브 워즈니악은 자신이 개발한 정수 베이식을 게임 베이식이라고 부를 정도로 게임에 대한 남다른 애정을 보였다. 그래서 고해상도 그래픽을 지원하는 데 총력을 기울였고, 당시 경쟁상대였던 어떤 컴퓨터보다도 게임을 잘 지원했다.

특히 애플Ⅱ는 다른 컴퓨터와는 달리 RF 모듈레이터라는 것이 있어서 TV와 연결해 컬러로 게임을 즐길 수 있었다. 필자 역시 처음 애플Ⅱ+ 컴퓨터를 구매했을 때 전용 모니터를 사지 않고 TV를 연결해서 이용했는데, 컬러 TV에 연결해서 즐기던 게임들은 다른 어떤 PC 게임보다 우수하고 재미있었던 것으로 기억한다.

비지캘크를 통해 사무실을 장악한 애플Ⅱ가 또 하나의 거대한 바람을 일으킨 곳은 교육시장이었다. 애플은 아이들의 학습도구로 컴퓨터가 필요하다는 대규모 캠페인을 벌였고, 학생의 미래를 위해 컴퓨터 한 대 정도는 집에 있어야 한다는 인식을 심어주는 데 성공한다. 스티브 잡스는 캘리포니아주 모든 학교에 애플Ⅱ 컴퓨터를 한 대씩 무료로 기증하는 과감한 행보를 보이는 한편, 광고를 통해 애플Ⅱ로 리포트를 작성하거나 교육용 소프트웨어로 공부하는 학생들의 모습을 집중적으로 보여줌으로써 부모들의 마음을 사로잡았다. 특히 미국에서 컴퓨터 교육이 정규과정에 포함되면서 학생과 부모 들에게 익숙한 애플Ⅱ는 자연스럽게 다른 경쟁 컴퓨터들을 제쳤고, 부모들은 당시로서는 거액의 돈을 주고 아이들의 미래를 위해 집에 컴퓨터를 한 대씩 들여놓는 투자를 했다.

이렇게 애플Ⅱ가 급속도로 가정에 보급되면서 큰 인기를 끌던 가정용 게임기 시장이 우수한 컴퓨터 게임 소프트웨어 때문에 붕괴되는 등 산업계에 만만치 않은 변화를 가져왔다. 컴퓨터와 함께 다양한 형태의 프린터도 판매되면서 엡슨 등과 같은 라인 프린터 회사가 세계적인 주목을 받았고, 애플Ⅱ 성공에 자극을 받은 수많은 개인용 컴퓨터 제조업체들이 등장했다. 그중에서도 코모도어 64를 앞세운 코모도어 사는 1,700만 대에서 2,500만 대 정도의 컴퓨터를 판매했으며, 결국 이들의 성공을 지켜보던 IBM이라는 거인이 PC 시장에 출사표를 던지기에 이른다.

IBM과의 계약 실패로 눈물 흘린 비운의 천재, 게리 킬달 | 1980

애플이 애플Ⅱ를 앞세워 잘나가던 시절에도 자일로그 사의 Z-80 같은 CPU를 탑재한 8비트 컴퓨터 세계는 게리 킬달이 만든 CP/M이라는 운영체제가 지배했다. 오늘날 마이크로소프트를 있게 만든 MS-DOS 역시 CP/M의 아류작이라는 평가에서 벗어날 수 없었다. 그만큼 게리 킬달은 시대를 앞서간 최고의 컴퓨터 과학자였다. 한순간의 선택으로 자신의 회사인 디지털 리서치를 세계 최고의 소프트웨어 회사 자리에 올려놓을 기회를 놓친 게리 킬달과 바늘구멍과도 같은 기회를 포착하고 여우처럼 낚아챈 마이크로소프트의 운명은 IBM의 기분에 따라서 결정되고 만다. 게리 킬달은 불의의 사고로 죽음을 맞이했는데, 그때까지도 마이크로소프트와 빌 게이츠를 용서하지 않았다.

⊛ __시애틀 출신의 컴퓨터 천재

게리 킬달은 여러모로 빌 게이츠와 비교된다. 그 역시 시애틀 토박이로, 시애틀의 명문인 워싱턴 주립대학교를 나왔다. 대학을 졸업하고 실리콘밸리 인근 해안가의 아름다운 도시인 몬터레이에 위치한 미국 해군대학원에서 해군을 가르치면서 군복무를 대신했다. 그의 인생을 바꾼 것은 인텔이 개발한 세계 최초의 마이크로프로세서 4004였다. 킬달은 이 마이크로프로세서를 구입해서 실험적인 프로그램을 이것저것 만들어보았다. 이런 프로그래밍 실력을 눈여겨본 인텔은 부대 일과가 끝난 후에 컨설턴트로 일해줄 것을 부탁하기도 했다.

1972년 게리 킬달은 군복무를 마치고 다시 대학교로 돌아와 컴퓨터 과학으로 박사학위를 취득했다. 데이터 흐름을 분석하는 방법에 대한 컴파일러 최적화 관련 논문을 발표했는데, 그 내용이 아직도 컴파일러를 만들 때 이용될 정도로 중요한 논문이었다.

1973년에는 인텔과 계속 일하면서 플로피디스크가 세상을 바꾸리라고 예측하고 8008과 8080 프로세서를 이용해 마이크로프로세서에서 작동하는 고수준 프로그래밍 언어(일반 언어의 형식을 가진 프로그램 언어)를 최초로 개발했는데, 이것이 PL/M이다. 같은 해 인텔의 8080 프로세서를 이용해 플로피드라이브를 완벽하게 제어할 수 있는 범용 디스크 운영체제도 개발했다. 이것이 바로 8비트 운영체제 천하를 통일한 CP/M이다.

애플Ⅱ가 1977년 발표되었고 스티브 워즈니악이 애플Ⅱ의 DOS인 Disk-Ⅱ를 개발한 것이 약간 나중 일인데도 CP/M의 정교함과 편리함을 따를 수 없었다는 점을 감안하면 그가 얼마나 천재적인 사람이 었는지 쉽게 짐작할 수 있다.

✸__진정한 보석의 가치를 알아보지 못한 인텔

게리 킬달은 CP/M을 개발한 뒤, 자신을 컨설턴트로 인정해준 인텔에 제일 먼저 데모도 하고 중요성도 설명했다. 그런데 인텔에서는 CP/M에 별로 관심이 없었다. 대신 그가 개발한 PL/M 프로그래밍 언어와 컴파일러의 판매권만을 사서 시장에 내놓는 실수를 저지른다.

인텔이 CP/M을 냉대하자 게리 킬달은 아내 도로시와 함께 인터갤러틱 디지털 리서치라는 회사를 설립한다. 이 회사는 이후 디지털 리서치로 이름을 바꾸고, CP/M 운영체제를 컴퓨터나 전자제품을 조립하는 취미잡지에 광고하기 시작했다.

제일 먼저 관심을 보인 곳은 알테어 8800을 복제한 임사이 8080이었다. 이를 기점으로 수많은 회사들이 서로 다른 컴퓨터에 CP/M을 포팅해주기를 원했는데, 이때 킬달이 정립한 개념이 바로 기본 입출력 체계(BIOS)다. 컴퓨터 하드웨어에 내장된 BIOS만 수정하면 CP/M은 어느 컴퓨터에서나 작동했고, 이런 강점을 등에 업고 CP/M은 8비트 운영체제로서 거의 독점적 위치를 차지했다.

CP/M은 놀랄 만한 성공을 거두었다. 디지털 리서치는 무려 3천 개가 넘는 컴퓨터 모델에 CP/M을 작동시켰고, 매년 수백만 달러가 넘는 매출을 올릴 수 있었다. 이때 디지털 리서치가 유일하게 정복하지 못한 컴퓨터 모델이 있었는데, 바로 애플이다. 애플은 원시적이긴 하지만 애플만의 독자적인 디스크 운영체제를 고수했고, CP/M을 설치하기 위해서는 Z-80이나 8080과 같은 CPU가 장착된 카드를 사서 확장슬롯에 꽂아야 했다.

✪ _MS-DOS와의 갈등

1980년 컴퓨터 업계의 거인 IBM이 PC 사업을 시작하겠다는 결단을 내린다. 플로피디스크가 기본으로 내장된 IBM PC에서 가장 중요한 것이 운영체제였다. 당시만 해도 운영체제에 대해서는 전혀 아는 바가 없었던 빌 게이츠는 IBM 측에 디지털 리서치의 CP/M을 라이선스하는 것이 좋겠다고 조언했다. 이에 따라 IBM은 16비트용 CP/M 운영체제인 CP/M-86을 자사의 기본 운영체제로 삼겠다고 결론내리고 디지털 리서치를 방문했다.

IBM이 방문할 당시 게리 킬달은 자신의 자가용 비행기를 몰고 소프트웨어를 다른 회사에 전달하기 위해 떠나면서 계약을 그의 아내 도로시에게 일임했다. 이렇게 게리 킬달은 종종 아내에게 업무를 맡기기도 했다.

IBM 실무진은 디지털 리서치와 협상을 시작하기 전에 언제나처럼 비밀준수 계약을 맺고 싶어했는데 도로시는 게리 킬달이 없다는 이유를 들어 비밀준수 계약을 거절하고 말았다. 이에 단단히 화가 난 IBM은 디지털 리서치와의 계약을 포기하고 다른 대안을 찾기 시작했다. 시애틀로 온 IBM은 빌 게이츠를 만나서 마이크로소프트가 운영체제를 개발하거나 대안 운영체제를 찾아 달라고 부탁했다.

당시 빌 게이츠는 IBM에 베이식 언어 인터프리터를 포함한 몇 종류의 프로그램을 개발해 납품하기로 이미 합의한 상태였고, 시애틀에 위치한 한 작은 회사가 CP/M을 복제한 86-DOS라는 운영체제를 개발했다는 사실을 알게 되었다. 폴 앨런은 즉시 이 운영체제의 사용권을 단돈 5만 달러에 구매해서 IBM과 협상에 들어갔다. 86-DOS는 IBM 하드웨어에 성공적으로 포팅되었고, IBM은 이를 PC-DOS라고 명명했다.

게리 킬달은 PC-DOS를 살펴보다가 PC-DOS가 자신이 개발한 CP/M 프로그래밍 인터페이스를 그대로 복제했다는 사실을 알게 되었다. 그는 IBM을 지적재산권 침해로 고소하려고 했으나, 디지털 리서치의 변호사가 IBM과의 송사는 결코 도움이 되지 않는다며 IBM과 어떤 형태로든 중재해볼 것을 권유했다. 이에 게리 킬달은 자사의 CP/M-86과 마이크로소프트의 PC-DOS를 소비자가 선택할 수 있도록 하자며 담판을 짓는다. 이때만 해도 게리 킬달은 CP/M-86이 안정성과 기능성 모두에서 PC-DOS를 압도한다고 믿었고, 그에 따라 승리를 자신하면서 가격정책을 결정했다.

소비자가 IBM PC를 구매할 때 옵션으로 CP/M-86을 선택하면 추가해야 할 가격이 240달러였고, PC-DOS는 60달러였다. 기술적으로 CP/M-86이 훨씬 앞섰고 게리 킬달은 도저히 비교가 안 되는 운영체제라고 생각했겠지만, 소비자 대부분은 저가인 PC-DOS를 선택했다. 이와 함께 IBM 호환기종을 내놓은 업체들 역시 오리지널 IBM PC와 완벽히 호환하기 위해 대부분 MS-DOS를 채택하면서 결코 저물지 않을 것 같았던 디지털 리서치의 CP/M 신화는 막을 내렸다.

✪ _게리 킬달의 업적

　IBM과의 협상과정을 뒤돌아본 게리와 도로시는 자신들의 불찰과 경영상의 잘못된 판단을 반성하고, 회사 경영에 대한 영향력을 점차 줄여나가면서 다양하고 실험적인 프로젝트들을 진행했다. CP/M을 멀티태스킹이 가능하도록 진화시켰고, 베이식에 대항하기 위해 로고 프로그래밍 언어를 구현했다. 애플의 리사 데모를 보고 난 뒤에는 GEM(Graphical Environment Manager) 데스크톱이라는 GUI도 개발했다.

　그러나 결국 게리 킬달은 디지털 리서치를 당시 최고의 네트워크 회사였던 노벨에 1991년 매각하고, PC의 트렌드를 전하는 공중파 방송활동을 병행하면서 광학 디스크 기술을 컴퓨터에 적용하는 놀리지세트라는 회사 일을 했다. 또한 그는 최초의 컴퓨터 백과사전인 그롤리에의 미국 학사 백과사전과, 가정용 PBX 시스템을 이용한 유선 전화와 휴대폰을 통합하는 시스템 등을 개발하는 벤처사업을 했다.

　게리 킬달은 언제나 창의적이고 호탕했으며 모험을 좋아했다. 비행기 조종, 스포츠 레이싱과 보트 그리고 바다를 사랑했다. IBM 사건 이후 그는 언제나 빌 게이츠와 자신을 비교했으며 빌 게이츠를 싫어했다.

　그는 1992년 자신의 모교인 워싱턴 주립대학교의 컴퓨터 과학 프로그램 기념일에 초청을 받았는데, 하버드 대학교를 중퇴한 빌 게이츠가 키노트 강연하는 모습을 보고 엄청난 충격을 받았다는 일화가 전해진다.

　디지털 리서치를 노벨에 매각하고, 그는 텍사스 오스틴 인근의 웨스트 레이크 힐스라는 곳으로 이주해서 자신이 사랑한 스포츠카를 몰고, 비디오 스튜디오 작업과 더불어 자가용 비행기와 보트를 타며 살았다. 그러던 중 1994년 몬터레이에서 자전거를 타다가 추락해서 사망한다. 미확인 정보에 따르면 당시 그는 알코올중독으로 많은 시간을 술에 취해 있었고 사고 역시 음주에 의한 것이 아닌가 추정된다.

게리 킬달이 컴퓨터 과학에서 이룩한 업적은 무척 많지만 그중 중요한 것만 나열하면 다음과 같다.

- PC 최초의 디스크 운영체제 개발
- 선점형 멀티태스킹과 윈도 기능을 가진 운영체제 개발 및 소개
- 메뉴 기반 사용자 인터페이스 개발
- 최초의 디스크 트랙 버퍼링 스키마, 미리 읽는 알고리즘, 파일 디렉토리 캐시, RAM 디스크 에뮬레이터 개발
- 1980년대 바이너리 리컴파일러 처음 소개
- 마이크로프로세서에서 동작하는 컴파일러 및 프로그래밍 언어 처음 개발
- 오늘날 쌍방향 멀티미디어의 기초가 된 기술로, 비디오디스크에 대한 비선형 재생이 가능한 컴퓨터 인터페이스 기술 개발
- 세계 최초의 소비자용 CD-ROM에 대한 파일 시스템 및 데이터 구조 개발
- 컴퓨터 하드웨어와 운영체제를 개방형으로 만들 수 있는 시스템 아키텍처인 BIOS 개발

그는 진정한 PC의 혁명가였고 지금과 같은 혁신을 있게 한 최고의

과학자였다. 비록 신은 그에게 빌 게이츠와 같은 명성과 부를 허락하지 않았고 경영능력도 뛰어나지 못했지만, 그의 이름은 컴퓨터와 소프트웨어 기술을 사랑하는 사람들의 마음속에 영원히 남을 것이다.

IBM PC의 등장과 MS-DOS의 대약진 | 1981

IT 역사에서 1970년대 후반은 애플의 완벽한 독주체제였다. 애플Ⅱ 시리즈의 성공은 과거 컴퓨터 제국의 중심이었던 IBM과 같은 거인들도 깜짝 놀라게 만들었다.

1980년 12월 애플은 드디어 주식을 공개했다. 애플은 1956년 포드자동차 기업공개 이후 가장 많은 자본을 유치하는 데 성공한다. 그만큼 대단한 미래가치를 인정받았고 스티브 잡스와 스티브 워즈니악은 엄청난 부와 명성을 손에 넣는 데 성공했다.

그러나 아이러니하게도 이때부터 애플의 상승세가 꺾이기 시작했다. 애플Ⅱ에 이어 1980년 5월에 내놓은 애플Ⅲ는 반응을 거의 얻지 못하고 완전히 잊히기 시작했는데, 그보다 무서운 일은 자신의 시장을 노리는 정말 무서운 거인이 참전을 준비하고 있었다는 것이다.

✺__거인, 드디어 움직이다

애플이 약진하기 전에 '컴퓨터의 원조'라고 불린 기업은 빅 블루라는 애칭으로도 유명한 IBM이었다. 토마스 왓슨이 설립한 IBM은 기술 분야 최초의 대형 기업으로, 설립 이후 시종일관 업계를 지배해왔다. 흔히 TJ로 알려진 토마스 왓슨 1세는 1914년 IBM의 전신인 '컴퓨팅-태뷸레이팅-레코딩 회사'에 입사했는데, 입사 11개월 만에 사장이 되었다.

뛰어난 영업자였던 TJ는 용모와 태도가 반듯한 세일즈맨들을 중시했고, 성과에 따른 인센티브와 실적 경쟁 그리고 직원 단합대회나 가족동반 야유회같이 애사심을 고취하는 전략을 쓴 것으로도 유명하다. 이러한 그의 기업경영 전략은 오늘날까지도 많은 기업들에서 찾아볼 수 있고, 실제로 잘 먹히기도 한다.

1924년 TJ는 사명을 IBM으로 바꾸고, 도표 작성기와 출퇴근 기록기, 타자기에 역량을 집중하기 시작했다. 1930년대 대공황 중에도 새로운 전자계산기를 개발했고, 제2차 세계대전 당시에는 미국 정부의 관할 아래서 폭격조준기나 라이플 같은 30여 종의 전쟁 관련 물품을 생산했다. 1940년대에는 아들인 토마스 왓슨 주니어가 경영 전면에 나선다.

1944년 IBM은 하버드 대학교와 공동연구를 통해 '마크-1'이라는 자동 순차 제어계산기를 개발하는 데 성공한다. 그러나 여기에 기억장치를 집어넣어서 전자계산기를 컴퓨터로 진화시키는 데에는 경쟁사인 레밍턴 랜드에 뒤지고 말았다.

레밍턴 랜드는 최초의 상업용 컴퓨터인 유니박(UNIVAC)을 개발해 IBM을 앞서나갔다. 이런 차이는 토마스 왓슨이 연구보다는 영업에 중점을 두고 경영을 했기 때문인데, 왓슨 2세가 부사장 자리에 오르면서 컴퓨터 분야에 적극 뛰어들어 상황을 역전시킨다. 1952년 IBM은 학술연구와 국방부문에 널리 쓰이게 되는 IBM 701을 발표하면서 컴퓨터 산업을 다시 장악하기 시작했다. 이후 발표된 후속 제품들도 큰 성과를 거두면서 '컴퓨터=IBM'이라는 등식을 전 세계 사람들에게 각인시켰다.

그러나 그들은 개인용 컴퓨터를 위시한 소형컴퓨터의 부상을 지나치게 과소평가했고, 그 결과 자신들이 최고라고 생각했던 컴퓨터 시장에서 애플 및 코모도어, 아타리, 탠디 등 8비트 PC 생산업체들에 주도권을 빼앗기고 말았다.

IBM은 자신의 최초 데스크톱 컴퓨터 IBM 5100을 1975년 소개했는데, 문제는 가격이었다. 무려 2만 달러에 이르는 기계였기 때문에 큰 기업체나 대학과 같은 곳들이 아닌 데서는 시장을 형성하지 못했다. 결국 개인용 컴퓨터 시장에 참전하기로 결정하면서 지지부진하던 IBM의 행보가 빨라지기 시작했다.

✪__IBM PC의 등장

IBM은 개인용 컴퓨터 시장 특성상 기존 인원을 운영해서 PC를 개발하기보다는 새로운 디자인 프로세스와 패러다임에 적응하기 위해 스페셜팀을 구성했다. 이 프로젝트를 '프로젝트 체스'로 명명하고 돈 에스트리지를 중심으로 하는 12명의 엔지니어와 과학자들로 팀을 구성했다. 이들은 딱 1년 내에 PC를 완성하라는 IBM의 지시를 훌륭하게 소화했다.

이렇게 짧은 시간에 완전히 새로운 제품을 내놓기 위해 돈 에스트리지는 모든 것을 직접 만들던 방식에서 벗어나 기존 부품을 모아서 생산하고, 외부 자원을 최대한 활용하는 전략을 사용했다. PC용 모니터와 프린터 디자인 등도 OEM을 활용하기로 결정하는데, IBM 재팬에서 개발한 모니터와 엡슨의 프린터 모델을 채택했다.

또한 중요하게 생각한 것이 개방형 아키텍처였다. 이를 통해 특별한 라이선스 없이도 주변기기를 다른 회사에서 생산할 수 있도록 하고 소프트웨어도 쉽게 개발하도록 했는데, 이런 개념은 당시 IBM으로서는 대단한 혁신이었다. 개방형 아키텍처는 애플II 역시 구사하던 전략이지만, IBM은 여기에 한술 더 떠서 완전한 회로도와 ROM BIOS 소스코드 등을 포함한 IBM PC 기술 레퍼런스 매뉴얼까지 공개했다. 이러한 준비과정을 거쳐 IBM은 1981년 8월 12일 역사적인 첫 번째 PC를 출시한다.

당시 IBM은 역사를 바꾼 몇 차례의 선택을 단행했다. 처음에 고려했던 CPU는 IBM이 자체 개발한 RISC CPU 801이었다. 이 CPU는 인텔의 16비트 CPU인 8088보다 성능이 몇 배는 뛰어났다. 그럼에도 결국 시간의 압박과 저렴한 가격에 맞추기 위해 IBM은 인텔과 손잡는 결단을 내린다. 비슷한 이유로 운영체제는 마이크로소프트가 개발한 MS-DOS를 채택했다. 당시 IBM은 MS-DOS보다 훨씬 앞선 유닉스 기반의 운영체제를 가지고 있었지만, 8088에 맞출 수 없었기 때문에 외부 운영체제를 선택한 것이다. 이 결정은 결국 세상을 크게 바꾸어놓았다. 만약 이때 IBM이 자체적으로 개발한 CPU를 탑재하고, 유닉스 기반 운영체제를 내장해서 PC를 내놓았더라면 마이크로소프트는 탄생할 수 없었을 것이다. 그리고 세상은 지금과는 완전히 다른 방향으로 발전했을는지 모른다.

IBM의 개방정책은 수많은 제조업체가 IBM PC와 호환되는 제품을 만들도록 유도했다. 컬럼비아 데이터 프로덕츠는 첫 번째 IBM PC 호환기종을 1982년 6월 발표했고, 뒤를 이어 컴팩이 11월에 포터블 제품을 선보였다.

초기에 IBM PC는 대성공을 거두었다. 그러나 그들의 성공은 호환 제품군을 생산하는 많은 회사들과 마이크로소프트라는 거대한 소프트웨어 제국을 길러내는 데 큰 기여를 했을 뿐, 결국 IBM이 오늘날 PC 사업에서 손을 떼는 결과를 낳는다.

⊛ __스티브 발머의 마이크로소프트 합류

마이크로소프트는 시애틀로 본사를 옮긴 뒤로 여러 8비트 컴퓨터를 위한 베이식 인터프리터를 구현하면서 점차 몸집을 불렸다. 엔지니어 위주의 회사가 몸집이 불다보니 회계와 관리를 포함한 경영지원이 제대로 이뤄지지 않았다. 심지어 개발자 임금협상과 관련한 문제로 미국 노동중재위원회에 빌 게이츠가 불려가는 일까지 생기면서 전문경영인의 필요성을 절실히 느끼게 되었다.

이때 빌 게이츠가 선택한 인물이 바로 그의 뒤를 이어 마이크로소프트 CEO가 되는 스티브 발머. 스티브 발머는 빌 게이츠보다 한 살 어린 1956년생으로 하버드 대학교에서 수학과 경제학을 전공했다. 스티브 발머는 공부도 잘했지만, 하버드 대학교 미식축구팀도 관리하고 학교신문인 하버드 크림슨에서도 일을 하는 등 학교활동에 적극 참여했다. 빌 게이츠와는 기숙사에서 가까운 위치에 방을 얻어 살았기 때문에 자연스럽게 자주 마주치게 되었고, 그것이 계기가 되어 마이크로소프트에 입사했다.

스티브 발머는 하버드를 졸업하고 2년간 세계적인 소매업체인 프록터 앤드 갬블(P&G)에서 일을 했다. 재미있게도 당시 같은 사무실을 쓰던 제프리 이멜트는 훗날 GE의 CEO가 되었다. 작은 사무실에서 함께 일하던 신입 동료들이 훗날 세계적인 기업의 CEO가 되어 다시 만난 것이다. P&G에서 나온 발머는 스탠퍼드 대학교에서 MBA 과정을 이수하고 있었는데, 빌 게이츠의 부름을 받고 결국 MBA 과정을 중단했다. 당시로서는 작은 회사였던 마이크로소프트에 자신의 미래를 건 것이다.

발머를 합류시키기 위해 빌 게이츠는 어마어마한 정성을 들였다. 미혼이던 빌 게이츠는 스티브 발머를 시애틀 친가로 초대해서 부모에게 소개하고 성대한 만찬을 열었다. 시애틀 관광도 같이하면서 하루 종일 설득했는데 그 과정에서 발머는 빌 게이츠가 꿈꾸는 새로운 세상에 반해버렸다. 1980년 6월 11일 스티브 발머는 마이크로소프트의 스물네 번째 직원이 되었고 개발자 위주의 조직 안에서 경영관리를 전담한다.

스티브 발머는 직원들의 동기부여 방책으로 주식 소유를 중요하게 생각했다. 발머 자신도 1981년에는 마이크로소프트 주식 8퍼센트를 소유했고, 이후 스톡옵션을 고안해서 많은 직원들에게 회사에 헌신할 수 있는 주인의식을 심어주었는데, 그 결과 마이크로소프트가 주식공개를 했을 때 만 명이 넘는 직원들이 백만장자 반열에 올랐다.

🌐 _운영체제 개발 기회를 얻다

마이크로소프트는 알테어 8800에 베이식 언어 인터프리터를 구현한 것을 시작으로, 애플Ⅱ의 애플소프트 베이식 등 수많은 8비트 컴퓨터 베이식을 구현하면서 전국적인 인지도를 얻었다.

베이식 언어는 익히기도 쉬워서 1970년대 후반 미국 정부는 베이식을 중심으로 컴퓨터 교육과정을 만들었다. 우리나라에서도 처음 8비트 컴퓨터 붐이 일었던 1980년대 초반에는 대부분의 컴퓨터 교육이 베이식 언어를 가르치는 것이었다. 이런 움직임은 거의 모든 컴퓨터에 우수한 베이식 언어를 탑재해야 하는 동기가 되었고, 마이크로소프트는 이 분야에서 최고의 회사로 인정받았다.

그렇다 해도 당시 비즈니스 환경이 결코 소프트웨어 회사들에게 좋은 편은 아니었다. 결국 수익은 하드웨어를 판매하는 컴퓨터 회사들이 거두어갔고, 그렇게 많은 컴퓨터에 베이식 언어를 구현했지만 1981년 MS-DOS가 탄생하기 전까지 마이크로소프트가 벌어들인 금액은 모두 합해서 500만 달러 정도에 불과했다.

애플Ⅱ가 가장 대표적인 컴퓨터로 이름을 날리고 다양한 클론 제품군들이 나오면서 전 세계에서 선풍적인 인기를 끌었지만, 당시 컴퓨터 환경은 글자 그대로 춘추전국시대를 방불케 했다. 이 와중에 IBM이 1년간 연구한 개인용 컴퓨터가 출시되면서 판세는 급격히 IBM 쪽으로 기울기 시작했다.

IBM이 PC 프로젝트를 가동하면서 많은 조언을 얻은 사람 중에는 빌 게이츠도 있었다. 특히 CPU를 선정할 때 인텔 8088 또는 8086 16비트 프로세서를 추천한 이도 빌 게이츠였는데, 그는 당시 가장 많이 이용되던 모토롤라 CPU를 이용하려던 IBM 직원에게 논리 정연한 설명으로 인텔 CPU를 채택해야 하는 당위성을 알려줌으로써 IBM PC 제작팀에게 절대적인 신임을 얻었다.

하드웨어의 구색이 어느 정도 갖춰지자, IBM은 운영체제를 놓고 오랫동안 고민했다. 이때도 결정적인 도움을 준 사람이 바로 빌 게이츠다. 빌 게이츠는 CP/M을 만든 게리 킬달이라면 인텔의 16비트 CPU에 최적화된 운영체제를 만들 수 있을 거라고 생각하고 디지털 리서치를 소개했다. 하지만 앞서 이야기한 대로 비밀준수 계약서를 거부한 이유로 계약은 깨지고 말았다.

IBM은 이 대목에서 디지털 리서치와 계속 줄다리기를 하고 싶지 않았다. 그래서 빌 게이츠에게 운영체제 개발을 제안했다. 당시 빌 게이츠로서는 이 제안을 받아들인다면 대단한 모험을 하는 셈이었다. 베이식 인터프리터는 많이 개발해봤지만 정작 운영체제를 개발한 경험은 전혀 없었기 때문이다. 세상을 바꿀 기회가 왔다고 직감한 빌 게이츠는 시애틀 컴퓨터 프로덕트(SCP)라는 회사가 CP/M을 기반으로 86-DOS라는 운영체제를 만들었다는 사실을 기억해내고 대담하게 이 제안을 받아들였다.

🌐 __86-DOS 라이선스 획득

86-DOS는 인텔 8086 16비트 CPU에서 작동하도록 만들어진 CP/M 기반 운영체제다. SCP는 자신들의 컴퓨터를 디자인하면서 인텔 8086에 맞게 개발된 CP/M을 채택하려고 했지만, 디지털 리서치는 계획만 발표하고 실제로 작동하는 운영체제의 출시를 차일피일 늦추고 있었

다. 이에 SCP는 스물네 살의 젊은 컴퓨터 천재인 팀 패터슨을 고용해 16비트용 CP/M 운영체제 개발을 맡겼다.

팀 패터슨은 CP/M과 호환되는 API를 가지고 86-DOS를 디자인했다. 동시에 CP/M을 쓰면서 불편한 점들을 개선하는 쪽으로 방향을 잡았다. 특히 CP/M의 파일 시스템 대신 FAT 파일 시스템을 채용했는데, 이는 인텔 8086 CPU용으로 마이크로소프트가 개발한 베이식-86에 이용된 방식이었고, 때문에 마이크로소프트 베이식과는 호환성이 극대화되었다.

IBM으로부터 일단 전권을 위임받은 빌 게이츠는 SCP와 협상을 거쳐 1980년 12월 2만 5천 달러라는 헐값에 86-DOS에 대한 라이선스를 획득했다. 1981년 5월 마이크로소프트는 팀 패터슨을 스카우트해서 IBM PC가 채택한 8088 CPU에서 동작하는 운영체제를 개발하도록 했다. 1981년 7월 IBM PC를 출시하기 한 달 전에 마이크로소프트는 SCP로부터 86-DOS와 관련한 모든 권리를 5만 달러에 사들였다

이때의 계약은 후일 SCP와 마이크로소프트 그리고 디지털 리서치 사이의 법정분쟁을 일으켰는데, 마이크로소프트가 SCP 측과 계약할 당시 IBM과 진행하던 프로젝트 내용을 전혀 알리지 않았던 점이 문제가 되었다. IBM이라는 거대한 기업에서 운영체제로 사용하리라고는 상상도 못 한 SCP 사장은 터무니없는 헐값에 모든 권리를 마이크로소프트에 넘겨주었다.

법적으로 마이크로소프트는 IBM과의 계약관계를 SCP 측에 알릴 의무가 없었다. 그러나 사실을 숨기고 시장가치보다 훨씬 낮은 가격에 계약한 도의에 대한 불만은 당연히 나올 수밖에 없었다. 이 사건

은 결국 마이크로소프트가 SCP 측에 100만 달러를 더 지불하는 수준에서 중재되었다.

마이크로소프트는 86-DOS를 가지고 IBM과 라이선스 계약을 맺는데, 이렇게 해서 탄생한 것이 바로 PC-DOS 1.0이다. IBM은 독점 사용권과 일시불 계약을 원했지만, 마이크로소프트는 출시 시간의 압박을 최대한 이용해서 독점도 주지 않고 로열티 계약을 하는 대단한 성과를 올렸다. 마이크로소프트는 IBM이 시행한 개방정책의 수혜를 직접적으로 입었다. 이후 수많은 IBM PC 호환기종들이 나왔고, 이들에게 마이크로소프트는 회사 이니셜을 딴 MS-DOS를 판매했다. MS-DOS는 PC-DOS와 이름만 다를 뿐 동일한 운영체제로, 오리지널 IBM PC를 제외한 호환 컴퓨터용으로 판매되었다.

당시 마이크로소프트는 베이식 이외에는 독보적인 기술이 없던 기업이다. 그러나 뛰어난 정보력과 세상을 읽는 혜안을 가지고 있었다. 운영체제 개발 경험이 하나도 없으면서 그 사업에 뛰어들 수 있었던 것은 86-DOS의 존재를 미리 알 수 있었던 뛰어난 정보력 덕분이었을 것이다.

매킨토시, GUI의 옷을 입고 태어나다 | 1984

PC 시장을 열면서 승승장구하던 애플에게 가장 커다란 적으로 나타난 IBM, 그리고 IBM과 호환기종 PC에 MS-DOS라는 운영체제를 공급하면서 또 하나의 새로운 신화를 창조하기 시작한 마이크로소프트에 대항하기 위해 애플은 GUI라는 새로운 개념을 무기로 들고 혁신을 준비한다. 그런데 이 혁신의 발상지는 어디일까?

⊕ _정보통신 분야 최고의 연구소, 제록스 파크

제록스 파크는 팔로알토 리서치 센터(PARC)의 약자로 1970년에 설립된 연구소다. 2002년부터는 독립된 리서치 비즈니스 회사로서 파크라는 이름으로 거듭났다. 파크는 현재까지 수십 개가 넘는 회사들이 창업하는 데 관여했고 수많은 혁신을 창조했는데, 레이저 프린팅, 분산 컴퓨팅, 네트워크의 표준인 이더넷, 애플과 윈도를 있게 한 그래픽 유저 인터페이스(GUI), 객체 지향 프로그래밍, 그리고 유비쿼터스 컴퓨팅 등이 모두 이곳에서 나왔다. 언급한 기술 하나하나가 현대의 정보통신 및 컴퓨팅 환경에 얼마나 엄청난 영향을 미쳤는지에 대해서는 따로 설명할 필요가 없을 정도다. 그럼에도 그들의 모회사인 제록스는 레이저 프린팅을 제외한 나머지 부문의 사업화에 거의 성공하지 못한 독특한 이력을 가지고 있다.

파크 연구소는 스탠퍼드 대학교가 있는 팔로알토에 자리 잡았다. 제록스의 본사는 뉴욕에 있었기에 사실상 파크 연구소에서 진행하는 연구에 대해서는 전혀 관여하지 않았다. 이런 환경 때문에 연구자들은 하고 싶은 연구를 정말 마음껏 수행할 수 있는 자유를 누렸고, 이런 분위기에서 혁신적인 연구결과들이 끊임없이 나왔다. 반면에 본사는 엄청난 거리 때문에 연구소에서 나온 수많은 연구성과를 제때 상업화하지 못했고, 실리콘밸리 주변에 있는 기업들에만 커다란 영향을 주었다.

 __전설적인 컴퓨터 알토, 그리고 애플과의 만남

이렇게 연구소에서 배출한 혁신적인 연구성과 중에도 알토 컴퓨터는 컴퓨터 업계의 전설이 되었다. 이 컴퓨터는 SRI 연구소에서 처음 개발한 마우스를 사용했고, 세계 최초로 그래픽 유저 인터페이스를 구현한 컴퓨터였다.

1963년 마우스를 개발한 더글러스 엥겔바트는 빌 잉글리시와 함께 프로토타입을 내놓았지만 경제적으로 아무런 이득도 보지 못했다. 너무 일찍 특허를 받은 탓에 실제로 마우스가 시장에서 널리 쓰이게 된 시점에는 특허 시효가 만료된 것이다. 시대에 지나치게 앞서 특허를 받는 것도 그다지 큰 효용성이 없다는 점을 증명한 사례라고 볼 수 있다.

빌 잉글리시는 초기 마우스를 개발하고 제록스 파크 연구소에 입사해서 1972년 앞으로 마우스의 가장 기본적인 형태가 되는 기계식 볼 마우스를 발명했다. 가운데 볼이 굴러가면서 포인팅 위치를 변경하도록 했는데, 이것이 알토와 결합하면서 최초의 GUI 구현을 가능케 했다.

현재 우리가 알고 있는 대부분의 GUI는 알토 인터페이스로부터 유래했는데, 이를 PUI(파크 유저 인터페이스)라고 부르는 사람들도 있다. PUI에는 윈도, 메뉴, 아이콘, 라디오단추, 체크박스 등 그래픽 요소를 채용했으며 마우스와 키보드를 입력장치로 사용했다. 이 컴퓨터를 개발한 것이 1973년의 일인데, 애플Ⅱ를 발표한 시기가 1977년임을 감안하면 이들이 얼마나 시대를 앞서갔는지 쉽게 짐작할 수 있다.

알토는 이렇게 혁신적인 컴퓨터였지만 상업화에는 성공하지 못했다. 이 컴퓨터는 나중에 제록스 스타라는 이름으로 시장에 나왔고 2만 5천 대 정도 팔리는 데 그쳤다.

나중에 GUI는 애플과 마이크로소프트를 통해 꽃을 피우는데, 스티브 잡스의 눈에 띈 PUI는 후에 파크의 래리 테슬러가 애플에 입사해서 진행한 리사 프로젝트와 매킨토시를 통해 전 세계를 깜짝 놀라게 했다.

이후 매킨토시의 GUI는 빌 게이츠에 의해 윈도로 재창조되었고, 전 세계를 호령했다. 이 과정에서 애플과 마이크로소프트, 또한 제록스와 애플 사이에 특허소송이 진행되었지만, 특허를 내놓고 너무 오랜 시간이 지난 뒤에 권리를 찾으려 했기 때문에 제록스는 별다른 소득을 얻지 못했다.

2002년 독자적인 연구기관이면서 지식공장 형태로 독립한 파크는 이후 제록스 일뿐만 아니라 다양한 연구를 수행하는 상업적 연구 전문기업이라는 새로운 형태로 발전한다. 이제는 제록스뿐만 아니라 후지쓰나 샌디에이고에 위치한 세계적인 병원 스크립스 클리닉 등과 함께 생명과학, 재생 및 클린 에너지 연구에도 힘을 쏟으면서 여전히 세계적인 연구소로서 명성을 이어가고 있다.

🌐 __애플 최악의 실패작, 애플Ⅲ

거함 IBM이 PC 시장에 참전하기 시작한 1981년, 초기에는 애플의 우세가 지속되었다. 애플Ⅱ는 1981년에도 공급보다 수요가 많은 최고의 베스트셀러였지만, 개방형 아키텍처를 적용한 IBM PC가 막강한 자금력을 바탕으로 마케팅을 펼치고 동시에 저가 호환기종들이 선을 보이면서 애플의 위세는 꺾이기 시작했다.

IBM이 PC를 내놓을 거라는 움직임을 간파한 애플은 애플Ⅱ에 이어 새로운 모델을 출시하려고 노력했다. 물론 애플Ⅱ가 Ⅱ+, Ⅱe, Ⅱc와 같은 다양한 형태로 진화했지만 본질적인 업그레이드는 이뤄지지 않았기 때문에, 실질적인 새 모델이 간절히 필요한 상황이었다. 애플 내부에서는 애플Ⅱ 후속작을 2가지 방안으로 진행했다. 하나는 애플Ⅱ에 대한 직접적인 후속 모델이라는 의미를 가진 애플Ⅲ였고, 나머지 하나는 앞서 언급한 제록스 파크 연구소의 GUI 개념을 도입해서 새로운 컴퓨터 혁신을 추구한 리사 프로젝트였다. 두 프로젝트 모두 1978년에 태동했는데, 애플Ⅲ 프로젝트는 애플의 웬델 샌더 박사가 주도했다.

내부에서는 애플Ⅲ 프로젝트를 샌더 박사의 딸 이름을 따서 사라라는 코드명으로 불렀다. 애플Ⅲ는 1980년 5월 19일 출시되었는데, 이는 IBM이 당시 개발하고 있던 PC를 의식한 것이었다. 그러나 애플Ⅲ는 서둘러 내놓은 탓에 하드웨어 설계에 결정적인 결함이 있었다. 특히 발열과 관련한 문제가 심각했다.

가격 또한 4,340달러에서 7,800달러 사이로 결정되었는데, 이는 애플Ⅱ는 물론 당시에 판매되고 있던 CP/M 기반 컴퓨터들에 비해 월등히 비싼 가격이었다.

그렇다고 IBM처럼 16비트 CPU를 채택한 것도 아니었고, 애플Ⅱ와 호환까지 가능하다고 애플은 강조했지만 상당수 프로그램들이 호환되지 않는 등 수많은 문제점을 야기하면서 초기에 판매된 1만 4천 대 컴퓨터를 모두 리콜해야 했다. 이런 과정에서 소비자의 신뢰는

땅에 떨어졌고, 총 6만 5천 대 정도를 판매하는 데 그쳐 결국 1984년 4월 24일 단종되는 운명을 맞는다.

애플III의 실패를 두고 애플 공동창업자인 스티브 워즈니악은 애플III가 엔지니어가 아닌 마케팅 부서에서 부실하게 기획한 프로젝트였기 때문이라는 주장을 펴기도 했다. 이런 이유로 당분간 애플은 애플II 라인업을 버릴 수 없었고, 애플III에 적용된 하드웨어와 소프트웨어 기술들은 그 뒤에 출시한 애플II의 상위 기종들에 조금씩 적용되었다.

⊛ __리사의 실패와 매킨토시의 시작

리사 프로젝트 역시 1978년에 시작되었다. 리사는 제록스 파크 연구소에 들렀던 스티브 잡스가 알토 컴퓨터에 매료되어 시작한 프로젝트로, GUI를 최초로 상용화해 일반인들도 이용하게 한다는 목표가 있었다.

1978년 스티브 잡스는 첫째 딸을 얻었는데, 딸 이름이 리사였기 때문에 컴퓨터 이름을 리사로 결정했다는 이야기가 거의 정설로 전해지고 있다. 애플에서는 공식적으로 리사가 'Local Integrated Software Architecture'의 약자라고 발표했지만, 이는 스티브 잡스가 작명한 뒤에 소위 역공학을 통해 만들어진 이름이었다.

이 프로젝트에 스티브 잡스는 프로젝트 매니저로 직접 참여했지만, 지나치게 화를 많이 내고 감정적이어서 팀원들에게 쫓겨나고 말았다. 스티브 잡스는 대신에 1979년 리사보다 저렴하고 GUI를 구현할 컴퓨터 프로젝트인 매킨토시(Macintosh)를 맡았다.

1983년 1월 19일 판매를 시작한 리사는 당대 최고 컴퓨터로 불려도 손색이 없을 명작이라는 평가를 받았다. 보호메모리, 협업 멀티태스킹, 우수한 하드디스크 기반 운영체제, 내장형 스크린 세이버, 2MB까지 확장 가능한 RAM, 확장슬롯, 숫자 키패드, 가상 파일명, 고해상도 디스플레이 등 이후에도 한동안 나타나지 못했던 무수한 기술의 집합체였다.

심지어 어떤 기능은 맥 OS X이 나오고 나서야 구현된 것들이었으니 시대를 뛰어넘는 역작이었다고 해도 과언이 아니다.

그러나 리사는 이런 화려한 기능을 수행하기에는 턱없이 모자란 5MHz 모토롤라 68000 마이크로프로세서를 CPU로 이용했기에 전반적으로 느리다는 느낌을 주었고 무엇보다 9,995달러라는 엄청난 가격이 큰 무리수였다.

기술자와 평론가는 열광했지만 이 정도 가격을 지불할 수 있는 소비자는 거의 없었고 뒤이어 나온 매킨토시와 콘셉트도 겹치면서 애플Ⅲ에 이은 또 하나의 실패작으로 기록되고 만다.

✵ 매킨토시 프로젝트와 하르트무트 에슬링거

애플은 애플Ⅲ의 실패를 발판 삼아 리사 프로젝트를 진행하면서, 동시에 제프 라스킨이라는 직원의 주도로 쉽고 비교적 저렴한 새로운 PC 개발 프로젝트를 진행한다. 그는 자신이 가장 좋아하는 사과의 품종 이름을 컴퓨터에 붙였는데, 이것이 바로 매킨토시다. 1979년 9월 라스킨은 매킨토시를 제작하기 위한 팀을 구성하기 시작한다. 초기에는 모토롤라의 6809E 마이크로프로세서로 디자인했으나, 이후 리사팀에서 일했던 멤버들이 합류하면서 리사와 동일한 68000 프로세서로 전환했다.

이 작업은 스티브 잡스의 눈에 들었다. 스티브 잡스는 단번에 리사보다는 매킨토시가 성공하겠다고 생각했다. 더구나 리사팀에서 갈등까지 생기자 리사팀을 나와 1981년 매킨토시팀에 합류했다. 그러나 초기 매킨토시 프로젝트의 리더였던 제프 라스킨은 스티브 잡스의 관리방식과 괴팍한 성격을 견디지 못하고 팀을 떠난다. 스티브 잡스는 매킨토시 프로젝트를 진행하면서 PC에 디자인 철학을 넣고 싶었다. 그래서 파격적인 조건으로 당대 최고 디자이너 한 명을 1983년 고용했는데, 그가 바로 하르트무트 에슬링거다.

지금은 엄청나게 뛰어나 보이지 않지만, 당시로서는 대단한 디자인 혁명을 일으켰던 매킨토시 SE를 디자인한 사람이 바로 하르트무트 에슬링거다. 오늘날 애플의 디자이너로서는 조나단 아이브가 더 유명하지만 애플 디자인의 선구자는 에슬링거라고 할 수 있다.

에슬링거는 독일 출신으로 산업디자인을 전공했다. 스물다섯 살에 독일에서 대학공부를 마치고 자신의 디자인 스튜디오를 차렸는데, 이후 회사 이름을 프로그 디자인으로 바꾼다. 프로그 디자인은 오늘날에도 세계 최고의 디자인 스튜디오 중 하나로 그 명성을 떨치고 있다. 에슬링거가 회사를 차리고 처음으로 한 일이 독특한 독일 가전회사 베가(Wega)의 플라스틱 컬러 TV와 하이파이 오디오를 만드는 것이었다. 이 작품으로 그는 세계적인 명성을 얻었고, 소니에 스카우트되어 소니의 다양한 제품들을 디자인했다. 베가 역시 소니와 합병했는데, 소니-베가의 음악시스템 콘셉트 51K는 뉴욕에 있는 세계적인 현대미술 박물관인 MOMA에 전시되기도 했다.

세계적인 디자이너로서 명성을 날리던 에슬링거는 1976년 루이비통 디자인까지 담당하며, 루이비통을 세계적인 브랜드로 성장시키는 데 한몫했다. 이렇게 잘나가던 디자이너가 당시로서는 디자인과 전혀 상관없어 보이는 컴퓨터 회사 애플과 인연을 맺은 것도 어찌 보면 대단한 일이었다.

스티브 잡스는 매킨토시 프로젝트를 지휘하던 1982년, 애플에도 세계적인 산업디자이너가 필요하다는 결론을 내렸다. 특히 잡스는 애플의 모든 제품에 단일개념을 적용하는 데 관심을 두었다. 이를 위해 유명 잡지를 통해 디자인 대회를 개최했는데, 과제는 '백설 공주와 일곱 난쟁이'의 이름을 딴 제품을 디자인하는 것이었다. 이 대회에서 에슬링거는 당당히 우승했고, 애플과 파격적인 조건으로 디자인 계약을 맺었다.

에슬링거와 디자인팀이 만들어낸 개념이 바로 한 시대를 풍미한 '스노 화이트 디자인 언어'다. 1984년부터 1990년까지 애플의 모든 제품이 이 개념에 따라 제작되었는데 깎아낸 모서리, 사선, 둥근 모서리 등을 현명하게 활용하되 수직선과 수평선을 이용해서 컴퓨터 케이스의 선들을 분할해 실제보다 작아 보이게 했다. 이때 채택한 연한 베이지 색상은 이후 모든 컴퓨터 케이스 디자인에 엄청난 영향력을 행사했다.

스노 화이트 디자인으로 에슬링거는 수많은 산업디자인 상을 휩쓸었다. 또한 그는 스티브 잡스가 애플의 권좌에서 밀려나자 애플과의 계약을 파기하고 스티브 잡스를 따라 넥스트로 옮겨간 의리파이기도 하다. 애플과의 인연 이후에도 그는 전 세계에 뚜렷한 족적을 남긴다. 루프트한자의 글로벌 디자인과 브랜드 전략, SAP CI 작업 및 소프트웨어 사용자 인터페이스, 마이크로소프트 윈도 브랜드와 인터페이스 등이 모두 그의 손을 거쳐서 나왔다. 그밖에도 지멘스, NEC, 올림푸스, HP, 모토롤라, GE와 같은 세계적인 기업들이 그의 디자인을 사용했다.

에슬링거 이외에도 매킨토시 프로젝트에는 소프트웨어의 앤디 허츠펠트, 아이콘과 글꼴을 책임진 수잔 캐어, 퀵드로를 개발한 빌 앳킨슨 등 희대의 천재들이 한자리에 모여서 개발에 몰두했다. 매킨토시가 탄생한 데에는 이들의 공을 무시할 수 없을 것이다.

1984년 드디어 매킨토시는 GUI로 무장하고 세상에 선을 보인다. 매킨토시 자체는 상업적으로 기대했던 만큼의 성공을 거두지 못했지만, 세상은 새로운 인터페이스에 열광했고 이후 마이크로소프트 윈도의 탄생에 큰 영향을 미치게 된다.

마케팅 귀재, 스티브 잡스를 축출하다 | 1985

IBM이 PC 시장에 진출하자 위기를 맞은 애플호. 리사와 매킨토시를 준비하면서 기술과 새로운 제품도 중요하지만 마케팅과 영업부문에서 정말 뛰어난 인재가 있어야 한다고 생각한 스티브 잡스와 애플 이사회는 당대 최고의 마케터로 불리던 존 스컬리를 영입한다.

말 한마디로 인재를 얻다

존 스컬리는 1939년생으로 스티브 잡스보다 열여섯 살이 많다. 스컬리는 1970년대 펩시콜라 부사장 시절 코카콜라에 절대적으로 밀리던 브랜드인 펩시콜라를 최고의 브랜드로 키워낸 장본인으로서, 그 공로를 인정받아 1977년 사장 자리에 오른 최고의 마케터다. 그는 아직도 펩시콜라 사상 최연소 사장이라는 기록을 보유하고 있다.

당시 애플 CEO는 여전히 공동창업자인 마이크 마큘라였다. 그는 일선에서 퇴진하려고 마음을 먹었지만, 괴짜 엔지니어와 언제나 사람들과 분쟁을 일삼는 다른 공동창업자에게 회사를 맡기고 싶지는 않았다. 또한 애플Ⅱ 성공 이후에 야심차게 준비한 매킨토시를 성공으로 이끌기 위해서는 강력한 마케팅을 펼쳐줄 인재가 필요하다는 점은 애플에 있는 누구나가 공감하는 사안이었다. 그래서 점찍은 후보가 존 스컬리다.

미국 최고의 거대 기업에서 거액의 연봉을 받는 인사가 애플같이 상대적으로 작은 기업에서 일할 이유가 없었다. 게다가 당시만 해도 비즈니스맨들은 서부 실리콘밸리에 있는 회사들을 다소 천박하고 가볍다고 여겼고, 너무 젊은 사람들이 세상물정 모르고 사업한다고 생각했기 때문에, 존 스컬리가 애플로 옮겨간 것 자체가 엄청난 뉴스거리였다.

마이크 마큘라와 상의하긴 했지만 존 스컬리를 애플로 스카우트한 장본인은 바로 스티브 잡스다. 존 스컬리가 스티브 잡스의 러브콜을 받아들여 애플로 간 이유가 순전히 스티브 잡스의 말 한마디 때문이라는 건 매우 유명한 일화다. 스티브 잡스는 뉴욕에 있는 자신의 아파트로 존 스컬리를 초대했고, 발코니에서 자신보다 훨씬 나이도 많고 경력도 압도적으로 풍부한 거물에게 다음과 같이 말했다. "평생 설탕물만 팔면서 살고 싶습니까? 아니면 세상을 바꾸고 싶습니까?"

존 스컬리는 이 한마디에 엄청난 충격을 받았다. 상당히 당돌하고 모욕적인 언사였지만, 개인이 가지고 있는 도전정신을 자극하는 한마디였다. 존 스컬리는 그렇게 애플이라는 배에 승선했다.

✦ 폭풍우 속에서 항해하는 선장 역할

존 스컬리가 애플에 승선한 뒤, 존 스컬리의 마케팅 능력과 스티브 잡스의 창의력이 빛을 발하면서 애플은 한동안 승승장구했다. 존 스컬리는 애초에 1,995달러로 책정된 매킨토시 가격과 시장 포지션을 바꾸는 모험을 감행했다. IBM PC 호환기종과는 차별된 시장을 선도하기 위해 매킨토시 가격을 2,495달러로 올려서 수익을 늘렸고, 이를 바탕으로 한 프리미엄 마켓을 집중 공략하는 공격적인 광고 캠페인을 펼쳤다. 이 시기에 존 스컬리와 스티브 잡스가 함께 만든 작품이 광고사에 길이 남은 역작인 '1984' 광고다. 애플은 이 광고를 1월 17일 열린 미국 최고의 스포츠 이벤트인 미식축구 슈퍼볼의 하프타임 중에 내보냈다.

광고 초안이 나왔을 때 필름을 본 존 스컬리와 스티브 잡스는 무척 만족스러웠다. 그러나 1983년 12월 시연회에서는 이 두 사람을 제외한 모든 사람이 혹평하며 광고를 내보내지 말자는 의견을 피력했다고 한다. 특히 스티브 워즈니악의 반대가 극심했는데, 스티브 잡스가 강력하게 이사회를 설득해서 이 광고를 집행할 수 있었고, 커다란 반향을 불러일으켰다. 이 광고를 감독한 사람이 바로 〈블레이드 러너〉, 〈에일리언〉, 〈글래디에이터〉 등 명작을 탄생시킨 리들리 스콧이다.

그러나 위기는 생각보다 빨리 찾아왔다. 1984년 애플은 15억 달러 매출을 올렸는데, 이는 1983년에 비해 55퍼센트나 증가한 것이지만 이를 기점으로 판매 부진이 심각해서 존폐를 논할 정도의 위기가 닥친다. 이를 극복하기 위해 존 스컬리는 비전만을 강조하면서 앞으로 달려나가는 스티브 잡스를 애플에서 몰아내려는 계획을 세운다.

스티브 잡스의 가장 큰 실책은 매킨토시의 판매를 지나치게 낙관했다는 점이다. 그만큼 혁신적인 매킨토시에 자신이 있었지만, 수만 대의 컴퓨터를 미리 생산해서 재고로 쌓아둔 점은 경영상 큰 실책이었다. 8만 대를 미리 준비했지만 결국 1984년 2만 대만 팔리자 애플은 곧바로 심각한 위기를 맞는다.

실패요인은 매킨토시가 완벽한 준비를 하지 못한 데 있었다. 제품의 스펙이 경쟁제품을 압도한 것도 아니었고, 무엇보다도 과거 애플II에서 사용할 수 있었던 수많은 소프트웨어의 호환이 완전히 무시되었기 때문에 소프트웨어가 절대적으로 부족했다.

1985년 판매실적을 보면 아직도 매출의 70퍼센트가 애플II에서 나오고 있는데도 매킨토시에만 집중하는 경영진에 불만을 품고 수많은 애플II 디자이너와 엔지니어 들이 회사를 떠났다.

매킨토시의 판매실적은 1985년 더욱 악화되어 단 2,500대만 팔렸고, 이러한 부진 때문에 스티브 잡스는 다른 사람들을 심하게 나무라고 불평하면서 조직을 흔들고 있었다. 그러나 매킨토시 프로젝트에 대한 자신의 잘못은 인정하려 들지 않았다. 마침내 스티브 잡스는 애플이 잘못되어가고 있는 책임을 존 스컬리에게 전가하려고 했고, 이는 경영권 분쟁으로 이어졌다. 이때는 이미 스티브 잡스 편을 들어주는 사람이 아무도 없었다. 결국 존 스컬리가 스티브 잡스를 쫓아낸 모양새가 되었으나, 당시에 스티브 잡스는 큰 기업을 경영하기에는 함량 미달이었던 셈이다.

애플의 전성시대를 함께 열었던 마이크 마큘라마저 스티브 잡스를 몰아내기로 결정한다. 그래서 1985년 5월 스티브 잡스는 애플 이사회에 의해 회사의 주요 보직을 박탈당하고, 그해 12월 애플을 떠나게 된다. 이때의 상처가 얼마나 컸던지 스티브 잡스는 자신이 가지고 있던 애플 주식 전부를 팔아치우고, 자신만의 새로운 벤처사업을 시작하기로 결심한다.

✹__침몰하는 애플 구출하기

존 스컬리는 스티브 잡스가 떠난 뒤에 과감한 구조조정을 단행했다. 전체 직원의 20퍼센트에 달하는 인원을 해고하고, 여러 사업부로 흩어져 있던 사람들을 하나의 구조로 통합했다. 이로써 매출 규모는 작아졌지만 비용구조가 개선되면서 수익을 내기 시작했다.

1986년 애플은 19억 달러 매출로 1985년보다 부진한 실적을 냈지만, 애플에 등을 돌렸던 소프트웨어 회사들을 설득해 매킨토시용 애플리케이션을 제작하도록 만드는 데 성공하면서 재기할 발판을 마련했다.

존 스컬리는 전자출판(DTP)이라는 새로운 니치 마켓에 집중했다.

매킨토시는 전체 PC 시장의 주도권을 쥘 수는 없었지만 특정 시장에서는 강력한 비교우위를 가질 수 있었던 것이다. 이러한 전략을 통해 매킨토시는 매출이 점점 증가하면서 자신만의 영역을 탄탄히 다지는 데 성공하고, 애플은 IBM에 이은 2위 자리를 공고히 하면서 안정된 성장을 이룬다.

🌐 __회사가 필요로 하는 자질이 달랐을 뿐

존 스컬리는 이러한 성과를 거두고도 1993년 애플을 떠나야만 했다. 위기에서 회사를 건져 올리는 데에는 성공했지만 딱 거기까지였다. 애플이 한 단계 도약하기 위해 새로운 돌파구를 찾아내려고 시작한 여러 프로젝트는 현실성이 부족했고, 단기간에 너무 많은 제품을 기획하는 등 첨단산업 분야에서 전통산업을 관리하던 방식의 의사결정을 내림으로써 애플 특유의 창의성과 독창성을 폭발시키지 못했다.

이후 애플은 전통산업에 밝았던 몇 명의 CEO들에 의해 죽어가는 공룡 같은 모습으로 근근이 버티기만 하다가, 스티브 잡스가 돌아오면서 다시 한 번 그들의 에너지를 폭발시켰다. 물론 애플에 복귀한 스티브 잡스는 애플에서 쫓겨나던 시절의 그가 아니었다. 스티브 잡스가 이제는 비전과 창의성, 특유의 카리스마뿐만 아니라 관리방식과 팀플레이, 경영 자체에 대한 경험에 이르기까지 거의 대부분을 갖춘 완성된 CEO로 돌아왔기에, 애플은 다시 부활의 날갯짓을 할 수 있었다.

만약 스티브 잡스 대신 존 스컬리가 1985년 애플에서 쫓겨났다면 오늘의 애플이 있었을까? 그랬다면 스티브 잡스는 애플과 함께 이미 오래전에 실패의 나락으로 떨어졌을지도 모른다. 존 스컬리가 당시에 애플을 맡아서 사태를 수습했고, 그동안 스티브 잡스가 새로운 경험을 하고 돌아오는 일련의 과정이 있었기에 오늘날의 애플이 존재한다고 하면 과장일까?

70년대 후반부터 80년대 초반까지 IT 역사는 애플과 IBM이라는 두 거인이 이끌어갔다. 특히 애플의 역사는 한 편의 드라마 같다. 이 틈새에서 가장 큰 세력을 키운 곳이 조용한 강자 마이크로소프트다. 조용한 승리를 거둔 마이크로소프트는 90년대에 들어서 최강자의 자리를 유지하는 발판을 이때 마련했다.

그리고 남은 이야기, 폴 앨런과 스티브 워즈니악

마이크로소프트와 애플은 여러 가지 측면에서 공통점이 참 많다. 두 회사를 지휘한 빌 게이츠와 스티브 잡스는 55년생 동갑내기고, 각자 공동창업자와 함께 회사를 키웠다. 비록 걸출한 창업자들만큼 전 세계의 주목을 받지는 못했지만, 이들 못지않게 두 회사의 탄생에 중요한 역할을 한 두 공동창업자 폴 앨런과 스티브 워즈니악에 대해서도 알아보자.

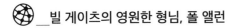 __빌 게이츠의 영원한 형님, 폴 앨런

폴 앨런은 1953년생으로 빌 게이츠의 레이크사이드 스쿨 선배다. 학교 컴퓨터 클럽에 같이 가입해서 여러 프로젝트를 함께 진행했고, 빌 게이츠가 하버드 대학교에 진학했을 시점에 PC가 등장하는 것을 보고 빌 게이츠를 부추겨서 마이크로소프트를 창업하게 한 장본인이다.

폴 앨런은 고등학교를 졸업하고 워싱턴 주립대학교로 진학했지만 보스턴 하니웰에서 일을 하기 위해 학교를 그만두었다. 그가 하니웰로 간 진짜 이유는 하버드에 빌 게이츠가 있었기 때문이다. 결국 폴 앨런은 빌 게이츠가 하버드 대학교를 그만두게 만들고 같이 마이크로소프트를 창업했다.

초창기부터 폴 앨런은 빌 게이츠와 함께 회사를 키워나갔다. 특히 그는 1981년 SCP로부터 운영체제의 권리를 사들여서 MS-DOS를 탄생시키는 데 결정적인 공헌을 했고, 이를 통해 마이크로소프트가 세계적인 소프트웨어 회사로 발돋움하는 초석을 다졌다.

그러나 마이크로소프트가 세계 최고의 소프트웨어 회사로 나아가던 1983년 혈액암 일종인 호지킨병(림파종의 일종) 진단을 받고 마이크로소프트를 떠났다. 수차례에 걸친 방사선 치료와 골수 이식을 받고 완쾌했지만, 마이크로소프트로 복귀하지 않았다. 가끔씩 이사회에 참석해 의견을 피력하는 정도로만 경영에 관여했다. 2000년 11월에는 이사회에서도 공식 사임했다. 2009년 11월 또 다른 비호지킨 림파종 진단을 받았는데, 결국 병을 이기지 못하고 2018년 세상을 떠났다.

폴 앨런은 호지킨병 이후에 인생관이 많이 바뀌었다. 그는 다양한 자선활동을 펼치면서 여생을 보냈는데, 특히 의료와 인간, 과학과 기술의 발전을 위한 다양한 기관에 기부하고 자신이 가진 역량을 활용하기도 했다. 1986년 자신과 가족의 이름을 딴 폴앨런 가족재단을 설립하고 매년 기금을 3천만 달러 정도 운용하고 있다. 특히 자신이 살고 있는 시애틀과 워싱턴주에 기금의 60퍼센트를, 인접한 오리건 주도인 포틀랜드에는 12퍼센트를 사용하고, 나머지도 미국 북서부 태평양 연안 도시들이 다양한 활동을 할 수 있도록 지원하는 등 지방 발전에 깊은 애정을 보였다.

폴 앨런이 유명한 또 하나의 이유는 벤처자선이라고 명명한 프로젝트 때문이다. 이를 통해 여러 가지 활동을 하는데, 예를 들면 음악경험 프로젝트, SF 박물관과 명예의 전당, 비행유물 컬렉션, UC 버클리와 SETI와 함께하는 앨런 망원경 배열(ATA) 프로젝트 등이 있다. 그밖에도 여러 대학, 특히 의과대학에서 진행하는 의학연구에 거금을 기부했다.

말년에는 인공지능에 지대한 관심을 두고서 2014년 AI2라고도 불리는 앨런 인공지능연구소(Allen Institute for Artificial Intelligence)를 설립했는데, 이 연구소는 현재까지도 인공지능 연구분야에서 가장 앞서나가는 세계적인 연구기관이다. AI2로 명명한 데에는 여러 가지 의미가 있다. 이전에는 생명과학과 뇌과학을 중심으로 연구했던 앨런 연구소의 두 번째 연구소라는 의미도 있고, 인공지능의 약자인 AI와 앨런 연구소의 약자인 AI가 연달아 나온다는 의미도 있다. AI2에서는 특히 기술과 기술 발전이 불러올 사회적, 경제적 결과가 분리될 수 없다는 점을 들어, 인공지능 프로젝트에 사회적 임무를 더한 '공익을 위한 인공지능' 연구를 중점적으로 수행한다.

이렇게 오랜 NGO 활동과 기부를 통해, 폴 앨런은 우리나라에는 빌 게이츠에 비해 덜 알려져 있지만 미국 사회에서는 대단히 존경받는 저명한 인물이다.

🌐 __ 미국 서북부 프로스포츠의 대부

폴 앨런은 또한 여러 프로스포츠팀의 구단주이기도 했다. 그의 스포츠에 대한 관심은 개인적인 측면도 작용했겠지만, 대부분은 오리건과 워싱턴주 프로스포츠팀이 어려움을 겪는 상황을 그냥 보고 지나치지 못해서 시작되었다. 그만큼 그는 자신의 고향과 인근 지역에 공헌하는 방법을 언제나 고민해온 사람이었다.

1988년 그는 오리건주를 대표하는 NBA 농구팀인 포틀랜드 트레일 블레이저스를 7천만 달러에 사들였다. 이후에도 어려움이 있을 때마다 포틀랜드를 위해 아낌없이 투자하고는 했다. 이에 포틀랜드 시장은 언제나 그에게 고마움을 표시했다. 폴 앨런은 2007년 4월 2일 포틀랜드 로즈가든 매입 완료를 선언하는 자리에서 "포틀랜드 트레일 블레이저스가 지역 주민들에게 걱정을 끼치지 않고 경기를 할 수 있도록 기울이는 나의 노력이 건강한 환경을 조성하는 초석이 되면 좋겠다"는 말을 하기도 했다.

1997년에는 프로 미식축구팀인 시애틀 시호크스를 샀다. 이 매입은 전임 구단주인 켄 베링이 연고를 시애틀에서 LA가 있는 남부 캘리포니아로 옮기려고 하던 시도를 막기 위한 것으로, 역시 시애틀 주민들을 위한 투자였다. 그는 시호크스의 새로운 경기장인 퀘스트 필드를 신축하는 데에도 많은 기여를 했다. 이후에는 시애틀 지역 MLS 축구팀인 시애틀 사운더스 FC의 구단주가 되어 명실상부한 미국 서북부 프로스포츠의 대부로 등극했다.

⚽ _영원한 괴짜 스티브 워즈니악

애플Ⅱ의 아버지인 스티브 워즈니악은 사실상 애플Ⅱ에 관한 모든 것을 창조한 슈퍼 엔지니어다. 하드웨어와 소프트웨어, 디자인과 게임 등 모든 것을 거의 혼자서 다 해치우던 그 능력은 아직까지 어느 누구도 흉내 내지 못할 정도의 경지였다. 그만큼 전설적인 인물이지만, 다른 모든 사회생활과 관련한 부분에서는 글자 그대로 '괴짜' 인생이다.

최근에도 매일같이 세그웨이라는 외발 전동차를 타고서 실리콘밸리 주변에 출몰한다. 과거 아이패드가 출시되던 날도 이것을 타고 줄을 섰다가 아이패드를 사서 떠나는 그의 모습이 언론에 보도되기도 했다. 어찌 보면 그처럼 즐겁게 인생을 살아가는 사람도 거의 없을 것이다.

애플Ⅱ가 대성공을 거두고 1980년 애플이 기업공개를 했을 때, 스티브 잡스와 스티브 워즈니악은 대조적인 행동을 했다. 스티브 잡스는 자신의 스톡옵션을 다른 직원들과 나누기를 거부한 반면, 워즈니악은 '워즈플랜'이라는 이름으로 자신의 스톡옵션 중 상당량을 거의 공짜나 다름없이 직원들에게 나누어주었다. 그런 만큼 그는 어찌 보면 돈과는 거리가 먼 삶을 살아왔다.

1981년 2월 스티브 워즈니악은 자신의 비행기를 몰고 산타크루즈 스카이파크에서 이륙하는 순간 사고를 당하고 만다. 사실 스티브 워즈니악은 비행기 조종 면허도 없었고 조종에 익숙하지도 않았기 때문에 이 사고는 그 자신이 자초했다고도 할 수 있다. 이 사고로 스티브 워즈니악은 병원 신세를 졌는데 특이한 형태의 기억상실증을 한동안 앓는다. 비행했다는 사실도 사고 정황도 기억하지 못했다. 심지어는 병원에 머물던 시기의 일도 한동안 기억하지 못했다. 단기 기억에 심각한 문제가 생겨서 어딘가로 이동한 뒤에는 자기가 왜 그곳에 왔는지 자꾸 잊어버리고 날짜 감각도 사라졌다.

이렇게 심각한 상황에서 스티브 워즈니악을 극진히 도와준 여자친구가 있었는데 그녀가 바로 캔디스 클라크, 애플 창업시절 회계를 맡았던 여직원이다. 그녀의 정성으로 애플Ⅱ 컴퓨터 게임과 과거 이야기를 들으면서 스티브 워즈니악은 마침내 기억을 되찾을 수 있었다. 영화와도 같은 연애를 한 두 사람은 그해 연말 결혼에 골인한다.

그러나 이들의 결혼생활은 그리 오래가지 못했다. 스티브 워즈니악은 캔디스 클라크와 결혼하기 전에 이미 한 차례 결혼한 전력이 있었으며, 그녀와 이혼한 뒤에도 여러 차례 결혼을 했다.

✸ _스티브 워즈니악, 애플을 떠나다

비행기 사고 이후, 스티브 워즈니악은 바로 애플로 복귀하지 않고 UC 버클리로 돌아가서 못다 끝낸 학업을 이어나갔다. 이때도 그의 장난기는 여전해서 본명을 숨기고 대신 록키 래쿤 클라크라는 이상한 이름을 썼다. 록키는 그가 기르던 개의 이름이고 클라크는 부인의 과거 성이다. 학교를 2년 정도 다니다가 1983년 애플에 복귀하면서 학교생활과 병행하기로 결심하고, 마침내 1986년 UC 버클리에서 학사학위를 취득했다.

애플로 돌아온 워즈니악은 더는 자신이 엔지니어로서 해줄 것이 없는 상황임을 느꼈다. 또한 매킨토시 프로젝트를 스티브 잡스가 진행하면서 기존 애플Ⅱ팀을 지나치게 공격하는 모습과 애플Ⅱ를 함께 만들었던 많은 동료들이 떠나는 모습을 지켜보면서 애플에 대한 마음을 슬슬 접기 시작했다.

스티브 워즈니악은 1987년 2월 6일, 12년 동안 일했던 애플의 상근 지위를 벗어던진다. 그러나 그는 파트타임으로 애플에 고용되어 있으면서 가장 중요한 주주의 역할을 오랫동안 수행했다. 또한 스티브 잡스와 갈등을 겪기도 했지만 여전히 그를 자주 만나면서 후방에서 애플을 든든하게 지켰다.

✸ __괴짜 인생을 본격적으로 시작하다

애플을 떠난 스티브 워즈니악은 CL9라는 벤처회사를 설립했다. 이 회사는 세계 최초로 유니버설 리모트 컨트롤러를 1987년 시장에 내놓은 곳이다. 또한 초등학교 5학년 학생들을 가르치는 일에도 전념했다. 2001년에는 윌스 오브 제우스라는 회사를 설립해서 무선 GPS 기술을 개발했고, 2002년에는 립코드 네트웍스라는 통신 관련 벤처회사에 이사로 참여하는 등 독특한 벤처회사들의 경영에 참여했다.

더불어 자신의 전 재산을 자신이 살고 있는 동네의 교육사업에 기부했다. 이를 통해 학교에 기술 관련 교육과정을 만들었고 자신이 직접 가르치는 일에도 뛰어들었다. 산호세에 있는 어린이 디스커버리 박물관의 주된 기부자이기도 하다.

어른이 되어서도 여전히 어린아이 같은 그의 기행은 언제나 많은 사람들에게 즐거운 추억을 안겨주곤 했다. 테트리스 같은 종류의 게임을 하면 언제나 세계 랭킹 1위에 올랐으며, 하도 그런 경우가 많아서 가명을 자주 쓰는 걸로도 유명했다. 〈스타와 함께 춤을〉에 출연해 멋진 춤 실력을 뽐내기도 했던 스티브 워즈니악. 그는 역대 최고 엔지니어로서 영원히 많은 사람들의 기억 속에 남을 것이다.

Chapter 3

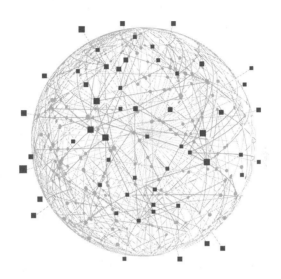

두 번째 전환:
소프트웨어 혁명

(1985~1995)

파크 연구소에서 시작한 GUI가 세상을 바꾸게 되리라는 사실을 몰랐던 건 파크 연구소와
제록스뿐이었다. GUI의 진가를 알아본 애플이 상용화를 시작했고, 다시 진가를 알아본
마이크로소프트가 전성기를 열었다.

스티브 잡스는 자신이 데리고 온 존 스컬리에 의해 자신이 설립한 회사에서 쫓겨난다. 잡스는 불같이 화를 냈지만 이미 세상은 그의 편이 아니었다. 직원 6명을 데리고 넥스트라는 작은 회사를 차리며 와신상담하는 수밖에 다른 도리가 없었다.

MS-DOS로 세상의 대부분을 차지한 빌 게이츠에게 스티브 잡스는 아무런 걱정거리도 아니었다. 다만 그가 퇴사하기 전에 내놓은 매킨토시가 신경 쓰였다.

빌 게이츠는 GUI가 곧 세상을 바꾸리라는 걸 알고 있었고, 선두는 빼앗겼지만 실질적인 승자는 자신이어야 한다고 굳게 믿었다. 지금까지 그래왔듯이 말이다. 빌 게이츠는 지금의 캐시카우를 죽일 시기가 왔다고 직감했다. MS-DOS는 이제 역사의 뒤안길에 묻어두고 독립적으로 움직일 윈도를 앞으로 내보낼 차례였다. 우리가 매킨토시를 따라한다고? 어차피 매킨토시도 알토를 따라한 것이지 않은가!

마이크로소프트,
최초의 윈도를 선보이다 | 1985

애플Ⅱ와 IBM PC의 출시, 그리고 1984년 1월 매킨토시가 등장하기까지 숨 가쁘게 이어지던 애플과 IBM의 대결은 엉뚱한 승자를 만들어냈다. IBM PC 호환기종을 등에 업은 마이크로소프트가 전장을 지배하면서 진정한 승자는 마이크로소프트로 귀결되었고, 전 세계 컴퓨팅 환경은 마이크로소프트와 IBM 호환기종 제조업체 및 강력한 주변기기 회사들이 지배하기 시작한다.

⊛ IBM PC의 진화, AT의 등장과 MS-DOS 3.0

천하의 IBM이지만, PC 시장에서 초기부터 성공적이었던 건 아니다. 기존 8비트 시장에 강자들이 많아서 IBM이 파고들어갈 여지가 적었기 때문이다. 그러나 XT로 명명된 인텔 8088 CPU를 장착한 컴퓨터와 호환기종들이 대규모 마케팅을 무기 삼아 시장에 안착하면서 점점 IBM PC 호환기종들이 컴퓨터 세상을 장악하기 시작했다.

결정적으로 IBM PC 계열이 다른 컴퓨터들을 제치고 독주체제를 갖춘 것은 1984년 출시된 어드밴스 테크놀로지(AT) 컴퓨터가 인기를 끌기 시작하면서부터다. 연초에 매킨토시가 출시되고 초반 판매에서 호조를 보이는 듯했지만, AT가 출시되면서 승부의 추는 기울기 시작했다.

AT 컴퓨터는 인텔의 차세대 CPU인 6MHz 80286을 장착했고 1MB 메모리를 가지고 있었다. AT 컴퓨터를 지원하기 위해 마이크로소프트는 MS-DOS 3.0 버전을 내놓았는데, 이때부터 MS-DOS도 안정성이나 기능성 측면에서 크게 진보했다고 인정받았다. 5.25인치 1.2MB 플로피디스켓을 이용할 수 있었고 20MB 하드디스크를 지원했다.

같은 해 업그레이드한 MS-DOS 3.1은 네트워크 환경을 지원했고, 1986년 발표한 MS-DOS 3.2는 3.5인치 플로피디스크를 지원하기 시작했다.

⊛ 마이크로소프트의 윈도 출시

마이크로소프트는 애플의 GUI를 보고 그대로 흉내 낸 윈도 1.0을 1985년 선보였다. 윈도 1.0은 글자 그대로 초보적인 포인팅 및 클릭만 지원하는 수준이어서 매킨토시와는 비교도 할 수 없는 소프트웨어였다. MS-DOS 3.0 위에서 동작하는 일종의 응용 소프트웨어 형태였으며, 시장에서는 느리고 무겁고 버그가 많다는 혹평을 받으며 별다른 반응을 얻지 못했다.

마이크로소프트 윈도의 시작은 1981년 9월로 거슬러 올라간다. 당시 프로젝트 이름을 인터페이스 매니저라고 했다가 1983년 11월 10일 외부에 해당 프로젝트를 공개하면서 마이크로소프트 윈도라는 명칭을 쓰기 시작했는데, 당시 형태가 정말 매킨토시와 완전히 똑같았기 때문에 많은 부분을 수정해야 했다. 이런 이유로 마이크로소프트 윈도는 예상보다 늦게 시장에 나온다.

마이크로소프트는 윈도에 대한 마이너 업그레이드를 계속 진행하면서 시장의 반응을 떠보다가 1987년 2.0 버전을 내놓는다. 윈도는 멀티태스킹(여러 개의 프로그램을 동시에 수행하는 윈도의 핵심기능)을 지원했지만, 윈도에서 동작하는 새로운 소프트웨어가 얼마나 만들어지느냐가 관건이었다. 기존 DOS용으로 만들어진 소프트웨어는 모두 재작성해야 했고 그다지 많은 사람들이 이용하지 않았기 때문에 초기 시장에서는 그리 성공적이지 못했다.

과거 MS-DOS 시절에 프로그래밍할 때는 비디오나 그래픽 지원이 빈약했기 때문에, 보통 직접 비디오 메모리에 접근해서 프로그램을 만들었다.

또한 윈도는 마우스나 키보드 등 주변기기에도 직접 접근했다. 그와 관련한 노하우가 중요한 기술이었는데, 윈도에서는 자체적인 디바이스 드라이버를 이용해 비디오 카드나 마우스, 키보드 등 주변기기를 제어했기 때문에 더욱 편리한 프로그래밍 환경으로 발전했다고 할 수 있었다. 하지만 성능이 워낙 느려서 초반에는 많은 엔지니어들에게 외면받았다.

✳ 마이크로소프트를 고소한 애플

애플은 존 스컬리의 지휘로 매킨토시를 생산하면서 GUI와 그래픽 소프트웨어를 무기 삼아 데스크톱 출판시장을 비롯한 니치 마켓을 장악하는 데 성공했다.

그에 비해 IBM PC 호환기종 진영에서는 MS-DOS 기반의 비즈니스 솔루션을 위주로 사업을 풀어갔기 때문에 시장이 그다지 겹치지 않았고 저마다 영역을 차지하면서 발전했다.

한눈에 GUI가 세상을 바꾸게 되리라고 직감한 빌 게이츠는 애플에 GUI 일부분을 라이선스할 수 있도록 요청했고 애플의 허가를 받았다. 이렇게 해서 마이크로소프트는 MS-DOS 기반으로 윈도 1.0을 제작해 출시했는데, 매킨토시의 GUI와 비교도 못 할 수준이었으며 버그도 많고 느려서 별다른 주목을 받지 못했다.

윈도 2.0부터는 윈도를 중첩할 수 있었고 매킨토시 GUI와 유사한 다른 부분들도 포함하기 시작했다. 그런데 이것은 애당초 애플과 마이크로소프트가 합의한 라이선스 수준을 넘어서는 것이었다. 이에 따라 애플은 마이크로소프트를 지적재산권 침해로 고소했다.

애플이 고소한 내용은 매킨토시 운영체제의 '룩앤필'을 윈도가 그대로 복제했다는 것이었다. 애플은 윈도의 모양이나 나타나는 패턴, 사라지는 패턴, 중첩되는 형태와 타이틀 바 등 GUI 요소기술을 189가지나 열거했다.

✱ __ 애플을 고소한 제록스

법원에서는 심리를 거쳐 189개 요소 중 179개는 마이크로소프트가 윈도 1.0을 제작할 당시 애플과 합의한 것에서 벗어나지 않았고, 나머지 10개는 지적재산권 보호범위가 아니라고 판단했다. 고소가 진행되던 와중에 세계 최초로 GUI를 개발한 제록스는 애플을 상대로 지적재산권 침해소송을 낸다.

2장에서 언급했다시피, 스티브 잡스가 제록스 파크 연구소에 들렀다가 그곳에서 개발하고 있던 GUI를 목격한 것이 계기가 되어 애플에서 매킨토시와 리사에 적용된 GUI 운영체제를 개발하게 되었다는 건 유명한 일화다. 당시 제록스는 애플에 현물투자를 하고 애플의 주식을 일부 받은 기념으로 애플 엔지니어팀을 초청했는데 이것이 매킨토시 탄생의 기폭제 역할을 한 것이다. 결국 제록스는 윈도 탄생을 도운 셈이 되었다. 제록스의 소송은 관련 사건이 일어난 지 3년이 넘어서 제기했다는 이유로 기각되고 만다.

🌐 __전체적인 느낌 vs 세부요소

이 소송은 이면에 있는 세 회사들의 이야기도 재미있지만 판례라는 측면에서도 많은 시사점을 남겼다. 애플은 전체적인 '룩앤필'에 대한 침해를 인정받고 싶어했고 이를 그대로 베낀다는 점을 문제 삼았지만, 법원은 전체적인 느낌을 지적재산권 침해 대상으로는 판정할 수 없다고 판단했다.

대신 구체적인 아이템은 시시비비를 가릴 수 있다고 했는데 예를 들어 윈도 모양, 아이콘 이미지나 각각의 메뉴들, 그리고 객체들을 열고 닫는 방식과 같이 세부적인 요소들을 판단 기준으로 삼았다. 이들 대부분은 애플이 원조라고 주장하기 어려운 것이었고, '전체적인 느낌'에 대한 소유권은 인정되지 않았다.

1992년 이 사건에 대한 판결이 내려지고 5년 뒤인 1997년, 애플과 마이크로소프트는 GUI 문제에 대해 합의한다. 그와 관련한 내용은 5장에서 자세히 살펴보기로 하자.

🌐 __마이크로소프트 오피스의 탄생과 윈도 3.1

역대 최고의 킬러 소프트웨어는 무엇일까? 이런저런 의견들이 많겠지만, 누가 뭐라고 해도 워드와 엑셀을 포함한 마이크로소프트 오피스일 것이다.

IBM PC가 세상을 장악하던 초기에만 해도 MS-DOS라는 운영체제만 공급했을 뿐, 워드퍼펙트와 로터스 1-2-3가 막강한 위세를 떨쳤다. 이 분야에서도 마이크로소프트는 윈도를 발표하면서 대세를 장악하기 시작한다.

마이크로소프트 오피스는 1989년 처음으로 워드와 엑셀, 파워포인트 3종을 묶어서 비교적 저렴한 스위트로 나왔다. 이 소프트웨어 제품군은 서로에게 긍정적인 영향을 미쳤을 뿐만 아니라, 때마침 업그레이드한 윈도 3.0(1990), 윈도 3.1(1992)이 세계적인 히트를 치면서 단숨에 경쟁제품들을 제치고 최고의 소프트웨어로 사랑받기 시작했다.

윈도의 경우에도 윈도 1.0과 2.0이 큰 호응을 얻지 못했으나, 윈도 3.1에 이르러서는 가상 메모리와 가상 디바이스 드라이버의 기능 향상을 바탕으로 제대로 된 멀티태스킹을 지원하면서 MS-DOS가 가지고 있던 근본적인 한계를 뛰어넘기 시작했다. 많이 팔리고 또한 성능 향상을 가져온 윈도 3.1이었지만, 결국 MS-DOS 위에서 돌아가는 응용 소프트웨어에 불과했고 MS-DOS 자체 문제 때문에 더는 발전을 기대하기 어려운 상황이 되었다.

이런 상황에서 빌 게이츠는 과감히 MS-DOS를 버리고, 윈도 중심의 운영체제를 개발하겠다고 결심한 뒤 1992년 윈도 95에 대한 디자인과 계획을 수립하고 집중 투자하기 시작했다.

✷ __최대의 히트작, 윈도 95의 탄생

윈도 3.1을 출시한 직후, 마이크로소프트 내부에서는 차세대 운영체제로 생각하고 개발을 진행했던 윈도 NT 3.1(코드명 카이로)을 회의적인 시각으로 바라보는 사람들이 많아졌다. 기본적으로 워크스테이션급 이상에서 운용할 수 있고 획기적인 개념들이 많이 들어간 운영체제였지만, 1994년까지는 개발을 끝내기 어렵다는 지적들이 많이 나왔다. 실제로 이 프로젝트는 1996년 7월이 되어서야 윈도 NT 4.0이라는 이름으로, 그나마도 혁신적인 개념이었던 객체지향 파일시스템은 제거한 채 출시되었다.

또한 윈도 3.1을 출시할 당시 IBM에서는 OS/2 2.0을 발표했다. 마이크로소프트는 32비트 애플리케이션을 지원하면서 윈도 자체가 직접적인 운영체제가 되어 MS-DOS가 가진 문제점을 해결하고, 비교적 저사양 컴퓨터에서도 작동하는 운영체제가 필요하다고 절감했다. 이를 위해 마이크로소프트는 코드명 시카고라는 프로젝트팀을 발족하고 1993년 말 출시를 목표로 작업에 들어간다. 또한 MS-DOS 7.0을 같이 제공함으로써 하위 호환성 문제를 해결하고자 했다.

비록 원래 예정했던 출시 시기보다는 늦었지만 1995년 윈도 95는 롤링스톤즈의 히트곡인 〈스타트 미 업〉을 들고 대대적인 광고와 캠페인을 벌이며 그 모습을 드러낸다. 이 음악은 윈도 95의 상징인 '시작' 버튼을 의미했으며 완전히 새로운 운영체제임을 강조한 것이었다.

마이크로소프트의 기대에 부응하듯 윈도 95는 세계적인 히트상품이 되었다. 윈도 3.1까지만 해도 윈도는 MS-DOS의 제약을 받는 반쪽짜리라고 놀림을 받았고 일본에서는 NEC의 PC에 밀려 그다지 힘을 쓰지 못했지만, 윈도 95는 일본시장에서 NEC의 아성마저 무너뜨리며 명실상부한 운영체제 세계정복을 달성했다. 뒤를 이어 윈도 95만큼은 아니지만 윈도 98도 히트하면서 전 세계 운영체제 시장의 95

퍼센트 이상을 장악했다.

　마이크로소프트가 운영체제의 힘을 빌려 오피스와 인터넷 익스플로러 끼워 팔기 등으로 미래산업 전체를 독점적으로 끌고 간 탓에 많은 사람들이 마이크로소프트를 비난했지만, 윈도 95 개발과 성공의 이면에는 끊임없는 혁신과 부단한 노력이 들어가 있음을 부인할 수 없다.

　윈도 95는 어찌 보면 컴퓨터와 관련한 수많은 하드웨어들의 표준을 제시한 셈이었다. 때문에 많은 기기들을 표준적인 방법으로 작동시킬 수 있었고 우수한 개발도구를 활용해 멋진 소프트웨어들이 나올 수 있는 토양을 제공했다. 이런 점에서 윈도 95가 컴퓨터와 관련해 우리 인류를 한 단계 전진시킨 커다란 이정표였다는 사실을 부인할 사람은 없을 듯하다.

　아이디어는 서로 물고 물리면서 발전하는 것 같다. 파크 연구소에서 시작한 GUI가 세상을 바꾸게 되리라는 사실을 몰랐던 건 파크 연구소와 제록스뿐이었다. GUI의 진가를 알아본 애플이 상용화를 시작했고, 다시 진가를 알아본 마이크로소프트가 전성기를 열었다. 지적재산권에 대해선 안타까운 일이지만 이들이 없었다면 아직도 우리는 텍스트 명령어를 하나씩 입력하며 컴퓨팅하고 있을지도 모를 일이다.

HP와 델 컴퓨터,
PC 시장의 강자로 등장하다 | 1984

IBM PC 호환기종의 독주체제가 계속되면서 호환기종 컴퓨터를
생산하는 회사와 주변기기를 중심으로 한 회사들이 약진한다. 그중
에서도 주인공 3사보다 더 오랜 역사를 갖고 있고 현재도 세계 최대
PC 메이커 중 하나로 군림하고 있으며 IT 기술에서 가장 중요한 부
분에 일조한 HP와, 뛰어난 경영자가 개발한 커스텀 PC 생산시스템
을 바탕으로 단숨에 세계적인 회사로 도약한 델 컴퓨터를 소개한다.

🌐 _실리콘밸리 스타트업 벤처의 원조

HP 공동창업자인 빌 휴렛과 데이브 패커드는 1935년 스탠퍼드 대
학교 전자공학과를 졸업하고 1939년 은사인 프레데릭 터먼과 함께
데이브 패커드의 집 차고에서 창업했다. 이때 초기 자본금이라고는
538달러가 전부였는데, HP는 1947년 8월 18일 주식회사가 된 이후에
1957년 11월 상장하며 오늘날 IT를 대표하는 회사로 성장했고, 스타
트업 벤처신화의 주인공으로 이름을 올렸다.

초창기 HP는 정말 셀 수 없을 정도로 많은 종류의 전자부품 및 장
비를 만드는 회사였다. 각종 테스터기와 전자계산기가 특히 유명했
는데, 초기에 가장 유명했던 제품은 오디오 오실레이터라는 장비다.
월트 디즈니가 이 장비를 구매해서 영화 〈판타지아〉를 상영할 영화
관의 음향시스템을 점검한 일로도 널리 알려졌다.

HP가 실리콘밸리의 상징으로서 알려지기 시작한 시기는 1960년대

다. 실리콘밸리의 실리콘이 반도체 원료를 상징하듯이, HP는 1960년 반도체 칩을 이용해 새로운 장비를 만드는 일을 시작했다. 기존 진공관을 이용하던 장비도 만들고, 더불어 계산기도 개발했다. 또한 1960년대에는 일본의 소니, 요코가와 전기와 파트너 관계를 맺고 재미있는 제품들을 몇 가지 만들어내기도 했다.

HP가 독자적으로 컴퓨터 산업에 뛰어든 것은 1966년의 일이다. DEC 미니컴퓨터를 가지고 몇 차례 실험하다가 독자적으로 만든 컴퓨터가 HP 2100, HP 1000 미니컴퓨터 시리즈다. 대형 히트작은 아니지만 이 시리즈를 20년간 제작했다.

이후 미니컴퓨터와 비즈니스 서버를 중심 상품으로 컴퓨터 시장에 꾸준히 제품을 선보이던 HP는 가스펌프와 은행의 ATM 기기 등에 널리 쓰이는 작은 내장형 터미널 컴퓨터를 판매하기도 했다. 이 컴퓨터는 비록 내장된 것이기 때문에 독자적인 이름을 날릴 수는 없었지만 놀랍게도 세계 최대 컴퓨터 벤더였던 IBM을 판매수량에서 추월하기도 했다.

✪ _컴퓨터의 가장 중요한 친구를 만드는 회사

1984년 HP는 데스크톱용 잉크젯 및 레이저 프린터를 최초로 상용화했다. 당시는 IBM과 마이크로소프트가 컴퓨터 시장을 장악하기 시작하던 시기로, 무수한 IBM PC 호환기종들이 출시되고 있었다. 또한 HP는 스캐너 기술도 개발해 최초로 상용화했고, 팩스와 복사기 기능이 통합된 복합기 개념을 도입한 제품도 세계 최초로 내놓았다. 현재도 HP는 컴퓨터의 친구인 주변기기 부문에서 세계 최고로 군림하고 있다.

계산기와 공학용 테스터 제작으로 시작했지만, 이제는 세계 최대 PC 메이커 자리에까지 올랐다. 1990년대 들어 컴퓨터 시장에 본격적으로 뛰어든 HP는 1989년에 아폴로 컴퓨터를, 1995년에는 콘벡스 컴퓨터를 합병한다.

1999년에는 HP의 컴퓨터 관련 기기와 저장장치, 영상장치 등 사업부문을 제외한 모든 사업부문을 떼어내 애질런트라는 회사로 분사시키는데, 이는 실리콘밸리 역사상 최대 규모의 분사였다. 애질런트 역시 3만 명의 직원이 근무하는 거대한 회사로, 과학기기와 반도체, 광학네트워크 장비와 테스트 장비, 무선사업과 관련한 R&D 제조능력을 갖추고 있다.

1999년 7월 HP는 칼리 피오리나를 CEO로 선임했다. 칼리 피오리나는 2002년 당시 최대의 PC 제조업체 중 하나였던 컴팩을 인수하는 등 공격적인 행보로 많은 기대를 모았지만, 닷컴 버블 붕괴와 함께 실적이 악화되고 많은 직원이 해고되면서 2005년 HP에서 퇴출되는 불운한 운명에 처했다.

이러한 부침을 겪으면서도 HP는 2009년 델을 밀어내고 세계 최대 PC 메이커 자리에 올라섰다. 비록 최근에는 IBM의 씽크패드를 인수한 중국 레노버에게 1위 자리를 자주 빼앗기는 등 독주체제를 완성하지는 못했지만, 여전히 HP가 만들어내는 수많은 컴퓨터 관련 주변기기들만큼은 세계 최고의 자리를 지키고 있다. 비록 마이크로소프트, 애플, 구글처럼 세상을 변화시키는 중심에는 서지 못했지만 오늘날 IT 세상을 만들어낸 거인 중 하나다.

🌐 __사업가의 피를 타고난 사나이, 마이크 델

HP와 함께 전 세계 PC 시장을 지배하고 있는 델 컴퓨터는 비록 이제는 HP에 세계 최대 PC 메이커 자리도 내놓았고, 레노버의 부상으로 3위로 밀려났지만, 한동안 부동의 하드웨어 제조업체로 자리를 굳건히 하던 신화적인 회사다.

이 회사를 창업한 마이클 델은 1965년생으로 텍사스 휴스턴 출신인데, 치과의사인 아버지와 증권 중개인인 어머니 그리고 전형적인 유태인 집안에서 엄격한 교육을 받고 자랐다. 어렸을 때부터 도전정신이 있었고 자신의 아이디어를 실행에 옮기는 사업가 기질을 끊임없이 보여주었는데, 열두 살 때는 우표사업으로 2천 달러나 벌어들였다. 우리나라에서도 그랬지만 1970년대 후반에는 우표수집이 세계적인 인기를 끌었다. 그는 시간이 지날수록 우표의 가치가 높아진다는 점과 우표를 거래할 때 중개인들의 수수료가 비싸다는 점에 착안해 우표 판매자와 소비자를 직접 연결하는 사업을 구상했다.

아르바이트를 하면서 모은 돈으로 우표를 구입했고 넉살좋게 이웃사람과 아는 사람 들을 만나서는 우표를 팔 때 중개인에게 넘기지 말고 자신에게 맡겨 달라고 부탁하고 다녔다. 일단 판매할 우표를 확보한 뒤에는 제품 카탈로그와 우표수집가들이 흔히 보는 잡지에 광고를 게재했는데, 단순 광고에 그치지 않고 우표마다 가격 변동을 체크해 가격이 오르는 시즌에 맞춰 광고할 주력 우표를 선정하는 치밀함을 보여주면서 어린 나이에 짭짤한 소득을 올렸다.

열여섯 살 여름방학에는 텍사스 지역신문에서 구독자 모집 아르바이트를 시작했는데, 불특정 다수에게 전화를 걸어 신문 구독을 권유하는 다른 사람들과는 달리 사람들의 신문 구독 패턴을 연구해 집중적인 영업을 하기로 결심한다. 이사하는 사람들이 새로 신문을 구독하거나 교체한다는 점에 착안하고 휴스턴의 16개 법원에서 최근 혼인신고를 한 사람들이 기록된 명단을 입수해 이들을 중심으로 집중 마케팅을 벌였다. 결혼을 하면 보통 새 집으로 이사할 거라고 생각한 것이다.

나아가 집을 구입할 때 은행융자를 받는다는 점도 감안해, 은행에서 융자받은 사람들의 연락처를 알아내서는 이들에게도 집중 영업하면서 2만 달러에 가까운 돈을 벌어들인다.

오늘날이라면 개인정보에 대한 접근을 제한하기 때문에 생각하기 어려운 방식이지만 30년 전에는 크게 문제가 되지 않았던 모양이다.

✸ __애플 II와 사랑에 빠진 소년

사업가 기질로 충만한 영리한 소년이 어느 날 애플II와 사랑에 빠진다. 자주 드나들던 전자제품과 키트 판매점인 라디오섀크에 전시된 애플II를 동경하여 몸살을 앓던 그는 시간이 날 때마다 부모를 졸라서 마침내 열다섯 살 생일선물로 애플II를 받았다.

필자 역시 비슷한 경험이 있는데, 초등학교 6학년 때부터 인근 백화점 최고층에 전시된 한 대의 애플II 컴퓨터를 만져보기 위해 학교가 끝나면 부리나케 달려가곤 했다. 베이식 언어로 게임을 만들기 위해 연필로 수없이 코딩을 하고, 이를 타이핑해서 집어넣고 실행하기를 거듭하면서 게임을 완성했던 기억이 아직도 생생하다. 그렇게 몇 년 동안 매일같이 하는 모습을 지켜보던 부모님이 중학교 2학년이 되던 해 생일에 애플Ⅱ를 사주었고, 그 다음부터 마음껏 컴퓨터를 만질 수 있었다.

애플Ⅱ를 가지고 컴퓨터 잡지를 탐독하면서 분해와 조립 그리고 여러 가지 컴퓨터 프로그래밍을 하며 즐거운 시간을 보내던 마이클 델이 고등학교를 졸업하고 선택한 길은 뜻밖에도 의과대학이었다. 치과의사인 아버지의 뜻이 완강했던 것으로 알려져 있다.

1983년 그는 텍사스 대학교 의과대학에 진학했지만 컴퓨터만큼 의학이라는 학문을 좋아할 수 없었다. 대학에 와서도 컴퓨터를 조립하는 일에 큰 흥미를 느꼈던 그는 부품을 모아 컴퓨터를 조립해서 주변 사람들에게 대기업 제품보다 월등히 싼 가격에 더 나은 하드웨어를 만들어주어 텍사스 대학교의 조립상으로 명성을 날렸다.

그의 부모는 이런 외도가 못마땅했다. 기숙사를 찾아가서 호되게 꾸짖고 그의 마음을 돌려놓으려고도 했지만, 결국 델은 컴퓨터에 대한 사랑을 버리지 못하고 학교를 뛰쳐나온다.

✪__소비자가 직접 주문하는 판매모델

델은 컴퓨터를 조립해 팔면서 컴퓨터에 들어가는 부품 원가가 가격의 20~30퍼센트밖에 안 된다는 사실을 알게 되었다. 매장주인의 이익이 어느 정도인지 정확히 파악하고 있던 그는 컴퓨터 업계와 대리점이 늘 느끼고 있던 재고의 위험성에 주목했다. 신제품을 출시하면 기존 제품은 잘 팔리지 않기 때문에 재고 소진을 감안해 제품을 출시하게 되고, 이는 결국 소비자들의 선택과 이익을 제한한다는 가장 기본적인 '유통의 함정'을 파악하고는 직접 마케팅이라는 개념을 창안했다.

델은 이 아이디어를 가지고 1984년 5월 단돈 천 달러로 텍사스주에서 델 컴퓨터를 설립했다. 그리고 컴퓨터 대리점들을 돌아다니면서 공급초과로 팔리지 않는 구형 컴퓨터를 싼 값에 모두 구입한 뒤에 부품을 회수하고 소비자들이 원하는 조합으로 다시 재조립하거나 업그레이드해주는 사업모델을 가지고 사업을 시작했다.

1984년 설립 첫 해에 델 컴퓨터는 18만 달러라는 미미한 매출을 올렸지만, 1985년에는 3천만 달러, 1986년에는 6천만 달러 매출을 기록하면서 폭발적으로 성장했다. 1986년 컴덱스에서 '세계 최고 성능의 IBM 호환기종'이라는 2장짜리 광고가 화제를 불러일으키며 미국 전역을 대상으로 하는 회사로 급성장했는데, 당시 출시된 IBM PC 호환기종 중에서 가장 빠른 286 12MHz CPU를 채택하고(당시 IBM 286 PC는 대부분 6MHz) 가격은 절반이라는 콘셉트가 주목받으면서 당시 최고 PC 잡지였던 〈PC WEEK〉 표지까지 장식한다.

또한 델을 공격하던 AS 문제에 대해서는 24시간 수신자부담 전화 서비스와 3년 무상서비스 등의 공격적인 정책을 채택했다. 이런 정책은 우리나라 삼성전자나 현대자동차가 제품을 국내외에 선보이면서 초기 시장 진입수단으로 이용해 우리에게는 낯설지 않지만, 당시 컴퓨터 업계에서는 획기적이고 공격적인 방식이었다.

필자도 개인적으로 대학시절에 많은 수의 컴퓨터를 조립하고는 했다. 당시에는 대기업 제품이 비쌌기 때문에 세운상가나 용산 전자상가에서 조립 컴퓨터를 구입하는 사람들도 많았고 부품을 사다가 집에서 직접 조립하는 사람들도 많았다. 솜씨가 좋은 사람들은 주변

친구나 친척 들에게 부탁받고 조립해주기도 했다. 1990년대 초반만해도 꽤나 잘나가던 용산 조립상들이 많았다. 그런 면에서 마이클 델은 조립상의 롤 모델이라고 할 만했다.

델 컴퓨터는 처음엔 용산 조립상과 거의 비슷한 방법으로 시작했지만, 전화와 인터넷 사업모델을 중심으로 토요타 자동차가 만든 효과적인 관리 및 공급체인관리(Supply Chain Management, SCM)를 도입해 극도의 효율성을 이끌어냈다. 이를 통해 소비자에게 저렴한 가격에 우수한 하드웨어를 제공하면서 급속도로 성장했다.

델은 다른 회사들과는 달리 주로 생산방식과 관련한 기술을 많이 개발했다. 최신 IT 기술을 가장 먼저 도입해 소비자에게 최고의 제품을 값싸게 제공하는 데 모든 노력을 집중했다. 고객들의 생활과 소비패턴을 분석해 판매와 영업 그리고 고객 만족도를 높이는 데 필요한 고객관계관리(Customer Relation Management, CRM)도 업계에서 가장 먼저 도입했다. 그밖에 회사의 자원을 효과적으로 관리하기 위한 기업 자원 관리계획(Enterprise Resource Planning, ERP) 역시 선도적으로 개발하고 적용해서 강력한 경쟁력을 갖췄다.

🕸 __빌 게이츠 그리고 스티브 잡스와의 애증관계

마이클 델은 주로 IBM PC 호환기종을 생산하면서 빠르게 성장했기 때문에 마이크로소프트의 가장 강력한 우군이었다. 그런데 묘하게도 마이클 델은 윈도의 라이벌에도 많은 투자를 하면서 마이크로소프트의 심기를 불편하게 만들기도 했다.

가장 대표적인 것이 오픈소스 운영체제인 리눅스로 상업화 패키지를 개발하던 회사인 레드헷에 1억 달러라는 거액을 투자한 일이다. 또한 애플을 접촉해서는 맥 운영체제를 델 컴퓨터에 이용할 수 있도록 해달라고 요청하기도 했다. 이는 마이클 델이 비록 마이크로소프트의 운영체제를 이용해 회사를 키워왔지만 언제까지나 마이크로소프트에 의존하고 싶지 않았다는 걸 의미한다.

그렇다고 마이클 델이 스티브 잡스와 사이가 좋았던 것도 결코 아니다. 특히 스티브 잡스가 애플의 임시 CEO로 복귀한 1997년, 마이클 델은 기자들과 인터뷰를 진행하면서 '애플은 곧 파산하게 될 터이니 회사 문을 닫고 남은 자산을 매각해서 주주들에게 되돌려주는 것이 최선일 것'이라는 모욕적인 언사를 쏟아내기도 했다.

당시 애플의 상황이 정말 최악이었으므로 스티브 잡스는 별다른 반박도 못 하고 꾹 참았지만 마음속에는 응어리가 남아 있었다. 스티브 잡스가 애플에 복귀하고 아이팟이 애플의 새로운 전성기를 열면서 2006년 애플의 시가총액이 720억 달러를 돌파하며 델의 시가총액을 넘어섰다. 스티브 잡스는 이날을 기념하며 전 직원에게 "오늘로 애플은 델의 시가총액을 돌파했습니다. 델은 틀렸고 우리가 옳았다는 것을 우리 스스로 증명했습니다"라는 이메일을 돌리며 10년 만에 반격에 나섰다.

마이클 델은 사생활도 모범적인 사람으로 유명하다. 매우 가정적이어서 1989년 수잔 리버만과 결혼식을 올리고 4명의 자녀를 두었다. 아내는 철인 3종 경기를 취미로 하는 강인한 여성이었다. 마이클 델 역시 매일 아침 새벽같이 일어나 운동을 하고 아이들을 직접 모두 학교에 보내고 저녁 6시가 되면 어김없이 퇴근해서 밤 9시에 손수 동화책을 읽어주며 아이들을 모두 재우는 자상한 가장이었다.

또한 많은 기부활동을 통해 빈곤층 자녀들의 건강과 교육문제에 집중 지원하며 부자들의 모범이 되었다. 특히 델 본사가 있는 텍사스주 공교육 강화에 많은 기여를 하고 있다.

그러나 생산 효율화로 회사 가치를 증대하는 델의 방식에는 한계가 있었다. 매출과 수익은 많이 냈지만 경쟁사인 HP에 비해 연구비는 20퍼센트도 채 안 되었고 세상을 바꿀 만한 핵심기술도 없었다. 그래서 결국에는 세상의 주도권을 한 차례도 쥐지 못했다.

최근 델 컴퓨터는 과거의 비교우위를 많이 상실했다. 초창기에 델이 주도한 생산 효율화와 고객 만족이라는 기본전략을 이미 모든 회사들이 따라 하기 시작했고, 그 순간부터 비교우위를 지킬 수 없었기 때문이다. 델이 최근 부진의 늪에 빠져서 헤매는 상황을 우리나라 기업들은 반면교사로 삼을 필요가 있다.

✷__존 스컬리의 시대가 저물다

애플에서 존 스컬리 시대를 정의한다면 지금의 삼성전자처럼 다양한 제품 라인업을 통해 니치 마켓으로 진출하려는 전략을 펼쳤던 시기가 되겠다. 각각의 모델들을 일단 홈, 교육, 비즈니스와 같은 굵직한 시장 특성으로 분류하고 그 각각에 다양한 변종과 업그레이드 모델이 존재하는 상당히 복잡한 형태였다. 그렇다고 주문형 컴퓨터인 델과 같이 완전히 소비자 중심적인 조립체계를 가진 것도 아니어서 관리 부담이 증가했다.

이렇게 복잡한 모델 계층이 상존하는 상황에서 운영체제를 업그레이드한다는 건 엄청난 부담이었다. 약간만 변화를 줘도 수많은 모델에 대한 호환성 문제가 발생했고, 결국 애플 운영체제가 초기의 혁신성을 잃고 윈도 운영체제에 따라잡히는 빌미를 제공했다.

존 스컬리의 큰 약점은 엔지니어 그룹을 휘어잡고서 전체적인 비전을 제시하며 끌고나가는 힘이 부족했다는 것이다. 물론 존 스컬리가 기술을 잘 모르는 마케터 출신이라는 점이 결정적인 요인이겠지만, 주변에 기술부문을 통제할 만한 2인자를 키우지 않았다는 것은 CEO로서 잘못된 판단이었다.

이로 인해 1990년대 상반기에 애플 중간관리자들은 결코 성공할 수 없는 허황된 프로젝트를 수행하느라 회사의 혁신역량을 낭비했고 수많은 프로젝트가 싹도 틔우지 못하고 사라졌다. 그중에서도 가장 잘못된 판단은 새로운 마이크로프로세서인 파워PC 사업에 뛰어들면서 운영체제를 이식하기로 한 결정이었다. 이 때문에 애플은 회복하기 힘든 수준의 타격을 입었다.

1993년 추락하는 애플을 구하기 위해 애플 이사회는 존 스컬리를 해임하고 그동안 COO로 일하던 마이클 스핀들러를 CEO로 선임해 새로운 미래에 대비하기로 결정한다.

소프트웨어의 흥망성쇠를 살펴보면 지배적인 위치에 있는 운영체제 개발업체와 어떤 관계를 맺는지가 상당히 중요하다는 걸 알 수 있다. 새로운 아이디어도 지배적인 위치에서 대규모 자본과 지배력으로 밀어붙이면 버틸 수 없다는 씁쓸한 이치를 깨닫는 듯해 착잡하다. 지배적인 시장구조가 아니라 아이디어로 살아남을 수 있는 세상이 이때까지는 도래하지 않았던 것이다.

스티브 잡스의 새로운 도전,
넥스트와 픽사를 시작하다 | 1985

애플이 매킨토시를 판매하기 시작한 1984년 초반에 매킨토시는 대학교를 중심으로 판매가 상당히 순조로웠다. 같은 해 실리콘밸리에서 당시 프랑스 대통령이던 미테랑의 방문을 기념하기 위한 점심 연회가 열렸는데 스티브 잡스는 저명한 대학교수들에게 컴퓨터 개발과 관련한 여러 가지 조언을 들으러 다녔다.

그중에서 노벨화학상 수상자인 폴 버그는 스티브 잡스를 만난 자리에서 학생들에게 복잡한 화학구조나 DNA 등을 제대로 설명하기 위한 고사양 컴퓨터가 부족하다면서 스티브 잡스에게 '3M' 콘셉트를 구현할 수 있는 워크스테이션을 만들어보라고 제안한다. 지금은 우습지만, 그가 언급한 3M은 1MB가 넘는 RAM과 메가픽셀(백만 화소) 디스플레이 그리고 1메가플롭(CPU의 속도단위)이 넘는 수행성능을 가진 컴퓨터였다.

1985년 애플에서 쫓겨난 스티브 잡스는 폴 버그의 조언을 실행할 회사를 만들겠다고 결심하고 넥스트 컴퓨터를 창업했다. 후일 실제 개발된 넥스트 컴퓨터는 당시 유럽 입자물리연구소(CERN)에서 일하던 팀 버너스 리가 HTML 언어를 개발하고 첫 번째 웹 서버로 이용했는데, 이런 측면에서 보면 스티브 잡스가 현재의 웹 환경에 커다란 공헌을 한 셈이다.

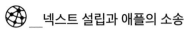 __넥스트 설립과 애플의 소송

스티브 잡스가 넥스트를 설립한다고 하자 몇 명의 동료들이 애플을 떠나서 동참했고, 스티브 잡스를 좋아했던 폴 버그와 여러 대학교수들이 스티브 잡스를 측면에서 지원했다. 다양한 컴퓨터 시뮬레이션이 가능한 워크스테이션을 만들기 위해 컴퓨터 사양은 결정했지만 가격은 대학에서 사용할 수 있는 수준으로 낮춰야 했다.

그 와중에 애플이 스티브 잡스를 애플의 내부 정보를 이용해서 회사를 운영한다며 고소했다. 당시 애플은 직원이 4,300명을 넘었고 회사 가치도 2조 원을 상회하고 있었기에 단 6명이 일하고 있던 넥스트에 대한 고소는 많은 논란을 불러일으켰다.

넥스트는 대통령 선거에도 출마한 백만장자 로스 페로를 첫 번째 외부 투자자로 맞아들인다. 1987년 그는 2천만 달러라는 거액을 투자하고 넥스트의 주식 16퍼센트를 획득했다. 아직 아무것도 없던 넥스트의 가치를 무려 1억 2,500만 달러로 계산한 것이다.

넥스트 워크스테이션 출시

컴퓨터 과학도에게 성지로 불리는 카네기멜론 대학교에서 마하커널을 개발한 엔지니어인 에이비 티베니언이 워크스테이션을 제작하기 위해 넥스트에 합류했다. 그의 합류로 넥스트 워크스테이션 개발은 급물살을 탔다.

티베니언은 이후 현재 매킨토시 운영체제의 근간을 이루는 넥스트스텝 운영체제를 개발했다. 그리고 리사 제작팀을 이끌었던 리치 페이지가 하드웨어 개발의 책임을 맡았다. 리치 페이지는 스티브 잡스가 넥스트를 설립할 때 애플에서 동행한 사람이다.

넥스트 컴퓨터는 1988년에 드디어 모습을 실제로 드러낸다. 그런데 외양이 정말 파격적이었다. 대부분 넓적한 직육면체였던 기존 컴퓨터와는 완전히 구별되는 30cm×30cm×30cm의 완전한 정육면체였고, 마그네슘으로 케이스를 만들었다. 그래서 이 컴퓨터는 넥스트 컴퓨터라는 정식 명칭보다는 큐브라는 애칭으로 더 많이 불렸다.

1989년 테스트를 거쳐 베타 버전이던 넥스트스텝 운영체제를 올려서 적은 수의 큐브를 대학에 판매했는데 가장 저렴한 기본형을 6,500달러로 책정했다.

비록 많은 수를 제작하지는 않았지만 넥스트는 수많은 컴퓨터 잡지의 집중 조명을 받았다. 모토롤라 25MHz 68030 CPU와 8~64MB의 RAM, 256MB MO 드라이브, 330/660MB 하드디스크와 10Base2 이더넷 네트워크, 다중 처리기에 대응한 32비트 표준 버스(Nu버스) 그리고 1120×832 해상도를 지원하는 17인치 메가픽셀 그레이 스케일 디스플레이까지 당시로서는 최고 사양을 자랑하는 컴퓨터였다. 같은 시기 IBM 호환 PC는 보통 640KB~4MB RAM과 80286/386 CPU, 10~20MB 하드디스크를 탑재하고 있었다.

1989년 일본 캐논은 넥스트에 1억 달러를 투자하고 지분 16.67퍼센트를 획득했다. 이는 회사 가치가 이제 6억 달러에 가까워졌다는 걸 의미했는데 캐논은 컴퓨터 자체보다는 넥스트스텝 운영체제의 가능성을 높이 샀다. 넥스트를 실제 일반에게 판매한 것은 1990년이었다. 가격 역시 9,999달러로 일반인들은 구매하기 어려운 '꿈의 컴퓨터'였다.

이와 함께 1990년 넥스트는 두 번째 워크스테이션 시리즈인 넥스트큐브와 넥스트스테이션을 내놓았다. 이 워크스테이션은 업계 최초로 CD-ROM 드라이브를 채용했는데, 이는 결국 컴퓨터 업계 표준으로 자리 잡았다. 그러나 넥스트의 하드웨어 사업은 그다지 성공적이지 못했다. 그래서 스티브 잡스는 과감히 하드웨어 사업부문을 정리하고 강력한 성능을 보여준 넥스트스텝 운영체제에 집중하기로 결심한다.

🌐_넥스트, 새로운 기술의 조력자

비록 넥스트 워크스테이션이 업계에서 크게 성공하지는 못했지만, 많은 기념비적인 기술이 넥스트 플랫폼을 이용해 세상에 나타났다. 팀 버너스 리는 1991년 넥스트 컴퓨터를 이용해 최초의 웹 브라우저와 웹 서버를 만들었다.

또한 전설적인 3D 게임 개발자 존 카맥은 넥스트 컴퓨터로 파격적인 게임 두 개를 제작하는데, 이것이 바로 울펜스타인 3D와 둠이다. 현재까지도 과학기술계산 패키지로 많은 명성을 쌓고 있는 매스매티카도 처음에는 넥스트 플랫폼으로 개발했다.

넥스트는 넥스트스텝 운영체제를 다양한 컴퓨터 하드웨어에 포팅하면서 오픈스텝이라는 이름으로 재탄생시켰다. 하드웨어 사업을 정리하는 과정에서 많은 수의 인원을 해고하고 공장을 매각하는 등 어려움도 겪었지만, 스티브 잡스가 애플에 복귀하면서 넥스트 기술이 애플의 재탄생을 주도했다.

넥스트스텝은 이후에 현재 애플 운영체제인 맥 OS X으로 재탄생했고, 오브젝티브 C라는 언어를 이용하는 개발자 도구는 오늘날 애플 개발자들이 반드시 이용해야 하는 코코아로 탈바꿈했다. 또한 세계 최초의 웹 애플리케이션 서버라고 할 수 있는 웹 오브젝트 역시 맥 OS X 서버와 XCode로 대를 이었다.

넥스트스텝은 CPU를 가리지 않았기 때문에 다양한 CPU에 포팅할 수 있었는데, 이런 특징이 오늘날 애플을 있게 한 혁신적인 요인이었다. 전통적으로 애플이 이용하던 모토롤라 CPU, 파워PC CPU뿐만 아니라 라이벌이었던 인텔 x86 아키텍처를 모두 지원할 수 있었기에 애플이 이후 인텔 CPU를 이용할 수 있는 배경이 되었으며, 오늘날 애플의 전성기를 이끌고 있는 아이폰 운영체제인 ARM 버전의 간략한 OS X도 개발할 수 있었다.

스티브 잡스는 넥스트에서 시대를 앞선 내공을 쌓은 덕에 오늘과 같은 애플의 전성기를 다시 이끌어낼 수 있었다. 그뿐만 아니라 넥스트를 운영하면서 독특한 경영방식을 실험했던 경험들이 애플을 다시 경영하는 데 많은 도움을 주었다.

애플로 복귀한 스티브 잡스는 애플에서 쫓겨나던 시절의 그가 아니었다. 스티브 잡스가 애플로 복귀하고 갑자기 무슨 신통방통한 도깨비 방망이를 얻어서 오늘날과 같은 거대한 혁신을 이룬 것이 아니다. 비록 그 자체로서는 성공적이지 못했지만 1985년부터 미래를 내다본 꾸준한 투자와 끊임없는 혁신을 이뤄낸 넥스트를 이끌지 않았더라면, 그리고 그 전통이 애플에 계승되지 않았더라면 오늘날 애플의 재탄생은 꿈도 꾸지 못했을 일이다.

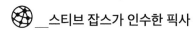

스티브 잡스가 인수한 픽사

스티브 잡스를 재기시킨 또 하나의 중요한 회사인 픽사의 역사는 현재 세계 최고 애니메이터이자 픽사의 스토리텔링을 책임지고 있는 존 래스터가 디즈니를 떠나 조지 루카스가 운영하던 특수효과 컴퓨터 그룹에 합류하면서 시작되었다.

이 특수효과 그룹은 조지 루카스가 꾸리고 있던 인더스트리얼 라이트 앤드 매직(Industrial Light & Magic, ILM)과는 별도 조직이었지만 긴밀히 협조하면서 프로젝트를 같이 진행했다. ILM이 영화제작 자체와 특수효과 전반에 치중했다면 이 그룹은 3차원 컴퓨터 그래픽에 좀 더 집중했다. ILM은 짐 클라크가 설립한 실리콘 그래픽스(Silicon Graphics, Inc., SGI)가 만든 장비를 대거 이용해 컴퓨터 그래픽과 실사가 어우러진 기념비적인 작품 〈쥬라기 공원〉을 선보였고, 이를 통해 실리콘 그래픽스는 성공을 맛보게 된다.

짐 클라크는 이후 마크 앤드리센을 만나서 실리콘 그래픽스로 벌어들인 자금을 넷스케이프에 투자하고 많은 지분을 획득했다. 넷스케이프 네비게이터는 대성공을 거두면서 인터넷 붐(비록 거품이 많이 꼈지만)을 일으키고 세상을 바꾸는 혁신의 단초를 제공했다. 이렇게 보면 조지 루카스는 여러 단계를 거쳐서 구글의 인터넷 영지와 애플의 하드웨어 영지에까지 자신의 의지와는 무관하게 커다란 영향을 미쳤다고도 할 수 있다.

조지 루카스는 최고의 제작자였지만 1986년 일시적인 자금경색을 겪게 되는데 당시 3D 컴퓨터 그래픽을 담당하는 존 래스터 그룹을 매각하는 것이 가장 낫겠다고 판단하고 넥스트를 설립한 스티브 잡스에게 이 그룹을 천만 달러에 매각했다(이와 관련해서 당시 조지 루카스가 이혼 위자료를 지불해야 하는 사정이 있었다는 이야기도 있다).

스티브 잡스는 이 그룹을 독립회사로 만들면서 회사 이름을 '픽사(Pixar)'로 정했다. 당시 시장에서 일반적으로 바라보던 픽사는 몇 배 가치가 있었지만, 스티브 잡스는 뛰어난 협상능력과 언변으로 조지 루카스를 설득하는 데 성공했다.

1979년부터 루카스 필름에 있었던 에드 캣멀은 스티브 잡스와 함께 픽사의 공동창업자이자 CTO로 취임한다. 에드 캣멀은 컴퓨터 애니메이션 핵심기술 일부를 직접 창조했으며, 컴퓨터 그래픽 선구자로서 컴퓨터 그래픽과 관련한 기술 대부분을 책임진 세계적인 인물이다.

스티브 잡스는 2006년 74억 달러에 픽사를 디즈니에 매각한다. 루카스 필름에서 사들인 가격이 천만 달러였으니, 20년 만에 740배로 가치를 키운 셈이다. 디즈니에 매각된 뒤에도 픽사라는 기업문화는 고스란히 보호받고 있다. 픽사를 이끄는 양대 산맥인 존 래스터와 에드 캣멀은 거대 기업 디즈니를 혁신하는 커다란 역할도 같이 맡았다. 존 래스터는 2017년 직원 성추행 사건에 연루되어 2018년 디즈니를 떠났지만, 2019년 스카이댄스 애니메이션의 대표로 업계에 복귀했다. 에드 캣멀은 디즈니와 픽사의 사장 자리에까지 오르며 디즈니의 엄청난 성공을 지휘했지만, 2018년 은퇴를 선언하고 현재는 고문으로서 디즈니와 픽사를 위해 일하고 있다.

그렇지 않아도 IT 산업계 인물 중에서는 대단히 창의적이고 혁신적인 사고의 소유자였던 스티브 잡스는 픽사를 통해 예술적 감수성과 창조성에 대한 감각을 더욱 키웠을 것이며, 과거에는 부족했던 조직 간 협업문화와 신뢰 그리고 창조적 기업경영과 관련한 많은 수련 과정을 통해 실패를 되풀이하지 않을 능력을 쌓아서 애플로 돌아온 것이다.

3장에서는 마이크로소프트가 지배하던 시절의 이야기를 해보았다. 소프트웨어 개발사, 하드웨어 제작사, 하드웨어 유통사까지 여러 이야기를 하면서 떠오른 생각은 회사가 비전과 목표를 정확히 제시하지 않으면 아무리 세력이 커지더라도 변방에 불과하다는 점이다.

비전과 기술이 없으면 세상을 움직이는 자리에 오르기 어렵다. 올바른 비전을 가지고 회사에 색을 입히는 과정만이 새로운 세상을 여는 기업으로 탈바꿈하는 길이다.

그리고 남은 이야기,
두 괴짜를 사로잡은 여인들

딱딱한 비즈니스 이야기를 살짝 떠나서 스티브 잡스와 빌 게이츠의 러브 스토리와 가족들에 대한 훈훈한 이야기를 해볼까 한다.

✦ __스티브 잡스를 사로잡은 금발 미녀

스탠퍼드 대학교 캠퍼스에서 넥스트를 창업한 스티브 잡스는 가끔씩 스탠퍼드 대학교에서 요청하는 강연을 했다. 1989년 어느 날, 대학원생들을 위한 강연에서 스티브 잡스는 금발 미녀에게 한눈에 반했고 당일 있었던 중요한 출장도 취소한 채 그녀에게 데이트 신청을 한다. 그녀의 이름은 로렌 파월로 명문인 펜실베이니아 대학교를 졸업하고 스탠퍼드 대학교에서 MBA 과정을 밟고 있던 재원이었다. 두 사람은 그날 저녁식사를 같이했다. 사랑과 관련해서도 스티브 잡스는 대단히 공격적인 방식으로 즉시 실행에 옮긴 셈이다.

그날 저녁 스티브 잡스는 정말 똑똑하고 명석한 로렌에게 반했고 더구나 그녀가 육식을 하지 않는 채식주의자(스티브 잡스는 과일을 주식으로 삼는다고 한다)였기 때문에, 두 사람은 더욱 잘 어울렸다. 이들은 2년간 열애 끝에 1991년 결혼하고 가정을 이룬다.

사실 스티브 잡스에게는 로렌과 결혼하기 전에 낳은 딸이 하나 있다. 이름이 리사인데, 리사는 스티브 잡스가 애플에서 쫓겨나기 전에 개발하던 컴퓨터 이름이기도 하다. 스티브 잡스가 딸의 이름을 컴퓨터 이름으로 차용했다는 설은 많은 이들이 믿고 있는 일화다.

그러나 정작 유전자 검사를 통해 딸이라는 사실이 밝혀졌지만, 스티브 잡스는 그녀를 모른 척하고 만나주지도 않았다. 그랬던 그가 로렌과 결혼한 뒤에 열 살이 된 리사를 데려와서 제대로 된 가족으로 맞이한다. 이런 결정에는 아내인 로렌의 역할이 컸음은 말할 필요도 없을 것이다.

로렌은 빌 게이츠의 아내인 멜린다 게이츠처럼 언론에 자주 노출되지는 않지만 매우 똑똑하고 의지가 분명하며 합리적인 결정을 중시하는 성품을 가졌다고 알려져 있다. 팀워크를 해치는 것이 특기였던 고집불통 스티브 잡스가 가정적이면서 화합과 대화, 협업을 중시하는 성품으로 바뀐 데에는 아내의 역할이 컸을 것이다.

__이기적인 황제, 이타적인 황후를 만나다

스티브 잡스에 비해 빌 게이츠는 평생 배필을 조금 늦게 만났다. 정확히는 결혼을 늦게 결심한 것인지도 모르겠다. 빌 게이츠의 아내 멜린다 게이츠는 1987년 듀크 대학교에서 MBA 과정을 마치고 마이크로소프트에 입사했다. 그녀가 관여한 프로젝트는 퍼블리셔, 엔카르타, 익스피디아와 같이 멀티미디어와 관련한 일이었는데, 똑똑하고 명석한 그녀에게 빌 게이츠는 진작 반했지만 제대로 된 데이트도 못 한 채 수년을 보냈다.

세계 최고 소프트웨어 회사의 CEO인 탓에 전 세계를 돌아다니는 출장이 많았던 빌 게이츠는 개인적인 고민과 외로움을 멜린다와 통화하면서 해소했다. 주로 같은 드라마나 영화를 보면서 호텔방에 앉아 전화로 대화하고, 가끔 시애틀에서 만나 저녁식사를 같이하는 등 만남을 지속하던 빌 게이츠는 1994년 드디어 프러포즈하고 그해에 결혼한다.

이 결혼식은 하와이 라나이섬 호텔 전체를 예약하고 골프장 그린 야외에서 진행되었는데, 스티브 발머가 들러리로 참석한 일로 유명하다. 이들은 3명의 아이를 두고 현재까지도 행복한 가정을 꾸리고 있다.

빌 게이츠 역시 사리에 밝고 영리했지만 남을 배려할 줄 모르고 돈만 아는 비즈니스맨이라는 인상을 주는 사람이었는데, 멜린다 게이츠를 만나면서 사람이 180도 변했다. 진정한 인류의 행복을 위해 자신이 가지고 있는 돈과 재능 그리고 네트워크까지 총동원하겠다는 생각을 아내와 함께 나누고, 2000년 빌앤드멜린다 재단을 설립해서 교육과 의료 등 자선사업에 본격적으로 뛰어들었다.

이 재단은 현재까지도 세계 최대 규모의 자선단체로서 진정한 인류 복지를 위해 많은 활동을 펼치고 있다. 빌 게이츠와는 영적인 부자 사이라고까지 불리는 워렌 버핏은 그의 재산 300억 달러를 빌앤드멜린다 재단에 기부했다. 이들이 자신의 돈을 세계에서 가장 잘 운용해줄 거라는 믿음이 이런 엄청난 결정을 하게 만들었다고 한다.

빌 게이츠와 스티브 잡스, 시대를 움직인 두 거인은 비록 천재지만 다소 불안정하고 이기적인 성격이 지금처럼 안정되고 여유로운 사람으로 바뀐 데에는 내조의 힘이 컸다.

Chapter 4

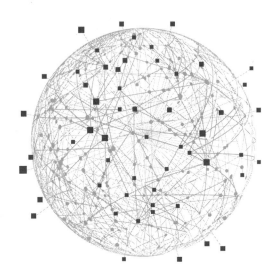

세 번째 전환:
인터넷 혁명

(1993~1999)

1995년 웹은 대폭발을 일으키면서 PC 통신 중심의 네트워크 세상을 완전히 장악하기 시작했다.
이렇게 급격히 커지는 웹 환경을 바라보며 마이크로소프트는 NCSA에서 모자이크를 라이선스한
뒤에 이를 기반으로 만든 인터넷 익스플로러로 도전장을 낸다.

4장에서는 인터넷의 태동과 함께 실리콘밸리가 격동의 시기로 접어든 모습을 살펴본다. 이 시기에도 마이크로소프트는 건재함을 과시하면서 인터넷 관련 소프트웨어 시장에서 선발주자를 따라잡는 괴력을 보여주지만, 서비스 부문에서만큼은 다양한 여러 기업들이 약진했다.

스티브 잡스의 퇴사 이후 사세가 기울기 시작한 애플은 다양한 방법으로 재기하려고 애를 쓰지만 뚜렷한 해결 방법을 찾아내지 못하고 스티브 잡스에게 다시 손을 내민다.

구글이라는 회사가 이 시기에 탄생하면서 이후 가장 큰 변수가 된다.

네비게이터의 등장과 함께
웹 세상이 도래하다 | 1994

1969년 9월 2일 UCLA의 레오나드 클라인록 교수는 실험실에서 몇명의 컴퓨터 과학자들과 함께 데이터 몇 비트를 회색 케이블을 통해 한 컴퓨터에서 다른 컴퓨터로 전달하는 실험을 하고 있었다. 다행히 데이터가 전송된다는 점을 확인했는데, 이 실험이 오늘날 전 세계를 사실상 지배하는 인터넷의 첫 번째 태동이다. 클라인록과 동료들은 이 연구를 바탕으로 정부의 차세대 네트워크 프로젝트를 진행했고, 이것이 바로 인터넷의 전신인 아파넷(ARPANET)이다.

일부에서는 인터넷 탄생일을 1969년 10월 29일로 보는 견해도 있다. 10월 29일은 클라인록이 첫 번째 메시지를 UCLA와 스탠퍼드를 연결하는 2개의 노드 사이에서 전송하는 데 성공한 날이다. 그 메시지는 'LO'였는데, 클라인록이 'LOGIN'을 전송하려고 했으나 시스템이 다운되는 바람에 잘려서 전송된 문자였다. 즉 9월 2일은 최초의 데이터 비트를 실험실 내부의 컴퓨터들 사이에서, 10월 29일은 외부를 연결하는 컴퓨터 사이에서 전송한 첫 번째 날이다.

그로부터 40년간 인터넷은 미국의 군용 네트워크에서 전 세계를 연결하는 기간 백본으로 성장했다. 1970년대에는 이메일과 TCP/IP 통신 프로토콜을 정립했고 이를 통해 정형화된 인터넷 주소체계가 만들어지기 시작했다. 1980년대에는 숫자로 되어 있던 주소체계에 이름이 붙으면서 오늘날 누구나 알고 있는 '.com', '.org' 등이 널리 이용되기 시작했다.

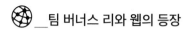 팀 버너스 리와 웹의 등장

인터넷이 실제로 일반인들에게 널리 사랑받기 시작한 것은 웹이 등장하면서부터다. 영국의 물리학자인 팀 버너스 리가 HTML 언어와 웹을 만들면서 인터넷은 굉장히 빠른 속도로 전 세계와 일상생활을 잠식하기 시작했다. 그는 1989년 HTML과 웹 서버를 처음 만들었는데 최초의 웹 서버로는 넥스트 컴퓨터에서 생산한 넥스트큐브를 사용했다.

유럽 입자물리연구소에서 과학 중심 웹 환경을 구축하던 팀 버너스 리는 1994년 MIT에 국제 웹기술 표준화기구(W3C)를 설립해 웹과 관련한 다양한 표준과 권고안 등을 만들고 있으며 이것이 오늘날 웹표준을 이끌고 있다.

사실 인터넷이 품고 있는 자유와 비특허, 비로열티 정책은 W3C의 개방철학에 뿌리를 두고 있다. 이런 면에서 팀 버너스 리의 업적은 앞으로도 영원히 살아남을 것이다.

마크 앤드리센과 모자이크의 등장

넷스케이프 창업자로도 유명한 마크 앤드리센은 이미 오래전에 세상을 깜짝 놀라게 해서 나이가 많은 인물인 줄로 알지만, 1971년생으로 필자보다도 나이가 어리다. 그가 일리노이 대학교를 다니던 시절 아르바이트로 일했던 미국 국립 슈퍼컴퓨터 활용센터(National Center for Supercomputing Applications, NCSA)에서 또 하나의 역사가 시작되었다.

마크 앤드리센은 대형컴퓨터가 아닌 일반인들의 컴퓨터에도 설치할 수 있고 전문가가 아닌 평범한 사람도 쉽게 이용할 수 있는 프로그램을 만들기를 원했다. 특히 웹의 가능성을 알아보고서 웹에 있는 다양한 과학정보에 일반인들이 쉽게 접근할 수 있도록 브라우저를 만들기로 결심하고, NCSA에서 일하던 뛰어난 프로그래머인 에릭 비나와 함께 유닉스 기반의 웹 브라우저를 개발한다. 이들은 3개월에 걸친 작업을 통해 1993년 웹 브라우저 역사에 길이 남을 범용 브라우저인 모자이크를 완성한다.

마우스만으로 인터넷을 브라우징하는 클릭 앤드 포인트 방식을 처음 구현한 모자이크는 인터넷이 진정한 정보의 바다가 될 수 있음을 보여주는 데 성공했다. 이들의 성취를 지켜본 NCSA는 인원을 몇 명 더 보강해서 PC와 매킨토시를 지원하는 모자이크도 같은 해 11월 발표했다. 2달 동안 100만 명이 넘는 사람들이 이 브라우저를 다운로드받아 이용하면서 인터넷 웹 시대를 화려하게 열었다.

이렇게 대단한 업적을 남겼지만 그가 아르바이트 대학생이었던 탓인지 NCSA는 에릭 비나를 중심으로 정규 모자이크 개발팀을 관리하려고 했고 마크 앤드리센을 홀대했다. 그러자 마크 앤드리센은 대학을 졸업한 뒤 곧바로 NCSA와의 관계를 정리하고 실리콘밸리로 이사해 새로운 도전을 시작한다.

처음 자리 잡은 회사는 EIT(Enterprise Integration Technologies)인데, 주로 보안과 관련한 일을 하고 인터넷 브라우저와는 거리가 먼 사업을 진행했다. 그렇지만 앤드리센은 이곳에 재직 중에 실리콘 그래픽스를 창업한 사람이자 일생일대의 귀인이 되는 짐 클라크를 만난다.

인물 열전

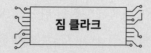

짐 클라크

짐 클라크는 텍사스의 결손가정에서 자란 문제아로 고등학교 2학년 때 퇴학당하고 불우한 청소년기를 보냈지만, 생계를 위해 선택한 해군에서 교육을 받으며 자신이 뛰어난 수학적 재능을 지니고 있다는 사실을 깨닫게 된다. 수학을 가르쳤던 해군 선생님들은 오래지 않아 짐 클라크에게 수학 강의를 맡길 정도로 그를 신뢰했고, 해군의 적극적인 권유로 그는 야간대학에 진학해서 만학도의 꿈을 키운다.

그는 물리학으로 석사학위를 받았지만, 유타 대학교에서 컴퓨터 과학으로 박사학위를 취득하고 1979년 스탠퍼드 대학교 교수직을 맡는다. 뛰어난 수학적 재능과 컴퓨터 과학에 대한 이해는 특히 3D 그래픽 부문에서 빛을 발했다. 학생들과 함께 3D 그래픽을 구현할 수 있는 그래픽 전용 칩을 개발하고 이 칩을 판매하기 위해 IBM이나 HP와 같은 회사들과 접촉했다. 그러나 보수적인 미래관을 가지고 있던 대기업들을 설득하는 데 실패하고 결국 창업을 결심한다.

이렇게 해서 1982년 실리콘밸리에 탄생한 회사가 바로 3D 그래픽 전용 워크스테이션으로 명성이 높았던 실리콘 그래픽스다. 초창기 실리콘 그래픽스는 2년 가까운 개발기간을 거쳐 1984년 처음으로 워크스테이션을 내놓았는데, 컴퓨터 가격이 7만 달러에 이르는 엄청난 고가였고 범용 소프트웨어가 부족해서 시장의 냉대를 받았다. 게다가 그동안 개발비로 창업자금 대부분을 소진하고 회사 존폐를 걱정할 무렵 뜻밖의 기회를 잡는

데, 바로 〈스타워즈〉의 아버지 조지 루카스가 지원에 나선 것이다.

조지 루카스는 〈스타워즈〉와 같은 SF영화를 제작하면서 특수효과의 중요성을 깨닫고 이를 위한 특수효과팀인 ILM을 운영했다. 특히 영화에 3D 그래픽을 입혀서 완전히 새로운 형태의 실감 나는 영화를 만들고자 했던 그는 마이클 크라이튼 원작의 〈쥬라기 공원〉을 영화화하면서 최고의 3D 그래픽 기술을 가진 컴퓨터가 필요했고, 3D 그래픽 전용 워크스테이션인 실리콘 그래픽스 컴퓨터가 사실상 유일한 대안이나 마찬가지였다.

조지 루카스의 결단, 스티븐 스필버그 감독, 실리콘 그래픽스 컴퓨터의 컴퓨팅 파워가 어우러진 3D 특수효과는 〈쥬라기 공원〉을 세계적인 히트작으로 만드는 데 성공했고, 실리콘 그래픽스 역시 안정된 성장을 할 수 있었다.

___투자자와 당돌한 젊은이의 만남

실리콘 그래픽스로 성공을 맛본 짐 클라크는 창업 초기 2년간 자금을 마련하기 위해 벤처투자자에게 너무나 많은 지분을 양도한 것이 빌미가 되어 실리콘 그래픽스의 실권을 쥐고 가기 어려운 상황에 처했다. 그 역시도 회사를 운영하는 일보다 자금을 활용해서 새로운 투자를 하고 싶어했다.

마크 앤드리센과 짐 클라크는 실리콘 그래픽스 동료였던 빌 포스의 주선으로 만났다. 짐 클라크는 곧바로 미래 컴퓨터 환경이 웹과 웹 브라우저 기반의 산업으로 재편되리라는 확신을 얻고 마크 앤드리센에게 모든 자금을 지원할 테니 창업하라고 제안했다. 용기를 얻은 마크 앤드리센은 짐 클라크에게 440만 달러를 받아서 실리콘밸리의 마운틴 뷰에 회사를 설립하는데, 이 회사가 모자이크 커뮤니케이션이다.

창업한 마크 앤드리센은 과거 모자이크를 같이 만들었던 NCSA의 동료들을 불러들여서 새로운 웹 브라우저 개발에 들어갔다. 모자이크라는 이름이 들어가고 개발 인원을 데려간 데다 이에 따른 특허를 침해했다고 모교인 일리노이 대학교와 NCSA로부터 항의를 받자, 회사 이름을 넷스케이프 커뮤니케이션스로 바꾸고 합의금으로 3백만 달러의 거금을 지불하는 우여곡절을 겪기도 한다. 그렇게 탄생한 웹 브라우저가 바로 초기 인터넷 바다를 항해하는 조타수 역할을 해준 넷스케이프 네비게이터다.

마크 앤드리센은 회사를 창업하고 개발에 매진한 결과 넷스케이프 네비게이터의 첫 버전을 1994년 10월 공개할 수 있었다. 이 프로그램은 그해 10월부터 12월까지 3개월이 채 안 되는 기간 동안 2백만 건이 넘는 다운로드를 기록하며 AOL(American Online, Inc.)이 주도하던 PC 통신서비스 시장을 인터넷 위주로 재편하기 시작했다.

우리나라에서도 네비게이터가 나오기 전까지는 거의 대부분의 사람들이 전화 접속서비스를 제공하던 케텔(KT에 인수되어 이후 하이텔이라는 이름으로 서비스했다), 피시서브(이후 천리안으로 통합되었다) 등 PC 통신서비스를 이용하고 있었다. 네비게이터가 탄생하고 웹 서버가 대중화되자 인터넷이 폭발하면서 PC 통신서비스 업체들과 이와 관련한 소프트웨어 개발업체들이 가장 큰 직격탄을 맞았다.

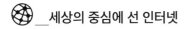 __세상의 중심에 선 인터넷

오늘날 인터넷의 성공은 네비게이터에서 시작했다고 해도 과언이 아니다. 수많은 사람들이 쉽게 인터넷에 접속했고, 컴퓨터 용도가 업무용에서 인터넷을 서핑하기 위한 것으로 변화하기 시작했다.

그로부터 1년 뒤인 1995년 8월, 짐 클라크는 아무런 수익도 없던 넷스케이프 사를 IPO(기업공개)하는 모험을 시도하는데, 당시 '인터넷=넷스케이프'라는 등식이 성립할 정도의 폭발적인 인기를 끌면서 '미래가치'라는 단 하나의 무기를 들고 나스닥 상장에 도전했다. 주간사들은 비교적 낙관적으로 '미래가치'를 계산해서 주당 28달러에 상장하기로 결정했다. 이것도 처음에는 14달러가 적정하다고 조언했지만 마지막 순간에 2배인 28달러로 결정해서 올린 것이다.

이제 일반인들이 이 가치를 믿고 사줄 것인지 모든 사람들의 시선이 쏠려 있던 1995년 8월 9일, 넷스케이프 주식은 첫날 무려 75달러까지 치솟았다. 물론 장이 끝나는 시점에는 58달러 정도로 다시 낮아지긴 했지만 넷스케이프 주식공개는 인터넷에 대한 미래와 사람들의 기대감을 표현한 첫 번째 신호탄이었고, 달리 말하면 이날이 바로 닷컴 버블의 첫날이었다.

이날부터 스물네 살의 청년 마크 앤드리센은 세계적인 스타가 되었고 〈타임〉지 표지를 장식하며 빌 게이츠와 쌍벽을 이루는 아이콘으로 부상했다. 훗날 빌 게이츠에 의해 넷스케이프가 처절하게 실패하게 될 줄은 이때만 해도 아무도 예측하지 못했다.

🌐 __인터넷 익스플로러로 뛰어든 마이크로소프트

1995년 웹은 대폭발을 일으키면서 PC 통신 중심의 네트워크 세상을 완전히 장악하기 시작했다. 네비게이터는 웹의 상징이었고 네비게이터를 이용해 인터넷 바다를 항해하는 것은 지극히 일상적인 일로 여겨져서, 다른 브라우저는 존재 의미조차 찾기 어려운 상황이었다.

이렇게 급격히 커지는 웹 환경을 바라보며 마이크로소프트는 NCSA에서 모자이크를 라이선스한 뒤에 이를 기반으로 만든 인터넷 익스플로러로 도전장을 낸다.

1995년에는 마이크로소프트 윈도 95를 발매했는데, 처음에는 인터넷 익스플로러를 포함시키지 못했지만 그해 8월에 발표한 윈도 95 플러스! 팩(Plus Pack)에는 인터넷 익스플로러를 탑재했다. 윈도 95가 화제를 모으며 전 세계 PC 시장을 휩쓸었지만 웹 브라우저 점유율에서는 네비게이터의 상대가 안 되었다.

인터넷 익스플로러 2.0은 그로부터 3개월 뒤에 나왔다. 마이크로소프트가 가장 강력한 경쟁자가 되겠다고 직감한 넷스케이프도 이에 질세라 발 빠르게 버전 업을 하면서 대응했다.

경쟁이 가열되면서 브라우저 안정성을 확보하거나 버그를 교정하려는 노력보다는 새로운 기능 개발에 집중하는 양상을 보였다. 네비게이터는 자바 스크립트와 Blink, Marquee(글자가 번쩍거리거나 흘러가게 하는 명령어) 같은 비표준 HTML 태그를 지원했고, 익스플로러는 JScript 등으로 대항했다. 이렇게 과도한 경쟁은 점점 브라우저 성능을 불안정하게 만들었고, 무엇보다 웹 표준에 맞지 않는 웹 페이지들을 양산하는 부작용을 낳았다.

비록 운영체제를 독점하는 회사였지만 익스플로러가 네비게이터를 따라잡기는 쉽지 않았다. 2.0 버전까지 별다른 성과를 얻지 못한 마이크로소프트는 익스플로러 3.0을 1996년 발표하면서 서서히 네비게이터의 점유율을 따라잡기 시작한다. 익스플로러는 브라우저 가운데 처음으로 CSS를 구현하면서 대중화의 전기를 마련했지만, 점유율이 겨우 10퍼센트를 넘겼다.

1997년 10월에는 인터넷 익스플로러 4.0이 발표되었다. 이때만 해도 72 대 18로 압도적인 열세에 몰렸던 익스플로러는 아예 마이크로소프트 윈도와 통합해 발표하면서 전세를 뒤집기 시작한다. 사용자가 윈도 95나 이후에 출시된 윈도 98을 설치하면 자동으로 인터넷 익스플로러도 설치되었고, 이미 브라우저를 가진 사용자들이 중복으로 네비게이터를 다운로드하는 일이 줄어들면서 판세는 급격히 인터넷 익스플로러로 기울었다.

⊛ __공룡에 의한 불공정한 게임의 법칙

운영체제에 끼워 팔기를 하고부터 인터넷 익스플로러는 승기를 잡았고 넷스케이프 네비게이터는 역전의 기회를 잡지 못하고 사람들의 기억 속에서 잊혀져갔다. 하지만 공정한 경쟁이 아닌 끼워 팔기로 시장을 장악했다는 점에서 결국 큰 반발을 불러일으킨다.

1998년 미국 정부는 마이크로소프트를 반독점법 위반으로 기소했는데, 가장 큰 이유가 브라우저 끼워 팔기였다. 이 사건은 2001년 11월 2일 미국 정부와 마이크로소프트 간 합의를 통해 최종적으로 종결되었다(여러 주 정부의 입장 차이로 완전한 결정은 2004년으로 늦춰졌다). 서드 파티 회사들을 위해 응용 프로그램 인터페이스(API)를 공유하고 5년간 마이크로소프트의 시스템, 기록, 소스코드에 완전히 접근할 수 있는 3명의 패널을 지정하게 했다. 이를 통해 마이크로소프트가 과도한 장벽을 칠 수 없도록 규제하려 한 것이다.

그러나 마이크로소프트가 자신들의 코드를 바꾸거나 다른 소프트웨어를 같이 묶어 파는 일 자체에는 제재를 내리지 못했다. 비슷한 혐의로 유럽에서 시작된 재판은 웹 브라우저를 분리하도록 판결했다. 이로써 유럽에서는 새로운 브라우저 전쟁의 씨앗이 뿌려졌다.

인터넷 익스플로러와의 경쟁에서 패배한 넷스케이프는 더는 독자적으로 회사를 유지할 수 없다고 판단하고 최대 PC 통신업체였던 AOL에 42억 달러를 받고 회사를 매각한다. 이후 익스플로러의 독주가 계속되어 2002년에는 무려 96퍼센트라는 어마어마한 점유율을 기록하며 정점에 오른다.

닷컴 시대의 화려한 황태자 넷스케이프는 이렇게 몰락하고 만다. 그러나 AOL에 매각된 1998년 이후 오픈소스 혁신을 주도하는 또 하나의 그룹인 모질라 재단이 탄생하는 데 커다란 영향을 주었다. 또한 AOL이 인터넷 브라우저 사업을 완전히 포기한 2007년부터는 인터넷 익스플로러의 대항마이자 기존 네비게이터를 계승, 발전시킨 파이어폭스가 탄생하는 기반이 되었다. 넷스케이프는 여러 측면에서 역사에 큰 족적을 남겼다고 할 수 있다.

세상을 바꾼 넷스케이프, 다시 한 번 공룡 같은 힘으로 넷스케이프를 굴복시킨 마이크로소프트. 경쟁자가 없던 마이크로소프트는 무소불위의 권력을 휘두르며 모든 적을 굴복시키고 있었다. 그러나 마이크로소프트는 인터넷 권력을 몇 개 회사가 아닌 대중이 갖는 인터 넷 민주주의가 태동하고 있음을 눈치 채지 못했다.

당장 브라우저 시장을 천하통일하고 이제는 경쟁자가 없다고 생각 했던 인터넷 익스플로러가 구글의 크롬 브라우저에 시장 점유율 1위 를 내주고, 심지어는 마이크로소프트에서 엣지(Edge)라는 새로운 브 라우저를 내놓으며 더는 인터넷 익스플로러를 쓰지 말라고 하는 상 황이 닥칠 거라고 누가 생각했으랴!

인터넷 스타기업의 등장, 닷컴 버블을 동반하다 | 1995

웹 브라우저가 대중화되면서 인터넷에 접근하는 사람들이 많아졌 고 드디어 인터넷 서비스 업체들이 전면에 등장한다. 그 대표적인 기 업이 야후!와 이베이, 아마존 등으로, 이들이 스타덤에 오르면서 동 시에 '닷컴 버블'도 속도를 높였다.

🌐 __야후!의 탄생

스탠퍼드 대학교 전자공학과 대학원을 다니던 제리 양과 데이비 드 필로는 1994년 초 모자이크를 이용해 전 세계 웹 사이트를 돌아다 니면서 다양한 정보를 얻는 일에 흠뻑 빠져들었다.

이들은 자신들이 얻은 정보를 다른 사람들과 나누기 위해 수많은 웹 사이트들을 종류별로 분류해서 목록을 만들고 이 목록을 하이퍼

링크 형태로 웹에 공개했다. 이것이 훗날 야후!가 되는 '제리와 데이비드의 인터넷 안내서'다.

이들은 같은 해 4월 이 웹 사이트를 야후!로 개명하면서 처음으로 인터넷 포털사업을 시작했고 1995년 1월 18일 역사적인 'yahoo.com' 도메인을 획득한다. 1995년 3월 1일 정식으로 창업한 이 회사는 인터넷이 폭발적으로 성장하자 정보를 찾는 사람들에게 기착지가 되었다. 글자 그대로 인터넷으로 들어가기 위한 포털(門) 역할을 톡톡히 해내기 시작했다. 하지만 이렇게 많은 사람들이 몰리자 인터넷 접속량을 감당할 수 없어 대책을 강구하는데 이때 구원의 손을 내민 사람이 바로 넷스케이프의 마크 앤드리센이다.

1994년 투자를 받아 자금의 여유도 생겼고 네비게이터의 폭발적인 인기에 힘입어 인터넷 최강자로 군림하던 넷스케이프로서는 야후!와 같이 인터넷 자체를 번성시켜줄 서비스 사업자가 필요했다. 야후! 역시 늘어나는 인터넷 접속량을 넷스케이프 대형서버가 직접 담당해주면서 한숨 돌린다.

그러나 이 동거관계는 금방 깨지고 만다. 야후!가 1995년 4월 5일 최고의 벤처캐피탈 중 하나인 세쿼이어 캐피탈로부터 거액의 투자를 받았기 때문이다. 이때 투자를 담당했던 사람이 유명한 벤처캐피탈리스트인 마이클 모리츠다.

넷스케이프에 투자한 회사는 KPCB(Kleiner Perkins Caufield & Byers)로 세쿼이어 캐피탈과 라이벌 관계에 있던 벤처캐피탈이다. 이들의 라이벌 의식은 정말로 대단해서 상대방이 투자한 회사에는 투자하지 않는다는 불문율이 있을 정도였다(이 불문율을 깬 회사가 바로 구글이다).

세콰이어 캐피탈의 투자를 받은 야후!는 넷스케이프와의 협력관계를 정리하고 독자적인 서비스에 나선다. 뒤를 이어 소프트뱅크의 손정의가 1,250만 달러를 투자하고 1.7퍼센트의 주식을 획득하는 등 급속도로 회사 가치가 올라간다.

🌐 _닷컴 버블의 시작

야후!는 창업한 지 1년 만인 1996년 4월 12일 아무런 수익모델도 없이 나스닥 상장을 시도한다. 그전에 짐 클라크가 넷스케이프로 1995년 대단한 성공을 거두었고 인터넷 기업에 대한 기대치가 상한가를 치고 있었기에 이 시도는 성공한다.

단숨에 억만장자 반열에 오른 야후! 창업자들은 '웹 포털=야후!'라는 이미지를 심으면서, 부침이 심한 다른 포털과 검색서비스들에 승리를 거두고 입지를 공고히 했다.

그러나 닷컴 열풍의 원조인 넷스케이프가 인터넷 익스플로러에 참패하면서 급격히 회사 가치가 하락했다. 닷컴 회사들은 수익모델이 없다는 비판을 받는 가운데 비관적인 미래를 점치는 사람들이 늘어났고, 따라서 회사 주가가 하락하는 등 위기를 겪기도 한다.

이때 야후!는 다른 회사들과는 달리 적극적인 브랜딩 전략과 배너를 중심으로 한 광고모델을 이용해 인터넷을 대표하는 기업으로 성장하는 데 성공한다. 1999년에는 6천만 달러 흑자를 기록하며 닷컴 회사에도 희망이 있다는 것을 보여주었다. 그리고 닷컴 회사의 마지막 자존심으로서 제 역할을 다했다.

그러나 2000년 들어 닷컴 회사의 가치에 대한 회의론이 빠르게 확산하면서 급작스럽게 닷컴 버블이 빠지기 시작했다. 광고주 대부분이 퇴장함으로써 야후! 역시 심각한 어려움에 처한다.

⊕ _ 두 명의 혁신가

1990년대 당시 아마존 창업자인 제프 베조스는 사업계획을 구상하면서 인터넷에서 판매하기 좋은 아이템으로 어떤 것들이 있는지 체계적으로 생각하기 시작했다. 베조스가 수많은 고민 끝에 선택한 것은 오늘날 아마존을 있게 만든 '책'이었다.

그는 책이 수백만 권 있는 서점을 실제로 만드는 일은 불가능하다는 점에 착안해 이를 가능하게 만드는 초대형 가상서점인 아마존을 1995년 설립했다. 이베이를 창업한 피에르 오미디아르는 실리콘밸리에 있던 꿈 많은 소프트웨어 프로그래머 중 한 명이었다. 오미디아르에게는 흥미로운 아이디어가 많았는데, 그중에서 우연히 많은 사람들의 주목을 받고 발전한 것이 바로 이베이다.

베조스와 오미디아르는 인터넷을 사업공간으로 생각했다는 공통점이 있다. 그러나 두 사람의 성향과 일하는 방식은 상당히 달랐다. 베조스는 사업계획과 시장조사를 체계적으로 하는 반면, 오미디아르는 사업계획서도 없었고 시장조사도 하지 않았다. 다만 인터넷으로 뭐든지 할 수 있다고 믿었던 프로그래머이며, 머릿속에서 튀어나오는 아이디어를 실현하고 사업화하는 모든 단계를 혼자서 할 수 있다고 생각했다.

오미디아르는 인터넷 기술을 이용해 사람들을 한 곳에 모이게 하면 아주 효율적인 시장이 될 거라고 믿었다. 이런 단순한 아이디어에서 출발해 일정한 사람들이 모여 경쟁하는 시장을 만들면 사업이 되겠다고 생각했고, 특히 인터넷 경매시장이 전통적인 경매시장보다 공정하고 접근성이 높을 거라는 믿음이 있었다.

오미디아르는 이를 실제로 구현하기 위한 사이트를 구축하고 주말에 간단한 작업을 통해 서비스를 공식 오픈했다. 처음 사이트를 찾은 사람들이 발견한 물건들은 정말 하찮다고밖에 할 수 없는 잡동사니들이었다.

오미디아르는 사이트를 연 지 몇 달 만에 수천 달러의 수수료를 수익으로 올릴 수 있었다. 제프 베조스의 아마존은 한 달 만에 인터넷에 몰려드는 주문을 소화하기 위해 전 직원이 직접 주문받은 책들을 전 세계 45개국에 선적하는 호황을 누렸다. 설립 당시 직원들은 모두 열광적이었고, 자신들이 새로운 역사를 만들고 있다고 믿었다.

사실 월스트리트에서는 이들이 단기간에 엄청나게 성장하는 모습을 보고 깜짝 놀랐다. 이제까지 역사에 없던 방식으로, 그리고 그전에 보았던 다른 기업들과는 전혀 다른 형태로 발전하는 이들을 바라보면서 월스트리트의 애널리스트 상당수는 두려움을 느끼기까지 했다.

⊕__가속하는 닷컴 버블

월스트리트에서는 아마존과 이베이가 엄청난 성공을 거두는 모습을 바라보면서 미래에 대한 환상이 생겼다. 이로 인해 과도한 금융열풍이 일게 되는데, 이것이 바로 '닷컴 버블'이다.

아마존은 1997년 5월 상장했지만 수익이 거의 없었다. 이때부터 사람들은 그래봐야 서점이고 수익도 별로 나지 않고 있으므로 결국 투자금을 다 쓰고 나면 망할 거라고 생각했다. 일부에서는 새로운 모델로 고속성장할 거라고 주장하기도 했다.

이러한 외부의 우려에도 제프 베조스는 자신만의 방식을 밀고나갔다. 매출이 꾸준히 증가했지만 적자는 지속되었다. 그런데도 도리어 가격을 계속 낮추면서 덩치를 키워갔다. 여느 사업가라면 가격과 이윤을 동시에 추구하기 마련이므로, 대단한 배짱이라고 하지 않을 수 없다.

그는 당시 러시를 미국의 서부개척 시대와 비슷하게 생각했고 적자를 확대하더라도 고속성장을 위해 이윤을 일시적으로 포기하는 선택을 했다. 이를 통해 빨리, 크게 성장한다는 것이 그의 전략이었다. 어느 정도 규모가 되면 고객에게 좀 더 나은 서비스를 제공할 수 있겠다는 믿음이 있었다. 그는 더 훌륭하고 안전한 서비스를 위해 개인정보를 보호하고 신용카드를 안전하게 사용할 수 있도록 하는 데 역량을 집중했다.

이런 노력의 결과로, 아마존은 여느 전자상거래 서비스 회사보다 안전한 전자상거래 플랫폼을 제공하는 데 성공한다. 이를 해결하기 위해 아마존에서 채택한 기술이 캘리포니아 수학자 세 명이 제시한 공개키 기반구조, 암호화와 보안에 관련된 중요한 기반기술(Public Key Infrastructure, PKI)이다. PKI 기술은 전자상거래의 안전성을 담보함으로써 전자상거래를 활성화한 숨은 공로자다.

그렇지만 인터넷 산업은 생각보다 빠르게 성장하지 않았고 월스트리트의 반응도 호의적이지 않았다. 이베이는 상황이 더 심각했다.

당시 월스트리트는 이베이를 두고 아예 이런 형태의 사업모델이 성공할 수 있다는 것 자체를 믿지 못하겠다고 평가했다.

1998년 봄, 오미디아르와 투자자들은 전문경영인이 필요하다는 인식을 공유하고 멕 휘트먼을 영입한다. 휘트먼은 일단 인식을 바꾸는 데 주력했다. 이베이는 1998년 기업공개를 했는데 마치 월스트리트의 평가를 비웃기라도 하듯 공개 당일 주가가 3배 이상 뛰어오르는 저력을 보여준다.

이와 같은 아마존과 이베이의 상장 성공은 '닷컴 버블'을 부채질했다. 주식상장은 이들을 유명하게 만들었고, 미국 전역에서 인재들이 실리콘밸리로 몰려들었다. 새로운 서부개척 시대가 시작된 것이다. 닷컴 추종자들은 노트북 하나만 들고 서부로, 서부로 몰려들었다. 인력이나 물리학 법칙이 아닌 환상이 전 세계를 휘감았으며, 주식의 대중화는 이러한 열풍에 기름을 부었다.

이런 이상열기로 인한 비정상적인 소비가 실리콘밸리에 횡행했고 투자된 자금을 파티와 TV 광고로 흥청망청 소진했다. 제대로 된 사업모델도 없이 아무나 투자를 받았다. 이들은 대부분 투자금만 까먹다가 결국에는 파산의 길로 접어들었다. 사실 이들은 아마존과 이베이 같은 진정한 혁신기업과는 완전히 다른 기업들이었다.

🌐 __버블의 최후와 버블이 남긴 유산

월스트리트 전문가들이 버블을 몰랐을까? 그렇지 않다. 불안하다고 생각했지만, 그들은 게임에서 벗어날 수 없었던 것이다. 결국 버블은 수많은 해고사태로 이어졌다. 닷컴 버블은 당시 연방준비제도 이사회 의장이던 앨런 그린스펀이 기준금리를 지속적으로 올리면서 꺼지기 시작했다. 그 와중에 아마존 역시 부도 직전에 몰렸는데, 눈물을 머금고 직원 1,300명을 해고하며 생존에 집중했다.

이러한 버블 형성과 몰락은 인터넷이 좀 더 건전하게 성장하는 계기를 마련했다. 닷컴 기업은 대부분 사라졌지만 일부는 생존뿐만 아니라 큰 수익을 내는 기업으로 탈바꿈했다. 아마존과 이베이는 이익 측면에서도 최고 기업과 어깨를 나란히 하는 수준으로 성장했다. 그 뒤를 이어 구글이라는 걸출한 기업이 엄청난 성장을 거듭하면서 당시의 혁명적 변화가 완전히 거품만은 아니었음을 보여주고 있다.

버블에 부정적인 측면만 있었던 것은 아니다. 닷컴 버블 당시 가장 비판적이었던 인텔의 앤디 그로브는 버블로 인해 수십 년은 걸렸을 광섬유 인프라가 단 수년 만에 깔렸고, 사람들이 실직하고 회사가 망했지만 많은 기업이 새로 등장했으며 내성도 훨씬 좋아졌고 인터넷 경제도 건전해졌다고 밝힌 바 있다. 어찌 보면 닷컴 버블 붕괴야말로 창조적인 파괴라고 할 수 있다. 이들의 부침에 힘입어 새로운 형태의 기업들이 탄생했고 살아남은 기업은 같은 실수를 반복하지 않을 만한 경험을 실패에서 얻었다.

인터넷은 기회의 땅이었다. 마이크로소프트가 지배하는 소프트웨어 세상과는 다른 새로운 세상이 펼쳐진 것이다. 아이디어를 가진 사람들은 적진으로 침투하지 않고도 싸울 수 있는 좋은 교두보를 마련했다. 다만 땅은 얻었으나 전투기술을 숙달하지 못했기에 몇 번 패배를 맛볼 수밖에 없었다. 하지만 이제 재미있는 세상이 시작된 것이다.

몰락하는 애플,
스티브 잡스를 다시 받아들이다 | 1996

마이크로소프트는 계속 잘나가고 있었고 인터넷의 등장과 함께 여러 회사들이 생기고 사라지던 1990년대 후반, 애플은 존 스컬리가 퇴장한 이후 마이클 스핀들러와 길 아멜리오가 CEO를 맡으며 저마다 노력했지만 추락하는 애플을 예전 위상으로 되돌려놓을 수는 없었다.

애플은 점차 돈줄이 말라가고 있었고, 어떤 형식으로든 매각하거나 자금수혈을 받지 않으면 안 되는 위기에 몰렸다. 피를 말리는 스케줄이었지만 길 아멜리오와 그가 데려온 CFO인 프레드 앤더슨은 회사채를 발행하기로 결정하고, 골드만삭스를 설득해 총 6억 6,100만 달러에 이르는 회사채를 발행해서 매각하는 데 성공한다. 이를 통해 최소한 1997년까지 회사를 운영할 수 있는 자금을 확보했다.

🕸 __출구 없이 계속된 위기

당장 시급한 자금문제는 해결했지만 윈도 95 출시와 함께 완연히 밀리기 시작한 PC 사업부문의 전망은 어두웠다. 거기에 새로 출시한 제품의 불량이 늘고 심각한 디자인 오류까지 생기면서 그동안 쌓아온 명성에 먹칠을 하는 경우가 많아졌다.

퍼포마 6400은 가장 중요한 허브맥이었다. 수많은 번들 소프트웨어와 하드웨어 컴포넌트로 구성된 최초의 미니타워 제품이었는데, 시리얼 포트를 하나밖에 내장하지 않아서 모뎀과 프린터를 동시에 사용할 수 없는 최악의 디자인 실수를 저질렀다.

또한 톰 크루즈까지 기용할 정도로 화려한 마케팅을 준비하며 기대를 모았던 파워북 5300은 출시를 앞두고 싱가포르 공장에서 폭발 사고가 나면서 제품 생산을 중단하고 초기 선적된 1,000대의 파워북 전체를 리콜했다. 이 사고는 소니에서 납품한 리튬이온 배터리가 원인이었지만, 애플은 이미지에 치명상을 입었다.

애플의 또 다른 걱정거리는 운영체제였다. 맥 OS는 줄곧 마이크로소프트를 앞서왔지만, 윈도 95 출시 이후에 이런 격차는 거의 줄어들었다. 다시 앞서 나가기 위해서는 기존 시스템 7을 능가하는 혁신적인 운영체제가 필요했고, 이를 위해 코플랜드라는 코드명의 운영체제 개발 프로젝트를 진행했다. 그러나 애초 예정한 완료 시기인 1995년을 훌쩍 넘겼는데도 프로젝트는 끝날 기미를 보이지 않았다.

길 아멜리오는 500명이 넘는 엔지니어들이 작업하고는 있지만 이 프로젝트는 실패할 거라는 강한 의심을 품었고 대안을 찾기 시작했다. 첫 번째 대안은 코플랜드 프로젝트와 별도로 새로운 시스템 8 운영체제를 개발하는 것이었다. 시스템 7을 업그레이드해서 대안을 찾아보려고 한 방안으로, 스티븐 글래스에게 책임을 맡긴다.

✦ 외부에서 파트너 찾기

다른 대안은 외부에서 운영체제를 수혈하는 방법이었다. 길 아멜리오의 처음 구상은 마이크로소프트 윈도 NT를 전격 채용하는 것이었다. 마이크로소프트는 이미 파워PC 워크스테이션에서 작동하는 윈도 NT를 개발하는 데 성공했기 때문에 윈도 NT를 채용한다면 애플 스타일의 하드웨어만 제조하면 될 일이었다. 이를 통해 마이크로소프트와의 관계도 개선하고 많은 비즈니스 사용자들도 애플 제품을 구매할 수 있다는 점에서 제법 일리 있는 아이디어였다.

길 아멜리오는 즉시 이 아이디어가 실현 가능한지 알아보기 위해 개인적으로 빌 게이츠와 통화를 시도했다. 빌 게이츠는 길 아멜리오의 생각에 즉시 화답하면서 애플의 중요한 자산인 퀵드로(Quick Draw)를 포팅하기 위해 마이크로소프트 엔지니어를 수백 명이나 보내주겠다고까지 제안했다.

그러나 여기에는 몇 가지 문제가 있었다. 가장 큰 문제는 기존 맥 커뮤니티가 대부분 반마이크로소프트 진영이었기 때문에 이들을 설득할 자신이 없었다는 점이었고, 또한 현재 맥 운영체제에서 작동하는 많은 소프트웨어를 새로 작성해야 했다.

길 아멜리오가 생각한 또 다른 대안은 썬 마이크로시스템스의 솔라리스 운영체제를 채택하는 것이었다. CTO인 엘렌 핸콕이 이를 적극 추진했는데, 운영체제의 완성도가 높았고 유닉스 기반의 검증된 운영체제였지만, 애플의 강점인 퀵드로를 솔라리스 위에서 작동시키기 위해서는 상당히 많은 인력을 추가 투입해야 했다. 그런데 썬 마이크로시스템스는 마이크로소프트와는 달리 이 부분에 대한 지원을 거절했다.

이때 존 스컬리의 중용을 받아 매킨토시 개발을 이끌다 쫓겨난 장 루이 가세가 부각된다. 그는 애플에서 사임한 이후에 '비(Be)'라는 회사를 설립했다. 7년 동안 상업용 제품을 내놓지 못했지만 상당히 인상적인 운영체제를 하나 개발하고 있었다.

이것이 바로 BeOS로 아직 완성한 건 아니지만 가능성은 충분했고, 무엇보다 애플 내부 엔지니어 중에 가세를 좋아하는 사람들이 많았다.

가세는 길 아멜리오가 원하는 것이 무엇인지 알았고, 그에게 BeOS를 이용해보라는 제안서를 제출했다. 동시에 데모를 준비했는데 파워 타워맥에서 작동시킨 BeOS의 실행속도가 놀라울 정도여서 길 아멜리오는 탄복했다. 그러나 가세와 아멜리오가 생각한 인수가격은 격차가 너무 컸다.

협상은 결렬되었지만 이 이야기의 일부가 언론에 흘러들어갔다. 또한 파워북 1400이 성공하고, 맥 월드에서 한 길 아멜리오의 키노트를 많은 사람들이 주목하면서 애플에 새로운 서광이 비추는 듯했다.

🌐 __스티브 잡스와의 만남

애플과 비의 협상이 결렬되었다는 소식을 듣고, 드디어 스티브 잡스가 움직인다. 스티브 잡스는 애플에서 쫓겨난 이후 넥스트와 픽사를 운영하고 있었는데, 맥 월드에서 마케팅 매니저를 엘렌 핸콕에게 보내 넥스트스텝 운영체제를 애플에 탑재하기 위한 컨퍼런스 콜 일정을 잡는 데 성공한다.

첫 번째 컨퍼런스 콜 일정을 순조롭게 마친 이후에, 넥스트와 애플은 거의 매일 만나서 넥스트스텝이 맥 OS를 대체하는 기술적인 문제에 대해 토론했다. 애플은 넥스트에 속한 수백 명의 개발자와 고객, 직원들을 상대로 인터뷰를 실시해서 넥스트가 가지고 있는 기술 및 인력들이 괜찮다는 점을 확인한 뒤에 긍정적인 협상에 들어갔다.

이렇게 애플과 넥스트의 만남이 순조롭게 진행되고 맥의 판매도 증가하는 등 좋은 소식만 들리던 중에 길 아멜리오 개인에게 커다란 문제가 생긴다. 길 아멜리오는 아마추어 파일럿으로 제트 비행기를 좋아하는 터라, 에어로라는 독립회사를 하나 설립해서 자신의 비행기를 운용했다. 그런데 이 회사의 연료비용이나 유지보수 비용을 모두 애플에 넘긴 정황이 언론에 의해 집중적으로 파헤쳐지면서 도덕성에 깊은 상처를 입었다.

새로운 애플 운영체제의 자리를 놓고 스티브 잡스와 장 루이 가세라는 두 애플 출신 사업가들이 벌이는 담판은 1996년 12월 10일 이뤄졌다. 길 아멜리오는 두 사람을 한 자리에 불러놓고 제안하도록 했다. 스티브 잡스는 넥스트스텝이 추구하는 미래지향적인 기술을 중심으로 설득한 반면, 가세는 이미 데모를 통해 보여줄 것은 다 보여주었고 더 새로운 것은 없다는 식으로 프레젠테이션을 했다.

길 아멜리오는 가세의 무성의와 잡스의 성실한 준비를 비교해보고 주저 없이 넥스트를 파트너로 지목한 뒤, 곧바로 열린 이사회에서 넥스트를 인수하자고 제안했다. 이사회는 넥스트를 인수하는 비용이 지나치게 높지 않을까 우려하면서도, 모든 걸 길 아멜리오에게 일임했다.

스티브 잡스는 인수가 결정되자 길 아멜리오에게 작더라도 자신이 애플을 위해 일할 자리를 하나 마련해 달라고 부탁했다. 길 아멜리오는 이를 흔쾌히 받아들여 스티브 잡스에게 새로운 운영체제와 관련한 책임을 맡기기로 하고, 넥스트를 4억 달러에 인수했다. 결코 싼 가격이 아니었지만, 길 아멜리오는 새로운 운영체제와 함께 스티브 잡스와 뛰어난 직원 300명을 얻었다. 또한 매해 5천만 달러씩 수익을 올리는 뛰어난 소프트웨어인 웹 오브젝트를 같이 얻었기에 그 비용이 결코 아깝지 않았다.

이런 종류의 협상은 보통 현금으로 지불하지만, 길 아멜리오는 스티브 잡스에게 애플에 대한 충성을 요구하면서 애플 주식 150만 주를 주고, 현금은 1억 2천만 달러만 지급했다.

협상을 거의 마무리하고 발표만 남은 순간, 스티브 잡스가 엔지니어 부문 책임직에 임명되는 것을 거절했다. 아마도 창업자인 자신을 쫓아낸 회사의 엔지니어 조직을 책임질 정도까지는 과거의 앙금이 사라지지 않았기 때문이었을 것이다. 마음이 다급해진 길 아멜리오는 회장인 마이크 마큘라의 자문직을 맡아줄 것을 요청했고, 스티브 잡스가 이를 수락하면서 애플은 넥스트와 스티브 잡스를 다시 얻었다.

✺ __시련의 시작과 스티브 잡스의 반란

넥스트는 얻었지만 애플이 치러야 할 대가는 컸다. 길 아멜리오는 자금을 위해 상당한 직원과 수익이 나지 않는 많은 프로젝트를 정리하며 구조조정을 단행했다. 회사구조는 단순하며 의사결정이 쉬운 형태로 재정비했고, 중복된 프로젝트는 거의 모두 없앴다. 이 과정에서 애플에 오래 몸담았지만 더는 혁신 가능성이 없는 오래된 임직원들이 대거 쫓겨났는데, 한 해 동안 거의 6천 명에 이르는 직원들이 정리해고되거나 자발적으로 애플을 떠났다.

이 과정에서 길 아멜리오는 애플 내부의 인심을 잃었다. 반대로 스티브 잡스는 넥스트의 엔지니어들을 회사의 주요 부서에 배치하면서 조금씩 회사를 장악해나갔다. 특히 CTO였던 엘렌 핸콕은 스티브 잡스의 가장 중요한 정적이었다. 결국 그 자리는 스티브 잡스가 가장 신뢰하는 개발자이자 넥스트스텝의 핵심인 마이크로커널을 개발한 에이비 티베니언이 차지했다. 잡스는 또한 넥스트 하드웨어를 담당하던 존 루빈스타인을 하드웨어 총책임자 자리에 오르도록 지원했다.

그러던 어느 날, 길 아멜리오는 미국 정부로부터 애플의 대주주 한 명이 150만 주에 이르는 애플 주식을 팔아치웠다는 연락을 받는다. 이 사건으로 애플의 주가가 급락했는데 길 아멜리오는 스티브 잡스를 의심했다. 스티브 잡스는 처음에는 이 사실을 부인하다가, 길 아멜리오 체제에서는 애플의 미래가 없다고 생각해 주식을 모두 팔았다며 역으로 길 아멜리오를 공격했다.

이 상황을 타개하기 위해 길 아멜리오는 마이크로소프트와 빅딜을 추진했다. 빌 게이츠에게 연락해 매킨토시용 오피스 개발을 간청하는 한편, 인터넷 익스플로러를 모든 매킨토시에 번들로 도입하겠다고 제법 파격적인 제안을 했지만 빌 게이츠는 이를 수용하지 않았다.

애플 CEO로서 499일이 지나고 약속된 500일을 하루 남겨둔 날, 길 아멜리오는 이사회로부터 충격적인 소식을 듣는다. 최선을 다했다고 생각했지만, 애플 이사회는 길 아멜리오의 연임을 허락하지 않은 것이다. 그리고 CFO인 프레드 앤더슨에게 적당한 인물을 찾을 때까지 임시로 회사를 운영하라고 지시하고, 길 아멜리오 시대를 마감했다.

길 아멜리오는 짧았지만 가장 어려운 시기에 최선을 다해 애플을 이끌어간 좋은 CEO였다. 초기 자금유동성 위기를 겪을 때 골드만삭스와 회사채 발행을 협상해서 성장 동력을 마련했고, 무엇보다 넥스트 인수를 통해 애플이 다시 살아날 수 있는 초석을 다졌다. 또한 악역을 자처하고 관료화된 조직을 모두 쳐내면서 그 역풍을 온몸으로 받았는데, 이런 그의 작업들은 이후 스티브 잡스가 애플의 경영권을 장악하고 새로운 애플 시대를 열어가는 데 결정적인 역할을 했다.

세상을 변화시켰던 애플은 바깥세상이 변화하고 있는데도 내부의 갈등과 수립되지 않는 정책 때문에 갈팡질팡하고 있었다. 내부에서 문제를 해결할 수 없을 때는 외부의 힘을 빌려야 한다. 마침내 애플은 야인으로 떠돌던 절대고수인 스티브 잡스를 다시 내부로 받아들여서 반전의 계기를 마련하고 에너지를 폭발시킬 준비를 시작했다.

IBM, 오픈소스 진영에 뛰어들다 | 1998

애플이 일으킨 PC 혁신을 이어받아 운영체제를 중심으로 IT 세상을 재편한 마이크로소프트 천하는 1990년대 후반까지 계속되고 있었다.

초기에는 큰 문제의식이 없었지만 마이크로소프트가 운영체제를 장악해 브라우저 전쟁에서 넷스케이프의 네비게이터를 꺾는 과정을 지켜보면서, 많은 사람들이 마이크로소프트에서 지금까지 주도한 소프트웨어 사업모델에 대해 근본적인 회의를 느끼기 시작했다.

그중에서 새로운 시각을 가지고 개방철학을 만들어간 인물이 바로 고수들 사이에 끼어든 개방방주(소속된 집단 없이 떠도는 이들이 모인 곳을 대표하는 인물)라고도 할 수 있는 리처드 스톨만이다. 비록 대단한 기업을 일구거나 돈을 많이 벌지는 못했지만, 그가 주창한 철학과 실천은 세상의 규칙을 깨부수는 통렬한 시도였다. 무모해 보였던 그 시도의 결과가 이제는 모든 산업영역에 파급된 놀라운 변화를 우리는 목도하고 있다. 특히 거대 기업인 IBM이 이 철학의 영향을 받고 성공적인 변신을 한 것은 우리나라 기업들에도 많은 시사점을 던져준다.

✦ _해커, 탄생하다

리처드 스톨만은 1953년 뉴욕에서 태어났다. 그가 처음 컴퓨터를 만난 건 IBM 뉴욕 과학센터에서 포트란 언어로 수치해석 프로그램을 만들면서부터다. 단 몇 주 만에 작업을 마친 그는 나머지 시간을 텍스트 편집기를 만들면서 보낸다.

고등학교를 졸업한 해 여름방학에는 IBM에서 일을 하면서 록펠러 대학교 생물학과에서 실험실 조교로 자원봉사를 병행했는데, 당시 그를 지도한 교수는 그가 나중에 훌륭한 생물학자가 되겠다고 생각했다.

하버드 대학교 물리학과에 입학한 리처드 스톨만은 1학년을 마칠 때 이미 수학 영재로 널리 알려지기 시작했다. 그의 소문을 듣고 MIT 인공지능 연구실 관계자는 그를 만나서 프로그래머로 일해 달라고 설득했다. MIT 인공지능 연구실은 그를 해커의 사회로 이끌었다. 리처드 스톨만은 해커 커뮤니티에서 컴퓨터 계정인 'rms'를 실명 대신 사용했다. 최초의 해커사전에 자신을 'Richard Stallman'이라고 쓰지 말고 'rms'로 써달라고 요청하기도 했다.

MIT 일을 하면서도 리처드 스톨만은 1974년 하버드 대학교 물리학과를 수석으로 졸업한다. 학부를 졸업하고 대학원도 MIT 물리학과로 진학하지만, 학문과 프로그래밍을 모두 하기보다는 프로그래밍에 집중하기로 결정하고 박사학위 과정을 포기한다. 대신 MIT 인공지능 연구실 일에 집중했는데, 이때 발표한 논문 중에는 지금까지도 인공지능 분야에서 가장 중요하다고 인정받는 연구들도 있다.

🌐 __해커정신의 전파, 그리고 GNU 탄생

1970년대 말에서 1980년대 초까지 리처드 스톨만이 주도했던 해커문화는 생각처럼 널리 퍼지지 못했다. 오히려 마이크로소프트를 비롯한 주요 소프트웨어 회사들은 복사를 방지하고 비슷한 소프트웨어가 탄생할 수 없도록 소스코드에 대한 저작권 및 관리를 강화하는 방향으로 움직였다. 그리고 복사와 재배포를 금지하는 쪽으로 라이선스 정책을 세웠다. 이런 정책은 일부 회사만의 방침이 아니라 일반적으로 당연한 조치라는 분위기가 정착되기 시작했다.

이런 분위기는 MIT에서 리처드 스톨만과 함께 많은 일을 했던 브루스터 케일이 미국 저작권법 개정에 1976년부터 주도적으로 참여하면서 조성되었다. 이에 대해 리처드 스톨만은 '인간성에 대한 범죄'라는 강한 표현을 써가며 사용자의 자유의지를 가로막는 행위라고 주장하면서 강력히 반발했다.

MIT 인공지능 연구실 역시 인공지능 언어인 LISP를 기반으로 하는 새로운 소프트웨어 때문에 서로 다른 접근방식과 철학을 가진 두 명의 연구자가 벤처기업을 설립하면서 파가 갈려 심각한 내분에 휩싸였다.

이런 일련의 사건을 겪으면서 리처드 스톨만은 사용자들의 자유 의지와 권리를 중시하며 자신의 소프트웨어를 이웃과 공유하고 사용자가 추가로 연구나 에너지를 투입해 새로운 소프트웨어를 창출할 수 있는 기회를 빼앗아서는 안 된다는 신념에 입각해 프리 소프트웨어 프로젝트인 GNU 프로젝트를 1983년 9월 발표한다.

🌐 __GNU, FSF, 그리고 리눅스

1984년 2월 MIT를 그만둔 리처드 스톨만은 GNU 프로젝트에 헌신하기로 결심한다. 1985년 GNU 선언을 통해 유닉스와 호환되는 공짜 운영체제인 GNU를 만드는 이유와 철학을 일반에 알렸다. 곧이어 비영리재단인 자유 소프트웨어 재단(Free Software Foundatoin, FSF: 여기서 Free는 공짜가 아닌 자유를 의미한다)을 설립해 프로그래머들을 고용하고 이들의 정신과 활약을 전 세계에 퍼뜨리는 역할을 자임한다.

그는 재단으로부터 월급을 일절 받지 않았으며 새로운 문화와 철학을 알리기 위해 카피레프트(copyleft: 저작권의 권리를 중시하는 copyright 정신의 반대되는 의미로 떠난다의 left와 오른쪽 right의 반대말인 왼쪽 left를 붙인 조어) 운동을 펼치면서 소프트웨어 부문에 적용할 새로운 라이선스인 GNU 일반 공중 사용허가서(GNU General Public License, GPL)를 발표했다. 그의 활동은 이후 다른 산업영역에도 영향을 미쳐서 자유이용 허락표시(Creative Commons License, CCL)와 같은 라이선스 정책을 이끌어냈고, 공익과 사회적 가치에 중점을 둔 새로운 철학 및 정책이 나타나는 데 기여했다.

그는 또한 이런 문화운동을 전개하면서 본인이 직접 프로그래머로서 GNU 운영체제를 이루는 텍스트 편집기(Emacs), 컴파일러(GCC), 디버거(gab), 빌드도구(gmake) 등 가장 핵심적인 유틸리티들을 작성했다. 그의 이런 노력에 화답하고 세계적인 영향력을 끼친 사람은 의외로 미국이 아닌 핀란드에서 나타난다.

1991년 핀란드의 대학생이던 리누스 토발즈는 GNU 개발도구를 이용해 운영체제의 핵심인 리눅스커널을 개발했다. 개발은 되었지만 그동안 많은 문제가 있었던 GNU 프로젝트 커널을 그의 커널이 대체하면서 실체화가 가능한 운영체제가 탄생한다. 이것이 바로 오늘날 운영체제 계보에서 큰 영향력을 행사하고 있는 리눅스(linux)다.

리눅스는 소프트웨어 산업에서 지대한 영향력을 행사한 기념비적인 소프트웨어다. 비록 그 자체에는 어떠한 사업모델도 없었고 이를 이용해 직접적인 돈을 벌었다는 사람들도 거의 없었지만, 역사를 돌아보면 실제로 이와 연관된 사업의 규모는 엄청나다.

IBM은 리눅스를 주된 운영체제로 채택하고부터 완전히 다른 형태의 회사로 변신했고, 그들의 서버는 최고의 리눅스 서버로 자리 잡았다. 소프트웨어 측면에서도 오늘날 아이폰과 함께 전 세계를 호령하는 모바일 운영체제인 안드로이드를 비롯해 매우 다양한 운영체제들이 리눅스를 조상으로 파생되어 나왔다. 이렇게 엄청난 역사적 변화의 중심에는 해커의 전설로 남아 있는 리처드 스톨만이라는 기인이 있었음을 잊어서는 안 될 것이다.

✖ __암운이 드리운 빅 블루

IBM은 컴퓨터를 아는 사람이면 누구나 아는 진정한 거인이다. 흔히 그들의 파란색 로고를 빗대어 빅 블루라는 애칭으로 불렸다. 하드웨어 사업으로 전 세계를 장악하고 메인 프레임용 시장과 PC 하드웨어에 이르기까지 컴퓨터와 관련한 모든 시장에서 승승장구하던 IBM의 앞날에 암운이 드리운 건 얄궂게도 자신들에게 운영체제를 공급한 마이크로소프트 때문이었다.

운영체제를 그다지 중요하게 생각지 않았던 IBM은 이를 마이크로소프트에서 아웃소싱했는데, 이후 컴팩, HP, 델과 같은 IBM 클론 컴퓨터 벤더들이 성장하고 표준 운영체제 시장이 마이크로소프트로 넘어가게 되자 영향력이 급격히 줄기 시작했다.

IBM이 마이크로소프트에 대항하기 위해 사력을 다했던 OS/2가 실패하면서 IBM은 사실상 운영체제 시장에서 손을 뗐다. 언제나 컴퓨터 업계 중심에 있던 빅 블루가 신흥강자에게 권좌를 내주고 변방으로 쫓겨나는 신세가 된 것이다.

그렇게 절치부심하던 IBM에게 인터넷은 새로운 기회이자 동시에 위기였다. 운영체제에서는 실패했지만 일단 눈에 보이는 기업환경과 시장에 제대로 대처한다면 다시 한 번 업계 리더로서 힘을 발휘할 수 있을 터이고, 그렇지 못하면 자신들이 장악하고 있던 금융권을 비롯한 거대 고객마저도 잃게 될 판이었다.

상황은 그리 녹록치 않았다. 개인용 컴퓨터와 클라이언트 컴퓨팅 환경 그리고 웹 브라우저마저도 완전히 마이크로소프트가 장악해나가고 있었고 서버와 엔터프라이즈 분야에서는 자바를 앞세운 신흥

강자 썬 마이크로시스템스의 약진이 두드러졌다. IBM이 추진하던 웹 서버 역시 시장에서 호응을 얻지 못하면서 이제 IBM의 완전한 추락이 눈앞에 보이는 듯했다.

🌐 __오픈소스에 운명을 맡긴 IBM

IBM은 사활을 걸고 기업전략을 완전히 변경하는 파격적인 결정을 내린다. 이렇게 거대한 기업이 기업문화와 관행을 송두리째 바꿔버리는 결정을 한다는 건 무척이나 어려운 일이다.

IBM이 힘겹게 마이크로소프트와 썬 마이크로시스템스와 싸우고 있을 즈음, 리눅스가 인터넷 해커 커뮤니티에 등장해 인기를 끌기 시작했다. 당시에는 버그도 많고 사업모델이라고는 하나도 없는 이 괴상한 운동이 어느 정도로 파급력을 가져올지 모두들 반신반의했다.

IBM은 1998년부터 많은 인력을 고용해 리눅스를 포함한 각종 오픈소스 소프트웨어 전체를 연구하기 시작했다. 이렇게 연구를 시작한 것만으로도 그간 폐쇄적이던 분위기와 비교하면 파격적인 시도였다.

처음 시작한 일은 웹 서버 소프트웨어 프로젝트였다. 당시 IBM이 밀고 있던 도미노(Domino) 서버가 시장에서 실패하고 있었지만, 가까운 미래에 서버 분야에서는 웹 서버 기술이 가장 중요한 핵심이 될 거라고 믿고 오픈소스 프로젝트 '아파치'를 이끌고 있던 브라이언 벨렌도르프를 직접 만나서 아파치 프로젝트를 지원하고 싶다는 의사를 피력한다.

오픈소스 개발자들은 IBM 때문에 오픈소스 정신이 무너질까 우려했고 IBM은 전 세계에 퍼져 있는 개발조직과 일하는 것이 법적, 기술적으로 가능한 일인지 의문스러웠지만, 양측이 합의함으로써 IBM은 오픈소스 진영에 참여한다.

IBM은 비영리재단 형식으로 아파치 소프트웨어 재단을 설립하고 본격적인 오픈소스 웹 서버 개발에 들어갔다. 프로젝트를 시작한 지 3개월 만에 IBM은 자사의 주력 웹 애플리케이션 서버(WAS)인 웹스피어 제품군에 아파치를 도입했고, 웹스피어는 시장의 환영을 받으며 순항하기 시작한다.

아파치 프로젝트의 성공이 발판이 되어, IBM은 본격적으로 오픈소스를 자사의 핵심전략으로 받아들이기 시작했다. 당시에 IBM은 델 컴퓨터와 같이 낮은 가격으로 승부하는 신흥 하드웨어 강자와 막강한 운영체제를 기반으로 하는 마이크로소프트와 썬 마이크로시스템스 사이에 샌드위치처럼 끼인 신세였다.

아파치로 성공을 경험한 IBM은 과감하게 리눅스를 자사의 메인 성장 동력으로 채택하는 모험을 감행한다. 리눅스는 작은 서버에서도 큰 무리 없이 작동했고 무엇보다 클러스터링을 통해 확장하기가 용이했으며 무료였기에 고객들의 호응을 얻으며 서버 시장을 장악하기 시작했다.

리눅스가 업그레이드를 거듭하며 안정되어가고 있었기 때문에, IBM은 운영체제 개발에 큰 리소스를 낭비하지 않고 사업모델 차별화를 위한 서비스 및 솔루션 개발에 핵심역량을 집중할 수 있었다.

__공룡의 문화를 바꾼 오픈소스

IBM이 리눅스와 운명을 같이하면서 변화한 것은 단순한 사업전략이나 사업모델만이 아니었다. 오픈소스 커뮤니티가 가지고 있던 문화와 프로세스도 IBM이라는 거대 조직에 엄청난 영향력을 행사했다. 새로운 문화가 탄생하니 조직까지도 변화하기 시작했다.

오픈소스 프로젝트를 진행하는 커뮤니티는 빠르고 투명한 의사소통과 반복된 개발 테스트를 통한 업그레이드를 중요하게 생각한다. 그래서 일단 커뮤니티 멤버가 구성되면 메신저나 이메일을 활용해 적극적으로 의사소통을 한다. 사실 한국 개발자들이 오픈소스 프로젝트에 대거 참여하거나 적응하지 못하는 데에는 이런 의사소통 문제도 상당하다고 본다.

기업들은 의사소통을 할 때 정치적인 문제나 책임 소재와 같은 여러 가지 이유로 좀 더 공식적인 경로를 이용하고 기록을 남기는 경우가 많다. 서로 눈치 보고, 혹시나 있을지 모를 책임을 회피하기 십상이어서다.

IBM에서 리눅스 개발팀을 이끌었던 댄 프라이는 기업의 소통문화가 오픈소스 커뮤니티의 그것에 비해 비효율적이어서 어려움이 있었다고 말한다. 채팅이나 게시판을 이용하는데 모두들 눈치만 보고 과감한 의사소통을 하지 않았던 것이다. 그래서 리눅스 개발팀은 사내 네트워크를 차단하고 오로지 인터넷을 통해서만 의사를 소통하도록 했다. 이런 결정이 내려진 뒤에야 비로소 팀원들이 게시판과 채팅을 통해 활발히 의사소통하기 시작했다.

IBM이 오픈소스 프로젝트를 주도하면서 배운 또 한 가지는 소프트웨어 설계방식에서 기존 대기업이 가지고 있던 것과 큰 차이가 있다는 점이다. 설계-구현-테스트-유지보수로 이어지는 기본 단계는 동일하지만 시간 분배에서 엄청난 차이가 있었다. 오픈소스 커뮤니티는 설계보다 구현-테스트에 많은 시간과 노력을 들이는 경향이 있다.

원래 설계가 시간을 가장 많이 잡아먹기 때문에 시간 측면에서 이러한 프로세스에는 커다란 장점이 있었다. 아이디어가 있으면 곧바로 특정 멤버가 코드를 올리고 이를 바탕으로 새로운 코드와 컴파일 결과가 날마다 발표되고 이를 묶어서 컴파일하고 테스트하는 일련의 프로세스가 작동한다.

그리고 오픈소스 프로젝트에는 제품 출시가 명시적이라기보다는 '출시 후에도 개발 중'이라는 특징이 있었다. 이는 최근에 급속히 대두되고 있는 '디자인 사고'나 '디자인 경영'방식과 그 맥이 닿아 있다.

이러한 오픈소스 커뮤니티의 효율성과 개방성은 IBM에 큰 영향을 미친다. 리눅스 개발팀에서 시작된 개방형 의사소통 방식은 사내에서도 통하기 시작했다. 이러한 철학의 변화에 힘입어 IBM은 또 하나의 중대한 결정을 내린다. 수많은 지적재산을 독점소유하고 이를 바탕으로 이윤을 얻기보다는 품질을 향상시키고 성장을 촉진하는 방향으로 많은 프로젝트들이 선회했다.

IBM은 수많은 특허권을 옛투닷컴과 같은 기술 거래기업을 통해 아웃소싱하기 시작했고 자신들의 노하우를 외부에 적극 노출하면서 생태계를 같이 꾸려나갔다. 이러한 노력의 산물이 디벨로퍼웍스와 알파웍스다.

⊕ _수평적 협업 기업으로 변신하다

오픈소스 진영에 뛰어들기 전만 해도 독점과 수직 통합이라는 전통적인 기업문화를 고수하던 IBM은 오픈소스 커뮤니티의 다양한 특징과 수평적 협업문화를 받아들이면서 개방성을 강력한 성장 동력으로 삼아 기업을 업그레이드할 수 있었다.

IBM이 처음에 지적재산권 문제를 놓고 고민하던 시기에는 최고경영진에도 엄청난 부담이 있었다. 그룹 부회장이 감독 역할을 하면서 리눅스 운영위원회를 가동했고, 매달 임원회의를 통해 진행상황을 평가했다. 그렇게 몇 달이 지나자 모두들 신경을 덜 쓰기 시작했고, 오픈소스의 마법을 자연스럽게 사내문화로 흡수했다.

이러한 사례는 오픈소스 혁명이 단순한 사회현상에 머무르지 않고 기업 혁신으로 이어져 새로운 가치를 창출할 수 있음을 단적으로 보여준다.

IBM의 성공사례는 단순한 역사적인 기록이나 한 기업의 흥망성쇠 정도로 보고 넘기기에는 너무나 의미심장하다. 최고경영진부터 문화의 변화를 수용하면서 IBM이 변화한 것처럼 우리 사회도 주류에서 이런 개방과 참여 그리고 내부 조직화로 연계되는 오픈소스 커뮤니티의 사회적, 문화적, 철학적 함의를 제 것으로 받아들일 때, 비로소 새로운 시대정신이 꽃필 것이다.

실리콘밸리의 양대 벤처캐피탈, 구글에 투자하다 | 1999

애플과 마이크로소프트 그리고 IBM을 비롯한 여러 회사들이 활약하던 IT 세상에 거대한 잠재력을 가진 잠룡이 드디어 탄생을 준비하기 시작했다. 인터넷 보급은 두 명의 천재들에게 새로운 아이디어를 선사했는데, 이들의 역사는 기회의 땅 실리콘밸리와 스탠퍼드 대학교에서 시작한다.

메릴랜드 대학교에서 컴퓨터 과학과 수학을 전공하고 수석으로 졸업한 세르게이 브린은 1993년 미국 국립과학재단(National Science Foundation, NSF) 장학생으로 선발되어 스탠퍼드 대학교 컴퓨터 과학 대학원에 진학했다.

1995년 활달한 성격과 천재적인 두뇌로 많은 친구들의 인정을 받으며 리더로 자리 잡고 있던 세르게이 브린 앞에 미시건 대학교 출신의 또 다른 천재가 스탠퍼드 대학교로 진학하며 나타나는데, 그가 바로 래리 페이지다. 둘은 동갑내기지만 대학원에서는 세르게이 브린이 선배인 셈이다.

세르게이 브린은 신입생 오리엔테이션에서 래리 페이지를 만나고 정말 마음에 들지 않는 라이벌이 나타났다는 느낌을 받았다. 언제나 남들 앞에 나서서 이끄는 외향적인 세르게이 브린에 비해 래리 페이지는 내성적이고 조용했지만 토론할 때는 누구에게도 지지 않는 사람이었다. 그런 래리 페이지에게 세르게이 브린은 다른 친구들이나 선후배와는 다른 경쟁의식을 느끼기 시작했다.

이들은 거의 모든 주제에 대해 서로 다른 시각을 가지고 있었고, 전공과목뿐만 아니라 사회와 정치, 철학과 문화 등 다방면에 대한 토론으로 날밤을 새우기 일쑤였다. 둘이서 격론을 시작하면 주위 동료들이 피해 다닐 정도로 강렬한 열기를 뿜었고, 이런 토론과 다툼이 지속되면서 두 사람은 어느새 가장 가까운 친구이자 영혼의 동반자로까지 발전했다.

❋__자유의 수호자, 세르게이 브린

구글 창업자 세르게이 브린과 래리 페이지는 1973년생 동갑내기다. 1977년 애플Ⅱ가 처음 세상에 등장했으니 이들은 아주 어렸을 때부터 개인용 컴퓨터라는 걸 보고 자란 세대라고 할 수 있다.

세르게이 브린은 1973년 구소련 시절 모스크바에서 태어났다. 러시아계지만 부모가 유태인이기 때문에 많은 차별을 겪었다.

세르게이 브린의 아버지인 마이클 브린은 원래 우주비행사가 꿈이었지만 대학에 들어가기도 전에 이미 유태인이라 꿈을 이룰 수 없다는 사실을 알게 되었다. 당시 소련에서 가장 중시하던 물리학과에는 유태인이 들어갈 수 없었다. 그래서 마이클 브린은 수학을 전공했는데 대학시절 전 과목 A를 받을 정도로 뛰어난 학생이었다. 어머니인 유진 브린 역시 모스크바에서 대학을 나왔는데 훗날 NASA에 우주 기후환경을 시뮬레이션하는 연구원으로 취직할 정도로 뛰어난 과학자였다.

세르게이 브린이 어렸을 때 살던 곳은 8평 남짓한 매우 작은 아파트였다. 그곳에서 할머니까지 네 식구가 살았는데, 1977년 아버지가 폴란드에서 열린 수학 학회에 다녀와서는 가족들에게 소련을 떠나자고 말했다.

세르게이의 어머니는 모스크바를 떠나고 싶어하지 않았다. 그러나 자신보다 아들인 세르게이의 미래에 대해 고민하다가 결국 소련을 떠나기로 결심하고, 1978년 9월 미국 비자를 신청한다. 이 사실이 알려지자 두 부부는 즉각 다니던 직장에서 해고되었고, 그로부터 8개월간 세르게이 가족은 아무런 고정수입도 없이 임시로 생기는 일을 닥치는 대로 하면서 끼니를 해결했다. 만약 신청한 비자가 나오지 않았더라면 앞으로 어떻게 살아야 하는 건지 자체가 불투명한 상황이었다.

1979년 5월 다행히 세르게이 가족은 이민을 허가하는 비자를 손에 받아들고 모스크바를 떠날 수 있었다. 세르게이 브린은 당시 겨우 대여섯 살이었지만 그때의 어려움을 모두 기억하고 있었다. 자신이 미국으로 건너와서 교육을 받을 수 있게 해준 부모에게 매우 감사하다고 훗날 인터뷰에서 밝히기도 했다. 세르게이 가족은 소련을 떠나 미국의 메릴랜드주에 정착했다. 초기에는 낯선 땅에 적응하느라고 힘든 시기를 보냈지만 워낙 똑똑한 사람들이라서 아버지는 메릴랜드 주립대학교 수학교수가 되었고, 어머니는 미국 최고 연구기관인 NASA의 핵심 과학자가 되었다.

부모가 수학을 비롯해 과학연산이 필요한 일을 워낙 많이 처리했기 때문에 세르게이 브린은 아홉 살 때부터 가정용 컴퓨터를 만질 기회가 있었다. 세르게이의 부모는 당시 비교적 싼 가격에 성능이 뛰어난 코모도어 64 기종을 구입했는데, 세르게이는 이 컴퓨터를 이용해 각종 게임과 수학공부를 하면서 컴퓨터에 조금씩 빠져들기 시작했다.

부모와 마찬가지로 수학을 몹시 좋아했던 그에게 1990년 열일곱 번째 생일날 아버지는 뜻밖의 선물을 가져왔다. 바로 친구들과 함께 모스크바에 2주간 다녀오는 교환학생 프로그램이었다. 아버지는 세르게이가 조국이었던 러시아를 잊지 않기를 원했다. 그런 부모의 의지는 세르게이가 러시아어를 잊지 않도록 계속 러시아어를 시켰던 데서도 드러난다.

그런데 2주간의 교환학생 프로그램은 세르게이가 어렸을 때 느꼈던 구소련에 대한 거부감을 되살려주었다. 심지어 러시아 경찰차에다 돌을 던지고 싶은 충동을 간신히 억누를 정도였다. 그의 자유와 개방에 대한 강한 열망은 오늘날까지도 구글의 정신에 녹아들어 있다.

세르게이 브린은 구글의 경영에는 이제 직접 관여하지 않지만, 구글의 미래를 짊어질 프로젝트들을 진행하는 구글 X라는 기업의 사실상 지휘자 역할을 맡아서 현재도 자유로운 상상력과 거대한 규모의 첨단기술 프로젝트들을 선도하고 있다.

🌐 _컴퓨터 집안에서 태어난 컴퓨터 천재

래리 페이지는 미시간주 이스트랜싱에서 1973년 태어났다. 래리 페이지 역시 유태인으로, 부모는 모두 미시간 주립대학교에서 컴퓨터 과학을 가르치는 교수였다. 그의 집 안에는 언제나 각종 컴퓨터 과학 관련 잡지들이 정신없이 널려 있었다. 이런 환경에서 자랐기 때문에 래리 페이지는 자연스럽게 컴퓨터와 친해질 수 있었다.

그는 초등학교 때부터 모든 숙제를 워드프로세서로 작업해 제출하는 유일한 학생으로 주목받았고, 언제나 뭔가를 만들고 새로운 비즈니스를 생각하는 걸 좋아했다.

래리 페이지는 자신의 장점과 자신이 무엇을 좋아하는지 잘 알았기에 열두 살 때 이미 자신이 사업을 하게 될 거라고 직감했다. 그의 부모는 그가 컴퓨터를 좋아하는 걸 자랑스럽게 여겼고 컴퓨터 과학을 전공하기를 원했다. 그 기대에 따라 래리 페이지는 미시간 대학교 컴퓨터 과학과에 입학해 수석으로 졸업하고 스탠퍼드 대학교 대학원에 진학하면서 운명과도 같이 세르게이 브린을 만난다.

🌐 __라이벌의 합동 프로젝트

수많은 대학원들과 마찬가지로 스탠퍼드 대학교도 조를 짜서 프로젝트를 진행하는 방식으로 연구를 해나갔는데, 래리 페이지와 세르게이 브린은 서로 다른 프로젝트를 맡고 있었다. 래리 페이지는 지구상에 있는 모든 웹 사이트를 서버에 긁어모으는 프로젝트를 시작했다. 그런데 생각과는 달리 인터넷의 크기가 급속도로 확장하면서 금방 마칠 줄 알았던 프로젝트가 1년이 넘어가도 끝나지 않았다. 그에 비해 세르게이 브린은 영화와 같은 것에 사람들의 평가를 반영하는 프로젝트를 진행했다.

래리 페이지는 좋은 논문은 많이 인용되는 논문이라는 학계의 일반적인 정설을 웹 페이지 랭킹을 매기는 데 이용하고자 했다. 이를 위해 특정 사이트가 다른 사이트로 연결되는 백링크를 조사해 각각의 웹 페이지가 얼마나 많은 사이트에 링크되었는지 알아내고, 이것을 기본으로 랭킹을 매기는 아이디어를 구현하기 시작한다.

래리 페이지는 웹 사이트 링크를 역으로 추적한다는 의미에서 이 프로젝트를 백럽이라고 명명했는데, 이 아이디어에 세르게이 브린도 많은 관심을 보였다. 래리 페이지가 구현과정에서 어려움을 겪을 때마다 세르게이 브린이 조금씩 도움을 주었고, 작업은 어느덧 둘이서 공동으로 진행하는 프로젝트로 발전했다.

이들의 아이디어는 훌륭했지만, 전 세계에서 새로 만들어지는 웹 페이지들을 찾아내 끌고 들어오는 소프트웨어 로봇(크롤러라고 한다)과 이를 관리하는 서버는 시간이 지날수록 인터넷의 크기가 광범위해지자 스탠퍼드 대학교의 컴퓨터 시스템과 네트워크 자원을 엄청나게 잡아먹기 시작했다. 이들의 가능성을 알아본 테리 위노그래드 교수와 라지브 모트와니 교수의 지원으로 프로젝트는 순탄하게 진행될 수 있었고, 1996년부터 스탠퍼드 대학교 네트워크를 통해 제공된 이들의 검색서비스는 학교에서 폭발적인 인기를 얻기 시작했다.

학생 신분이라서 돈이 별로 없었던 그들은 효율적인 분산처리를 위해 CPU와 메인보드 등을 구해서 간단히 인터넷 서버를 구축하고 운영체제도 무료인 리눅스를 선택하는 등 고육지책을 썼다. 어찌 보면 이런 환경 때문에 오늘날 구글 데이터 센터를 있게 만든 기술력을 축적했는지도 모른다. 만약 넉넉하고 값비싼 서버와 소프트웨어를 마음껏 사용해 서비스를 구축했더라면 현재의 구글은 탄생하지 못했을 수도 있다. 구글 탄생기의 서버를 보면 학교에 굴러다니는 CPU와 보드를 주워다가 레고로 조립한 케이스에 달아서 만들었던데, 이 역시 아마도 미래에는 중요한 역사의 사료가 될 것이다.

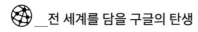 __전 세계를 담을 구글의 탄생

초창기에는 비밀리에 백럽 검색엔진을 개발했다. 가장 중요한 것이 알고리즘이었기에 페이지랭크로 명명한 이 알고리즘을 논문을 내기로 합의한 1998년 1월 이전까지는 외부에 알리지 않았다.

백럽이라는 다소 촌스러운 이름 대신에 새로운 이름을 사용하기로 결심하는데, 동료 중 하나가 10의 100제곱을 뜻하는 구골이라는 이름으로 방대한 데이터를 검색한다는 이미지를 주자고 제안했다. 하지만 아쉽게도 도메인이 선점된 상태였다. 그래서 대신 이용한 도메인이 구글이다. 구골보다 발음하기도 쉽고 창조적인 느낌도 풍겨서 모두들 구글이라는 이름을 좋아했고, 서비스는 점점 인기를 끌기 시작했다.

처음에는 스탠퍼드 대학교 도메인을 이용해 http://google. stanford. edu에 접속하도록 했는데, 하루 접속 횟수가 1만 건을 넘어가면서 학교 네트워크에 문제를 일으키기 시작했다. 심지어 학교 네트워크 전체를 마비시키는 일까지 발생하자, 더는 학교에서 감당할 수 없다고 생각한 세르게이 브린과 래리 페이지는 이 검색서비스를 외부에 팔아넘기기로 합의하고 원매자를 찾아 나선다.

세르게이 브린과 래리 페이지에 따르면, 당시만 해도 100만 달러만 지불하면 구글 서비스를 팔려고 했었다고 한다. 그래서 검색엔진 부문에서 최고의 명성을 날리던 알타비스타와 야후!와도 접촉했지만 이들이 개발한 서비스를 인수하려는 기업은 없었다. 그밖에도 검색에 관심을 가질 만한 많은 인터넷 기업과 접촉했으나 번번이 거절당하고 말았다.

이 시절에 그들에게 도움을 준 사람이 바로 지도교수인 데이비드 체리톤이다. 이들이 만든 서비스의 가치를 누구보다 잘 알고 있었던 데이비드 체리톤은 차라리 창업하라고 권유하고 인맥을 총동원해서 자금문제를 해결하기 시작한다.

인물 열전

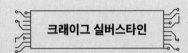

크래이그 실버스타인

1998년 앤디 벡톨샤임이 즉석에서 준 10만 달러 수표를 받아들고 차고 창업에 나선 래리 페이지와 세르게이 브린은 드디어 첫 번째 직원을 뽑았는데, 그가 바로 크래이그 실버스타인이다.

실버스타인은 10만 달러라는 적은 돈으로 사업을 시작한 구글에 최저 수준의 연봉만 받는 대신 주식을 요구했다. 그의 이런 선택은 훗날 그에게 많은 부를 가져다줬지만, 구글이라는 회사에 대한 애정과 미래에 대한 확신이 없었다면 하기 어려운 선택이었을 것이다.

이들은 밤낮과 주말을 가리지 않고 사무실에서 살다시피 하며 일했고 집으로 가야 하는 날에는 실버스타인의 오래된 포르쉐를 타고 퇴근했다. 실버스타인의 포르쉐는 소리도 굉장히 컸고 바로 움직이지 않기도 해서 두 창업자가 차를 뒤에서 밀고 도로까지 나와야 하는 경우도 있었다. 그들은 창업 초기의 추억을 잊을 수 없을 것이다.

한눈에 가치를 알아본 엔젤투자자와의 만남

데이비드 체리톤이 소개한 사람 중에서 썬 마이크로시스템스 창업자이기도 한 앤디 벡톨샤임은 한눈에 이들의 서비스가 세상을 바꾸게 되리라는 사실을 알아보고, 아직 설립 신고도 하지 않은 구글에 10만 달러짜리 수표를 즉석에서 끊어주었다. 그의 선택은 래리 페이지와 세르게이 브린에게 대단한 자신감을 불어넣어주었고 앤디 벡톨샤임에게도 엄청난 부를 안겨주었다.

벡톨샤임은 썬 마이크로시스템스를 공동창업하기도 했고 이미 대단한 성공을 거둔 사람이었다. 구글에 투자할 당시에는 세계 최고의 네트워크 장비회사인 시스코의 부사장으로 재직 중이었다. 그의 뛰어난 직관은 검색서비스를 제공하면서 전문가라고 자처한 야후!나 알타비스타의 경영진보다 훨씬 나았다. 세상을 바꿀 힘을 그는 느꼈던 것이다.

벡톨샤임이 준 10만 달러 수표를 받아든 세르게이 브린과 래리 페이지는 스탠퍼드 대학교 인근의 한 차고를 사무실로 빌려서 사업을 시작했다. 세계 최고 인터넷 기업 구글은 이렇게 세상에 첫발을 내디뎠다.

구글의 진가를 알아본 초기 투자자들

10만 달러는 사실 이들이 사업을 전개하기에는 턱없이 부족한 액수였기에 얼마 지나지 않아 바닥을 드러냈고, 또 다른 투자자가 필요했다. 이때 도움을 준 사람이 스탠퍼드 대학교 교수인 제프리 울만의 소개로 만난 엔젤투자자 람 슈리람이다. 넷스케이프에 투자해서 상당한 돈을 벌었던 그는 두 창업자를 만나 검색엔진을 시험해본 뒤에 자신이 당시 최고의 검색엔진 회사인 야후!, 인포시크, 익사이트 등에 매각해보겠다고 제안했다. 두 창업자는 회사를 팔 수 없을 거라고 생각했지만 람 슈리람에게 한번 시도해보라고 맡기고 몇 개월을 기다렸다.

람 슈리람은 구글의 검색엔진을 야후!의 제리 양과 데이비드 필로에게 소개했는데, 이들은 검색엔진의 성능에 탄복했지만 생각과는 다른 반응을 보였다. 검색엔진 성능이 지나치게 좋아서 검색결과와 연관성이 높은데, 이런 검색엔진을 채용하면 사용자들이 야후! 사이트를 너무 빨리 벗어나서 오히려 좋지 않다는 것이었다. 여러 페이지를 보면서 사이트에 머물러 있는 시간이 길어야 페이지 뷰가 올라가고, 이렇게 올라간 페이지 뷰가 사이트에 달린 광고 단가를 올리는 데 중요한 역할을 하기 때문에, 이들의 판단은 당시 기준으로서는 틀린 것이 아니었다.

야후!의 반응을 보고서 람 슈리람은 오히려 구글이라는 회사가 진정한 투자가치를 지니고 있다고 확신했다. 이 미팅에서 돌아온 슈리람은 구글의 회사 설립작업에 관여하고 직접 25만 달러를 투자함으로써 앤디 벡톨샤임에 이은 두 번째 투자자로 이름을 올렸다.

이처럼 현재의 수익모델 때문에 진정으로 중요한 가치를 알아보지 못하고 좋은 기회를 날려버린 사례가 너무나 많다. 혁신의 시기에 자신의 밥그릇만 지키려고 드는 회사에는 미래가 없다는 점을 야후!가 여실히 증명해주었다.

세 번째 투자자는 앤디 벡톨샤임을 두 창업자에게 소개한 데이비드 체리톤 교수고, 네 번째 투자자는 바로 아마존 창업자인 제프 베조스다. 람 슈리람과 아마존 일로 잘 알고 지내던 제프 베조스는 구글의 두 창업자 이야기를 전해 듣고서 바로 소개를 받았고 즉시 수표에 서명했다. 제프 베조스는 구글의 두 창업자가 고객에 초점을 맞춘 비전을 제시하는 걸 보고 주저 없이 투자를 결정했다. 제프 베조스도 이렇게 무모한 도전을 하는 젊은이들에게서 비전을 발견하는 안목이 있었다.

🌐 __놀이터형 회사가 탄생하다

초창기 구글은 창업자의 비전을 믿고 선뜻 투자한 초기 투자자 네 명으로부터 받은 100만 달러와 일부 소액 투자자 등에게서 조달한 자금이 있었지만 수익이 거의 없었다. 처음 수익은 당시 공짜 오픈소스 운영체제로 유명했던 리눅스를 배포하는 레드햇에 검색결과를 제공하고 한 달에 2천 달러를 받기로 계약한 것과 일부 사이트에서 구글 검색을 이용할 수 있도록 하고 적은 사용료를 받은 것이 전부였다.

그런데 인터넷은 상상을 초월해서 확장되었고, 매일 검색 수가 수만 건에 달하면서 네트워크 트래픽과 서버 비용이 모두 크게 늘기 시작했다. 이에 더해 구글의 장점이던 빠른 검색 역시 트래픽과 정보량 증가로 인해 3~4초씩 걸리는 등 그 빛을 잃어가기 시작했다. 이를 극복하기 위해서는 뛰어난 인력 및 자금이 필요했는데 차고는 비좁아서 더는 머무를 수 없었다.

1999년 구글은 차고에서 나와 팔로알토 도심에 있는 2층 건물로 옮기고 엔지니어를 고용했다. 이때부터 누구나 새벽까지 먹을 수 있는 각종 간식을 구비해두었고 회의실에서 마사지 서비스를 제공하고 회의탁자를 겸해서 녹색 탁구대를 구매하는 등 회사를 거의 놀이터화하기 시작했다. 직원들이 먹고 놀고 마시면서 일하는 구글 문화의 원시적인 형태가 탄생한 것이다.

✨ __미국의 벤처캐피탈, 구글의 진가를 알아보다

뛰어난 기술을 보유하고 있다고 확신한 구글이었지만, 그들의 사업은 전 세계를 상대로 하는 것이었고 인터넷은 너무 빨리 확장되고 있었기 때문에 막대한 자금수혈이 필요했다. 이 작업을 위해 총대를 멘 사람이 초기 투자자인 람 슈리람이다.

슈리람은 실리콘밸리 최고의 벤처캐피탈인 세콰이어 캐피탈과 KPCB를 연결했다. 두 회사 모두 투자자금을 모을 때부터 아주 한정된 사람들이 아니면 자금을 투자할 기회조차 주지 않을 정도로 명성이 자자했다.

묘하게도 두 회사의 스타일은 매우 달랐다. KPCB는 건물도 화려하고 급진적이며 세련된 이미지를 가졌고, 세콰이어 캐피탈은 오래된 건물에서 매우 보수적인 올드보이 분위기를 풍겼다. 그래서인지 KPCB는 미래가치를 후하게 보고 위험이 있더라도 앞으로 높은 가치를 되돌려줄 수 있는 회사에 투자하는 경향이 있었고, 세콰이어 캐피탈은 좀 더 현실적이고 사업 내용이나 계획, 경영자의 면면을 꼼꼼히 살펴보는 편이었다.

구글을 상대한 사람은 KPCB의 존 도어와 세콰이어 캐피탈의 마이클 모리츠였다. 존 도어는 썬 마이크로시스템스, 로터스, 컴팩, 넷스케이프 등에 투자를 결정해 업계 최고의 평가를 받는 자리에 올라선 사람이고, 마이클 모리츠는 옥스퍼드 출신으로 〈타임〉지 기자였다.

마이클 모리츠는 기자시절 애플 취재를 담당했었는데, 스티브 잡스의 독선적인 스타일을 비판하는 기사를 써서 스티브 잡스가 실제로 눈물까지 흘리며 엄청나게 화를 내게 만든 장본인으로도 유명하다. 그랬던 그가 애플의 가장 중요한 투자자인 세콰이어 캐피탈의 파트너로서 일하게 된 것도 재미있는 일이다. 마이클 모리츠는 야후!와 페이팔에 대한 성공적인 투자로 스타덤에 올랐다.

이들은 두 창업자를 만나보고 전 세계를 상대로 하는 그들의 비전에 반해서 투자를 하겠다고 결정하지만 문제가 있었다. 바로 KPCB와 세콰이어 캐피탈은 서로 상대방이 투자한 회사에는 투자하지 않는다는 원칙을 가지고 있었다. 이들은 계속해서 자신들의 투자만 받으라고 두 창업자를 설득했지만, 창업자들은 두 곳 모두에서 투자를 받겠다고 고집 부렸다.

두 벤처캐피탈이 구글의 평가액을 1억 달러로 똑같이 산정한 것이 돌파구를 찾아주었다. 사실을 확인할 순 없지만, 제3의 벤처캐피탈이 1억 5천만 달러로 평가해주었다면서 둘 다 투자하지 않는다면 다른 곳으로 가겠다고 세르게이 브린이 으름장을 놓자 양쪽이 사상 처음으로 동시에 투자하게 된 것이다.

1999년 6월 7일 실리콘밸리의 양대 벤처캐피탈이 구글이라는 신생회사에 각각 1,250만 달러씩 2,500만 달러를 투자하고 지분을 25퍼센트 확보했다는 뉴스가 세상에 알려지면서 공동 기자회견도 하는 등, 한순간에 구글은 스타 벤처기업의 길을 걸어가게 되었다.

90년대는 마이크로소프트라는 절대권력이 지배하는 세상이었지만, 인터넷이라는 신대륙이 발견되자 새 땅에 재빨리 교두보를 세우고 세력을 확장하려는 신흥무장들이 나타났다. 애플은 과거의 영광에 파묻혀 유명을 달리할 뻔했으나 스티브 잡스를 수혈함으로써 미래를 준비할 기반을 다졌다. 마이크로소프트는 아직은 권력에 취해 새로운 땅을 개척하기보다 남이 개척한 땅을 빼앗는 일에 열심이었다. 여기에 젊지만 강한 무장인 구글이 참전을 선언함으로써 앞으로의 전쟁은 더욱 치열해질 것을 예고하고 있다.

그리고 남은 이야기, 벤처캐피탈과 썬 마이크로시스템스

실리콘밸리의 강점은 정말 뛰어난 벤처캐피탈이 있다는 것이다. 미국 벤처캐피탈의 역사는 오래되었지만, 실질적으로 실리콘밸리에서 벤처캐피탈이 중요한 역할을 하며 유명해진 것은 오늘날까지도 가장 성공한 두 라이벌 벤처캐피탈인 KPCB와 세쿼이어 캐피탈이 설립된 1972년부터다.

이들이 실질적으로 활발한 활동을 시작한 건 1978년부터인데, 이 해에만 약 7억 5천만 달러에 이르는 자금을 모으는 데 성공한다. 이는 미국의 연기금을 벤처캐피탈같이 위험성 있는 곳에 투자할 수 없도록 했던 법안이 1978년에 완화되면서 이들에게 자금이 유입되기 시작했기 때문이다.

이들은 자금 여력을 바탕으로 여러 회사들에 투자했는데, 1980년대 초에 이들 중에 대단한 성공을 거두는 사례들이 등장하면서 1980년대 1차 번성기를 누리게 된다. 1980년대 말에는 벤처캐피탈 수가 무려 650개에 육박하기도 했다.

그러나 일부 벤처캐피탈들이 손실을 기록하고, 특히 1987년 한국과 일본에서 촉발된 주식폭락 사태와 맞물려 위기를 겪는 곳들이 늘어났다. 이런 현상에 따라 난립했던 벤처캐피탈 업계도 경험과 실적을 바탕으로 구조조정되면서 성공적인 소수를 중심으로 돌아가는 상황을 연출한다.

🌐 _KPCB의 설립

KPCB라는 사명은 네 명의 설립자인 유진 클라이너, 톰 퍼킨스, 프랭크 코필드, 브룩 바이어스의 이름에서 첫 글자를 모아서 만든 것이다.

1972년 당시만 해도 대부분의 벤처캐피탈에는 경제학이나 경영학 전공자들이 많았는데 KPCB의 설립자들은 각각의 산업에 대한 경험이 풍부한 사람들이었다. 클라이너는 페어차일드 반도체 공동설립자고, 퍼킨스는 HP 컴퓨터 하드웨어 부문 리더 중 한 명이었다.

KPCB는 현재까지 수백개가 넘는 IT 기업과 바이오 회사에 투자해왔다. 아마존, AOL, 컴팩, EA(Electronic Arts), 제넨테크, 구글, 매크로미디어, 넷스케이프, 썬 마이크로시스템스 등이 대표적이다.

성공적인 투자를 활발히 하기 위해서는 좋은 파트너들이 많아야 하는데 KPCB에는 정말 유명한 파트너들이 많다. 가장 대표적인 인물이 현재 구글 이사회에서도 활약하고 있고 스티브 잡스와 함께 아이펀드를 조성하기도 한 존 도어다.

⊛ _세콰이어 캐피탈

KPCB 최대의 경쟁사 세콰이어 캐피탈은 돈 밸런타인이 1972년에 설립했다. 이들 역시 훌륭한 파트너들과 함께 수많은 회사에 투자를 해왔는데 대표적인 기업들로는 애플, 구글, 유튜브, 페이팔, 시스코, 오라클, EA, 애드몹, 자포스 등이 있다.

KPCB에 비해 세콰이어 캐피탈은 IT 분야에 투자를 집중하는 편이다. 돈 밸런타인은 이 책에서도 한 차례 언급한 적이 있다. 스티브 잡스가 무턱대고 찾아가서 투자해 달라고 졸랐으나 스티브 잡스를 그렇게나 싫어한 탓에 당시 인텔에서 은퇴한 젊은 사업가인 마이크 마큘라를 소개해주고 면피한 일이 있다. 마이크 마큘라가 애플의 가능성을 알아보고서 투자를 결정하고, 다시 밸런타인이 투자함으로써 세콰이어 캐피탈에 세계적인 성공사례를 만들어주었으니 세콰이어 캐피탈과 애플의 인연도 각별하다고 하겠다.

이렇게 성공적인 두 회사는 정말이지 경쟁의식이 남달랐다. 지금은 덜하지만 초창기에는 상대편이 투자한 회사에는 절대 투자하지 않았고 괜찮은 회사를 발굴하면 어떻게든 먼저 투자해서 상대편의 투자를 가로막았던 관계다. KPCB가 넷스케이프에 투자했는데 야후!가 넷스케이프의 도움을 받아 사업을 확장하게 되자 세콰이어 캐피탈이 야후!에 투자하면서 넷스케이프와 관계를 끊도록 한 일은 이런 관계를 단적으로 보여주는 사례다.

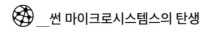

썬 마이크로시스템스의 탄생

가정용 컴퓨터 시장에 뛰어들면서 단숨에 애플을 몰아내고 최고의 위치에 올라선 IBM은 곧 마이크로소프트에 주도권을 빼앗기고 호환기종 제작업체의 저가 공세에 몰리게 된다. 더구나 서버 시장에서도 강력한 적수가 나타나서 위기에 빠지게 되는데, 그 회사가 바로 썬 마이크로시스템스다. 썬 마이크로시스템스는 KPCB가 투자한 대표적인 회사로 우수한 기술력과 하드웨어를 갖춘 전통적인 기술기업이다.

썬 마이크로시스템스의 첫 번째 유닉스 워크스테이션인 썬-1은 앤디 벡톨샤임이 스탠퍼드 대학교 대학원생 시절에 처음 디자인했다. 당시로서는 파격적인 3M(1메가플립스 속도, 1MB 메모리, 1메가픽셀 해상도) 개념을 현실화한 컴퓨터로, 유닉스의 가상 메모리를 지원할 수 있는 메모리 관리유닛(MMU)을 장착한 모토롤라의 68000 마이크로프로세서를 기반으로 만들어졌다.

이 프로토타입을 바탕으로 1982년 2월 24일, 벡톨샤임은 비노드 코슬라, 스콧 맥닐리와 공동으로 회사를 설립한다. 뒤를 이어 BSD 유닉스의 메인 개발자이자 버클리 대학교에 재학 중이던 빌 조이가 합류하면서 늦었지만 공동창업자로 어깨를 나란히 했다. 썬(SUN)이라는 이름은 스탠퍼드 대학교 네트워크(Stanford University Network)의 이니셜을 딴 것으로 그만큼 이들은 스탠퍼드 대학교에 애착이 컸다.

뒤를 이어 1983년에는 훗날 구글 CEO가 되는 에릭 슈미트가 입사한다. 그는 초기 썬의 워크스테이션부터 시작해 자바 개발과 관련한 프로젝트들을 많이 주도하면서 CTO 자리에까지 오르지만 1997년 노벨의 CEO로 자리를 옮긴다.

썬은 스파크(SPARC)라는 고성능 RISC CPU를 1986년 발표하고 이를 이용한 첨단 워크스테이션으로 대형서버와 PC 사이를 파고들어 워크스테이션 시장을 장악했다. 스파크 CPU는 당시 PC에서 많이 이용하던 인텔의 CISC 계열 CPU보다 성능이 훨씬 빨랐으며 썬이 독자적으로 개발한 유닉스 계열 운영체제인 솔라리스와 함께 사용하면 성능의 격차가 훨씬 커졌기 때문에, 고가의 가격임에도 대학이나 연구소를 주요 대상으로 삼아 상업적으로 큰 성공을 거두었다.

🌐 __인터넷을 만나 꽃을 피운 자바

썬 마이크로시스템스는 솔라리스를 탑재한 워크스테이션과 서버를 팔아서 수익을 올리는 하드웨어 회사였다. 그러나 IT 역사에서 매우 중요한 회사로 여겨지는 이유는 오늘날 가장 많은 개발자들이 이용하는 프로그래밍 언어인 자바를 만들었기 때문이다.

자바는 제임스 고슬링이 1991년 착수한 프로그래밍 언어 프로젝트로, 원래는 고슬링이 많은 셋톱박스 프로젝트를 진행하다가 운영체제와 관계없이 한 번만 코딩하면 어디서나 이용할 수 있는 프로그래밍 환경과 언어가 필요하다는 생각에서 시작했다.

처음에는 사무실에서 보이는 참나무에서 영감을 받아 오크라는 이름을 붙였는데, 이 이름은 이미 상표로 등록되어 있어서 사용할 수 없었다. 이후에 이를 이용하는 동료들이 늘어나자 커피를 한 잔 하면서 이야기를 나눌 수 있다는 의미에서 이름이 자바로 바뀌었다는 소문이 있다.

제임스 고슬링은 어떤 하드웨어나 운영체제에서도 작동하는 가상 머신을 만들어놓고 이 위에서 한 번만 작동하게 만들면 여러 곳에서 도 쓸 수 있다는 개념을 중요시했고, 또한 당시 가장 많이 사용하던 C, C++ 프로그래밍 언어와 문법이 비슷하지만 골칫거리인 메모리 관리문제를 해결하는 방향으로 언어를 디자인했다. 이런 과정을 거 쳐 탄생한 자바는 썬 마이크로시스템스를 통해 1995년 처음 세상에 모습을 드러낸다.

이후 여러 부침이 있었지만 자바는 전 세계 프로그래머들이 가장 사랑하는 언어로서 자리를 굳건히 지키고 있다. IBM 역시 자바에 대 한 지원을 아끼지 않았고, 특히 강력한 웹 지원기능과 서버 환경에 적합한 도구 및 기능을 제공하면서 WAS 소프트웨어들이 대세로 자 리 잡는 데 결정적인 공헌을 했다.

이러한 혁신을 통해 썬 마이크로시스템스는 닷컴 버블 시절에도 가장 많은 서버 장비를 판매했다. 또한 오늘날 아이폰과 함께 시장을 양분하고 있는 안드로이드 운영체제 역시 자바를 기반으로 만들어졌 으니 자바의 영향력은 그야말로 계산하기 어려울 정도라고 하겠다.

썬 마이크로시스템스 시절에 에릭 슈미트는 이 부분에 주목했고 자바의 활용과 관련한 많은 정책과 전략을 성공적으로 수행하면서 CTO까지 올랐다. 닷컴 버블 기간인 1995년부터 2000년 사이에 썬 마이크로시스템스는 괄목할 만한 성장을 이뤘다. 수요가 많았기에 투자도 많이 했고, 온통 장밋빛 전망 속에서 지출도 그만큼 늘면서 비약적으로 회사 규모가 커졌다.

닷컴 버블 동안 자금이 풍부했던 벤처회사들은 효율성을 중시하

기보다 썬 마이크로시스템스가 만든 것 같은 고가의 서버에 과감히
투자하는 경우가 많았다. 그래서 닷컴 버블이 꺼지자 썬 마이크시스
템스도 x86 계열의 저가 서버에 시장 주도권을 내주고 몰락의 길로
접어든다.

Chapter 5

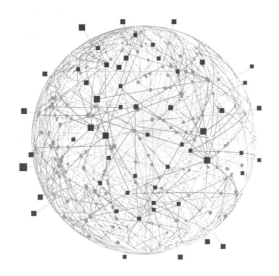

네 번째 전환:
검색과 소셜 혁명

(1999~2006)

"구글은 투자자의 이익이 아닌 소비자의 이익을 목표로 움직이며 분기별 기대치에 연연하거나 배당금을 지급하는 등의 행위를 하지 않을 겁니다. 복수의결권을 주장하는 긴 구글의 주주들이 바뀌더라도 회사의 운명을 저와 세르게이 브린이 결정할 수 있기를 원하기 때문입니다."

2004년 8월 19일 세르게이 브린은 마운틴 뷰에 있는 구글 본사에서 평소와 다름없이 업무를 보고 있었다. 구글은 얼마 전 가장 불길하다는 13일의 금요일에 상장업무를 시작했다. 미신은 미신일 뿐, 세르게이 브린은 자신 있었다. 하지만 왠지 일이 손에 잡히지 않았다. 세르게이 브린은 인터넷 뉴스를 검색해보았다. 경제란 토픽은 온통 구글 이야기였다. 유래를 찾아볼 수 없는 경매방식으로 기업공개를 한 구글 주식이 85달러에서 시작해 100달러까지 치솟았다는 속보가 흘러들어왔다. 세르게이 브린은 흐뭇한 미소를 띠며 브라우저 창을 닫았다. 드디어 잠들어 있던 거인이 IT 전장에 본격적으로 모습을 드러낸 것이다.

재능 있는 인재들, 구글로 모여들다 | 1999

구글의 초창기, 젊은 그들에게는 꿈과 희망이 있었고 에너지가 넘
쳤다. 이런 에너지를 보고 스탠퍼드의 인재들이 구글에 모여들기 시
작했다.

⊕__남자들의 소굴에 찾아온 금발 미녀

1999년 초 팔로알토 근처로 구글이 이사한 이후, 탁구대와 마사지
그리고 다양한 간식과 음료수들로 가득한 사무실에 금발 미녀가 한
명 찾아온다. 그녀가 바로 구글의 검색과 서비스 총책임자를 거쳐
야후!의 CEO까지 되는 마리사 메이어다. 그녀는 당시 스탠퍼드 대
학교 컴퓨터 과학과 석사 졸업반으로 구글의 엄격한 인터뷰를 통과
했고, 초창기 구글을 구성한 20명의 직원들 가운데 첫 번째 여성이
었다.

마리사 메이어는 뛰어난 컴퓨터 과학자이자 여성 특유의 꼼꼼함
과 철저한 관리능력을 갖춘 인물이었기에 구글이 가장 중요하게 생
각하는 검색과 관련한 책임을 맡았다. 또한 미모가 뛰어났고, 래리
페이지와 사랑에 빠져 3년 정도 공개 데이트를 하는 사이로 발전하
기도 했다. 마리사 메이어는 구글의 제품을 총괄하는 최고제품책임
자까지 승진했으나, 2012년 침몰하는 세계 최초의 포털 야후!의 부활
이라는 미션을 받고 야후! CEO로 취임했다가 2017년 물러났다.

엔지니어들은 차고 넘쳤지만 기술 위주의 문화를 가진 구글에서
경영은 가장 취약한 부문이었다. 초기 엔젤투자자인 람 슈리람이 가

끔씩 도와주긴 했지만, 두 창업자는 사업계획서가 뭔지도 모를 정도로 경영에 관심이 없었다. 이때 스탠퍼드 대학교에서 생물학과 경제학을 전공한 살라르 카만가르가 무료로 구글에 봉사하겠다며 찾아온다.

람 슈리람이 카만가르에게 사업계획서 초안을 만들도록 지시했는데, 그는 특히 '다른 검색과 구글의 검색이 어떻게 다른지'에 대해 정리해서 래리 페이지와 세르게이 브린의 신임을 얻고 정식 직원이 되었다. 카만가르는 구글 창업자들의 두터운 신임을 바탕으로 유튜브를 인수한 뒤에 유튜브 CEO를 맡아 2014년까지 운영했으며, 이후에도 구글에 남아 유튜브와 구글의 비디오와 관련된 다양한 전략에 관여하는 핵심인원으로 활약하고 있다.

✳ _영업 담당자 영입과 넷스케이프

비록 살라르 카만가르가 사업계획서는 작성했지만 그도 역시 학생이었고, 직원들은 어린 풋내기들밖에 없었다. 람 슈리람은 경험이 풍부한 전략가면서 동시에 영업을 담당해줄 사람이 필요하다고 생각했다. 다행히 넷스케이프가 AOL에 매각된 1998년 말, 넷스케이프에 다니던 유능한 인재인 오미드 코데스타니가 람 슈리람의 레이다에 걸린다.

오미드 코데스타니는 넷스케이프 사업개발 담당 부사장을 지냈고 인터넷 사업분야에서 영업 경험이 많았으므로 구글의 영업 담당 부사장으로 적임인 인물이었다. 그래서 람 슈리람은 그를 창업자들에게 소개했다. 하지만 엔지니어를 우대하고 경영자를 우습게 생각하던 당시 구글 문화 속에서 오미드 코데스타니는 면접을 치르며 갖은 고초를 겪었다.

5시간을 넘기는 면접에 이미 지칠 대로 지쳤고 2주가 넘도록 아무런 연락이 없었으므로 코데스타니는 면접에서 떨어졌다고 생각하고 있었는데, 구글에서 연락이 왔다. 거기에 스톡옵션도 2퍼센트나 챙겨주었다. 그는 이후까지 모두 감안해도 창업자와 에릭 슈미트를 제외하면 구글 전 직원 중에서 가장 많은 주식을 가진 사람이며, 구글이 기업공개를 하면서 억만장자 대열에 올랐다.

그의 합류로 구글의 형편없던 사업계획서는 제대로 된 형태를 갖췄다. 이후 검색광고 수익모델을 만들어서 수많은 광고주를 유치하는 활약을 했고, 구글의 기술을 실제 수익과 연결시키는 중요한 역할을 담당했다.

1999년 6월, 전 세계를 깜짝 놀라게 만든 KPCB와 세쿼이어 캐피탈의 투자 유치 소식과 함께 구글은 또 하나의 중요한 계약을 성사시킨다. 바로 이렇게 어렵게 영입한 오미드 코데스타니가 당시 최고의 웹 브라우저였던 넷스케이프의 기본 검색엔진으로 구글을 탑재하는 조건으로 AOL과 계약을 체결한 것이다. 이를 통해 구글은 하루 3백만 건이 넘는 검색 건수를 기록하며 일반인들에게도 널리 알려지면서 급속도로 빠르게 성장하기 시작한다.

코데스타니는 2015년까지 구글의 사업전략을 책임지는 포지션에서 큰 활약을 하다가, 2015년 트위터의 회장직을 제의받고 트위터로 직장을 옮겼다.

__요리사 경진대회를 통한 전속 요리사 채용

구글은 자금도 넉넉해지고 뛰어난 인재들도 채용하다 보니 팔로 알토에 위치한 사무실이 비좁아서 사용할 수 없게 되었다. 세르게이 브린과 래리 페이지는 미래를 감안해 팔로알토를 떠나 마운틴 뷰 대로변에 있는 큰 건물을 하나 임대한다. 문제는 번화가인 팔로알토 사무실과 달리 마운틴 뷰의 새로운 캠퍼스 근처에는 식당이 없어서 직원들이 차를 타고 식사를 하러 나가거나 피자 등을 배달시켜 먹어야 하는 부실한 식사환경에 있었다.

이에 세르게이 브린과 래리 페이지는 회사 내에 전속 요리사를 두고 직원들에게 최상의 요리를 공급하겠다는 계획을 세운다. 곧바로 요리사 오디션 아이디어를 실행에 옮겼는데, 매일 입사를 희망하는 요리사 몇 명이 자신들이 준비한 요리들로 직원들의 평가를 받고, 이를 바탕으로 전속 요리사를 선택하는 것이었다.

이런 엄격한 과정을 거쳐 선발된 구글 1호 요리사가 바로 찰리 에이어스다. 구글에 입사하기 전에는 힐튼 호텔에서 요리를 배우고 요리를 전공으로 대학을 다닌 후에, 캘리포니아의 유명 식당인 그레이트풀 데드의 주방장으로 일하다가 구글의 매력에 빠져 어찌 보면 모험일 수도 있는 도전에 나섰는데, 결국 큰 성공을 거둔다.

2006년 구글을 떠날 때까지 찰리 에이어스는 주방장 5명과 요리사 150명을 지휘하며, 구글 캠퍼스에 산재한 10개의 카페에서 매일 4천 식이 넘는 음식을 만들었다. 현재는 독립해 자신의 레스토랑을 운영하고 있다.

⊛ __컴퓨터와 사랑에 빠진 신경외과 의사

또 다른 초창기 구글 직원 중에는 짐 리스라는 신경외과 의사도 있다. 짐 리스는 구글의 뇌이면서 동시에 심장이라고 할 수 있는 클라우드 컴퓨팅 엔진을 수십만 대 관리하고 운영하는 정보발전소 소장으로, 그의 공식 직함은 최고운영자였다.

짐 리스는 하버드 대학교 생물학과를 졸업하고 예일 대학교에서 의학을 전공했다. 의사면허를 받았으나, 임상에서 활동하는 의사를 희망하지 않았다. 스탠퍼드 대학교 인근에 있던 로봇 수술과 미래형 수술실에 관련된 여러 가지 첨단연구로 유명한 SRI 인터내셔널에서, 그는 의학 지식을 최대한 활용했다.

그가 SRI 인터내셔널에서 맡은 역할은 신경학적인 의학 지식과 컴퓨터 과학을 융합해 컨설팅을 하는 일이었다. 주요 업무는 인간의 뇌 자기공명 영상을 정성적으로 분석하는 소프트웨어를 개발하는 일이었는데 뇌에 대한 그의 지식과 컴퓨터 과학이 잘 맞았다.

짐 리스는 신경외과 의사지만, 음반을 낼 정도로 실력이 뛰어난 기타리스트이기도 했다. 머리가 워낙 좋아서 뭐든지 한번 매달리면 순식간에 그 분야의 최고권위자를 뛰어넘어버리는 등 대단한 천재였다. 짐 리스는 구글이 아직 제대로 된 회사의 형태도 갖추지 못했던 1999년 구글의 19번째 사원으로 입사한다.

⊛ __구글 정보발전소 탄생

구글에 입사한 짐 리스가 맡은 영역은 소프트웨어 개발과 같은 일이 아닌 하드웨어 시스템 구축이었다. 수많은 컴퓨터를 엮어서 현재 구글이 보유하고 있는 거대한 정보발전소를 탄생시킨 사람이 바로 짐 리스다.

짐 리스는 구글에 입사한 지 4년 만에 IT 산업 전체에 가장 막강한 영향력을 행사하는 사람이 되었다. 짐 리스가 일반인에게도 널리 알려진 계기는 2003년 봄 실리콘밸리에서 구글이 정보발전소 인프라를 어떻게 구성했고 어떤 방법으로 구축했는지에 대해 강연한 일이었다. 짐 리스가 구글의 인프라에 대해 설명한 이 강연은 상당히 유명하다.

짐 리스의 진두지휘 아래 구글은 거대한 정보발전소를 자체 건설했다. 이렇게 무모해 보일 정도로 엄청난 시도가 성공하자 졸지에 후발주자가 된 야후!나 마이크로소프트는 구글의 정보발전소 인프라를 따라잡기가 거의 불가능해졌고, 구글에 미래의 주도권을 빼앗겼다. 구글이 오늘날 이렇게 대성공을 거둔 가장 큰 이유 중 하나가 짐 리스와 같은 천재가 뛰어들어서 마음대로 놀 수 있는 환경을 구축했다는 점이다.

2003년 당시 짐 리스의 직함은 '수석 오퍼레이션 엔지니어'였다. 수많은 리눅스 서버를 연결하고 문제를 발견하면 이를 해결하는 것인데, 하드웨어와 운영체제를 점검하면서 일일이 버그와 문제점을 바로잡는 일이었다.

짐 리스는 어찌 보면 문제도 많이 발생할 뿐만 아니라 몸과 마음에 스트레스가 쌓이는 잡일에 가까운 일을 한 것이다. 짐 리스는 2005년 구글을 떠나 하버드 대학교 의과대학 자문을 포함해 교육과 관련한 여러 일을 하고 있는 것으로 알려져 있다.

신경외과 의사면서 천재적인 두뇌를 소유한 사람이 묵묵히 험한 일에 직접 뛰어들기를 자청하는 기업문화. 그것이 아마도 오늘날 구글을 만든 견인차가 아닐까. 훌륭한 군주 밑에 훌륭한 장수가 모이듯 훌륭한 기업문화 밑에 훌륭한 인재가 모이는 법이다.

귀환한 황제, 애플을 구해내다 | 2000

스티브 잡스가 복귀하기 전 CEO였던 길 아멜리오는 세간의 평가와는 달리, 비난을 받을 수밖에 없었던 환경 속에서 애플이 재도약하기 위한 밑바닥을 충실히 깔아놓은 사람으로 재평가해야 할 것이다.

그의 사임과 스티브 잡스의 복귀에 대해서는 스티브 잡스가 정치적인 공작을 펴서 길 아멜리오를 쫓아냈다는 설과, 애플 이사회가 길 아멜리오보다 스티브 잡스에게 다시 기회를 주지 않으면 중흥이 불가능하리라고 판단했다는 해석이 팽팽하게 갈린다. 어찌 되었든 초창기 어려울 때 현금흐름과 넥스트 인수, 그리고 뒤를 이은 구조조정까지 가장 어렵고 하기 싫은 일들을 혼자서 지휘하고 떠난 길 아멜리오의 역할은 반드시 재평가되어야 한다.

✪ __애플의 중흥을 책임진 스티브 잡스

길 아멜리오를 내보낸 애플 이사회는 스티브 잡스 이외에 CEO를 맡을 만한 인물을 찾지 못했다. 이사회는 스티브 잡스에게 CEO를 맡아 달라고 강력히 요청했지만, 스티브 잡스는 이를 거절하다가 앞에

'임시'라는 타이틀을 단다는 조건으로 수락한다. 그로부터 6개월 정도 CEO 직무대행 체제로 운영되던 애플은 이사회를 통해 1997년 8월 스티브 잡스를 iCEO(대행 CEO)로 공식 임명한다.

당시 애플 상황은 정말 좋지 않았다. 많은 전문가들은 애플이 앞으로 1년을 넘기기 어려울 거라는 비관적인 전망을 내놓았고 과연 쓰러져가는 공룡에게 처방할 수 있는 약물이 있을지 모두들 의심스러워했다.

잡스는 CEO 업무를 시작하고 가장 먼저 수익성과 전망이 없는 사업들을 정리했다. 당시 애플은 40가지가 넘는 제품을 판매하고 있었는데, 매킨토시 제품군도 굉장히 많았고 노트북 라인인 파워북에 심지어 잉크젯 프린터와 뉴턴 같은 PDA 제품까지 갖추고 있었다. 문제는 이 중에서 시장을 주도하는 제품이 거의 없었다는 점이다. 또한 엔지니어들이 지나치게 우대받으며 자신들이 하고 싶은 프로젝트를 무작정 밀고나가는 관행이 만연하면서 실제로 실현될 수 없는 이상적인 프로젝트들이 너무 많았다. 이는 기업문화를 왜곡했고 실질적인 비용 부담을 발생시켜서 애플을 헤어날 수 없는 수렁에 빠뜨리고 있었다.

스티브 잡스는 모든 제품과 인력을 철저히 조사해서 꼭 필요한 것과 그렇지 않은 것을 가려냈다. 상명하달 방식의 구조조정보다는 모든 제품과 프로젝트에 대한 면담과 토의를 거쳐 꼭 필요하지 않은 프로젝트는 폐기하는 유연한 정리방법을 선택했다.

스티브 잡스는 또한 애플 이사진 대부분을 자신의 사람들로 교체하고 자신의 행보에 제동을 걸 만한 세력을 없애는 작업을 진행했다.

넥스트에서 수족처럼 일하던 사람들을 애플 요직에 배치하는 작업은 길 아멜리오가 CEO로 있었을 당시에 이미 마친 상태였는데, 영업 총책임은 데이비드 마노비치, 하드웨어는 존 루빈스타인, 소프트웨어 부문은 에이비 티베니언이 담당했다.

🌐 _마이크로소프트와의 빅딜 성사

잡스는 당장 눈앞에 닥친 회사의 재정적인 위기를 극복하고 단기적으로 애플이 살아남기 위해서는 극단적인 선택을 할 수밖에 없음을 깨닫고서, 자존심을 굽히고 마이크로소프트로 빌 게이츠를 찾아간다. 불과 수개월 전 길 아멜리오가 같은 이유로 찾아왔을 때 제안을 매몰차게 거절했던 빌 게이츠지만 이번에는 전향적인 태도로 스티브 잡스를 만났다.

스티브 잡스는 윈도에 대한 오래된 특허권 문제를 들고 나왔다. 윈도에 대한 특허권 침해소송을 취하할 테니 마이크로소프트가 맥 운영체제에서 작동하는 오피스 프로그램을 개발해 달라고 부탁했다. 나아가 과감하게도 마이크로소프트가 애플에 투자해 달라는 제안까지 했다. 액수가 많지 않더라도 마이크로소프트가 애플에 투자한다면 애플을 부정적으로 바라보는 시각을 상당수 긍정적으로 돌릴 수 있다는 점에 착안한 것이다. 이때 빌 게이츠는 맥 OS의 기본 브라우저로 인터넷 익스플로러를 채택해 달라고 요구했고 스티브 잡스는 이를 수락했다.

마이크로소프트로서는 브라우저 전쟁에서 넷스케이프에 승리하는 일이 가장 중요했기 때문에 주저 없이 스티브 잡스의 조건을 받아들였다. 빌 게이츠는 과거와 달리 이렇게 스티브 잡스가 겸손히 제안해온 것에 대해 깊은 인상을 받았다. 빌 게이츠는 맥에서 동작하는 오피스를 개발하겠다고 약속하고 동시에 애플에 1억 5천만 달러를 투자한다.

애플의 규모나 마이크로소프트의 자금 여력을 감안할 때 이 정도 금액은 정말 형식적인 것에 불과했지만 주식시장은 뜨겁게 반응했다. 애플 주식은 30퍼센트 이상 급등했고 애플은 파산 위기에서 벗어났다. 만약 이때 마이크로소프트가 거액을 투자해서 애플의 주식을 많이 매입했더라면 어땠을까? 아마 지금 그때를 뒤돌아보며 '더 많은 금액을 투자했더라면 좋았을 텐데……' 하고 후회하고 있을지도 모르겠다.

🌐 매킨토시 클론의 중단과 공급시스템 정비

스티브 잡스가 애플에 복귀해서 한 일 중 하나는 이전 CEO들이 파워PC 프로젝트를 진행하면서 인정한 매킨토시 클론 허용정책을 뒤집는 것이었다. 이를 통해 매출은 줄어들었지만, 윈도 계열 컴퓨터로 경쟁자를 좁히면서 시장 장악력을 강화하는 데 성공한다. 또한 당시 애플에 CPU를 공급하던 IBM과 모토롤라를 경쟁시켜서 좀 더 좋은 조건에 부품을 조달받았다.

제품의 전반적인 라인업도 정비하고 제품 종류를 줄여서, 제품 공급라인이 단순해진 것도 커다란 변화였다. 40개가 넘던 제품군은 4~5개 정도로 줄어들었다. 이런 변신은 단기적인 매출 감소를 불러왔지만 수익성을 현저히 개선하는 데에는 성공한다.

그중에서도 존 스컬리가 애플의 새로운 성장 동력이라 생각해 장기간 공을 들여온 PDA 프로젝트인 뉴턴을 정리한 것을 두고 팬들을 포함한 많은 사람들이 반발했지만, 이를 강행했다. 이 팀에서 일하던 엔지니어들은 대부분 중용했다. 뛰어난 엔지니어들이라고 판단해서 이후 자신이 구상하는 제품에 투입하려고 했기 때문인데, 이들이 앞으로 애플의 중흥을 이끄는 제품 중 하나인 아이북을 탄생시킨다. 이 팀에서 정말 애플을 구원하는 소중한 보석과도 같은 인재를 발견하고 중용하는데, 그가 바로 애플의 디자인 심장으로 불리는 조나단 아이브다.

뒤를 이어 '저렴한 애플 매킨토시' 제품군을 모두 정리하고, 애플 제품은 가격이 비교적 높아도 프리미엄 이미지를 가진다는 고전적인 콘셉트를 부활시켰다. 이러한 스티브 잡스의 정책들은 즉시 효과를 보이면서 1년 만에 재고가 4분의 1로 감소하는 성과를 가져왔다. 전문가용 그래픽 컴퓨터를 모토로 1997년 11월 출시한 파워맥 G3는 1년 만에 백만 대가 팔리는 대히트를 기록하며 애플을 파산의 구렁텅이에서 꺼내는 일등공신이 되었다.

___아이맥을 탄생시킨 애플의 디자인 심장

조나단 아이브는 1967년생으로 아직도 절정의 실력을 보여주고 있기 때문에 그가 만들어갈 디자인 혁신은 현재진행형이다. 그는 언제나 새로운 도구와 재질 그리고 제작 프로세스를 과감히 시도하면서 혁신적인 디자인을 내놓았고, 성공시켰다.

1998년 컴퓨터 디자인계에 역사적인 의미를 안긴 아이맥을 내놓은 것을 시작으로 아이북과 파워북 G4, 아이팟과 아이폰, 아이패드를 연속 히트시키면서 전 세계 산업디자이너들에게 모범을 보이고 있다. 비록 2019년 애플을 떠나서 자신의 기업을 창업해 운영하고 있지만, 여전히 애플의 새로운 제품 디자인에 직간접적으로 관여하고 있다고 한다.

조나단 아이브는 1967년 런던에서 태어나 뉴캐슬 폴리테크닉에서 디자인을 공부했다. 그 뒤에 탠저린이라는 회사를 공동설립해서 파워 툴부터 텔레비전을 아우르는 다양한 디자인 컨설팅을 했는데, 1992년 그의 고객이던 애플이 그를 스카우트하면서 애플과 연을 맺게 되었다.

그는 입사 초기에는 그렇게 큰 빛을 보지 못했다. 다양한 제품개발 팀에 들어가서 일했지만 뉴턴처럼 성공하지 못한 프로젝트에 관여했고, 기본적으로 당시에 애플이 쇠락해가고 있었기 때문에 재능을 펼쳐볼 기회를 얻지 못했다.

기회가 찾아온 건 애플을 재건하기 위해 스티브 잡스가 복귀하면서부터다. 스티브 잡스는 조나단 아이브의 재능을 한눈에 알아보고 애플의 부활을 이끌 가장 중요한 프로젝트였던 아이맥 디자인의 전권을 맡겼다. 스티브 잡스의 성격을 생각하면 이런 결정을 내렸다는 것만 봐도 얼마나 조나단 아이브를 신뢰했는지 알 수 있다. 아이맥이 모습을 드러내면서 이를 디자인한 조나단 아이브는 단숨에 전 세계 디자이너들의 찬사를 한 몸에 받는다.

조나단 아이브와 그의 디자인팀은 위계질서보다 서로의 생각을 공유하고 토론하는 문화 속에서 새로운 디자인을 탄생시켰다. 조나단 아이브는 언제나 무언가를 만드는 일에 흥미가 많았다. 특히 여러 종류의 제품들이 어떻게 만들어지고 작동하는지, 그리고 어떤 재질로 만들어졌는지에 대해 어렸을 때부터 관심이 많아서 항상 그림으로 그리고 실제로 만드는 작업을 즐겼다. 자신이 좋아하는 일을 좇아 대학에서도 디자인을 전공한 것이다.

🌐 __쉽지 않았던 애플에서의 적응

조나단 아이브가 애플에 입사한 데에는 또 하나의 전설인 하르트무트 에슬링거의 맥 디자인이 결정적인 영향을 미쳤다. 아이브는 거의 컴맹 수준으로 컴퓨터를 잘 다루지 못했는데 대학시절에 맥을 발견하고는 엄청난 감화를 받았다고 고백했다. 결국 세기의 디자이너들이 맥을 사이에 두고 시간과 공간을 뛰어넘은 교감을 나눈 것이다. 그 뒤로 조나단 아이브는 애플에 대해 계속 관심을 가지고 공부했다. 그러던 차에 애플로부터 입사하지 않겠느냐는 제안이 들어왔으니 만사를 제쳐놓고 애플로 들어간 것이다.

그러나 조나단 아이브는 애플에 쉽게 적응하지 못했다. 원래도 자유로운 기질인 데다 디자인 컨설팅을 하던 그에게 심각한 분위기와 풀타임 근무는 쉬운 일이 아니었다. 특히 기술적으로 제한된 상황에서 자유로이 디자인하는 일에 어려움을 많이 느꼈다. 그가 애플에 입사했을 당시 애플은 사세가 기울고 있었다. 초창기 애플의 정체성과 목표를 잃고 어디로 흘러갈지 모르는 난파선과도 같은 신세였다.

그러다가 스티브 잡스가 복귀하면서 상황은 극적으로 변했다. 애플의 정체성과 핵심가치를 먼저 확립하는 작업부터 다시 시작했다.

다른 회사와는 완전히 다른 접근방식의 디자인과 혁신을 바탕으로 회사가 역동적으로 움직이기 시작하면서 조나단 아이브의 재능도 빛을 발한다.

✥ _팀과 파트너들에 대한 절대적인 신뢰

디자이너들이 회사를 자주 옮기는 편인데, 조나단 아이브는 상당히 오랜 시간 애플과 함께했다. 그가 이렇게 오랫동안 애플하고만 일한 가장 큰 이유는 애플의 디자인팀뿐만 아니라 개발, 마케팅, 영업팀까지도 동일한 문제를 놓고 목표를 달성하기 위해 머리를 맞대고 노력하는 문화 덕분에 자신의 디자인이 탄생한다고 믿기 때문이다. 자신의 디자인이 뛰어나서가 아니라 어디까지나 애플의 일부로서 자신의 디자인이 존재할 뿐이라는 것이다.

조나단 아이브는 애플 디자인팀이 거의 하늘에서 내린 사람들로 구성되어 있다고 말할 정도로 그들에 대한 신뢰가 깊다. 핵심 디자인팀을 작게 유지하고 첨단도구와 프로세스에 대거 투자함으로써 협업 강도를 높이는 전략을 쓰고 있는데, 커다란 스튜디오에 강력한 사운드 시스템으로 디자인 영역을 지원한다고 하니 이 또한 상당히 독특하다. 거의 개인 공간을 주지 않고 큰 공간을 공동으로 쓰면서 토론과 회의가 자연스럽게 이뤄지도록 하는 방식으로 효율을 극대화하고 있다.

조나단 아이브는 디자인 핵심은 새로운 재질과 제조공정, 그리고 제품 아키텍처의 혁신이라고 말한다. 플라스틱 폴리머 기술이 발전하자 이를 이용해 다양한 기능성을 갖춘 제품을 만들 수 있었는데 그

결과가 바로 아이맥이었다. 트윈슈팅 기법이 나와서 서로 다른 플라스틱을 동시에 사출할 수 있게 되자 이 기술을 도입해서 만든 디자인이 아이팟이다. 최근에는 레이저를 이용한 접합과 혁신적인 접착제 등을 이용하고 있다. 이와 같이 언제나 새로운 재료와 재질, 그리고 제조공정 및 기술을 끊임없이 도입하고 테스트하면서 탄생한 디자인은 단순한 미술적 디자인이 아닌 기술과 디자인이 총체적으로 만나 빚어낸 결정체다.

비록 스티브 잡스와 같은 강렬한 카리스마나 커다란 흐름을 읽어내는 안목을 지니고 있는지에 대해서는 미지수지만, 그가 있었기에 오늘날 애플이 있다는 말이 있을 정도로 애플의 정체성을 확립했다. 또한 마이크로소프트나 구글은 가지지 못한 최고의 차별적 존재가 바로 조나단 아이브라고 해도 과언이 아닐 것이다.

🌐 _컴퓨터의 개념을 바꾼 파격적인 디자인

스티브 잡스가 아이맥 프로젝트 디자인을 맡기자, 조나단 아이브는 기존 컴퓨터 디자인 개념을 완전히 바꾸는 모니터 일체형 본체와 키보드, 그리고 매우 단순하면서도 쉬운 인터넷 연결, 동그란 하키퍽처럼 보이는 마우스 등 완전히 새로운 컴퓨터 디자인을 내놓았다.

아이맥의 'i'는 '인터넷(internet)'을 의미하는 동시에 '개인(individual)'을 의미하기도 한다. 간편하게 인터넷에 연결할 수 있고, USB를 채용하고, 과감히 플로피디스크 드라이브를 빼고 CD-ROM을 기본으로 장착하는 혁신을 감행한 하드웨어였다.

아이맥의 대성공은 이후 애플의 제품 라인업 작명에도 큰 영향을 미쳤다. 아이북, 아이팟, 아이폰, 아이TV, 아이패드에 이르기까지 많은 제품의 이름에 'i'가 붙기 시작했다. 아이맥은 이런 성공의 시발점이 된 제품이다.

🌐 __드디어 선보인 차세대 운영체제

아이맥이 하드웨어 부문에서 애플의 회생을 견인한 제품이었다면, 추락하는 애플이 날아오를 장기적인 토대를 제공한 날개는 바로 맥 OS X(오에스 텐이라고 읽는다)이다.

길 아멜리오가 넥스트를 인수하면서 꿈꾸었던 차세대 운영체제이자, 스티브 잡스가 iCEO로 등극해서 마이클 델에게 '파산할 회사'라는 독설을 들어가면서도 꿋꿋이 축소경영으로 내실을 다지며 준비한 작품이 바로 애플의 미래를 책임질 OS X이다. 1998년 빌 게이츠를 만나서 애플을 지지하는 사람들에게는 굴욕적으로 보일 협상을 하고 마이크로소프트에 애플을 지원해 달라고 호소한 뒤 투자를 받아서 시장의 신뢰를 회복한 것도 모두 OS X이라는 희망을 준비하기 위한 시간 벌기였는지도 모른다.

2000년 1월 스티브 잡스는 맥 월드 엑스포에서 OS X의 베일을 벗긴다. 넥스트를 인수한 뒤 2년 6개월에 걸친 시간 동안 1천여 명의 소프트웨어 엔지니어들이 피땀을 흘려서 완성한 애플의 운영체제였다. 이 운영체제는 오늘날 우리를 열광케 하는 아이폰 OS와 아이패드 OS에도 기본적인 구조를 그대로 적용할 정도로 완성도가 높은 역대 최고의 운영체제 중 하나다. 탄탄한 내부구조뿐만 아니라 투명한 메뉴나 그림자, 애니메이션과 같은 실시간 그래픽 효과까지 포함한 아름다운 운영체제이기도 하다.

OS X은 마하커널이라는 기술에 기반한 넥스트스텝 운영체제를 계승했다. 넥스트스텝은 당시로선 파격적인 개념이었던 객체지향 운영체제로 스티브 잡스와 넥스트의 동료들이 1985년부터 개발한 역작이다.

✪ _감동적인 애플 CEO로의 복귀

2000년 1월 맥 월드에서 OS X을 발표하던 날, 애플의 팬들은 또 다른 감동적인 장면을 볼 수 있었다. 바로 스티브 잡스가 스스로 iCEO라는 타이틀에서 'i'를 떼어버리고 정식으로 CEO로 복귀한다고 선언한 것이다. 그동안 애플이 얼마나 고생했는지 아는 많은 청중들이 그의 복귀 선언에 눈물을 흘릴 정도였다.

또한 이날은 애플에 복귀할 당시만 해도 애플을 회생시킬 자신이 없었던 스티브 잡스에게도 아이맥의 성공과 함께 OS X을 정식으로 출시하면서, 애플을 다시 일으킬 수 있다는 자신감을 회복한 중요한 이정표가 되었다.

그러나 어려움이 없었던 것은 아니다. 완전히 새로운 운영체제를 발표한다는 건 과거의 잘나가던 소프트웨어와의 호환성을 상당수 포기하는 커다란 위험요소를 떠안는다는 뜻이기에 협력사들의 도움이 꼭 필요했다. 아무리 OS X이 훌륭하고 프로그래밍 도구가 좋다고 해도 외부 소프트웨어 업체로서는 커다란 부담이 될 수밖에 없어서, 반발이 따라오는 것은 당연한 일이었다.

애플로서는 그중에서도 마이크로소프트, 어도비, 매크로미디어를 설득하는 일이 가장 중요했다. 마이크로소프트는 1998년 스티브 잡스가 빌 게이츠를 찾아가서 적어도 5년간 새로운 매킨토시를 위한 소프트웨어 개발을 약속받아 왔기에 큰 문제가 없었지만, 어도비와 매크로미디어는 사정이 달랐다. 당장 포토샵과 드림위버 같은 베스트셀러 소프트웨어 포팅이 출시 때까지 이뤄지지 않았고 애플의 간곡한 요청에도 성실하게 대응하지 않았다.

긴밀한 협력과 다툼을 거듭해온 애플과 어도비 사이는 이때부터 급속히 악화되었다. 물론 시간이 흐른 뒤에 포토샵과 드림위버를 OS X용으로 출시하기는 했지만 결국 일반 소비자용 소프트웨어에 대한 기술을 지원하지 않았으며, OS X의 좋은 기능을 전혀 활용하지 않음으로써 오히려 윈도 운영체제에서 작동하는 소프트웨어가 더 좋은 기능과 성능을 보여주는 상황을 연출했다.

애플은 하는 수 없이 포토샵, 드림위버와 같이 디자인과 멀티미디어 기능을 강력하게 지원하는 소프트웨어를 직접 제작했는데, 아이러니하게도 이때의 이런 결정이 이후 아이튠즈와 아이팟, 아이폰의 탄생에 간접적인 영향을 주었다.

역사의 뒤안길로 사라졌던 애플이 이제 조금씩 머리를 내밀고 있었다. 스티브 잡스가 시도한 변혁은 이전과는 다른 화합의 변혁이었다. 적재적소에 인재를 활용해 변혁을 시도했다. 물론 사람이 완전히 바뀐 건 아니었지만 세상과 타협하는 방법을 배운 스티브 잡스는 무서운 존재였다.

스티브 발머,
마이크로소프트 CEO에 오르다 | 2000

마이크로소프트를 이야기할 때, 빌 게이츠와 함께 가장 많이 언급되는 인물이 스티브 발머다. 비록 그가 CEO로 재임한 기간에 마이크로소프트가 구글이나 애플에게 미래비전이나 이슈에서 밀리는 양상을 보이면서 그의 역량에 의문을 표시하는 사람들이 많았고, 그가 사임하고 혜성같이 등장한 CEO인 사티아 나델라 이후 마이크로소프트가 크게 발전한 것을 보고 실제로도 그의 경영자로서의 자질에 부정적 평가를 내리기도 하지만, 알려진 것보다 훨씬 대단한 역량을 가진 인물이 스티브 발머다.

✪ __철저한 원칙주의자, 그리고 불같은 성격

스티브 발머는 경영학을 전공한 사람답게 원칙에 맞는 경영을 하려고 더없이 노력했다. 그에 비해 빌 게이츠는 엔지니어였기 때문에 기업의 경영관리 측면에서는 허술한 면이 많았다. 그래서 두 사람 사이에는 다툼도 잦았다.

초창기 마이크로소프트가 30여 명의 직원을 두고 조금씩 성공의 문을 열어가던 시절, 기회가 있음에도 빌 게이츠는 빚을 얻기 싫어했고 직원들을 감당할 자신이 없어서 안전지향적으로 회사를 운영하려고 했다. 그러나 스티브 발머는 앞으로 다가올 기회를 본다면 적어도 직원을 15명에서 20명은 늘려야 한다고 주장하면서 대립각을 세웠다. 빌 게이츠는 스티브 발머가 회사를 망하게 할 거라며 엄청나게 화를 냈고, 당시 빌 게이츠 집에서 빌 게이츠 부모와 함께 살고 있던 스티브 발머는 이에 질세라 사직서를 쓰고 짐을 모두 챙겨서 집을 나가기까지 했다.

이런 갈등을 중재한 사람은 변호사였던 빌 게이츠의 아버지였다. 빌 게이츠의 아버지가 직접 스티브 발머를 찾아가서 중재하고 이들을 화해시키고 나서야 이들의 갈등은 봉합되었는데, 스티브 발머의 의견대로 인원을 늘리면서 회사는 더욱 탄탄대로를 달린다. 빌 게이츠의 아버지는 이 사건으로 스티브 발머를 더욱 신뢰하게 되었다. 스티브 발머와 같이 원칙에 충실하고 창업자의 의견에 반기를 들 수 있는 사람이 있었던 것이 마이크로소프트에는 행운이었다. 비록 현재와 같이 미래로 치고나가는 비전 제시가 더욱 중요한 시기에는 적절치 않을지도 모르지만 말이다.

스티브 발머의 또 한 가지 큰 업적은 스톡옵션을 고안했다는 점이다. 지금은 익숙한 개념인 스톡옵션은 직원들에게 싼 값으로 회사 주식을 살 수 있는 권리를 주는 것으로, 봉급과는 별도로 미래의 회사 가치를 위해 더욱 많은 직원들이 열과 성을 다하도록 만드는 장치이며, 회사가 성공할 경우에는 모두 부자가 될 수 있는 제도다. 이 덕분에 마이크로소프트가 상장했을 때 백만장자로 등극한 직원이 1만 명에 이르렀다.

앞서 빌 게이츠와의 갈등에서도 드러났듯이 스티브 발머는 대단한 다혈질로 공개 석상에서도 화를 참지 못하는 경우가 다반사여서 화제를 낳기도 한다. 스티브 발머가 화내는 동영상이 일부 유튜브로 퍼지면서 그의 성격이 도마에 오르기도 했는데, 성격 탓에 능력에 비해 인정을 받지 못하는 측면도 있는 듯하다. 그에 비해 빌 게이츠는 언제나 밝은 표정에 다정다감하고 매우 겸손하게 이야기하는 편이라 평판이 좋았다.

⊛ __ 빌 게이츠와의 권력 다툼

스티브 발머는 빌 게이츠와 이렇게 스타일이 달랐기에 회사 내에서도 은근히 의견 대립을 보이는 경우가 많았고 호시탐탐 1인자의 자리를 노렸다. 이사회 내부에도 빌 게이츠가 뛰어난 인물이긴 하지만 마이크로소프트라는 거함이 빌 게이츠에게만 끌려다녀서는 안된다는 분위기가 있어서 스티브 발머를 통해 균형을 맞추려고 했다.

물론 회사를 위해 도움을 주고받는 사이였지만, 2000년 스티브 발머가 CEO로 등극하고 빌 게이츠가 2인자로 내려앉는 순간의 일화는 세간의 화제가 되었다. 〈월스트리트저널〉은 2008년 관련 기사를 통해 2000년 당시 빌 게이츠가 이사회에서 자신을 밀어내려는 스티브 발머와 그의 조력자들을 향해 불같이 화를 내며 뛰쳐나갔다고 묘사했다. 그 뒷모습을 보면서 스티브 발머는 약간 후회를 하기도 했지만 기자에게는 다음과 같이 인터뷰했다.

"나는 그를 필요로 하지 않는다. 그게 기본원칙이다. 그를 이용하는 건 좋지만 필요한 건 아니다."

비록 스티브 발머가 빌 게이츠처럼 비전을 심어주거나 미래지향적인 모습을 보여주는 창조적인 리더는 아니지만, 두 사람의 경쟁과 소신 있는 발언을 통해 발전한 마이크로소프트의 모습을 보면서, 오너에게 거의 전권을 주고 휘둘리며 직위에 약간의 차이만 있으면 할

말 못 하고 죽어지내는 우리나라의 기업문화가 대비되어 생각나는 것은 필자만이 아닐 것이다.

그러나 경영자 마인드로 무장한 수장을 맞이하고부터 알게 모르게 마이크로소프트 제국에도 위기가 찾아온다. IT 세계에서 필요한 세상을 바꾸겠다는 각오가 그에게는 부족했다. 조직이 거대해질수록 감각은 점점 무뎌지는 법이다.

닷컴 버블 붕괴,
그리고 에릭 슈미트 등장하다 | 2001

1999년 엄청난 투자를 받은 구글은 본격적으로 검색시장을 장악해나갔다. 1999년 초만 해도 구글의 하루 검색 건수는 50만 건 정도였는데, 2000년이 되자 평균 700만 건을 넘었다. 그런 만큼 지속적으로 검색과 관련한 서버와 네트워크 등을 확보하면서 지출도 많이 늘어나기 시작했다.

이때 예상치 못한 상황이 발생했는데, 잘나가던 실리콘밸리의 닷컴 기업들이 수익구조를 찾기 힘들 거라는 전망과 함께 주가가 엄청나게 폭락하기 시작한 것이다. 2000년 3월에서 10월까지 있었던 이 시기를 '닷컴 버블 붕괴'라고 표현하는데, 이 충격은 미국뿐만 아니라 우리나라를 포함해 전 세계에 밀어닥쳤다. 대표적 기업인 야후! 는 잘나갈 때 주당 가격이 119달러에 이르기도 했으나 버블 붕괴와 함께 주가가 4달러까지 떨어지는 날개 없는 추락을 했다. 그밖에 여러 기업들의 사정도 크게 다르지 않아서 나스닥 주가가 전체적으로 78퍼센트나 하락했다.

구글은 당시 비공개 기업이었기 때문에 이런 위기를 비켜갈 수 있었다. 오히려 닷컴 버블 붕괴와 함께 쏟아져 나온 많은 인재들 중에서 뛰어난 사람들을 선별적으로 채용하는 행운까지 얻었다.

문제는 검색이 늘어나면서 같이 늘어가는 손실이었다. 2000년 구글의 손실은 1,470만 달러에 이르렀는데, 이것은 1999년의 두 배였다. 물론 1999년과는 달리 기업용 검색서비스 시장이 커지면서 매출액은 1,910만 달러를 기록했지만 늘어나는 손해액에는 턱없이 부족한 상황이었다. 그러나 두 창업자는 야후!처럼 검색이 광고와 연계되는 것을 계속 반대했고, 수익모델에 대한 논쟁에 불이 붙었다. 이에 투자자인 세쾨이어 캐피탈의 마이클 모리츠와 KPCB의 존 도어가 빨리 새로운 CEO를 물색해야 한다고 압력을 행사하기 시작했다.

✸ 빌 그로스와의 만남, 그리고 오버추어

이 시기에 구글의 두 창업자는 이후 비즈니스에 관해 가장 중요한 아이디어를 일부 제공하는 사람을 만나게 되는데, 그가 바로 오버추어를 창업하고 야후!에 이 회사를 매각한 빌 그로스다.

빌 그로스는 1958년 캘리포니아에서 태어난 비즈니스맨으로 칼텍을 졸업하고 작은 회사를 창업한 뒤 다시 매각하는 사업을 했다. 1996년에는 아이디어랩을 창업하고 검색광고라는 모델을 처음 만들어낸 사람이다.

그는 이 아이디어를 구현하기 위해 고투닷컴이라는 회사를 설립했다. 검색엔진에서 검색된 결과에 대응하는 광고를 붙여주고 이 검색광고가 클릭되면 클릭당 광고비를 광고주에게 받는 방식을 구현한 것이다. 이후 사명을 오버추어로 변경하고 2003년 16억 3천만 달러에 회사를 야후!로 매각했다. 오버추어는 오늘날 구글과 함께 전 세계 검색광고를 주름잡고 있는 양대 산맥으로, 우리나라에서도 한때 검색광고 서비스를 제공하는 등 큰 성공을 거둔 회사다. 빌 그로스는 창의성이 넘치는 사람으로, 이후에도 새로운 아이디어를 바탕으로 한 회사를 여럿 설립했다. 에너지 회사에도 관심이 많아서 태양광 발전과 관련한 에너지 이노베이션스, e솔라 등을 창업했는데, 이 회사는 2006년에 구글 본사 지붕에 태양광 발전패널을 설치한 일로도 유명하다.

빌 그로스는 구글의 두 창업자를 만난 자리에서 자신이 설립한 고투닷컴 아이디어를 제시했는데, 전화번호부 광고에서 처음 아이디어를 가져왔으며 검색을 광고와 결합하면 큰 사업 기회를 만들 수 있다고 설명했다. 존 바텔이 쓴 『검색으로 세상을 바꾼 구글 스토리』에서 이들의 만남과 관련한 일화를 엿볼 수 있다.

당시 고투닷컴은 8천 곳이 넘는 광고주 네트워크를 이미 구성했고, 클릭당 광고비를 받으면서 검색결과를 변경해주고 있었다. 빌 그로스는 이 자리에서 구글과 고투닷컴이 합병한다면 정말 대단할 거라고 제안했지만, 당시 두 창업자는 빌 그로스의 이런 접근방법이 검색을 지저분하게 만들 뿐인 옳지 않은 방법이라는 반응을 보이면서 제안을 거절했다.

그런데 구글은 결국 2000년 빌 그로스의 아이디어 일부를 변경해서 에드워즈 광고모델을 내놓았다. 오버추어는 2002년 구글을 특허 침해로 고소하고 법정다툼을 벌였다. 이 싸움은 2003년 오버추어를 인수한 야후!가 구글 주식 270만 주를 받는 것으로 종결되었는데, 결과적으로는 빌 그로스의 아이디어를 구글이 일부 가져갔다고 인정한 셈이었다.

🌐 __구글의 검색엔진을 도입한 야후!

닷컴 버블이 꺼지면서 가장 어려운 시기를 겪었던 야후!는 더는 검색엔진 경쟁에서 승리할 수 없다는 점을 깨닫고 구글에 도움을 요청했다.

2000년 6월 야후!는 구글을 야후! 포털 서비스 공식 검색엔진으로 사용하는 계약을 체결했다. 야후!의 모든 검색을 구글에 넘겨주는 대가로 야후!는 구글 주식 370만 주를 받았으며, 야후! 검색에 구글 로고를 표시하지 않음으로써 기존 사용자들은 구글 검색을 이용한다는 사실을 모르게 만들었다.

이 협력으로 인해 구글 검색 건수는 2배로 뛰었으며 2000년 말이 되자 하루 검색이 1억 건에 달하면서 전 세계 검색 건수의 40퍼센트를 점유했다. 사실상 검색엔진 전쟁에서 승자는 구글로 귀결되었다는 것이 전문가들의 의견이었다.

🌐 __애드워즈의 탄생, 그리고 CEO를 찾아라

세계 최고 트래픽을 몰고 다니는 서비스였지만 구글은 이제 이런 트래픽을 비즈니스로 연결할 수 있다는 점을 보여줄 필요가 있었다.

그러나 구글 공동창업자들은 구글 검색에 과도한 사업요소가 들어가는 것을 싫어했다. 이런 생각은 가장 중요한 투자자인 마이클 모리츠와 존 도어의 심기를 불편하게 했고, 두 창업자를 이끌어줄 수 있는 CEO를 외부에서 영입해야겠다는 생각을 더욱 굳히게 했다. 구글은 2000년 10월 첫 번째 광고 프로그램인 애드워즈를 테스트했다. 350개의 광고업체만 받아서 그들이 선택한 키워드가 검색어로 들어오면 검색결과 옆에 작은 광고가 보이도록 했다. 광고주들은 해당 키워드를 사용자들이 몇 번이나 이용했는지 알 수 있었다. 하지만 애드워즈는 분석도구도 엉성했고 생각처럼 쉽게 성장하지 않았다.

당시 애드워즈는 광고가 화면에 몇 번 노출되는지를 기준으로 비용을 책정했다. 이런 모델은 기존 배너광고에서 이용되는 1,000번 노출당 단가(CPM) 방식의 변형이었다. 고투닷컴이 이미 클릭당 단가(CPC) 방식의 검색광고를 시작한 상태였고 반응도 좋았기 때문에, 기존 CPM 방식을 채용한 애드워즈는 큰 인기가 없었다. 그밖에 다양한 형태의 광고방식을 고민했지만 거의 대부분 광고가 검색과 확실한 연관성이 없으면 집어넣을 수 없다는 고집스러운 창업자의 철학에 가로막혔다.

존 도어와 마이클 모리츠는 이대로라면 구글의 미래가 위태로울 수 있다고 판단해 '새로운 CEO를 영입하라'고 래리 페이지와 세르게이 브린에게 압력을 가했다. 새로운 CEO 영입은 투자 당시의 약속이기도 했다. 창업자들은 약속을 지켜야 했기에 마지못해 CEO 후보 여러 명과 미팅을 했지만 장난스러운 인터뷰를 하다가 '기술을 모른다'는 핑계로 대부분 거절했다. 이런 식으로 퇴짜를 놓은 CEO 후보가 15명이 넘어가자, 존 도어와 마이클 모리츠는 이 두 사람이 CEO 를 선임하지 않으려고 무조건 거절하는 것이 아닌가 하는 의심까지 하게 되었다.

CEO 선임을 위한 작업으로 2000년 한 해도 저물어갔지만, 결국 CEO는 뽑을 수 없었고 전문경영인도 없었으며 회사의 관리체계는 여전히 엉망이었다. 거기에 야심차게 내놓은 애드워즈는 그다지 큰 비전을 보여주지 못하고 있었고 비용을 수반하는 쓸데없는 트래픽 만 자꾸 늘어나면서 과연 구글이라는 회사가 성공할 수 있을까 하는 비관론마저 여기저기서 흘러나오기 시작했다. 그나마 해를 넘겨 2001년 1월에 애플, 썬 마이크로시스템스 등에서 운영 부사장을 지낸 웨인 로징을 영입해서 엔지니어 문화를 존중하되 관리가 가능한 새 로운 질서를 만들어내라는 중책을 맡긴다.

⊛ __에릭 슈미트와의 인터뷰

회사의 CEO를 찾는 작업이 순탄치는 않았지만, KPCB의 존 도어 는 구글의 CEO로서 적합한 사람이 한 명 떠올랐다. 그가 바로 존 도 어의 절친한 친구인 에릭 슈미트다.

에릭 슈미트는 썬 마이크로시스템스가 한창 잘나가던 시절 CTO 로 일하다가 더욱 큰 꿈을 안고 노벨 CEO로 자리를 옮겼는데 썬 마 이크로시스템스 시절과는 달리 노벨에서 커다란 위기를 맞았다. 그 가 합류했을 때 노벨의 4분기 매출은 목표액에 1,460만 달러나 미치 지 못했고 경영진은 이를 분식회계를 통해 숨기는 방법을 제안했지 만, 에릭 슈미트는 그대로 발표하자고 주장했고 실행했다. 그 결과 노벨 주가가 곤두박질치면서 회사는 바로 위기에 빠졌다. 큰 꿈을 안고 들어간 회사가 입사하자마자 위기상태에 들어간 것이다.

그러던 어느 날 친구인 존 도어가 추천한 일도 있고, 영입을 염두에 둔 웨인 로징에 대한 평판을 평가하기 위해 세르게이 브린이 에릭 슈미트에게 전화를 걸어 장시간 통화한 것이 계기가 되어 에릭 슈미트는 구글에 잠시 들르기로 약속했다.

2000년 12월 에릭 슈미트는 약속대로 구글을 방문했다. 2000년 당시 구글이 사용하던 건물은 마운틴 뷰에 위치한 빌딩21이었는데 에릭 슈미트가 썬 마이크로시스템스에 재직하던 시절에는 썬이 사용하던 건물이었기 때문에, 회사는 달랐지만 장소라는 측면에서 에릭 슈미트는 고향을 방문한 것과 같은 기분이 들었다. CEO 인터뷰를 위해 일부러 만든 자리는 아니었지만 에릭 슈미트는 존 도어에게 언질을 받은 상태였고, 또한 래리 페이지와 세르게이 브린 역시 에릭 슈미트가 과연 구글의 CEO로 적합한지 알고 싶었기에 만남은 서로에게 기싸움과 같은 역할을 했다.

세르게이 브린과 래리 페이지는 에릭 슈미트를 만나자마자 단도직입적으로 그가 노벨에서 내린 결정에 대한 기술적인 비판을 시작했다. 노벨이 전략적으로 인터넷 속도를 높이기 위해 개발한 프록시 캐시라는 기술은 결국 초고속 인터넷이 늘어나면 무용지물이 될 텐데 쓸데없는 곳에 투자해서 회사에 손해를 끼친 것이 아니냐는 날선 비판을 했다. 이에 대해 에릭 슈미트는 자신의 논거를 앞세워 거세게 반론했는데 이런 논쟁이 무려 1시간 30분 가까이 이어졌다. 여느 인터뷰였다면 완전히 엉망이었을 만남이 결국은 세르게이 브린과 래리 페이지가 에릭 슈미트를 적임자라고 인정하는 결정적인 계기가 되었고, 에릭 슈미트 역시 구글의 이런 문화가 싫지 않았다.

2001년 2월 래리 페이지와 세르게이 브린은 에릭 슈미트에게 정식으로 구글의 CEO 자리를 제안했다. 에릭 슈미트는 노벨의 합병을 마무리한 뒤에 구글 CEO를 맡기로 하고 대신에 3월부터 일단 회장에 취임했다. 그해 8월 에릭 슈미트가 구글 CEO에 오르면서 세르게이 브린이 기술부문 사장을 맡고 래리 페이지가 제품부문 사장을 맡는 구글의 3두체제가 완성되었다. 이때 정해진 연봉과 함께 에릭 슈미트는 1,500만 주에 육박하는 엄청난 주식을 스톡옵션으로 받으면서 구글의 명실상부한 공동책임자가 되었다.

혈기 넘치는 두 명의 무장을 안정시킬 덕장까지 영입한 구글은 날아오를 채비를 하고 있었다. 다만 아직 군량미를 어떻게 조달해야 할지 계획이 서지 않은 상태라는 것이 문제였다. 군량미 문제만 해결된다면 인터넷 전장은 곧 그들의 수중에 떨어질 참이었다.

디지털 허브 vs 디지털 라이프스타일 | 2001

스티브 잡스가 1997년 복귀한 이후에 파산으로 치닫던 위기를 벗어던지고 아이맥의 선전으로 잘나가던 애플에도 2000년의 닷컴 버블 붕괴는 극복하기 어려운 시련이었다.

스티브 잡스는 애플의 CEO로 복귀하고 처음으로 2001년 1월 2억 4,700만 달러에 이르는 분기손실을 보고했다. 가장 큰 문제는 주력제품인 큐브 파워맥이었다. 비교적 고가였던 이 제품은 닷컴 버블이 터지면서 판매에 어려움을 겪었고, 이는 고스란히 애플에 큰 타격으로 돌아왔다.

🌐 __애플의 디지털 허브전략, PC의 사망 선언

2001년 1월 샌프란시스코 맥 월드 기조연설은 앞으로 애플의 향방을 좌우할 중요한 자리였다. 특히 2000년 닷컴 버블을 언급하면서 "1976~2000 PC의 전성기가 끝났다"고 쓴 묘비를 보여준 슬라이드는 굉장히 유명하다. 이 연설에서 스티브 잡스는 스프레드시트, 워드프로세서, 전자출판 등에 의한 생산성 혁신시대에서 인터넷 시대를 거쳐 이제는 디지털 기기들의 증가에 따른 디지털 라이프스타일 시대로 접어들 거라고 전망하고, 이들을 하나로 엮어내는 디지털 허브가 필요하다고 이야기했다.

애플은 이 전략을 실천하기 위한 일환으로 같은 해 아이팟을 내놓고 디지털 허브를 하드웨어뿐만 아니라 온라인 서비스와 연계할 수 있는 소프트웨어이자 서비스를 추진하는데, 이것이 바로 오늘날 애플의 모든 제품군을 하나로 엮어내는 허브 역할을 하는 아이튠즈다.

이 기조연설은 이후 애플의 전략을 설명하는 기초가 되었기 때문에 상당히 큰 의미를 가진다.

🌐 __마이크로소프트의 디지털 라이프스타일 전략

같은 해 CES에서 빌 게이츠 역시 이와 유사한 전략을 이야기한다. 디지털 라이프스타일이 그것으로, 마이크로소프트는 PC 세상에서 벗어나 콘솔 게임 시장 진출을 공식 발표하면서 엑스박스를 선보였다. 또한 얼티메이트 TV라는 이름의 새로운 TV 기술과 다양한 임베디드 장치들을 위해 윈도 CE를 지원하겠다고 발표했다.

빌 게이츠는 1999년부터 틈만 나면 콘솔 게임 시장으로 진출하겠다고 말해왔다. 당시 콘솔 게임 시장에서는 전통의 강호인 닌텐도를 소니의 플레이스테이션이 큰 격차로 따돌리며 1등을 달리고 있었고, 또 하나의 라이벌인 세가는 드림 캐스트의 부진으로 사업 철수를 저울질하고 있었다.

이런 상황에서 콘솔 게임 시장에 대해 전혀 모를뿐더러 하드웨어 사업 자체에 대한 경험도 없는 마이크로소프트가 첨단 하드웨어 기술과 소프트웨어 유통을 포함한 복잡한 사업모델을 이해해야 하는 콘솔 게임 시장에 진출하는 것을 두고 일종의 객기처럼 받아들인 사람들이 많았다.

2000년 3월 10일 산호세에서 열린 게임 개발자 컨퍼런스(GDC)에서 빌 게이츠가 엑스박스 프로젝트를 소개하고부터 사람들은 이 말이 장난이 아니었음을 인정하기 시작했다. 빌 게이츠는 이 자리에서 플레이스테이션 2보다 세 배는 강력한 하드웨어를 가지고 새로운 엔터테인먼트 영역을 개척하겠다고 선언했다. 그러나 아직도 많은 사람들은 엑스박스가 일종의 셋톱박스 형태로서 TV와 결합하는 미디어 관련 기기 정도일 거라고 이해했다.

그러나 빌 게이츠는 진지했고 2000년 한 해 동안 되도록 많은 회사들로부터 엑스박스 지원 약속을 받아내는 데 총력을 기울였다. 2000년 말이 되자 액티비전, 코나미, 캡콤, 에이도스, 에픽 등이 엑스박스를 지원하겠다고 약속했고 EA가 2000년 12월에 엑스박스를 전면 지원하겠다고 선언하면서 엑스박스 프로젝트는 탄력을 받는다.

같은 시기에 거의 동일한 이야기를 했지만 애플은 디지털 허브전략에 맞춰 2001년부터 차근차근 서비스와 소프트웨어, 하드웨어 그리고 유통에 이르는 전 영역의 새로운 제품과 서비스들을 내놓은 반면, 마이크로소프트는 엑스박스를 제외하고는 여전히 운영체제를 중심으로 전략을 펼치는 한계점을 보였다. 물론 윈도 CE가 한동안 유행을 타면서 잘나가는 듯 보였지만, 결과를 놓고 보면 거의 비슷한 비전을 보였음에도 뛰어난 완성도에 소비자 중심의 경험을 제공한 애플이 PC 시장에서의 결과를 뒤집고 한 발 앞서 나가고 있었다.

업계의 두 거인은 거의 동시에 비슷한 발언을 한다. 컴퓨터의 시대는 끝나고 디지털이 생활 속으로 파고든 디지털 라이프가 시작될 거라고 말이다. 동시성의 법칙일까? 이후 결과는 바뀌지만 세상을 바라보는 눈만은 두 거인 모두 날카롭다는 것을 보여주었다. 통찰의 힘이란 놀라운 것이다.

야후!, 오버추어를 인수하고 구글과의 관계를 끝내다 | 2002

2001년 8월 구글 CEO에 오른 에릭 슈미트는 늘 입던 정장을 벗어던지고 구글 문화에 맞춰 구글 로고가 새겨진 골프 티셔츠를 입고 첫 출근을 했다. 에릭 슈미트의 사무실에는 책상이 2개 놓여 있었는데

한 엔지니어가 빈 사무실을 보고 먼저 자리를 잡아버리는 바람에 그 엔지니어 옆에 앉아서 일을 했다. 우리의 상식으로는 이해되지 않지만 구글은 그런 회사였다.

🌐 __구글 문화에 익숙해지려고 노력한 에릭 슈미트

한눈에 구글의 상태를 파악한 에릭 슈미트는 그 엔지니어를 쫓아내지 않고 조용히 옆자리에 앉아서 사무실 동료가 되는 길을 선택했다. 에릭 슈미트는 문제가 무엇인지 알았지만, 자신의 방식으로 휘어잡기보다는 장점은 최대한 수용하고 단점은 조금씩 점진적으로 바꿔나가기로 했다.

구글은 두 창업자의 지휘 아래 기술과 상품에 집중하고 관료주의는 혐오하는 회사가 되어 있었고, 이런 시스템은 자연스럽게 문화로 자리 잡았다. 관료주의가 자리 잡지 못하되 엔지니어는 자유롭게 자원을 효과적으로 활용하는 투명한 회사를 만들기 위해 새로운 관리 시스템을 정착시키는 것이 처음 CEO로 취임한 에릭 슈미트가 맡은 일이었다. 특히 언제나 톡톡 튀고, 실현 가능성이 없는 계획까지 해보자고 말을 던지는 두 창업자를 컨트롤하는 것도 중요한 임무였다.

두 창업자는 회사의 재무를 분석하거나, 기자를 만나서 회사에 대한 이야기를 하거나, 여러 산업과 정부 관계자들을 만나는 일을 원하지 않았다. 이런 업무는 온전히 에릭 슈미트의 차지였고 회사로서도 정말 중요한 일이었다. 다행히 경륜이 있는 에릭 슈미트는 무난하게 이런 문제들을 해결해나갔다.

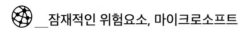
잠재적인 위험요소, 마이크로소프트

구글은 검색부문에서 1위에 올라선 뒤로 알타비스타나 야후!, 오버추어 등에 대해서만 신경을 쓰고 있었는데, 에릭 슈미트는 두 창업자에게 결국 구글이 성공가도를 달리면 마이크로소프트가 검색시장에 뛰어들 거라고 경고한다.

무서운 것이 없었던 구글이지만 마이크로소프트는 여간 신경 쓰이는 회사가 아니었다. 당시만 해도 구글은 마이크로소프트와 비교할 만한 회사가 아니었다. 마이크로소프트는 이미 인터넷 익스플로러를 통해 넷스케이프를 물리치고 브라우저 경쟁에서 승리하는 모습을 보여주었기 때문에 마이크로소프트가 검색에 뛰어들 수도 있다는 에릭 슈미트의 경고는 구글에 좀 더 신중히 대비하도록 경종을 울려주었다.

에릭 슈미트의 경고를 바탕으로 두 창업자와 구글은 혹시라도 마이크로소프트가 뛰어들었을 때를 대비하기 위해 자체 응용 프로그램과 브라우저까지 만들고, 이를 통한 독립성을 확보하기로 결정한다. 이런 결정과 노력을 들여 오랫동안 준비해 탄생한 것이 바로 구글 독스(Docs) 서비스와 크롬 브라우저 등이다.

야후! 그리고 오버추어와의 갈등

에릭 슈미트가 CEO로 취임하고 얼마 지나지 않아 구글 3인방에게, 닷컴 버블이 꺼지면서 회사가 몰락한 것에 대한 책임을 지고 물러난 제리 양을 대신해 야후!의 CEO로 등극한 테리 세멀이 연락을 한다.

테리 세멀은 인터넷 기업이나 IT 기술 전문가가 아니다. 세계적인 미디어 회사 워너브라더스의 공동 CEO로 24년간 재직한 콘텐츠와 미디어 산업 전문가다. 그런 그가 야후!라는 인터넷 대표기업의 CEO로 선임된 일을 두고 기대도 있었지만 우려도 많았다. 야후!는 한때 시가총액 1,270억 달러에 육박하던 시절을 뒤로 하고 닷컴 버블 붕괴와 함께 회사 가치가 10분의 1로 떨어진 위기상황을 겪고 있었기에 회사를 위기에서 구해낼 반전 카드가 필요했다.

테리 세멀은 처음에는 야후!가 외부에서 콘텐츠를 가져다 쓰는 것이 아니라 내부에서도 콘텐츠를 생산할 수 있기를 원했다. 그리고 미디어 회사처럼 광고도 더 많이 판매하는 방향으로 전략을 수정했다. 그러나 그가 야후!에 합류한 후 닷컴 버블 여파로 회사는 9,800만 달러에 달하는 손실을 기록했다. 테리 세멀은 야후!가 구글 주식을 일부 소유하고 있다는 사실(이 주식은 야후!의 검색엔진으로 구글을 이용해주고 현물로 받은 것이다)을 알고 구글 3인방을 만나서 구글을 아예 인수할 수 있을지 의중을 떠보기로 했다. 내부적으로 10억 달러 정도를 투자할 생각으로 식사를 하면서 대화해보았지만 3명 모두 전혀 그럴 의사가 없다는 점만 확인했다.

이 만남이 있고 나서 오버추어의 빌 그로스가 테리 세멀을 찾아왔다. 빌 그로스는 특허기술을 이용해서 야후! 광고를 더욱 많이 판매해주겠다고 제안했다. 테리 세멀은 빌 그로스의 제안을 받아들여 오버추어와 검색광고 계약을 맺고 광고를 판매하기 시작했는데, 1년 만에 2억 달러라는 엄청난 수익을 올렸다. 이 과정에서 야후!에 검색엔진을 공급하던 구글은 야후!의 결정에 반발했지만, 결국 테리 세멀은 많은 실적을 내주고 있는 오버추어와 잉크토미를 인수하기로 결정했다.

2002년 검색엔진을 제공하는 잉크토미를 2억 3,500만 달러에, 2003년 7월 오버추어를 16억 3천만 달러에 인수한 야후!는 구글과 검색계약도 파기한다. 이와 함께 2002년 4월 오버추어가 구글을 상대로 제기한 특허 침해소송도 그대로 인수했다. 이렇게 야후!는 잉크토미를 새로운 검색엔진으로, 그리고 오버추어를 통한 검색광고 사업을 중요한 성장엔진으로 삼았는데, 이 결정 때문에 야후!의 검색은 품질이 저하되었고 구글에 비교되지 않는 검색엔진 2위로 떨어졌다.

비록 당장 광고수익은 더 많이 올릴 수 있었는지 모르지만, 이 결정으로 야후!는 검색점유율이 회복할 수 없는 수준까지 하락했고 결국에는 최고 인터넷 기업의 자리를 구글에 내놓을 수밖에 없었다.

__신임 CEO와 창업자의 갈등

에릭 슈미트는 이런 변화의 바람 속에서 초기에는 주로 회사의 시스템과 문화를 파악하는 데 중점을 두고 무난하게 직무를 수행했다. 그러나 아무리 구글이 자유로운 문화를 가지고 있다고는 하나 조금은 체계를 갖추어야 한다고 생각했고, 이와 관련한 일들을 하나씩 실행에 옮기기 시작했다. 그의 이런 움직임을 보고 두 창업자는 회의를 할 때 회사가 지나치게 관료화하고 있다고 소리를 높여서 신임 CEO의 회사 장악과 변신에 대한 경계심을 노골적으로 드러내기 시작했다.

에릭 슈미트는 이런 갈등에 노골적으로 반기를 들거나 힘겨루기를 하기보다 매우 부드러운 방법을 선택했다. 강하고 경험 많은 CEO 가 들어와서 구글의 체계를 갖춰주기를 원했던 투자자들은 이렇게 우유부단해 보이는 그의 모습에 불만을 표했다. 특히 마이클 모리츠 는 에릭 슈미트의 행동을 보고 그가 구글에서 제대로 일하기 어려울 거라며 대단히 비관적인 전망을 내놓았다.

이런 위기상황에서 에릭 슈미트는 묘수를 찾아내는데 자신이 모 든 것을 직접 해결하기보다 존경받는 외부 인물을 구글의 고문으로 모시고 중재를 부탁했다. 에릭 슈미트가 선택한 사람이 바로 실리콘 밸리 전체의 존경을 받고 있던 포용력의 대가 빌 캠벨이다. 에릭 슈 미트의 절친한 친구인 데다 이사회 임원이고 가장 큰 투자자의 대표 였던 존 도어가 빌 캠벨이 구글을 돕도록 다리를 놓았다.

✺ __ 빌 캠벨, 구글의 가교가 되다

빌 캠벨은 뛰어난 친화력으로 금방 에릭 슈미트와 두 창업자하고 스스럼없이 대화를 주고받는 사이로 발전했다. 캠벨은 에릭 슈미트 의 고민과 창업자의 고민을 모두 이해했고, 당사자들이 바로 충돌하 게 하기보다 중간에서 중재하는 가교 역할을 했다. 그가 했던 역할은 단순히 창업자들과 CEO 간 갈등을 중재하는 것만은 아니었다. 이와 유사한 갈등은 투자자가 많은 자리를 차지하고 있는 이사회와 구글 경영진 사이에도 있었다.

이사회에서는 언제나 구글에 수익을 빨리 확보하라고 안달했고 경영진은 지나치게 무리해서 수익을 내려는 계획을 반대했다. 캠벨 은 이런 갈등도 중재하면서 초창기 구글이 자리를 잡는 데 결정적인 역할을 했다.

캠벨의 역할은 구글 창업자, CEO 그리고 이사회, 나아가서는 다른 경영진과 직원의 신임까지 얻어야 가능한 일이었는데, 놀랍게도 그는 이들을 효과적으로 중재하면서 경영시스템, 인재 등용, 경영회의, 이사회와의 관계 및 시스템 정비에 효과적인 조언을 함으로써 오늘날 구글의 성공을 이끌어내는 데 큰 공헌을 했다. 그는 매주 월요일 경영진 회의뿐만 아니라 일주일에 수차례 엔지니어들의 프로젝트 회의에도 동석했고, 여러 이사들과 정기적으로 일대일 미팅을 가지며 격려하는 등 정말 대단한 열정으로 구글의 코치 역할을 해냈다.

빌 게이츠나 스티브 잡스처럼 널리 알려지지도 않았고 그들처럼 엄청난 부자도 아니지만, 빌 캠벨이 실리콘밸리에서 가장 존경받는 인물이라는 점에는 모두들 동의한다. 그는 마크 앤드리센과 스티브 잡스, 제프 베조스 등 성공한 기업가에게 개인 멘토가 되어주고 주말이면 같이 산책하면서 이야기를 나눴다.

실리콘밸리는 너무 빨리 변하고 기술 위주로 성장했기 때문에, 이렇게 인간적으로 사람들과 만나서 이야기를 건네고 마음을 전달하며 용기를 북돋아주는 미식축구 코치와 같은 인화력이 가장 필요한 곳인지도 모른다. 빌 캠벨은 이런 측면에서 실리콘밸리를 일으켜 세운 가장 중요한 인물로 손꼽히고 있다. 그래서인지, 그의 죽음이 전해진 2016년 4월 18일 실리콘밸리는 전체가 그를 추모했다는 이야기가 나올 정도로 슬픔에 잠겼다.

구글 창업자들은 순수한 검색이 세상을 바꾸게 되리라고 믿었다. 수익은 그 다음 문제였다. 검색을 훼손하는 그 어떤 상용화도 받아들일 마음이 없었다. 그 순수한 정신 덕분에 구글 검색은 품질을 유지할 수 있었고, 훗날 보상을 받게 된다.

인물 열전

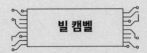

빌 캠벨

빌 캠벨은 피츠버그 근처의 홈스테드라는 도시 출신으로 명문인 컬럼비아 대학교에 진학한 후 미식축구 선수로 활약했다. 선수로서의 활약상보다 컬럼비아 대학교 미식축구팀 헤드코치로서 더 유명한 그는 1970년대 후반 팀을 이끌며 존경받는 코치생활을 했지만, 1978년 최대 라이벌 대학에 치욕적인 패배를 당한 경기를 끝으로 미식축구 코치생활을 접고, 마케팅과 관련한 일을 시작했다.

월터 톰슨이라는 광고 에이전시와 코닥을 거쳐, 실리콘밸리에 처음 자리를 잡은 곳은 바로 애플이었다. 존 스컬리가 애플 CEO였던 1983년, 빌 캠벨은 존 스컬리의 부탁으로 애플의 마케팅 부문 부사장으로 실리콘밸리에 입성한다. 캠벨은 애플에 합류한 지 몇 달 만에 판매와 마케팅 부문을 모두 맡았고, 인적 혁신을 통해 젊지만 열정 있는 사람과 여성 들을 대거 채용하고 열정 없이 현실에만 안주하려는 직원을 해고했다.

그는 앙숙이던 스티브 잡스와 존 스컬리 모두와 친한 것으로도 유명했다. 스티브 잡스는 그를 친구처럼 생각했고 존 스컬리는 그를 존경했다. 존 스컬리가 1985년 스티브 잡스를 애플에서 쫓아내려고 도모할 때 캠벨은 이것이 애플 역사상 최악의 결정이 될 거라고 경고했고, 존 스컬리의 거사가 성공한 뒤로 존 스컬리와 빌 캠벨의 사이는 극도로 나빠졌다.

1987년 존 스컬리는 빌 캠벨에게 애플의 클라리스 사업부문을 맡기고 이를 분사시켜서 빌 캠벨을 간접적으로 쫓아내려는 전략을 세웠는데, 예상외로 클라리스가 번창하자 그 계획을 백지화했다. 이에 반발한 빌 캠벨은 존 스컬리 밑에 있느니 차라리 실업자가 되겠다며 애플을 퇴사했다. 1997년 스티브 잡스가 애플에 복귀한 이후에 빌 캠벨은 다시 이사회 임원이 되었다.

애플에서 퇴사하고 나서는 존 도어의 도움을 받아 고코퍼레이션 사의 CEO가 되었다. 이 회사는 펜컴퓨터 분야의 선구자라고 할 수 있는데 아직 시장이 활성화되지 않아서 직접 운영하기는 어렵겠다고 판단한 빌 캠벨은 1993년 이 회사를 AT&T에 매각했다. 그 다음으로 선택한 회사는 인튜이트로, 개인과 소규모 사업자들에게 재무서비스를 제공하며 현재까지도 번성하는 회사다. 빌 캠벨은 이곳 CEO로 일하면서 존 도어와 자주 만났는데 존 도어가 구글에 와서 도와 달라고 부탁하자 이를 흔쾌히 승낙한다.

빌 캠벨은 남녀노소를 가리지 않고 사람을 끌어들이는 재주가 있었다. 주말이나 평일 저녁시간에는 대학 스포츠 바에서 젊은 친구들과 함께 어울렸다. 언제나 유쾌하고 재미있는 사람이었지만 업무에 대한 비밀만큼은 어느 누구에게도 누설하지 않는 신뢰성까지 갖추어 모든 사람의 친구였던 실리콘밸리의 코치다. 언제나 듣는 것을 좋아했지만 듣기만 하지는 않았다. 매우 적극적으로 사람들을 북돋아주고 격려하는 일에 천재적인 소질이 있어, 그와 함께하는 시간을 모두 즐거워했다.

구글, 수익모델을 장착하고 날아오르다 | 2002

인터넷 세상에서 두려울 것 없이 잘나가던 구글이었지만 과연 적절한 사업모델을 찾아서 수익을 올릴 수 있을 것인지에 대해서는 내외부에서 끊임없는 회의가 있었다. 이 문제를 해결하기 위해 구글 이사회와 경영진은 고심을 거듭했지만, 검색의 본질을 건드리지 않고 높은 수익을 올릴 수 있는 방법을 찾는 일은 쉽지 않은 과제였다. 이런 고민을 해결한 사람은 창업자들도 아니고, 새롭게 영입한 CEO인 에릭 슈미트도 아니었다. 바로 쉐릴 샌드버그와 수잔 보이치키라는 두 명의 여걸인데, 이들은 현재까지도 IT 업계에서 여성으로서는 가장 막강한 영향력을 행사하는 사람들이다.

🌐 __정치권에 뛰어든 하버드 대학교 공부벌레

1969년 플로리다에서 태어난 쉐릴 샌드버그는 1987년 하버드 대학교에 입학한다. 경제학을 전공하고 대학을 수석으로 졸업했을 뿐만 아니라 최고 학생에게 수여하는 존 윌리엄스 상까지 수상했다. 다른 친구들과 마찬가지로 월스트리트에서 일자리를 잡을 수도 있었겠지만, 그보다는 존경하는 스승의 영향을 받아 여느 사람들과는 다른 길을 선택했다. 그녀가 존경한 스승은 바로 클린턴 행정부 시절 가장 중요한 경제정책을 결정하던 실세이며 하버드 대학교에 혜성같이 나타난 로렌스 서머스 교수다.

서머스 교수의 영향을 많이 받은 그녀는 대학을 졸업하고 월드뱅크에 직장을 구해 주로 인도의 나병이나 에이즈와 같은 보건문제를 다루면서 경험을 쌓았고, 1993년 하버드 비즈니스 스쿨에 입학해서 1995년 MBA 학위를 취득하는데 이때도 뛰어난 인재들 사이에서 최고 성적과 상을 휩쓰는 모습을 보여주었다. 졸업 후 1년 정도 컨설팅 회사인 맥킨지에서 경험을 쌓던 그녀를 부른 사람은 은사인 로렌스 서머스였다. 로렌스 서머스는 당시 클린턴 행정부의 재무부 장관인 로버트 루빈을 보좌하는 차관으로 일했는데, 그에게 쉐릴 샌드버그는 가장 믿을 만한 제자였다.

로렌스 서머스의 호출로 4년 반 정도 미국 재무부의 특별보좌관으로 일한 쉐릴 샌드버그는 로렌스 서머스가 재무부 장관이 되자 수석 참모 자리에까지 이르렀다. 그러나 부시가 대통령에 당선되고 2001년 1월 클린턴 행정부의 임기가 끝날 때가 다가오자 그녀는 워싱턴을 떠나야 했다. 이 시점에 그녀에게 다가가서 자리를 제안한 사람이 바로 에릭 슈미트다.

⊛ __ 사업모델을 성공시킨 슈퍼우먼 탄생

에릭 슈미트에게 매력적인 제안을 받기는 했지만 쉐릴 샌드버그는 자신에게 제안한 '사업유닛 총괄관리자'라는 직책이 실체가 없다는 느낌을 줘서 주저주저했다. 당시만 해도 구글은 제대로 된 사업도 없이 엔지니어의 천국이나 다름없었기 때문이다. 그러나 에릭 슈미트가 끈질기게 구애하면서 세계에서 제일 잘나가는 회사에서 한번 일해보지 않겠느냐고 설득하자 그녀는 구글의 268번째 직원으로 입사했다.

그녀가 구글에 입사할 당시만 해도 구글은 CFO도 없는 회사였다.

그녀가 입사하자마자 에릭 슈미트는 비밀업무를 하나 맡겼는데 만약을 대비한 자금줄을 잡아두라는 것이었다. 그러나 그녀는 당시 구글이 내부 평가와는 달리, 외부에서는 매출모델을 만들 수 있을지 확신하지 못하는 회의적인 시각이 있어서 생각보다 낮은 가치로 평가받고 있다는 점을 알리고 대신 제대로 된 사업모델을 만드는 일에 투입되기를 원했다.

당시 구글의 사업과 운영부문은 오미드 코데스타니가 총괄하고 있었다. 쉐릴 샌드버그는 그의 휘하에서 애드워즈 사업을 혁신으로 이끌겠다고 자청했다. 특히 오버추어와 유사한 CPC 모델에 대해서 확신했고, 이 모델이 통하기만 한다면 광고판매를 하러 다닐 필요도 없고 광고주들이 키워드당 가격뿐만 아니라 몇 번이나 클릭되었는지도 알 수 있으며 광고가 검색결과 화면 상위에 올라갈 수도 있기 때문에 검색광고 시장에 혁명을 일으킬 거라고 믿었다.

그녀의 아이디어가 마음에 들었던 에릭 슈미트는 코데스타니의 팀에 살라르 카만가르까지 합류시키며 총력전을 펼쳤다. 가장 중요한 것은 광고가 검색결과와 어떤 연관을 갖는지 평가한 데이터와 클릭당 비용모델을 통합하는 일이었다. 그렇게 한다면 구글 창업자들이 늘 주장하던 광고가 검색결과를 왜곡하는 모양새를 피할 수 있을 테고, 언제나 딜레마로 남아 있던 사업모델도 확보할 수 있었다. 또한 롱테일을 집중 공략해서 과거 전화번호부 이외에는 마땅한 광고수단이 없던 소상공인들을 온라인 시장으로 끌어올 수 있고 시스템을 자동화해서 쉽게 모니터링도 할 수 있었기에 커다란 매력이 있었다.

애드워즈, 구글을 성공가도에 올리다

2002년 2월 구글의 두 창업자는 쉐릴 샌드버그를 비롯한 새로운 팀이 개발한 애드워즈의 새 모델을 발표했다. 과거 광고와는 달리 광고를 작게 한두 줄로 제한하고 글자 수도 95자를 넘지 않게 하는 등, 검색결과를 나타내는 곳에 영향을 최소화하는 조치를 내리고 동시에 광고수익이 날 수 있도록 했다.

이런 조심스러운 접근 탓에 새로운 애드워즈가 얼마나 큰 성공을 거둘지는 당시로서는 미지수였다. 그러나 이 모델이 성공했다는 사실을 증명하는 데에는 그리 긴 시간이 걸리지 않았다. 구글은 2001년 8,600만 달러 매출을 냈는데, 새로운 애드워즈가 적용된 2002년에는 네 배가 넘는 4억 3,900만 달러 매출을 기록했다. 그중에서 1억 달러는 수익으로 남았다. 기술만 있던 기업이 드디어 사업모델과 수익이라는 날개를 달고 하늘로 날아오르기 시작한 것이다.

마크 주커버그와의 만남

구글을 사실상 날아오르게 만든 주역인 쉐릴 샌드버그는 애드워즈 담당 부사장으로 구글에서 중요한 위치를 차지하고 있었다. 그러나 2007년 후반 크리스마스 파티에서 떠오르는 신성이자 당시 스물다섯 살에 불과한 약관의 청년 마크 주커버그를 만나자 마음이 흔들렸다. 마크 주커버그는 그녀와 만난 후에 페이스북에서 COO 자리를 맡을 사람은 그녀밖에 없다고 결론내리고 다음 달인 2008년 1월 다보스 세계경제포럼에서 그녀를 만나 공식 제안했다.

2008년 3월 페이스북은 쉐릴 샌드버그가 페이스북 COO로 선임되었다고 내외에 공식적으로 알렸다. 현재 쉐릴 샌드버그는 페이스북에서 전체적인 운영과 영업, 마케팅, 인사와 정책, 커뮤니케이션에 이르는 전방위에 영향력을 행사하는 사실상 2인자다.

그녀가 왜 당시로서는 불확실한 페이스북이라는 회사를 믿고 구글이라는 최고 인터넷 회사를 떠났는지에 대해서는 의견이 분분하다. 물론 페이스북의 미래를 믿었다는 이야기도 있지만, 호사가들은 구글에서 상사였던 오미드 코데스타니와 불화를 빚었던 것이 가장 큰 원인이라고 말하기도 한다.

2009년 샌드버그는 월트디즈니 이사로 선출되었으며 같은 해 스타벅스 이사로도 선임되었다. 또한 유명한 연구소인 브루킹스 연구소 이사직을 포함한 유수의 단체에서도 많은 일을 하고 있는 이 시대 최고 파워여성 중 한 명이다.

🌐 _롱테일 기업을 천명한 구글

2005년 2월 에릭 슈미트는 애널리스트와 만난 자리에서 구글은 롱테일을 추구하는 기업이라고 선언했다. 에릭 슈미트는 전 세계에 엄청나게 수가 많지만 각각의 규모는 매우 작은 시장들이 급성장하고 있으며, 이러한 시장을 공략하는 것이 구글의 전략이라고 말했다. 이를 활성화하기 위해 수많은 소규모 기업과 개인 들이 돈을 벌 수 있는 인프라를 구축하고 다양한 방법으로 이를 지원하는 것이 구글의 근본전략이라고 천명했다.

이른바 '구글 경제권'이라는 것을 먼저 기반에 깔고, 구글 경제권 내부에서 일하는 수많은 개인과 기업 들이 비즈니스를 더욱 잘할 수 있도록 여러 서비스를 제공함으로써 경제권을 더욱 크게 키워가는 것이다. 이러한 구글의 롱테일 전략을 수행하기 위한 핵심 프로젝트가 바로 애드센스다. 흔히 롱테일 현상을 설명할 때 가장 먼저 예로 드는 것이 아마존의 책 판매 현황이지만 구글의 애드센스가 가져온 롱테일 현상이 어떻게 보면 더욱 혁명적이라고 할 수 있다.

광고시장을 단순화해보면 크게 세 가지 액터들이 존재한다. 광고를 싣고자 돈을 지불하는 광고주, 광고를 실어서 이익을 내는 미디어, 마지막으로 광고를 보는 소비자 그룹이다. 이 중에서 광고주와 미디어 양측에 롱테일이 존재하는데, 광고주 중에는 신문이나 TV와 같은 일반 대중매체에는 광고 단가가 너무 비싸서 광고를 내지 못하지만 저렴하고 효과적인 광고방법이 있다면 이를 활용하고자 하는 그룹이 롱테일에 속한다고 할 수 있다. 미디어 중에는 강력한 파급효과를 가지고 있지 못하기 때문에 광고주들의 선택을 받지 못해서 수익모델을 거의 만들지 못하는 대다수가 이런 롱테일에 속한다.

그래서 광고주 롱테일은 대부분 지금까지 제대로 광고를 낸 적조차 없는 소기업이나 비영리조직, 개인 등이고, 미디어 롱테일은 광고 게재를 성공시키지 못한 수많은 웹 사이트 같은 영세 미디어들이다. 애드센스는 이들을 직접적인 시장으로 끌어들였다. 이전에는 아예 광고시장 규모에 잡히지도 않던 대상을 새로운 시장으로 편입시킨 것이다.

애드센스는 누구라도 쉽게 새로운 광고시장에 진입할 수 있도록 했다. 광고주가 광고문안을 작성한 뒤에 그 광고가 클릭되었을 때만 광고비를 지불하면 되는 '성과급' 형태이기 때문에 광고주가 큰 부담

없이 광고를 내고, 효과를 보면 광고비를 더 지불하도록 했다. 미디어 입장에서도 영세한 미디어는 광고주를 잡는 것 자체가 거의 불가능했는데, 미디어 성격에 맞춰 전략만 잘 세운다면 큰돈은 벌지 못해도 어느 정도 광고수입을 올리는 것이 가능했다.

애드센스는 앞서 설명한 '구글 경제권'을 구축하기 위한 가장 중요한 수단이다. 롱테일에 있는 수많은 액터들이 비즈니스를 할 수 있는 여건을 갖추게 했고 수익의 분배구조를 투명하게 보여주면서 경제를 더욱 활성화해나갔다. 여기에 다양한 비즈니스가 가능해지도록 웹 서비스를 개발할 수 있는 API와 서드 파티 솔루션 등을 제공함으로써 경제권을 더욱 키워가고 있다.

🌐 _ 애드센스의 탄생

애드센스는 재미있게도 G메일 프로젝트에서 시작했다. G메일 프로젝트를 진행시킨 폴 북하이트는 이메일에 쓴 단어와 광고주가 선택한 키워드를 연동하는 기술을 개발하고 있었다. 이 작업을 눈여겨본 세르게이 브린이 아예 블로그나 홈페이지 어디에나 누구든 붙일 수 있는 플랫폼을 만들자고 제안했고 이것이 진화를 거듭해 탄생한 플랫폼이 애드센스다.

애드센스는 폴 북하이트가 시작했지만, 세르게이 브린의 생각을 이어받아서 애드센스 프로젝트를 책임지고 이끈 사람은 바로 구글의 또 한 명의 여성파워 수잔 보이치키다. 그래서 그녀는 일명 '애드센스의 어머니'로 불리기도 한다.

구글의 18번째 직원이며 과거 구글이 차고창업을 하던 시절 친구인 세르게이 브린을 도와 자신이 살고 있던 집 차고를 내어준 이도 수잔 보이치키다. 당시만 해도 인텔에서 일하던 그녀는 구글의 성장을 바라보면서 직접 구글에 입사하는 길을 선택했다. 그녀는 현재 구글의 가장 중요한 제품 중 하나가 된 유튜브의 CEO를 2014년부터 맡아 이끌고 있다. 또한 그녀의 여동생 앤이 세르게이 브린과 결혼해서 창업자와 가족이 되기도 했다.

애드센스는 등장과 함께 돌풍을 일으키면서 과거에는 있지도 않던 광고시장을 만들어냈다. 애드센스는 콘텐츠 웹 사이트를 '파트너'라고 부른다. 구글은 이들에게 광고수입 중 3분의 2를 주고 나머지를 자신들이 가져가는 새로운 광고시장을 창출해 웹 전체를 광고 플랫폼으로 삼는 데 성공했다.

2004년이 되자 애드센스는 구글 수입의 절반 가까이를 차지하면서, 애드워즈와 함께 구글을 세계 최대 광고회사로 탈바꿈시켰다. 우연인지 필연인지 이렇게 구글에 수익을 만들어준 애드워즈와 애드센스를 성공리에 안착시킨 이들은 모두 쉐릴 샌드버그와 수잔 보이치키라는 두 명의 여성이었다. 구글이라는 조직에 남성들이 훨씬 많겠지만 이들이 탄생시킨 두 가지 광고 플랫폼이 없었더라면 오늘날 구글은 존재하지 않았을 것이다.

드디어 군량미까지 비축한 구글은 풍부한 자금과 도전정신으로 순식간에 세상을 바꿀 기업으로 도약한다. IT 역사를 이끌어가던 세력들 중에 가장 약해 보였던 구글이 이제 다른 경쟁자들과 어깨를 나란히 하는 진정한 거인으로 성장한 것이다.

애플, 아이튠즈 뮤직스토어로
음악산업을 뒤흔들다 | 2003

2001년 1월 애플은 1억 9,500만 달러 손실을 발표했다. 스티브 잡스가 애플 CEO로 복귀한 뒤 기록한 가장 큰 손실이었다. 아이맥이 성공하며 애플이 다시 PC 시장에서 인기를 끌었지만, 전체적인 대세를 바꿀 수는 없었다. 이때 스티브 잡스의 선택은 어느 누구도 예측하지 못했던 MP3 기기산업으로 진출하는 것이었다.

✦__애플 하드웨어를 책임졌던 존 루빈스타인

이 사업 책임자로 임명된 사람이 바로 10년 이상 애플에서 하드웨어 사업을 이끌었던 존 루빈스타인이다. 이 임명을 통해 스티브 잡스가 얼마나 새로운 음악 재생기 사업을 중시했는지 알 수 있다. 존 루빈스타인은 잡스가 애플을 떠나 설립했던 넥스트에서도 하드웨어를 담당했던 사람이다. 스티브 잡스가 애플로 복귀하면서 존 루빈스타인도 자연스럽게 애플에 합류했고 하드웨어 개발에서 가장 중추적인 역할을 수행했다. 2004년부터 애플은 아이팟 부문과 매킨토시 부문을 분리했는데 존 루빈스타인이 아이팟 부문 총책임자 자리를 맡았다.

1997년 애플에 합류하자마자 루빈스타인이 가장 먼저 한 일은 제품 라인과 하드웨어 개발 프로세스를 장악하는 것이었다. 당시만 해도 애플은 많은 제품을 각각 독립된 개발 프로세스와 생산라인을 통해 만들고 있었다. 각 개발팀은 제대로 소통하지 않았고, 공통된 요소를 전혀 고려하지 않고 부품들을 사용했다. 루빈스타인은 이렇게 중구난방이던 개발 프로세스와 제품생산 프로세스를 완전히 정리했다. 또한 연구개발과 생산에 들어가는 비용을 거의 절반 가까이 절감했다.

1998년에는 애플의 최대 히트작 중 하나인 아이맥을 선보였다. 루빈스타인은 아이맥 하드웨어 부문을 총괄하면서 11개월 만에 시장에 선보일 제품 개발을 완료하는 괴력을 보였다. 이는 과거 애플 개발진으로선 엄두도 못 낼 엄청난 속도였다. 단순히 옵션 몇 개나 주변기기를 추가한 것이 아니라 USB를 중심으로 주변기기 표준을 변경하고 플로피디스크를 없애는 등 굵직한 혁신을 이뤄낸 제품인 아이맥은 조나단 아이브와 존 루빈스타인의 합작품이라고 해도 과언이 아니다.

⊛ __아이팟을 성공으로 이끈 두 가지

아이팟 하드웨어를 고민하던 존 루빈스타인이 '빙고'를 외친 것은 일본에서였다. 2001년 2월 도쿄에서 열린 맥 월드 엑스포에 참가한 루빈스타인은 매킨토시 하드디스크를 공급하는 업체인 도시바를 방문했다가 1.8인치 HDD를 보았다.

일반적으로 노트북에 사용하는 HDD도 2.5인치 정도면 충분했기 때문에 도시바조차도 이렇게 작은 HDD를 어디에 써야 할지 잘 모르고 있었다. 존 루빈스타인은 이를 본 순간 아이팟에 대한 감을 잡았다.

미국으로 돌아온 그는 곧바로 스티브 잡스에게 보고하고 이를 바탕으로 아이팟 하드웨어를 디자인하기 시작했다. 하드웨어 디자인을 위해 필립스와 제너럴 매직에서 휴대용 기기를 제작하던 유명한 엔지니어 토니 파델을 고용해서 아이팟팀을 구성했는데, 이 팀은 철저히 비밀리에 작업을 수행했다.

초소형 HDD가 기본을 제공했다면 아이팟을 다른 제품과 차별화한 스크롤 휠은 의외로 애플의 마케팅 책임자인 필 실러가 제안한 것이다. 사실 단순해 보이지만 참신한 이 스크롤 휠 아이디어는 아이팟이 성공하는 데 가장 큰 효자 노릇을 했다.

루빈스타인은 아이팟을 단순한 단일기기로 내버려두지 않았다. 아이팟에 의한 2차 시장과 그 생태계의 중요성을 파악한 루빈스타인은 스피커, 충전기, 각종 도킹 포트, 그리고 백업 배터리 등과 같은 수많은 액세서리 마켓을 집중 공략했다. 이를 통해 구성된 아이팟 생태계는 아이팟 매출을 제외하고도 매년 수십억 달러 이상 매출을 올리고 있다.

⊛ __모두를 놀라게 한 의외의 퇴사

이렇게 승승장구하던 존 루빈스타인이 왜 애플을 떠났을까. 넥스트 시절부터 스티브 잡스와 함께했고 애플을 최고 기업으로 성공시킨 그가 애플을 떠난 이유는 표면적으로는 아이폰 때문이었다. 아이폰 개발과정에도 깊이 관여하던 존 루빈스타인은 스티브 잡스가 개념 정립에서부터 세세한 제품 개발에 이르기까지 지나치게 관여하는 것을 참지 못했다. 존 루빈스타인은 아이폰을 자신의 개념에 맞춰 새로운 미래를 여는 스마트폰으로 구상하고 있었는데 일부 비전이 스티브 잡스의 그것과 달랐다.

확실한 것은 아이폰을 개발하면서 계속 잡스 그늘에 있어서는 클 수 없다는 결론을 내렸다는 점이다. 모두에게 선망의 대상인 애플에서 일인지하 만인지상의 위상을 누릴 수도 있었지만, 그는 그 길을 선택하지 않았다.

존 루빈스타인은 아이팟의 대성공을 뒤로 하고 2007년 팜의 회장으로 자리를 옮긴다. 그는 자신의 역량을 총동원해 2008년 월스트리트 최고 벤처캐피탈인 엘리베이션 파트너로부터 3억 2,500만 달러를 투자받고 2009년 CES에서 팜프리라는 멋진 제품을 내놓기도 했지만, 아이폰의 아성을 무너뜨리지는 못했다.

🌐 _아이튠즈의 창시자, 제프 로빈

2001년 1월 맥 월드에서 발표한 '디지털 허브'전략에서 아이맥이나 새로운 매킨토시 제품이 디지털 허브 역할을 할 수 있다는 데에는 대부분 동의했다. 아이맥부터 이미 애플에서는 당시 비디오 캠코더 대부분이 채용하고 있던 파이어와이어 단자를 내장하고, 이를 편집할 수 있는 우수한 소프트웨어인 아이무비를 공급했기 때문이다.

그런데 2001년 당시만 해도 아이무비와 아이맥을 활용해 비디오 편집을 할 수 있는 사용자가 그렇게 많지 않았다. 우수한 하드웨어와 소프트웨어 그리고 멋진 미래형 전략에도 불구하고 비디오를 중심으로 한 애플의 디지털 허브전략은 그다지 큰 반향을 일으키지 못했다.

그에 비해 음악산업에서 MP3를 중심으로 디지털화가 큰 물결을 이루면서 사회를 변화시키고 있었다. 대학 기숙사에서는 자신들이 소장하고 있는 CD를 컴퓨터를 이용해 MP3로 변환하고 이를 인터넷을 통해 공유하는 문화가 급속히 확산되었다. 특히 냅스터라는 음악 파일 공유서비스가 절정의 인기를 누리면서 그 파급효과는 음악산업 전반으로 번져나갔다.

2001년 초만 해도 이렇게 급변하는 환경을 애플은 제대로 파악하지 못했다. 대학생들이 가장 중요하게 여기던 CD 음원추출 프로그램이 없던 아이맥은 인기를 잃기 시작했고, HP 같은 회사는 PC에 CD 음원추출 프로그램을 넣어서 판매하는 등 발 빠르게 대응하기 시작했다.

한 발 뒤처지기는 했지만 스티브 잡스가 그 움직임을 감지한 뒤로는 빠른 행보를 보이기 시작했다. 사운드잼 MP라는 프로그램 라이선스를 매입하고 이 프로그램을 개발한 제프 로빈을 애플로 영입했다. 제프 로빈은 수개월에 걸친 작업을 통해 사운드잼을 애플 디지털 허브전략의 핵심 소프트웨어로 변신시키는 데 성공했다. 이것이 바로 아이튠즈다.

사실 제프 로빈은 원래 애플에서 일했던 인재다. 시스템 소프트웨어 엔지니어로서 코플랜드 프로젝트 개발팀에 소속되어 있었는데, 스티브 잡스가 떠난 애플에서 새로운 운영체제 개발을 위해 매진했지만 코플랜드 프로젝트가 결국 중단되면서 애플을 떠났다. 애플을 떠난 뒤에도 주로 매킨토시에 사용할 애플리케이션을 개발하면서 애플과의 인연을 이어갔는데, 사운드잼 개발로 스티브 잡스의 눈에 띄면서 애플로 복귀한 것이다.

아이튠즈를 개발한 뒤에 존 루빈스타인, 토니 파델 등과 아이팟팀에 합류해 아이팟 펌웨어도 같이 개발한 제프 로빈은 2001년 애플과 스티브 잡스가 얻은 최고의 인재라고 해도 과언이 아닐 것이다. 그의 이름은 스티브 잡스를 제외하고는 애플의 임직원들 중에서 각종 잡지와 기사에 가장 많이 실렸는데, 2005년 10월 16일 〈타임〉지는 스티브 잡스가 제프 로빈의 이름이 나오지 않도록 압력을 행사했다고 전하면서 '스티브 잡스가 뛰어난 재능을 가진 사내 경쟁자의 부상을 막고 있다'는 논조의 기사를 싣기도 했다.

⊛ __완전한 비밀 프로젝트로 진행된 아이팟

존 루빈스타인과 토니 파델, 제프 로빈이 주도한 아이팟 프로젝트는 애플 사내에서도 최고 기밀사항이었다. 당시 애플 본사 직원이 7천 명에 이르렀는데 이 프로젝트의 존재를 아는 사람이 백 명도 채 되지 않았다.

존 루빈스타인은 프로젝트를 빨리 가시화하기 위해, 실리콘밸리에 있던 포털 플레이어라는 회사의 하드웨어 설계를 이용하기로 하고 개발속도를 높였고, 애플 사내에 있던 관련 전문가들도 팀과 부서를 넘나들면서 최대한 활용하는 기민함을 보였다. 다음으로 문제가 된 것은 운영체제였다. 초기 아이팟은 컴퓨터에 비해 훨씬 단순한 운영체제를 필요로 했는데, 이를 지원하기 위해 픽소라는 회사에서 개발한 운영체제 라이선스를 매입했다. 픽소는 당시 휴대폰용 운영체제를 개발하고 있었는데, 과거 뉴턴에 참여했던 폴 머서가 창업한 회사다. 결국 제프 로빈과 폴 머서와 같은 전직 애플 엔지니어가 아이팟 탄생을 이끌어낸 셈이다.

당시 애플이 주목한 MP3 플레이어 분야에서는 새한 정보시스템이

1997년 내놓은 MP맨이 세계 최초 제품이고 뒤를 이어 아이리버와 같은 회사에서 제품을 출시하면서 우리나라가 시장을 선도했다. 그 이후 컴팩을 비롯한 여러 회사에서 제품을 내놓으면서 당시 휴대용 카세트 및 CD 플레이어를 대체하는 방향으로 시장을 바라보고 있었다.

이런 제품들이 더 효율적이고 강력한 성능을 제공했지만, 사람들에게 '가지고 다니면서 음악을 들을 수 있는 기기'라는 기본적인 경험을 제공하는 데에는 차이가 없었다. 그래서 이런 제품들은 형태나 크기, 스타일, 나아가서는 인터페이스까지도 휴대용 카세트 최고의 히트작이었던 소니의 워크맨 혹은 디스크맨의 그것과 큰 차이가 없었다.

아이팟은 그에 비해 MP3가 줄 수 있는 또 다른 경험을 선사하는 데 초점을 맞췄다. 아이튠즈 소프트웨어와 아이튠즈 스토어 그리고 아이팟으로 연결되는 통합적인 음악 경험서비스를 애플이라는 브랜드와 함께하도록 함으로써 '사용자들에게 음악을 즐기는 새로운 통합시스템을 서비스'한다는 인식의 변화를 가져왔고, 이것이 결국 큰 성공으로 이어졌다.

✦ 아이팟이라는 이름의 탄생

완성이 다가오자 제품의 진짜 이름을 놓고 여러 고민이 시작되었다. 이와 관련해 프리랜서 카피라이터인 비니 치에코가 중책을 맡았다. 비니 치에코의 팀은 비록 애플 직원은 아니지만 아이팟 프로젝트를 처음부터 끝까지 함께하며 긴밀히 협조한 것으로 전해지는데, 스티브 잡스가 이들에게 건네준 캐치프레이즈는 '노래 1,000곡을 호주머니 속에……'였다.

스티브 잡스는 미팅에서 언제나 디지털 허브를 이야기했고, 맥이 모든 기기의 중심인 허브가 되어야 한다고 강조했다. 비니 치에코는 허브에 대한 의미를 가장 많이 고민했다. 그는 허브를 우주선으로 상상했다. 작은 비행선을 의미하는 팟을 타고 우주선을 떠날 수는 있지만 결국에는 모선인 우주선으로 돌아와서 연료도 공급받고 식량도 얻어 간다는 의미였다. 즉 맥이 모선이고, 현재 개발하고 있는 음악 재생기는 팟이라는 것이었다. 하드웨어를 보자마자 〈2001 스페이스 오디세이〉를 연상했다는 그는 '아이팟'이라는 이름에 강렬하게 끌렸다.

그러나 막상 이름을 결정하는 회의가 시작되자 비니 치에코는 수십 가지 후보들을 나열했다. 스티브 잡스는 일단 탈락시킬 이름들을 골라냈는데 실망스럽게도 아이팟을 탈락으로 분류했다. 회의 막바지가 되자 스티브 잡스는 팀원들에게 개인 의사를 물었다. 이때 비니 치에코는 탈락한 이름으로 분류된 '아이팟'를 다시 꺼내들고 스티브 잡스에게 자신의 생각을 이야기했다. 스티브 잡스는 확답을 주지 않고 생각해보겠다는 말과 함께 회의실을 떠났는데, 머지않아 새 제품의 이름이 아이팟으로 결정되었다.

그런데 재미있게도 애플이 제품명을 상표로 등록하려고 알아보았더니 2000년 7월 24일에 이미 '아이팟'은 애플의 것으로 등록되어 있었다. 이때는 인터넷 키오스크 프로젝트를 위해 등록했던 것인데 스티브 잡스와 비니 치에코 둘 다 몰랐던 것이다. 어찌 되었든 아이팟은 이렇게 시작되었고, 그동안 PC 시장에서 마이크로소프트와 혈전을 치르며 지쳐 있던 애플에 새로운 시장을 열어주는 가장 중요한 프로젝트로 자리매김했다. 이를 발판으로 애플은 새로운 사용자들, 그리고 그들의 생활을 디자인하는 기업으로 거듭나기 시작한다.

⊕＿IT 음악서비스와 음반업체의 전쟁

애플은 아이팟을 2001년에 출시했지만 실제로 아이팟이 전 세계에서 히트 친 건 2003년 4월 아이튠즈 뮤직스토어가 문을 연 다음부터다. 그 전까지만 해도 아이튠즈는 단지 편리한 MP3 플레이어 겸 PC와 동기화하는 관리 소프트웨어에 불과했다.

아이튠즈 뮤직스토어를 열기 위해 스티브 잡스는 음반회사들과 자주 협상했고, 당시로서는 획기적인 가격인 곡당 0.99달러 가격정책에 합의했다. 이렇게 시작한 아이튠즈 뮤직스토어는 2008년 4월부터 미국 최대 음악판매처가 되었으며 2010년 2월 24일에는 100억 곡 다운로드라는 대기록을 세우면서 전 세계 온라인 디지털 음악판매의 70퍼센트를 차지하는 유통서비스가 되어 엄청난 영향력을 행사했다.

아이튠즈가 이렇게 성공하기까지는 선발업체로 쓴 잔을 마셨던 여러 서비스들이 있었다. 제일 처음 음악 다운로드 비즈니스를 시작한 사람은 엠피스리닷컴이라는 서비스를 1997년에 시작한 마이클 로버트슨이다. 엠피스리닷컴은 주로 데뷔하지 않은 인디 밴드들의 곡을 무료로 전송하고 다운로드하는 서비스를 제공했는데 15만 개가 넘는 밴드들이 100만 곡 이상을 업로드했고, 사이트 방문자는 하루에 100만 명을 넘는 등 큰 성공을 거두었다.

그는 엠피스리닷컴이 성공하자 이에 고무되어 온라인로커라는 서비스도 시작했는데, 이 서비스는 사용자들이 가지고 있는 CD를 인터넷으로 들을 수 있도록 한 것이다.

문제는 대형 음반사의 반발이었다. 이들은 마이클 로버트슨을 고소했고 재판결과 역시 대형 음반사의 손을 들어주면서 서버에 있는 음악을 들을 수 없게 했다. 그 다음으로 문제를 일으킨 서비스는 바로 그 유명한 냅스터다. 냅스터는 서버에 곡을 올리는 엠피스리닷컴과 달리 사용자들끼리 자신의 PC에 있는 곡을 공유하는 방식으로 다양한 음악을 들을 수 있도록 했다. 그리고 서버에서는 검색과 음악목록만 제공했다. 엠피스리닷컴과 달리 P2P 방식을 적용했기 때문에 법정공방도 훨씬 치열하게 전개되었다. 하지만 냅스터 역시 서버에서 목록과 검색을 제공했다는 이유로 결국 전미레코드협회와의 소송에서 패소하고 문을 닫았다.

그 이후에도 카자나 그록스터 등 파일 공유서비스들이 등장하지만 모두 거대 음반사들의 소송으로 폐쇄되는 운명에 처했다.

🌐 _대형 음반사들의 디지털 음악시장 진출

잇따르는 소송에도 MP3 파일 다운로드 관행은 사라지지 않았다. 음반회사들은 고민 끝에 직접 서비스를 하겠다며 디지털 음악판매 시장에 진출하는데 소니-유니버설-EMI는 프레스플레이라는 서비스를, 워너-BMG-EMI는 뮤직넷이라는 서비스를 시작했다. 하지만 통일된 마켓이 아니었고 형식도 달라서 큰 호응을 얻지 못했다.

더구나 비현실적인 가격정책 때문에 사용자들이 외면했는데 특히 스트리밍으로 듣는 것이 아니라, 다운로드한 곡들을 30일만 들을 수 있도록 한 점은 사용자가 복사할 것을 두려워한 과도한 조치였다. 이와 관련해 당시 〈월스트리트저널〉은 '사람을 봐도 모두 도둑으로 본다'고 지적하고 다운로드할 수 있는 음악을 적당한 가격에 팔았어야 한다고 주장했다.

🌐 __아이튠즈 뮤직스토어의 등장

아이튠즈 뮤직스토어는 이 시점에 등장했다. 애플은 단순한 MP3 플레이어 프로그램이던 아이튠즈를 디지털 음악구매 창구로 발전시키기를 원했다. 당시 냅스터의 아류라고 할 수 있는 다양한 파일 공유서비스들이 등장하고 있었다. 프레스플레이와 뮤직넷의 실패로 유료 서비스는 어차피 안 된다고 생각하던 음반회사들에 애플이 나서서 유료화해주겠다고 한 건 밑져야 본전인 제안이었다.

애플은 음반회사들로부터 구입한 곡을 몇 번이라도 듣고 CD로만도 들을 수 있으며, 여러 컴퓨터나 아이팟에 옮길 수 있는 권리를 얻어냈다. 그리고 뮤직스토어 프로그램을 매우 편리하고 직관적으로 만들어 언제든 뮤직스토어에 연결해서 일일이 ID와 패스워드를 입력하지 않고도 바로 아이팟으로 전송할 수 있도록 만들었다. 이런 단순하고 편리한 시스템에 많은 사용자들이 호응했다.

또한 보통 장당 12달러에서 15달러에 이르는 CD를 앨범 단위로 사지 않고 곡당 0.99달러에 살 수 있도록 협상하는 데 성공했다. 처음에는 반발했던 음반업계도 스티브 잡스가 '가격을 높이면 소비자들은 불법 다운로드를 할 것'이라고 설득해서 곡당 단가를 낮췄다.

아이팟의 판매추이를 보면 2001년 출시된 이후부터 엄청나게 많이 팔린 것은 아니다. 아이팟이 날개를 달기 시작한 것은 2003년 아이튠즈 뮤직스토어를 오픈한 뒤부터다. 2003년에 벌어진 이 사건은 애플이라는 회사에 대단한 전기를 마련해주었다.

전통의 하드웨어 제조업체가 드디어 디지털 음악판매라는 새로운 서비스를 시작했고, 그것도 매우 극적으로 성공시켰다. 이를 통해 서비스 산업으로도 일부 수익은 챙기지만, 결국 하드웨어의 가치를 극대화해 큰 수익을 창출하는 애플의 제품-서비스 융합방식이 처음으로 성공가도를 달렸다.

🌐 애플스토어 성공전략

2001년 5월 애플은 오늘날 대성공을 거둔 애플스토어 계획을 발표한다. 이때 세계적인 경제지인 〈비즈니스위크〉는 '스티브, 미안하지만 여기 애플스토어가 왜 안 되는지 보여줄게'라는 상당히 자극적인 제목으로 애플의 계획을 비난했다.

그뿐만이 아니었다. 더스트리트닷컴의 유명한 컨설턴트인 데이비드 골드스타인도 애플이 2년 내에 얼마나 큰 실수를 했는지 깨달을 거라며 이 계획을 부정적으로 언급했고, 당시 월스트리트 전문가 대부분의 의견들 역시 대동소이했다.

현재의 결과는 어떨까? 미국 고급 쇼핑몰 중에 애플스토어가 없는 곳이 거의 없다. 애플스토어가 없으면 격이 떨어지는 쇼핑몰로 생각할 정도다. 애플스토어는 그리 크지도 작지도 않지만 언제나 사람들로 붐빈다. 심지어 매장 문을 열기 전에 줄을 서는 사람들도 있다. 매장은 마치 미래에 온 듯한 분위기를 풍기며, 건물 전체를 아름답게 빛나게 만든 곳도 있다. 제품들을 아무나 자유롭게 이용할 수 있고 게임도 할 수 있을 만큼 개방적으로 운영한다. 보통 매장에 있는 강습소에서는 비디오 편집강습과 같은 활용교육을 무료로 받을 수 있다.

애플스토어는 2001년 5월 19일 캘리포니아주 글렌데일에 처음 오픈한 이래 소매업 역사상 가장 빠른 성장률을 기록한 성공사례가 되었다. 3년 만에 연매출 10억 달러를 넘기더니 2006년부터는 분기별 매출이 10억 달러를 넘겼다.

❋__애플스토어를 성공시킨 유통전문가, 론 존슨

사실 애플이 애플스토어를 열기로 결정할 무렵, 스티브 잡스는 무척이나 애플의 미래에 대한 불확실성을 두려워했다. 당시 애플은 사람들에게 특별히 보여줄 만한 제품을 가지고 있지 못했다. 대형 유통점에서 애플의 제품을 위해 특별한 유통전략을 펼칠 리도 만무했다. 애플스토어는 이러한 배경에서 불가피하게 선택한 고육책이었다. 이렇게 어려운 문제는 미국 대형 할인점인 타겟의 성공을 진두지휘한 당대 최고 소매유통 혁신가 론 존슨을 영입하면서 풀리기 시작한다.

애플스토어 계획의 적임자를 찾기 위해 스티브 잡스는 고심에 고심을 거듭했다. 처음에는 유명한 의류업체 갭을 성공시킨 미키 드렉슬러가 물망에 올랐다. 많은 사람들이 그를 추천했고 본인 동의까지 얻어서 미키 드렉슬러는 애플 이사회 임원으로 선임되었다. 그리고 실무책임자로 스티브 잡스의 눈에 띈 사람이 바로 론 존슨이다. 론 존슨은 유명한 디자이너들을 모집해 다양한 가정용품 디자인을 맡기고 이를 PB(소매점 자체 브랜드)상품으로 판매함으로써 타겟에 디자인을 선도하는 고급스러운 이미지를 안겨준 장본인이다.

미키 드렉슬러는 커다란 창고를 빌려서 일단 애플이 만들려고 하는 상점의 프로토타입을 만들어보고, 마치 제품을 디자인하듯이 상점을 만들어야 한다고 충고했다.

론 존슨은 20개 정도의 프로토타입을 만들었고 스티브 잡스와 거의 합의를 본 순간, 태도를 바꿨다. 존슨은 컴퓨터가 정보와 음악, 영상 등이 모이는 디지털 허브로서 역할을 하는 미래적인 개념이 스토어 디자인에 부족하다고 판단했다. 스티브 잡스를 찾아가서 완전히 새롭게 다시 만들어야 한다고, 어떻게 보면 사업 책임자로서는 황당한 보고를 했다.

하지만 론 존슨은 스티브 잡스를 설득하는 데 성공했다. 다시 새롭게 디자인하면서 6개월이 넘는 시간이 지체되었지만 결국 그 결정은 옳았다.

론 존슨이 만들려고 했던 것은 완전히 새로운 스토어였다. 마치 호텔에 들어와 있는 것처럼 느끼도록 하고 싶었다. 누구나 호텔에 와서 서비스를 요구하듯이 자연스럽게 이용하도록 하는 데 초점을 맞췄다. 제품서비스 영역은 호텔 컨시어지(Concierge)를 본떠서, 물건을 파는 곳이 아니라 사람들을 돕는 곳으로 디자인했다. 이를 위해 론 존슨은 언제나 '최고 호텔인 포시즌 호텔처럼 친절한 상점을 창조하려면 어떻게 해야 할까'를 질문했고, 그에 대한 해답으로 등장한 것이 바로 애플스토어의 명물인 지니어스바다.

소매유통업에서 고객 중심이라는 말은 귀에 못이 박일 정도로 많이 나오는 구호다. 그런데 지니어스바처럼 철저히 고객을 위해 존재하는 곳은 별로 없다. 지니어스바는 체험과 각종 서비스 및 지원을 하는 곳이다. 제품에 문제가 생기면 누구나 애플스토어 지니어스바를 찾아온다. 직원은 소비자와 직접 문제를 같이 해결하며, 언제나 친절하고 완벽한 서비스로 애플 제품의 명성을 높이는 데 결정적인 기여를 했다.

지니어스바 아이디어도 스티브 잡스는 전혀 좋아하지 않았지만 론 존슨이 밀어붙였다. 스티브 잡스는 컴퓨터 업계 서비스 직원이 가진 성향을 감안할 때, 그들이 소비자에게 제대로 서비스할 것인지를 믿지 못했다. 좋은 서비스를 위해 론 존슨은 그동안 가전제품 판매 유통 업체들이 공통적으로 채택하던 판매수당이라는 것을 없애버렸다. 이렇게 함으로써 매장 직원들이 판매에 혈안되지 않고 고객 서비스에 집중할 수 있게 했다.

지니어스바의 성공요인은 판매수당을 없애고 좋은 서비스를 제공하는 직원들을 평가해서 지위를 올려주는 방식을 사용한 데 있다. 최고의 직원은 '맥 지니어스'로 승진하거나 매장에 있는 강습소에서 고객들을 대상으로 교육하는 프레젠터가 될 수 있었다. 돈으로 살 수 없는 명예와 자부심이라는 요소를 최대한 자극한 것이다.

혁신을 통해 애플스토어를 고객들이 언제나 부담 없이 들러 배우고 체험할 수 있는 곳으로 만들었다. 직원들의 서비스 정신은 최고였고 애플 스토어는 어느덧 첨단 라이프스타일의 상징과도 같은 곳이 되었다. 대형 유통점을 통해 제품을 판매하고 전화로 AS를 한다는 상식을 완전히 깨버린 애플스토어 발상은 정말 파격적이었다.

론 존슨은 스스로 애플스토어를 '하이터치 시대의 성공사례'로 언급한다. 컴퓨터나 전자제품을 파는 것은 맞지만, 결국 고객은 사람이고 훌륭한 고객서비스가 이어지지 않는다면 물건을 팔 수 없다는 매우 기본적인 원칙에 충실했던 것이다. 론 존슨은 첨단기술 세계에 하이터치가 존재하고, 이러한 하이터치를 최대한 이용해 성공사례를 만들어냈다는 데 무한한 자부심을 느꼈다. 애플의 성공은 한두 명의 천재에 의한 것만이 아님을 다시 한 번 보여주었다.

애플은 환경이라는 것에 주목했다. 음악을 쉽게 사고팔 수 있는 기술이 아닌 환경을 만드는 것에 주목했고, 애플 제품을 쉽게 만날 수 있는 환경을 만드는 것에 주목했다. 모두가 기술에 집중하고 있을 때, 인간의 환경에 집중한 것은 소비자가 편하게 쓸 수 있는 PC를 만들고자 했던 초심으로 돌아간 것이라 더욱 환영받았다.

구글, 획기적으로 상장하며 기발한 서비스를 개발하다 | 2004

인터넷 세상에서 가장 중요한 검색을 지배했고 오랫동안 풀지 못했던 사업모델 찾기라는 숙제까지 멋지게 해결한 구글 창업자들은 다른 기업의 여느 창업자들과는 달리 기업공개를 원하지 않았다.

그러나 기업공개는 이제 미룰 수 없는 상황이 되었고, 이왕 기업공개를 한다면 자신들이 원하는 방식으로 하고 싶었던 래리 페이지와 세르게이 브린은 나스닥 역사상 전례가 없던 방식으로 기업공개를 추진한다.

__상장을 원하지 않았던 미래형 기업

구글의 두 창업자가 기업공개를 하고 싶어하지 않았던 이유는 기업공개를 하면 신경 써야 할 일도 많고 이런저런 간섭을 받을 가능성이 훨씬 높아지기 때문이었다. 구글은 2003년 주주가 500명을 넘어서면서 기업을 공개하거나 아니면 회계장부를 공개하고 정기적으로 보고해야 하는 기준에 도달했다.

이런 상황에서는 결국 기업을 공개하는 쪽으로 의견이 모아질 수밖에 없었다. 구글의 두 창업자는 그렇게 호락호락하게 일반적인 방법으로 기업공개를 하는 것은 원치 않았다. 가장 마음에 들지 않은 점은 월스트리트에서 초기 주가를 결정해서 올리는 것이었는데, 두 창업자는 회사 가치를 스스로 평가해서 결정하고 싶었다. 이런 생각은 기존의 전통적인 관례를 깨야만 가능한 것이었고 기업공개를 어차피 해야 한다면 구글스럽게 아주 파격적으로 하는 방법을 고민하기 시작한다.

고민 끝에 세르게이 브린과 래리 페이지가 고안한 방법은 구글이 광고를 판매할 때와 유사한 일종의 경매였다. 구글이 최저가를 결정하고 그 가격과 동일하거나 그보다 높은 가격으로 온라인 입찰을 하면 최소한 다섯 주는 살 수 있도록 하는 것이었다. 또한 복수의결권을 도입해서 대중에게 판매한 A급 주식에는 의결권을 하나만 주고, 공동창업자와 에릭 슈미트를 비롯한 현재의 경영진이 보유하고 있는 B급 주식에는 의결권을 10개 부여해 경영권을 보호하려고 했다. 어떻게 보면 자본주의 시장에서 주식회사의 의미를 상당 부분 파괴하는 조치로 쉽게 받아들이기 어려운 조건이었다. 하지만 이렇게 서로 다른 의결권을 가진 주식을 발행하는 일이 위법은 아니었다. 워렌 버핏의 회사로 유명한 버크셔 해서웨이 역시 복수의결권을 가진 주식회사다.

⊛ __래리 페이지의 편지 그리고 소비자 자본주의

래리 페이지는 기업공개에 앞서 가장 중요한 권한을 가지고 있는 증권거래위원회에 편지를 보내서 자신들이 어째서 이렇게 복잡한 절차를 거치려고 하는지에 대해 설명했다. 편지의 요지는 다음과 같다.

"구글은 투자자의 이익이 아닌 소비자의 이익을 목표로 움직이며 분기별 기대치에 연연하거나 배당금을 지급하는 등의 행위를 하지 않을 겁니다. 분기별 기대치를 근거로 기업들이 작성하는 수익 보고서도 제공하지 않을 겁니다. 이렇게 단기적인 목표를 중심으로 돌아가는 회사와 경영자들은 결국 소비자 이익을 돌보기보다 단기적인 주가관리를 통해 주주 이익만 돌보게 됩니다. 복수의결권을 주장하는 것은 구글의 주주들이 바뀌더라도 회사의 운명을 저와 세르게이 브린이 결정할 수 있기를 원하기 때문입니다."

래리 페이지의 편지는 결국 경영권을 계속 쥐고서 주주의 이익보다는 소비자 이익을 위해 판단하는 경영구조를 꾸준히 지켜가겠다는 선언으로서, 전통적인 주주 자본주의와는 다른 소비자 자본주의와도 맥이 닿는 이야기다. 과거 주주 자본주의 형태에서는 주주의 이익을 위해 움직이는 경영을 하게 되고 이는 장기적으로 회사가 살아남는 데 도움이 되지 않는다는 점을 창업자들은 이해하고 있었고, 이를 처음부터 적용시킨 상태로 기업공개를 하려고 한 것이다.

 __구글 로켓

이들의 진심어린 호소가 전해지면서 상당히 독특한 방식의 기업 공개가 2004년 8월 19일 이뤄진다. 경매를 통해 주가가 결정되는 이 순간을 위해 래리 페이지는 정장을 입고 뉴욕 증권거래소(SEC)에 나타났다. 그리고 최저경매가로 85달러를 제시하고 이 역사적인 현장을 에릭 슈미트를 비롯한 경영진 10여 명과 함께 지켜보았다. 같은 시각 세르게이 브린은 구글 본사에 머물며 평소와 다름없이 일했다.

사실 85달러는 그리 낮은 가격이 아니었기에 이보다 높은 가격에 입찰하는 사람이 있을 것인지 모두들 불안해했다. 그러나 조금씩 경매가가 높아지더니, 결국 그날의 종가는 100.34달러로 결정되며 100달러 벽을 넘었다. 구글에 대한 사람들의 기대치가 그만큼 높았던 것이다. 구글은 주가가 100달러를 넘은 것은 물론, 2005년 1월 31일에는 200달러를 뛰어넘으면서 대표적인 첨단기업으로서 자리를 굳건히 다진다.

구글은 2002년 이후 수입이 급격히 늘었고 부채도 거의 없었을 뿐만 아니라 회사 매출액과 이익은 해가 갈수록 급증하고 있었다. 골칫거리였던 오버추어의 소송은 야후!에 구글 주식을 나누어주는 것으로 해결했고, 정기적으로 회사 수익의 12퍼센트를 직원들에게 스톡옵션으로 지급하는 등 직원들과 함께하는 정책을 펼치는 데에도 많은 신경을 썼다. 구글은 전통적으로 연봉 수준이 매우 낮은 것으로 유명했다. 하지만 이렇게 공격적인 스톡옵션 정책을 펼침으로써 기업공개와 함께 900명이 넘는 직원들이 백만장자가 되었다.

구글을 초창기부터 도와준 많은 사람들이 모두 부자가 되었고, 스탠퍼드 대학교도 170만 주 가까이 보유하고 있었기에 구글의 성공과 함께 큰 이익을 보았다. 1999년 맨 처음 마사지사로 고용된 보니 브라운은 시간외수당을 받는 대신 스톡옵션을 받는 뛰어난 선택을 했는데 기업공개를 하면서 그녀 역시 백만장자가 되었고 은퇴와 함께 재단까지 설립했다.

⊛ _프렌드피드 창업

구글의 초창기 직원으로서 검색 이후 크게 히트한 프로젝트들로 손꼽히는 G메일과 구글 지도를 각각 주도한 폴 북하이트와 브렛 테일러는 서비스를 같이 만든 동료인 산지프 싱, 짐 노리스 등과 자신들의 꿈을 실현하기 위한 회사를 만들겠다며 2006년 5월 구글을 떠나 프렌드피드를 창업했다.

프렌드피드는 우리나라에서는 아는 사람이 그리 많지 않지만 실시간을 아우르는 소셜 네트워크 플랫폼으로서 상당한 지명도를 가진 곳이다. 블로그와 트위터, 페이스북 등에 업데이트된 정보가 있으면 실시간으로 이를 가져다가 하나로 통합 관리할 수 있는 서비스인데, 이를 애그리게이션 서비스라고 한다. 최고의 엔지니어들이 함께했기에 프렌드피드가 가진 실시간 서버 기술은 대단한 가치를 지니고 있었다.

마크 주커버그는 프렌드피드의 실시간 검색엔진 기술을 높이 평가했고, 이를 페이스북에 적용하기 위해 프렌드피드를 인수했다. 페이스북이 실시간 서비스를 대거 구현할 수 있게 된 것도 프렌드피드를 인수해서 실시간 서버 기술을 확보했기 때문이다. 페이스북의 실시간 웹 서버 기술은 토네이도라는 웹 서버가 담당했다. 이 웹 서버는 파이썬으로 만들어졌는데 수천 개의 커넥션이 있어도 대단히 빠른 속도로 요구사항들을 처리할 수 있었다.

사실상 프렌드피드 기술은 여기에 녹아들어가 있었다. 페이스북은 프렌드피드를 인수하자마자 곧바로 더 큰 생태계를 만들기 위해 이 웹 서버 기술을 오픈소스로 개방하는 결정을 내렸다. 토네이도 웹 서버를 개발한 장본인은 구글 지도를 만든 브렛 테일러였다. 페이스북은 이 기술을 바탕으로 많은 사람들이 단순히 글만을 올리는 것이 아니라 '좋아한다', '친구가 되었다' 같은 상태도 실시간 업데이트할 수 있는 기술력을 갖추게 되었다.

소셜 웹의 최강자, 페이스북 오픈하다 | 2004

애플과 마이크로소프트, 구글로 이어지는 IT 세상은 강자들이 주도해나갔지만 인터넷 세상은 아직도 넓다. 창의적인 젊은이들이 새로운 시대에 새로운 서비스를 준비하면서 미래를 주도하는 기업으로 성장할 가능성을 보여주기 시작했다. 그중 대표적인 기업들이 마이스페이스와 페이스북이었다.

✪__소셜 웹 서비스의 원조, 대한민국

한때 대한민국을 동창 찾기 광풍에 몰아넣었던 아이러브스쿨은 학연을 중심으로 예전 친구들을 모은다는 콘셉트로 1999년 10월 시작한 일종의 소셜 네트워크 서비스였다. 페이스북 콘셉트 역시 하버드 대학교 동창을 모으는 것에서 시작했다.

아이러브스쿨은 서비스를 시작하자마자 1만 명이나 되는 회원을 확보하더니, 2000년에는 하루 5만 명에 이르는 신규 가입자가 생길 만큼 폭발적으로 성장하면서 총 회원이 천만 명에 이르는 대성공을 보여주었다. 2001년에는 야후!에서 거액에 인수를 제안할 정도로 국민서비스가 되었지만, 새로운 재미를 주거나 회원들의 이탈을 막는 서비스를 발전시키지 못하면서 초기 성공을 이어가지 못하고 뒤이어 나온 싸이월드라는 개인 중심의 소셜 네트워크 서비스에 주도권을 빼앗겼다.

싸이월드는 1998년 서울 홍릉 KAIST 테크노경영대학원 석박사 과정의 이동형, 형용준 등 6명이 결성한 창업동아리 EBIZ클럽에서 시작했다. 싸이월드는 1999년 창업 당시에는 클럽 서비스를 중심에 두었으나 프리챌, 아이러브스쿨, 다음 카페 등에 밀려 빛을 보지 못했다. 2000년에는 개인정보관리(PIMS, 일정관리, 작업관리, 주소록 등)를 포함한 커뮤니티 포털 형식을 도입했지만, 이 역시도 그렇게 큰 인기를 끌지는 못했다. 그러다가 2001년 미니홈피 프로젝트를 통해 기존의 클럽 중심 서비스가 아닌 개인 홈페이지 서비스로 변화하면서 큰 인기를 끌기 시작했다. 이후 미니미, 미니룸, 도토리와 같은 싸이월드 서비스들을 줄줄이 구현했고 사업모델까지 갖추면서 아이러브스쿨을 잇는 성공적인 서비스로 도약했다.

싸이월드는 일촌이라는 개념을 도입해 관계지향 서비스 소셜 웹을 처음으로 상용화한 곳이며, 이후 전 세계 글로벌 서비스들이 싸이월드의 여러 모델들을 벤치마킹했다는 이야기가 나올 정도로 세계적인 영향력을 미친 서비스다.

싸이월드는 아이러브스쿨 서비스에 불만족한 사용자들과 당시 최대 경쟁자였던 프리챌이 미숙하게 유료화를 선언하고 나서 회원관리가 부실해짐에 따라 발생한 이탈자들을 흡수하는 행운까지 겹치면서 최고 소셜 웹 서비스로 이름을 날렸고 2004년 SK 커뮤니케이션즈에 인수되어 성공 스토리를 쓰는 듯 했다. 그러나 이후 국내에서도 페이스북과의 경쟁에서 뒤처지며 아이러브스쿨에 이어 세계 최초의 성공 스토리를 써나간 국내 소셜 웹 서비스의 비극을 재연하고 만다.

🌐 마이스페이스의 탄생

마이스페이스에 앞서 미국에서 소셜 웹 서비스로 처음 인기를 끌기 시작한 건 프렌스터다. 조나단 아브람스와 크리스 에마뉘엘이 2002년 서비스를 시작하고 2003년 KPCB 등의 자금을 지원받아 설립한 이 회사는 새로운 사람들을 안전하고 효과적으로 사귈 수 있는 공간을 만들자는 취지로 서비스를 기획했다. 사람들이 자신의 프로파일을 올리면 이를 브라우즈하거나 찾아서 연결할 수 있는데, 그중에서도 친구의 친구를 연결하는 방식을 이용해 친구 네트워크가 급속히 성장하도록 하는 모델이 잘 먹혀들었다.

2003년 3월 실제 서비스를 시작하자 몇 달 만에 3백만 명에 이르는 사람들이 가입해 친구 네트워크가 전파되는 위력을 보여주었는데, 이때 〈타임〉, 〈에스콰이어〉 등 유수 잡지와 〈US 위클리〉, 〈토크쇼〉 등에 소개되면서 커다란 인기를 끌기 시작했다.

이 서비스를 유심히 지켜보던 구글이 2003년 프렌스터 경영진에게 3천만 달러에 인수를 제안하지만 프렌스터 경영진은 이를 거절했다. 아이러브스쿨이 야후!의 제안을 거부한 일과 비슷한 맥락의 결정을 한 것이다. 그러나 프렌스터는 마이스페이스의 등장으로 미국 시장에서는 경쟁에 밀리면서 급격한 퇴조를 보이고, 주로 아시아 시장에 주력하다가 결국 2009년 12월 말레이시아 회사인 MOL에 인수 합병되었다.

프렌스터 이후인 2003년 8월 마이스페이스가 선을 보인다. 이 프로젝트는 e유니버스라는 회사에서 프렌스터를 써본 사람들이 기획했다. e유니버스 창업자이자 CEO인 브래드 그린스펀의 적극적인 지원을 받으며 크리스 디울프, 톰 앤더슨, 조시 버만이 자회사 형태로 설립한 후에 e유니버스의 프로그래머와 자원 들을 활용해 서비스를 시작했다.

최초 마이스페이스 사용자들은 대부분 e유니버스 직원들이었고, 이 직원들이 씨앗이 되어 자신들의 친구들을 불러오고 친구의 친구를 불러오는 방식으로 서비스를 시작했다. 곧이어 e유니버스가 가진 2천만 회원들에게 이메일 마케팅을 벌이며 적극적으로 서비스를 프로모션한 결과, 얼마 지나지 않아 프렌스터를 따돌리고 미국 최대 소셜 네트워크 서비스로 등극하는 데 성공했다.

마이스페이스는 특히 인디 음악가들이 서비스에 적극 참여했고 친구들 사이에 음악을 돌려 듣는 서비스가 크게 인기를 끌면서 확산 속도가 빨라졌다. 기존 서비스가 음반 저작권자들의 반발을 불러일으킨 데 비해, 마이스페이스의 경우에는 음악 저작권을 가진 가수들이나 음반제작사 그리고 매니지먼트 회사 등이 자발적으로 팬을 늘리기 위해 음악과 뮤직비디오 등을 마이스페이스 플러그-인에 결합시켜 배포했다. 결국 음악가들과 서비스가 서로 공생하는 상호협조 관계를 만들면서 음악가들에게는 없어서는 안 될 서비스로 발전하며 승승장구했다.

그러던 2005년, 전 세계가 깜짝 놀랄 만한 인수 합병 소식이 날아들었다.

🌐 _뉴스코퍼레이션, 마이스페이스를 합병하다

2005년 1월 미디어의 황제 루퍼트 머독이 이끄는 뉴스코퍼레이션이 마이스페이스와 e유니버스를 5억 8천만 달러라는 당시로서는 엄청난 거액을 들여서 인수했다. 지금은 이보다 훨씬 큰 규모의 인수 합병도 많아졌지만 그때만 해도 이 뉴스는 전 세계를 떠들썩하게 만들기에 충분했다.

루퍼트 머독은 호주와 영국에서 신문 하나로 시작해 두 나라에 신문제국을 만들었고 폭스TV를 설립한 뒤에는 다양한 잡지 등에도 손을 뻗치면서 명실상부한 언론재벌 자리에 오른 인물이다.

2003년 첫 서비스를 시작한 마이스페이스는 2005년 1월 월 방문자가 1,600만 명에 이르는 서비스로 발전했고, 뉴스코퍼레이션이 인수한 이후에도 지속적으로 성장해 2006년에는 월 방문자가 6,000만 명을 돌파한다. 2005년 당시에 뉴스코퍼레이션 말고 MTV로 유명한 비아콤도 마이스페이스를 인수하려고 한다는 소문이 있었다. 워낙 마이스페이스가 음악 플랫폼으로도 잘 알려져 있었고 유명하거나 유명하지 않은 뮤지션 모두 마이스페이스에 둥지를 틀고 있었기 때문에 비아콤의 인수는 설득력이 있었다. 거의 성사 직전 단계까지 갔다고 알려졌으나 루퍼트 머독이 과감히 베팅을 하면서 마이스페이스를 인수한 것이다.

그러나 마이스페이스는 더욱 뻗어나가지 못하고 정체되면서 페이스북에 덜미를 잡혔고, 최근에는 음악과 관련한 서비스만 강화하는 반쪽짜리 서비스 업체로 전락하고 말았다.

무엇이 이들의 운명을 갈랐을까? 여러 이유가 있겠지만 가장 많이 지적받은 점은 바로 개방형 혁신과 서비스를 하지 못했다는 것이다. '서드 파티'로 불리는 외부 참여자들에게 마이스페이스는 자신의 서비스를 개방하지 않았다.

유튜브를 비롯해 다양한 콘텐츠 제공업체들이 마이스페이스와의 연계를 원했지만 받아들이기는커녕 이들의 콘텐츠에 타격을 입힐 콘텐츠와 서비스를 직접 개발하면서 협력할 수 없는 구도를 만들었다. 마이스페이스는 콘텐츠 서비스 업체들이 마이스페이스의 유통 네트워크를 타고 성장하고 나면 이들에게 끌려다니게 될 거라는 두려움을 가지고 있었다. 이런 시각은 전통의 언론재벌인 뉴스코퍼레이션이라는 회사가 흔히 저지를 수 있는 잘못된 생각이었다. 그에 비해 페이스북은 개방과 협력을 선택했다. 누구나 페이스북에 적합한 응용 프로그램, 서비스 및 콘텐츠를 제공하도록 했고 수익이 발생하면 이를 개발자들에게 나누어주는 수익 공유를 실현했다. 그 결과, 많은 협력업체들이 개발한 서비스들과 애플리케이션이 페이스북의 가치를 올려주는 데 지대한 역할을 하면서 페이스북이 플랫폼으로 성공할 수 있는 기틀을 다져주었다. 페이스북은 또한 외부 업체가 음악이나 책과 같은 제품을 판매하거나 마케팅 활동을 펼칠 수 있는 모델도 개발했다. 이를 통해 역시 수익을 공유하면서 광고뿐만 아니라 다양한 형태의 서비스가 가능하도록 진화하는 데 성공했다.

마이스페이스의 실패와 페이스북의 성공은 소유권을 주장하면서 자신만의 세계에 갇혀 외부와 협업하기보다 돈만 요구하는 과거지향적인 회사는 오래갈 수 없다는 사실을 여실히 보여주었다. 네트워크 세상에서 모든 서비스를 혼자 제공할 수 있다고 생각하는 건 오만이며 소비자 중심 사고가 아니다. 결국 마이스페이스는 페이스북의 성공을 보고 뒤늦게 개방 형태를 따라했지만 이미 너무 큰 격차로 벌어진 뒤라 사후약방문이나 마찬가지였다.

그밖에도 마이스페이스의 쇠락에는 여러 이유가 있지만, 마이스페이스를 합병한 뉴스코퍼레이션이 상장회사였다는 점도 큰 영향을 미쳤다. 상장회사는 3개월에 한 번 실적을 보고하는데, 이것이 회사 주가에 엄청난 영향을 미친다. 이런 이유로 루퍼트 머독은 마이스페이스가 제대로 시스템을 확장하거나 준비도 채 못 한 상황에서 수익 모델을 두고 지나친 압박을 가했다. 수익을 위해 여기저기를 광고로 도배하고 사용자들이 광고를 보지 않으면 제대로 서비스를 이용할 수 없는 상황이 연출되면서, 많은 사람들이 마이스페이스에 실망해서 뒤따라 나온 페이스북으로 이동했다.

결정적으로 2006년 8월 구글과 맺은 초대형 계약은 치명적인 독이 되어 돌아왔다. 구글은 마이스페이스에 구글 검색기능을 장착하는 대가로 9억 달러를 지급한다는 계약을 체결했다. 그 계약 자체는 마이스페이스 입장에서 엄청난 매출을 기록한 것이나 마찬가지였지만 구글의 돈을 받기 위해서는 일정 수준 이상 검색 페이지 뷰를 기록해야만 했다. 이 조건을 지키기 위해 마이스페이스는 넘어서는 안 될 선을 넘고야 마는데, 바로 사용자들을 속여서 검색 페이지 뷰를 늘리려고 시도한 것이다.

마이스페이스는 사용자 경험은 뒷전에 두고 구글이 제시한 검색 페이지 뷰를 맞추기 위한 편법적인 행태를 계속했다. 예를 들어 팝업 광고가 음악을 듣는 동안 플레이리스트를 가로막아서 이를 클릭하지 않을 수 없게 만드는 방식으로 사용자 불편을 가중시켰던 것이다.

사용자 경험을 뒷전으로 하고 비즈니스와 돈만 밝히는 시도를 하면 결국 오래가지 못하고 실패하는 사례를 우리는 많이 보아왔다. 음악산업이 디지털화를 발 빠르게 받아들이지 못하고 자신들의 사업 모델만 고집하다가 거의 망해버렸던 사례 역시 같은 맥락에서 해석할 수 있다. 불공정한 계약과 창의적인 시도에 대한 지나친 규제 및 관리도 실패의 중요요인이다.

✪ __ 페이스북을 창업한 청년, 마크 주커버그

〈타임〉지는 페이스북을 창업한 마크 주커버그를 2008년 세계에서 가장 영향력 있는 사람 중 한 명으로 선정했다. 그러나 2005년 그가 팔로알토에 처음 나타났을 때만 해도 그는 집은 물론 차도 직장도 없는 청년에 불과했다.

주커버그는 2005년 봄 버클리에서 벤처캐피탈로부터 1,270만 달러에 이르는 투자를 유치하고 샌프란시스코 이스트베이에 있는 친구들과 이 기쁨을 나누기 위해 운전을 하고 가다가 들른 주유소에서 총을 든 괴한을 만났다. 그런데 그 괴한이 아무런 말도 하지 않았다. 순간 주커버그는 괴한이 약물에 취해 있다는 사실을 감지하고 조용히 운전석으로 돌아와서 곧바로 차를 타고 떠났다고 한다.

이처럼 주커버그의 인생에는 영화 같은 굴곡이 많았다. 어렸을 때부터 천재로 불리던 그는 뉴욕 인근의 치과의사 아버지와 정신과의사 어머니 사이에서 태어났다. 컴퓨터에 미쳐서 독학으로 프로그래밍을 배우고, 고등학교를 다닐 때는 훗날 페이스북의 CTO가 되는 애덤 단젤로와 함께 윈앰프의 플러그-인을 제작하면서 유명해지기 시작했다. 그들이 만든 플러그-인을 보고 AOL이나 마이크로소프트 같은 큰 회사가 일자리를 제안했지만 그는 대학에 진학하기로 결심한다. 단짝인 단젤로는 캘리포니아 공과대학에 주커버그는 하버드 대학교에 입학하면서 이들은 각자의 길을 걸어갔다.

마크 주커버그는 하버드 대학교에 들어가서 페이스북의 전신인 인맥 사이트를 만들어 일약 기숙사의 스타로 떠올랐다. 그러나 일찍 가진 아이도 길러야 했고 또한 자신이 세상을 바꿀 수 있다는 믿음이 있었기에 주커버그는 과감히 하버드를 중퇴하고 비즈니스 세계로 뛰어들었다. 그가 본격적인 비즈니스를 시작한 지 3년 만에 페이스북은 세계 최대 소셜 웹 서비스로서 입지를 굳건히 했다.

페이스북의 시작은 그렇게 순탄치 않았다. 하버드 대학교는 다른 학교들과 달리 학생들의 기본 정보와 사진 등이 들어 있는 디렉터리 (이를 보통 페이스북이라고 한다)를 제공하지 않았다. 이에 주커버그는 대학 측에 페이스북을 만들겠다고 말했지만, 대학 측은 사생활 정보를 모으는 것에 반대하면서 허락하지 않았다. 그럼에도 그는 페이스북에 집요한 애착을 보였다. 3년을 다닌 고등학교에서도 전교생을 위한 페이스북 제작에 관여했고, 소셜 네트워크가 얼마나 중요한지 오프라인에서부터 체득하고 있었기 때문이다. 그는 이런 상황을 호락호락 넘기지 않았다.

주커버그는 대담하게도 어느 날 밤 하버드 대학교 전산시스템을 해킹해서 학생기록을 빼냈다. 그리고 이를 바탕으로 페이스매시라는 간단한 사이트를 제작해서 학부 학생들의 사진들을 쌍으로 올려놓고, 어느 쪽이 더 마음에 드는지 고르게 했다. 불과 4시간 만에 450명이 이 사이트를 방문했고 2만 2천 번이나 사진들을 보았다. 하버드 대학교는 이 사태를 뒤늦게 파악하고 인터넷 접속을 차단했다.

이 사건으로 주커버그는 학교 당국과 동료 학생들에게 정중히 사과했지만 마음속으로는 자신은 잘못이 없다고 굳게 믿었다. 특히 하버드가 책정한 학생정보 비공개 정책을 어떤 방식으로든 깨뜨리고 싶었다. 그는 정보공개에 대한 열정과 해커정신을 가지고 있었고, 그 결과물이 바로 페이스북이다. 페이스북은 2004년 2월 공식 오픈하고 하버드 인맥을 중심으로 그 세를 여러 대학들을 통해 급속히 늘린 뒤, 2005년 실리콘밸리에 입성하면서 거침없는 성장을 지속했다.

✳ __10억 달러 인수 제안을 거절하다

2007년 말 테크크런치는 야후!가 페이스북을 평가한 자료를 공개했다. 이 자료에서는 페이스북이 2010년에 매출 9억 7천만 달러와 4,800만 명의 사용자를 가지게 될 것으로 예상했다. 그러나 실제 매출 규모는 비슷하게 맞췄지만 사용자 수는 1/10 정도로밖에 예측하지 못했다. 2010년 8월 페이스북의 회원 수는 전 세계에서 5억 명을 돌파했다.

당시 〈뉴욕 타임스〉 보도에 따르면 야후!는 페이스북에 10억 달러에 이르는 매수 제안을 했다. 10억 달러는 명실공히 억만장자 클럽에 들어가는 액수로, 이때 이미 주커버그는 억만장자로 인정받은 것이나 다름없었다.

그러나 이렇게 엄청난 제안을 받고도 그는 거절했다. 물론 현재 페이스북 가치가 당시 야후!의 제안을 훌쩍 뛰어넘는 것으로 평가되고 있기에 결과적으로는 옳은 결정이었다고 할 수 있겠지만, 단순히 비즈니스 관점에서 내린 결정은 아니었다.

페이스북 이전의 최고 소셜 네트워킹 사이트인 마이스페이스는 뉴스코퍼레이션이 제시한 5억 8천만 달러 매수 제안을 받아들였고, 유튜브 역시 구글이 15억 달러에 인수했다. 여느 기업가라면 이 정도 액수의 제안이 들어오면 거의 틀림없이 수락하지만, 약관의 대학생 같은 사업가는 과감히 거절했다. 사실 이는 대단히 위험한 도박이었다. 앞서 언급한 프렌스터는 2003년 구글이 제시한 3천만 달러 인수 제안을 거절했다. 그러나 프렌스터는 역동적인 변화에 적응하지 못하고 가치가 급격히 하락하고 말았다. 사실 페이스북도 이런 전철을 밟지 않으리란 법이 없었다.

당시 시스코는 소셜 네트워킹 플랫폼을 기업고객들에게 판매하는 파이브어크로스라는 회사를 인수했고 마이크로소프트는 월롭이라는 서비스를, 로이터는 펀드매니저와 트레이더를 위한 자신들만의 소셜 서비스를 준비하고 있었다. 앞으로도 더욱 많고 다양한 소셜 네트워크 서비스가 등장하지 말란 법이 없었다. 아직 초창기로 볼 수 있는 회사에는 얼마든지 더욱 위험한 상황이 벌어질 수 있었다.

주커버그는 단순히 페이스북을 더욱 비싸게 팔기를 기대하고 그런 결정을 내린 것일까? 주커버그는 그의 비전이 다른 곳에 있어서 이를 거절했다고 말한다. 장기계획을 가지고 구축하는 서비스기 때문에 그 이외의 모든 것은 고려하지 않았다는 것이다.

페이스북은 주커버그와 그가 가장 믿는 두 명의 친구들이 같이 만든 서비스다. 공동창업자인 더스틴 모스코비츠는 주커버그와 하버드 대학교 룸메이트였고, CTO를 역임한 애덤 단젤로는 고등학교 시절부터 친한 친구다. 이들은 서로를 신뢰했고, 오픈 마인드와 협업정신 그리고 정보 공유를 생명으로 하는 소셜 네트워킹이 세계를 훨씬 살 만한 곳으로 만들 거라고 확신했다. 아직 젊고 이상을 좇는 그들에게 야후!에서 제시한 엄청난 돈은 문제가 아니었다.

인터넷이라는 전쟁터는 구글이라는 엄청난 거물을 키워낸 데 만족하지 않고 뛰어난 아이디어를 가진 젊은이들을 계속 장수로 키워내고 있다. 인터넷 세상은 변화무쌍해서 훌륭한 장수로 성장할지 아니면 잠시 이름을 날리고 말지는 매일매일 어떻게 혁신하느냐에 달려 있는 무서운 곳이다. 하지만 살아남은 이들은 대부분 꿈을 꾸고 그 꿈을 실현하기 위해 노력한 사람들이라는 공통점이 있다.

애플의 2인자 팀 쿡 활약하다 | 2004

2004년 8월 스티브 잡스는 한 통의 이메일을 직원들에게 보낸다. 내용은 자신이 췌장암에 걸렸고 치료를 위해 입원하고 있다는 것이었다. 췌장암은 평균 1년 정도밖에 살지 못하는 대단히 무서운 암이기 때문에 많은 직원들이 우려할 것을 걱정해서인지 친절하게 암의 종류가 그리 나쁘지 않으며, 수술만 받으면 된다고 그들을 안심시켰다. 그리고 수술을 잘 받았고 자신이 없는 동안 영업과 운영을 담당 부사장인 팀 쿡이 맡아서 자신의 역할을 대신할 거라고 언급했다.

스티브 잡스가 걸린 섬세포 종양은 정말 드문 종류의 암이다. 미국 전체에서 1년에 단 2,500증례 정도만 보고되고 있는데, 췌장의 신경 내분비 세포에서 발생해 느리게 자라며, 수술만으로 완치가 가능한 경우들이 있다. 심지어 전이되었는데도 수술해서 나은 경우도 있다. 정상적인 췌장에서 섬세포들은 우리 몸과 관련한 다양한 호르몬들을 만들어내는데, 혈당을 조절하거나 위산 분비 등과 같은 기능에 영향을 미친다.

그러나 스티브 잡스는 췌장암이라는 엄청난 병마와 싸워서 이겨내는 데 실패했다. 그는 2011년 5월 세상을 등지기까지 열정적으로 애플에 기여했는데, 어쩌면 스티브 잡스가 아이폰과 아이패드같이 다른 곳과는 비교할 수 없는 제품들을 만들어낸 데에는 죽음에 직면했던 경험이 큰 영향을 미치면서 인생의 마지막 불꽃을 태운 것인지도 모르겠다.

✸ __명실상부한 애플의 2인자, 팀 쿡

스티브 잡스가 이렇게 건강 악화로 애플을 떠나면서, 그의 역할을 대신하도록 맡긴 인물이 스티브 잡스의 뒤를 이어 애플을 이끌고 있는 팀 쿡이다. 팀 쿡은 1960년생 앨라배마 출신으로 스티브 잡스보다 다섯 살 아래다. 남부 명문인 듀크 대학교에서 MBA 과정을 밟고 12년 간 IBM의 PC 부문에서 일했으며, 그후에는 세계적인 PC 제조업체인 컴팩에서 재료부문 부사장으로 재직하다가 스티브 잡스가 스카우트해서 애플에 입성했다.

스티브 잡스가 CEO로 다시 취임한 1997년, 창고에는 70일치가 넘는 재고가 쌓여 있었다. 적정치를 넘는 재고를 안고 있으면 기업의 수익성이 악화될 수밖에 없다. 스티브 잡스가 애플로 복귀하고 제일 먼저 시작한 일이 불필요한 제품 라인업을 정리하고 수익성을 제고하는 것이었기 때문에, 컴팩에서 이러한 업무를 총괄하고 있던 팀 쿡은 애플에 반드시 필요한 사람이었다.

팀 쿡이 애플에 입사해서 맡은 일이 바로 SCM이다. 팀 쿡이 애플의 공급체계를 확인했더니 무려 100개가 넘는 업체에서 부품을 구매하고 있었다. 팀 쿡은 이를 정리해서 대부분의 부품을 아일랜드와 중국 그리고 싱가포르에서 가져오고 조립은 중국 본토에서 하도록 일원화하면서 부품 공급업체 수를 20여 개로 줄였다. 그리고 부품 공급업체와 조립공장을 매우 가깝게 위치시켜놓고 부품이 들어오면 거의 바로 조립할 수 있도록 해 제조부문에서 효율화를 이뤄냈다. 이런 개혁조치를 통해 70일치가 넘던 재고물량이 팀 쿡이 입사한 지 2년 만에 10일 이하로 줄어들었다.

2007년 시장조사 기관인 AMR 리서치는 애플의 SCM 관리 및 활용능력을 노키아에 이어 세계 2위로 평가했다. 당시 세계 최고 PC 제조업체이자 애플의 라이벌로 여겨졌던 델은 리스트에도 오르지 못했다. 스티브 잡스는 이렇게 효과적인 애플의 제조생산 능력을 매우 자랑스럽게 여겼고, 자신에게는 없는 뛰어난 관리능력을 보유한 팀 쿡을 언제나 자신을 대신할 예비 CEO로서 준비시키고 있었다.

쿡과 잡스는 여러모로 반대 성향을 갖고 있긴 하지만, 그 역시 잡스만큼이나 자기 일에 대한 고집이 센 사람이었다.

CNN이 팀 쿡에 대해 쓴 기사에 따르면, 애플의 형편없는 생산, 유통, 공급 상태를 해결하기 위해 열린 회의에서 팀 쿡은 아시아에 특히 문제가 있다고 지적하면서 말했다. "상황이 정말 안 좋아요. 누군가 중국에 가줘야 합니다." 그렇게 회의를 30여 분 진행하다가 팀 쿡은 갑자기 주요 임원 중 한 명이던 사비 칸을 돌아보면서 말했다. "아니 당신 왜 아직까지 여기 있지?" 이 말을 들은 칸은 바로 자리에서 일어나 샌프란시스코 국제공항으로 달려가서, 옷도 바꿔 입지 않은 채 돌아올 날짜도 정해지지 않은 중국행 표를 예약하고 떠났다고 한다. 이 대목은 감정을 잘 드러내진 않지만 만만치 않은 쿡의 진면목을 보여주는 일화다. 조용하지만 무서운 카리스마를 발휘하는 인물인 것이다.

2005년 스티브 잡스는 팀 쿡을 COO에 임명했다. 그는 팀원들에게 새벽 4시 30분에 이메일을 돌리는 것으로 일과를 시작할 때도 있고, 시간을 가리지 않고 국제전화를 걸어오며, 일요일 저녁에 회의를 주재할 정도로 일중독자였다.

평생 독신으로 산 그는 아직도 팔로알토에서 검소하게 살고 있으며, 휴가를 얻어도 캘리포니아 국립공원 같은 곳에 하이킹을 하러 떠난다고 한다. 부자 티가 전혀 나지 않게 검소하며, 사무실에는 제일 먼저 출근해서 제일 늦게 퇴근한다. 해외출장 일정도 거의 슈퍼맨 수준으로 잡고 일을 하지 않을 때는 헬스클럽을 들르거나 하이킹을 한다. 주변에서 보면 무슨 재미로 살까 싶을 정도다. 어찌 보면 가장 나쁜 상사의 모습을 하고 있는지도 모르겠다.

구글, 유튜브를 인수하다 | 2006

블로그는 웹로그를 달리 부르는 명칭인데, 개인에 최적화된 홈페이지로 댓글관리와 일정 그리고 트랙백과 같이 블로그를 연결할 수 있는 방법과 구독 등의 기술이 들어가 있으며, 오늘날 소셜 미디어의 시작을 알렸다.

웹로그라는 말은 존 바거가 1997년 12월 처음 사용했다고 알려져 있으며, 이를 짤막하게 줄인 블로그라는 말은 피터 머홀즈가 1999년 자신의 블로그에 이용한 것이 시초라고 한다. 이 용어를 널리 퍼뜨린 장본인은 바로 트위터 창업자이기도 한 에반 윌리엄스다. 에반 윌리엄스는 1999년 블로그 같은 개인 홈페이지를 잘 운영하기 위한 새로운 플랫폼 서비스를 개발하려고 파이라랩스라는 회사를 설립했다. 그리고 플랫폼인 블로거닷컴을 서비스하기 시작했는데 얼마 지나지 않아 이 서비스는 가장 대표적인 블로그 서비스로 급부상한다.

🌐 _타고난 창업자의 피

에반 윌리엄스는 타고난 창업자다. 1972년생으로 학교를 졸업하고 플로리다와 텍사스, 네브래스카 등지에서 다양한 기술직과 스타트업 회사에 몸을 담았던 그는 1996년 캘리포니아로 입성한다. 캘리포니아에서 일을 시작한 곳은 '웹 2.0'과 같은 신조어를 만들어냈고 기술 관련 컨퍼런스와 출판을 선도한 오레일리 미디어였다.

오레일리에서 처음에는 마케팅을 담당했지만 오래지 않아 독립계약자로서 코딩도 했으며, 동시에 프리랜서로 인텔이나 HP와 같은 유수의 회사에서 일을 맡아 수행했다. 그리고 멕 휴리한과 함께 파이라랩스를 설립했다.

처음 파이라랩스를 설립할 때 두 창업자가 생각했던 사업은 웹에서 동작하는 프로젝트 관리 소프트웨어를 만들어서 기업에 서비스하는 것이었다. 이 서비스 이름이 파이라였는데, 솔루션을 개발하다 보니 개인 노트 관리기능을 개인 미디어 서비스로 발전시킬 수 있겠다는 생각이 들어 본 프로젝트에서 떼어내 블로거닷컴이라는 웹 애플리케이션을 만들어냈다.

블로거닷컴은 세계 최초로 블로그 작성과 발행 및 관리를 가능하게 한 웹 애플리케이션이다. 에반 윌리엄스에 따르면 당시 조금씩 블로그라는 단어가 유행하기 시작해서 엉겁결에 블로거라는 이름을 붙였다고 한다.

블로거닷컴은 1999년 8월 일반에 공개했는데 초기에는 완전한 무료 서비스로 수익모델이 전혀 없었다. 그 덕분에 자금은 바닥나고 직원들의 급여는 계속 밀리기 시작했다. 결국 공동창업자인 멕 휴리한을 포함해 모든 직원이 살 길을 찾아서 회사를 떠났고 블로거닷컴은 에반 윌리엄스가 혼자서 운영했다.

이런 상황을 파악하고 에반 윌리엄스에게 투자한 곳이 트렐릭스라는 곳인데, 창업자인 댄 브리클린은 블로거닷컴의 가능성을 알아보고 과감한 투자를 결정했다. 이후 블로거닷컴은 광고모델이 가능한 블로그 스팟과 좀 더 다양한 기능과 저장공간을 제공하는 블로거 프로 등을 만들면서 수익을 창출하기 시작했다.

2003년 구글은 파이라랩스를 합병하고 블로거닷컴을 만들어낸 에반 윌리엄스와 직원들을 고용했다. 블로거닷컴은 이후 승승장구했고, 에반 윌리엄스 그리고 주 개발자인 멕 휴리한과 폴 바우시는 블로그 대중화에 기여한 공로로 2004년 〈PC 매거진〉 '올해의 인물'에 선정되는 영광을 누리기도 한다.

그러나 언제나 창업자의 피가 끓는 에반 윌리엄스는 구글 같은 큰 회사의 직원으로 남아 있을 수 없었다. 2004년 구글과 옵션 계약기간이 끝나자 미련 없이 구글을 떠나 오데오라는 회사를 설립했는데, 2006년 이 회사를 현재 트위터의 공동창업자인 비즈 스톤과 함께 오비어스라는 회사에 흡수 합병시킨다.

🌐 _트위터의 시작

트위터의 전신인 오비어스의 공동창업자는 에반 윌리엄스, 비즈 스톤 그리고 잭 도시. 이들은 원래 팟캐스트 서비스를 계획했었다.

우리나라에서는 초고속 인터넷이 조기에 보급되어 팟캐스트 시장 자체가 성숙하지 못했지만, 미국에서는 생방송 스트리밍 서비스를 할 수 있는 네트워크 인프라가 부족했던 탓에 동영상이나 음원을 파일 단위로 다운로드하고 이를 거래하는 서비스인 팟캐스트가 사업이 되겠다고 판단한 사람들이 많았다. 실제로 일부 팟캐스트는 꽤 짭짤한 수입을 올리기도 했다. 그러나 오비어스는 생각보다 잘되지 않았다. 초창기 계획이 난항을 겪으면서 창업자들의 사기는 점점 떨어졌다.

처음 시작할 때와 같은 열정도 사라지고 심지어 창업한 본인들조차 자신들이 만든 팟캐스트 서비스를 잘 이용하지 않을 정도로 위기를 겪을 즈음에 이대로는 안 되겠다고 생각한 이들은 좀 더 자유로운 생각과 시간을 갖자는 데 합의했다. 이때 잭 도시와 비즈 스톤은 2주 정도 시간을 가지고 뭔가 다른 것을 만들어서 데모를 했는데, 그것이 트위터의 시작이다.

일단 서비스는 간단하게 만들었다. 트위터 프로젝트가 잘될지에 대해서는 모두 확신이 없었다. 그러던 어느 주말, 카펫을 청소하고 있던 비즈 스톤의 주머니에 있는 휴대폰이 울렸는데, 에반 윌리엄스가 지금 피노누아(포도주의 일종)를 마시고 있다고 올린 트윗이었다. 비즈 스톤은 그 트윗을 보고 이 서비스가 잘될 거라고 처음 느꼈다.

서비스 초기에는 트위터가 재미있지만 전혀 유용하지 않고 쓸데없기 때문에 성공하기는 힘들겠다고 전망한 사람들이 많았다. 그때마다 에반 윌리엄스는 "아이스크림도 별로 유용하지는 않아요"라고 응답했는데, 이 발언은 꽤 유명한 말이 되었다. 트위터가 처음 가능성을 찾은 것은 사람들이 미국 서남부 지역을 중심으로 펼쳐지는 꽤 유명한 행사인 SXSW 2007zz의 내용을 요약해 트위팅하고, 그에 대한 반응을 보인 사건에서였다. 이후부터 이 도구가 많은 사람들에게 유용할 수도 있겠다는 느낌을 주었다.

초기의 트위터는 단문메시지 서비스(SMS)에 초점을 맞춰 디자인했다. 140자로 제한한 것도 그 때문이었고, 간단한 입력창만 있을 뿐이었다. 이들은 서비스를 시작하면서 버락 오바마가 분명 이용할 거고 2년만 지나면 오프라 윈프리쇼에 나갈 수 있을 거라고 확신했다.

서비스를 운영하면서 가장 어려웠던 점은 사업 확장과 관련한 결정들이었는데 몇몇 잘못된 결정을 내리는 바람에 상당한 시행착오를 겪었다.

초창기라서 조직의 역할이 제대로 분담되어 있지 않은 상황이었지만, 열 명밖에 안 되었기 때문에 당연히 업데이트와 관련한 여러 가지 사안들에 대해 서로 잘 이해하고 있다고 생각했다. 그러나 실제로는 엉뚱한 방향의 업데이트나 기술적인 변경이 이뤄지는 소통문제가 종종 발생했다.

트위터라는 막강한 소통서비스를 만드는 조직에서 소통문제가 있었다는 점은 일종의 아이러니가 아닐 수 없다. 현재는 많이 해소되었다고 하지만 조직의 소통문제는 어느 기업이나 안고 있는 문제인 것 같다.

🌐__시장 예측 없는 사업계획

이들이 사업계획을 세울 때 재미있는 점은 시장을 예측하지 않았다는 것이다. 이들이 이용한 예측방식은 구글도 과거에 했던 이야기다.

"시장은 어마어마하게 크고, 우리는 언젠가 마침내 이 시장을 정복할 수 있을거야."

정말 야심찬 계획이 아닐 수 없다. 또 한 가지, 에반 윌리엄스는 '이걸 우리가 제대로 할 수만 있다면 대박이다!'라는 느낌을 받았다고 한다. 그는 구글에 매각한 블로거 서비스를 처음 개발할 때도 이와 비슷한 느낌을 받았었다. 그래서 시장 규모를 묻는 질문에는 언제나 잘 모르겠다고만 대답한다. 단지 이 서비스가 굉장히 좋은 거라는 점만 안다고 말한다. 에반 윌리엄스가 처음 블로거 서비스를 개발할 때도 많은 사람들이 도대체 이렇게 쓸데없는 것들을 인터넷에 올린다고 뭐가 달라지냐며 공격했었다.

트위터의 창업과 성장 그리고 성공에는 창업자들의 정신과 철학이 큰 역할을 했다. 세상을 바꾸는 꿈을 꾸고 그를 위해 꾸준히 정진하는 사람만이 혁신을 일으킬 수 있다는 점을 트위터 창업자들이 또한 번 일깨워주었다.

에반 윌리엄스는 창업자의 피가 흐르는 전형적인 사람이다. 한 가지 프로젝트를 고집하지도 않았다. 블로거닷컴은 물론이고 트위터도 그렇지만, 원래 회사를 설립할 때 하려고 했던 프로젝트가 아니라 중간에 사이드 프로젝트로 시작한 것들이 성공했다. 이런 과정은 오늘날 창업하고 사업을 진행하는 스타트업 회사들에 많은 시사점을 안겨준다. 고객 중심 사고와 언제든 변화할 수 있는 유연한 사고를 가지는 것이 기술을 축적하는 일에 앞서는 첫 번째 덕목이 아닐까.

⊕ __유튜브를 만든 페이팔 멤버들

7장에서 페이팔의 창업자인 일론 머스크와 동료들의 놀라운 창업 성공기를 더욱 자세히 언급하겠지만, 유튜브 역시 페이팔에서 초기부터 한솥밥을 먹던 채드 헐리, 스티브 첸, 그리고 자웨드 카림이 공동창업한 회사다.

2005년 초, 채드 헐리와 스티브 첸은 스티브 첸의 아파트에서 찍어둔 파티 비디오를 공유하기가 수월하지 않자, 스스로 비디오 공유서비스를 만들어야겠다고 생각했다. 2005년 2월 14일 유튜브닷컴이라는 도메인을 획득하고 수개월간 개발과정을 거친 뒤에, 자웨드 카림이 샌디에이고 동물원에서 찍은 '동물원에서 나'라는 영상을 2005년 4월 23일 첫 번째 유튜브 비디오로 업로드했는데, 현재도 이 역사적인 비디오를 볼 수 있다.

유튜브는 2005년 5월 퍼블릭베타를 시작했고 11월 서비스를 공식 오픈했는데 아이디어도 좋고 페이팔이라는 성공실적이 있었던 탓인지, 세콰이어 캐피탈로부터 정식 서비스를 시작한 직후인 2005년 11월부터 2006년 4월 사이에 1,150만 달러에 이르는 초기 서비스로서는 대단히 많은 투자를 유치하는 데 성공한다.

구글은 이렇게 빠르게 성장하는 유튜브를 2006년 10월 16억 5천만 달러라는 실로 엄청난 금액을 지불하고 사들였다. 이 사건은 루퍼트 머독의 뉴스코퍼레이션이 마이스페이스를 인수 합병했을 때보다 더 큰 충격파를 불러일으켰다. 특히 미디어 업계는 가뜩이나 인터넷을 통해 광고시장을 빼앗아가고 있는 구글이 이제는 영상분야에까지 뛰어든다는 사실에 엄청난 충격을 받았다.

당시까지 유튜브를 지배하던 영상들은 대부분 사용자 생성 콘텐츠(UGC)라고 불리던 짧은 영상들이었다. 반려동물을 찍거나 재미있는 농담을 하는 가벼운 영상들이 많았는데, 날이 갈수록 스포츠 영상이나 뮤직 비디오와 같이 기존 미디어가 저작권을 가지고 있는 영상들이 올라오면서 미디어 업체의 심기를 슬슬 건드리기 시작했다.

채드 헐리와 스티브 첸이 유튜브를 매각하기로 결정한 것은 단순히 젊은 시절에 돈을 많이 벌고 싶어서가 아니었다. 이들은 여전히 창의적인 에너지를 발산하고 있었고, 구글 역시 이들을 신뢰해 유튜브 운영을 일임했다. 이제는 살라르 카만가르를 거쳐 수잔 보이치키가 유튜브의 운영권한을 창업자들에게서 넘겨받았지만, 이는 유튜브가 디스플레이 광고 등으로 제 몫을 하고 돈을 벌기 시작했기 때문이다. 이렇게 독립된 의사결정을 가능하게 해준 것이 오늘날 유튜브를 구글의 가장 중요한 자원으로 성장시켰다.

유튜브의 공동창업자들은 서비스를 시작할 때만 해도 하루에 업로드 100만 건 정도면 충분하리라고 예상했다. 그런데 1년이 채 지나지 않아 1억 건이라는 엄청난 업로드 수치가 나타나자 덜컥 겁이 나기 시작했다. 무엇보다 자본이나 기술 양쪽 측면에서 자신들 역량만 가지고는 서비스 확장이 어렵다고 생각하고, 구글이 가진 막강한 서버 운영기술과 자본의 힘을 빌려야겠다고 판단했다. 특히 창업자들은 구글이 사용자 중심 철학과 장기 비전을 가지고 유튜브를 사들이려고 한다는 점과 자신들을 믿고 지원해준다는 말에 구글의 팬이 되어 구글을 위해 일하기 시작했다.

✷ __유튜브와 구글의 야심

유튜브는 엄청난 방문자 수와 UGC를 가지고 있었지만 수익은 내지 못하고 있었다. 두려웠지만, 미디어 업계는 유튜브가 결국 실패하게 될 거라고 전망하며 구글을 비웃었다. 이에 화답하듯이 마이크로소프트 CEO인 스티브 발머는 유튜브가 저작권 함정에 걸려서 냅스터처럼 문을 닫을 거라고 전망했다.

그러나 유튜브와 구글은 흔들리지 않았다. 사용자가 직접 제작한 콘텐츠가 돌아가는 민주적인 플랫폼이 결국에는 창의적인 콘텐츠를 살릴 것이며, 방송국의 힘에 밀리지 않고 자신이 만들고 싶은 콘텐츠를 만들도록 도와주게 될 거라고 믿었다. 저작권자인 미디어 업체와 협상하는 일은 주로 에릭 슈미트가 담당했는데, 미디어 업체들이 과거 방식처럼 선불을 포함한 과도한 요구를 하자, 에릭 슈미트는 미디어 업체에 막대한 저작권료를 지불하기보다는 법정소송을 진행하는 길을 선택한다. 전향적으로 나오는 미디어 업체와는 협력하고, 그렇지 않은 업체와는 소송을 하겠다는 생각이었다.

결국 비아콤은 유튜브를 상대로 저작권 침해소송을 냈다. 비아콤은 유튜브에서 자사 콘텐츠를 사용자들이 무단으로 올리는 행태를 방치함으로써 재산권을 침해했다며 10억 달러를 배상하라는 소송을 제기했다. 유튜브는 저작권 침해 여지가 있는 콘텐츠는 최대한 걸러내고 있지만 모두를 걸러낼 수 없었고, 기본적으로는 누군가 저작권을 침해당했다고 주장하면 관련 콘텐츠를 조치하는 방식을 취하고 있었다.

유튜브는 법정다툼에서 디지털 시대 콘텐츠 법(DMCA)의 '안전한

항구'라는 개념을 인용해 유튜브와 같은 플랫폼 제공 및 발행자는 콘텐츠를 삭제해 달라는 요청이 들어오면, 이를 성실히 제거해주는 것으로 책임을 면할 수 있다는 논지를 펼쳤다.

이 법정소송은 불리한 내용이 담긴 이메일을 공개하거나, 비아콤이 소송을 유리하게 이끌기 위해 위장 아이디로 콘텐츠를 업로드한다는 폭로 등이 이어지면서 감정싸움으로 번지기도 했다. 이 소송에서 인터넷 비디오 스트리밍 콘텐츠 역시 DMCA 원칙을 적용할 수 있다는 판결이 남으로써 유튜브가 승리했다고 볼 수 있다.

과학과 비즈니스 그리고 다양한 콘텐츠 중에 처음부터 자신이 만들어낸 건 정말로 극소수를 제외하곤 거의 없다고 해도 과언이 아니다. 결국 남이 해놓거나 역사가 이룩해놓은 데이터와 자료, 경험에 접근해서 이를 바탕으로 진보를 이끌어내는 것이 과학이고 창작이다. 이를 저해하는 특허와 저작권이라는 이름의 압력, 기술계약 또는 기술이전을 하기 위해 지불해야 하는 정치적·경제적 부담, 변호사와 변리사만 좋아할 복잡한 사용허가 범위와 클레임 등은 공유정신을 철저히 가로막는 부담으로 작용할 것이 분명하다.

개방적인 협업이 가능하려면 역할 분담이 필요하다. 로열티나 심각한 사용허가 조건 때문에 연구나 2차 창작에 필요한 각종 데이터, 콘텐츠나 경험 등을 사용할 수 없다면, 여기서 파생될 더욱 큰 이익이 사라지는 것을 감수할 수밖에 없을 것이다.

물론 기업 내부의 결정으로 이런 커다란 물줄기를 돌릴 수도 있다. 저작권을 가지고도 공유와 협업의 원리를 이해하고서 유튜브와 손을 잡고 VEVO 서비스를 시작한 유니버설, 소니, EMI의 약진은 그래서 더욱 의미가 깊다. 많은 사람들이 레이디 가가나 샤키라, 저스틴 비버의 뮤직 비디오를 아무런 제한 없이 즐길 수 있도록 했고, 이를 통해 수천만, 수억 명의 사람들이 이들의 음악을 사랑하게 되어 자연스럽게 디지털 음원과 콘서트 티켓을 구매하거나 광고수익 등 부가수익을 발생시키는 상황은 유튜브와 소송을 벌이며 역주행해버린 비아콤과 더욱 차별되어 보인다.

바야흐로 공유의 시대가 왔다. 공유에 대한 주장은 인터넷 초창기부터 계속되어왔으나 진정한 공유의 시대는 이제야 찾아온 것이다. API를 공유하거나, 심지어 생각을 공유해서 수익을 확보하는 회사가 생겨났다. 하지만 아직도 콘텐츠 공유부문에서는 넘어야 할 산이 많은 것 같다.

마이크로소프트, 위기에 빠지다 | 2007

구글이 기업을 공개하며 승승장구하는 동안 마이크로소프트는 밖으로는 반독점법으로 고생하고, 안으로는 윈도 XP의 후속작으로 야심차게 준비한 윈도 비스타의 실패로 큰 어려움을 겪는다.

🌐 __EU의 반독점법 소송 그리고 한국 정부

마이크로소프트에게 반독점법은 처음이 아니다. 1998년 미국 정부는 마이크로소프트를 반독점법 위반으로 기소했는데, 가장 큰 이유가 브라우저 끼워 팔기였다.

유럽에서는 EU가 마이크로소프트의 독점적 지위를 남용한 사건에 대해 지속적인 소송을 진행해서, 결국 2004년 3월 6억 1,300만 달러의 벌금과 함께, 몇몇 제품들을 분리할 것과 새로운 버전의 윈도 XP를 출시할 것을 명령했다. 이 소송에서 가장 중요한 분리 대상이 된 것은 윈도 미디어 플레이어로, 마이크로소프트가 가장 중요하게 생각했던 미디어 플랫폼 정책의 핵심요소였다.

이 사건은 우리나라에서 있었던 마이크로소프트에 대한 반독점 소송에도 영향을 미쳤다. 2005년 우리나라 법원은 벌금 3,200만 달러와 함께, 윈도 미디어 플레이어 그리고 윈도 메신저를 분리 대상으로 지정해서 이것을 포함하지 않은 윈도 XP를 내놓을 것을 명령했다.

🌐 _구글에 대한 끊임없는 도전, 그리고 윈도 비스타

운영체제를 포함한 소프트웨어 전반에서 절대적인 위치를 구축하고 있던 마이크로소프트였지만, 인터넷은 마음대로 되지 않았다. 특히 구글의 약진에 심기가 불편했던 마이크로소프트는 끊임없이 구글이 진행하고 있는 여러 프로젝트에 대항하는 서비스를 내놓으려고 노력했다. 그중에서도 검색과 관련해서는 2005년 새로운 MSN 검색서비스를 내놓았는데, 이것이 라이브 검색을 거쳐 빙이라는 검색엔진으로 발돋움했다.

2007년 1월에는 윈도 XP 이후 오랫동안 준비해온 윈도 비스타를 선보였다. 이와 함께 새로운 오피스인 마이크로소프트 오피스 2007을 같이 내놓았다.

윈도 비스타는 2001년에 발매한 윈도 XP 이후 무려 6년에 가까운 시간의 공백을 딛고 내놓은 운영체제였지만, 역사상 가장 성공한 운영체제로 평가받은 윈도 XP를 뛰어넘는 데는 어려움을 겪었다. 18개월에 가까운 발매실적에도 윈도 비스타는 전체 판매 대상의 8.8퍼센트를 차지하는 데 그치는 참패를 했고, 윈도 발매 역사상 최초이자 최악의 실패를 경험했다.

절치부심한 마이크로소프트는 윈도 7을 비교적 짧은 공백기간에 내놓으면서 실패를 만회했지만, 윈도 비스타의 실패는 천하의 마이크로소프트도 실패할 수 있다는 점을 많은 사람들에게 각인시켰다. 반독점법 소송에 의한 외부 견제와 윈도 비스타의 실패가 이어지면서 잘나가던 마이크로소프트의 미래에 암운이 드리우고 있었다.

기회는 변혁기에 찾아온다고 한다. 마이크로소프트가 지배하던 세상은 애플의 약진, 구글의 폭발적 성장으로 이제 정확히 3등분되었다. 제갈공명과 같은 인재가 나타나 세 세력의 균형을 맞추며 그 사이에서 성장하자는 계책을 세울 수도 있고, 삼국의 틈새에서 자라나 중원을 통일한 진나라처럼 되기 위해 노력하는 세력도 있을 것이다. 6장에서는 본격적으로 맞붙은 삼국에 대해 알아본다.

Chapter 6

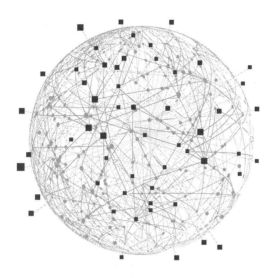

다섯 번째 전환:
스마트폰 혁명

(2007~2010)

2007년 11월 구글은 33개 회사와 협력해 안드로이드를 오픈소스로 공급하겠다고 발표한다.
휴대폰 제조업체나 이동통신사가 마음대로 변형할 수 있는 운영체제인 안드로이드는
스티브 잡스에게 과거 매킨토시와 윈도의 악몽을 떠올리게 하기에 충분했다.

2007년 1월 9일 샌프란시스코 맥 월드. 프레젠테이션 달인이자 사람들을 들뜨게 하는 능력을 가진 애플 CEO 스티브 잡스가 기조연설을 시작했다. 언제나 그렇듯이 터틀넥 스웨터에 청바지 그리고 뉴발란스 운동화를 신고 거대한 스크린 앞에서 아주 편안하고 자신감 넘치는 말투로 입을 열었다. "우리는 오늘 세 가지 혁명적인 기기를 선보일 겁니다. 첫 번째는 손으로 조작할 수 있는 큰 화면을 가진 아이팟이고, 두 번째는 아주 새로운 휴대폰, 세 번째는 인터넷을 이용해서 소통할 수 있는 새로운 기기입니다. 그리고 놀랍게도 이 세 기기는 제각기 다른 기기가 아니라 하나의 기기입니다. 우리는 그것을 아이폰이라고 부릅니다."

열광적인 애플 팬들과 기자들 그리고 새로운 휴대폰을 기다리던 사람들은 작은 축제라도 벌어진 양 손뼉을 쳤다. 하지만 이 자리는 축제의 장이 아니라 IT 업계에 새로운 전쟁이 시작되었다고 선언하는 자리였다.

애플, 아이폰으로 새로운 판을 짜다 | 2007

2007년, 현대의 IT 역사 전체를 통틀어서도 가장 커다란 사건 중 하나가 발생한다. 마이크로소프트라는 거함에 일방적으로 밀리던 애플은 스티브 잡스가 복귀한 이후 웬만큼 예전의 명성을 회복했지만, 아직 판도를 바꿀 정도는 아니었다. 오히려 새롭게 떠오른 구글이라는 신성이 인터넷 영토를 지배하기 시작하면서 마이크로소프트를 바짝 위협하던 것이 2000년대의 판도다. 이 판도에서 애플의 자리는 매우 좁았다. 그런데 이 판도를 뒤흔든 사건이 바로 '아이폰' 출시다.

⊛ _ 아이폰 비밀 프로젝트

아이팟이 성공을 거두자, 스티브 잡스는 비밀리에 애플의 미래를 책임질 새로운 프로젝트인 아이폰 개발을 지시한다. 스티브 잡스는 아이폰이 성공하려면 새로운 사용자 인터페이스(UI)가 필수적이라고 생각했다. 특히 터치스크린 관련 기술에 집중하면서 동시에 통화가 가능한 새로운 형태의 디바이스를 창조하고자 했다.

당시 애플 내부에는 전화 관련 기술이 없었다. 스티브 잡스는 1위 업체인 버라이즌을 따라잡기 위해 절치부심하던 싱귤러 와이어리스(후에 AT&T에 인수 합병된다)와 접촉했다. 비밀리에 상호 협력하기로 하고, 대신 아이폰의 독점 통신사업자 권한을 상당 기간 유지해주었다.

애플은 아이폰을 2007년 1월 9일 일반에게 공개한다. 이 프로젝트를 위해 30개월간 비밀을 유지하며 개발했고, 개발비만 해도 약 1억 5천 만 달러를 소요한 것으로 추정되었다. 그야말로 애플의 미래를 건 프로젝트였다. 이런 필사적인 노력의 결과로 애플이 구글과 마이크로소프트를 제치고 최고 시가총액을 가진 기업으로 떠올랐다.

스티브 잡스가 싱귤러 와이어리스에 요구한 것은 아이폰 하드웨어 및 소프트웨어 개발 전반에 대한 자유였다. 간단하고 단순한 요구인 것 같지만, 이는 이동통신사가 재량권을 가지고 하드웨어와 소프트웨어 전반을 휘두르던 당시까지의 관행을 송두리째 바꾸는 요구였다. 하지만 싱귤러는 이를 받아들이면서 아이폰을 탄생시키는 산파 역할을 기꺼이 맡았다.

🌐 __2007년 1월, 아이폰의 극적인 등장

애플이 사운을 걸고 개발한 아이폰은 2007년 1월 9일 맥 월드 행사장에서 스티브 잡스의 키노트 강연을 통해 일반에 모습을 드러낸다. 이미 개발을 완료한 상황이었지만, 아이팟과 달리 휴대폰은 좀 더 엄격하게 규제받는 품목이었기 때문에 미국 연방통신위원회(FCC)의 허가가 필요했다. 그래서 수개월의 시간이 지체되었지만 결국 2007년 6월 29일 역사적인 판매를 시작했다.

아이폰 판매 당일, 미국 전역의 애플스토어에는 아이폰을 받기 위해 기다리는 사람들이 텐트까지 치며 장사진을 이루었다. 뒤를 이어 11월에는 영국과 프랑스, 독일 등 국가에 발매하면서 미국뿐만 아니라 전 세계적인 히트 상품이 되었고, 2008년 7월 11일에는 아이폰 3G를 22개 국가에서 판매하기 시작했으며, 이후 지속적인 업그레이드를 통해 거의 매년 신제품을 발표하면서, 아이폰은 세계 최고의 베스트셀러 스마트폰의 지위를 놓치지 않고 있다.

✦ __위기를 극복한 프로젝트

아이폰이 정식으로 나오기 1년 전인 2006년 가을만 해도 200명이 넘는 애플 최고 엔지니어들이 만든 아이폰 프로토타입은 '재앙덩어리'라고 말할 정도로 버그투성이인 형편없는 물건이었다. 전화는 끊기기 일쑤였고 배터리는 완전히 충전되지 않았는데도 충전을 멈추었으며 데이터와 애플리케이션도 계속 지워지거나 작동을 멈추는 등 문제가 생겼다. 고쳐야 할 버그 리스트는 정말 산더미 같았다. 데모를 지켜보던 스티브 잡스는 오히려 평온한 태도를 유지했는데, 여느 경우라면 불호령을 내릴 것이 뻔했던 그와는 상반된 모습이었다. 애플의 엔지니어들은 평소와는 다른 스티브 잡스의 모습을 더욱 무서워했다.

2007년 1월 맥 월드에서 아이폰을 무조건 발표하기로 이미 계획이 잡혀 있었다. 이 프로젝트가 실패한다면 애플의 앞날은 장담하기 어려운 나락으로 떨어질지도 모르는 상황이었다. 또한 이 프로젝트는 단순히 애플이라는 한 회사만의 문제가 아니었다. 지금까지는 휴대폰 사업을 통신사업자가 주도했다면, 아이폰 프로젝트는 제조업체와 개발자 그리고 소비자가 주도하는 방향으로 가는 길이었다.

싱귤러 와이어리스는 어쩌면 통신사업자들의 입지를 후퇴시킨 결정을 했다며 두고두고 후회할지도 모르겠다. 그렇지만 소비자 중심의 세계로 진화하고 있는 상황에서 언젠가 어떤 사업자든 한 번쯤은 내렸을 결정이었다. 이 기회를 놓치지 않고 엄청난 성공으로 연결시키면서 패러다임 시프트를 만들어낸 것은 애플의 공로다.

이런 위기상황에서 애플의 모든 엔지니어들은 사력을 다해 버그를 잡고 안정화시키기 위한 노력을 기울였고, 때론 좌절을 겪기도 했다. 이들은 결국 2006년 12월 중순, 싱귤러 와이어리스를 합병한 AT&T의 CEO 랜달 스테픈슨에게 스티브 잡스가 시연을 보일 때는 그의 손에 어떤 휴대폰보다 뛰어난 물건을 쥐어주었다.

구글, 광고시장을 완전히 장악하다 | 2007

2007년은 IT 업계에 많은 일이 일어난 해였다. 그중 또 하나의 중요한 사건이 4월에 일어났다. 구글이 더블클릭을 인수한 것이다. 이 사건은 구글이 광고를 독점한다는 논란과 함께 과거 마이크로소프트가 그랬던 것처럼 반독점법 위배 논란까지 불러일으켰다.

___인터넷 광고 네트워크의 최강자, 더블클릭

더블클릭은 케빈 오코너와 드와이트 메리맨이 IAN(International Ad Network)을 인수하면서 1996년 탄생시킨 회사다. 더블클릭은 최초로 온라인 미디어 광고사업을 전문화해서 웹 사이트의 광고공간을 마케터에게 판매하는 사업으로 급속히 성장했다. 1997년에는 온라인 광고를 게재하고 관리하는 기술을 발표하면서, 온라인 디스플레이 광고(일명 배너광고) 업체 중 가장 앞서가는 회사로서 자리를 공고히 했다.

1999년 더블클릭은 17억 달러라는 거액을 들여 데이터 취합 및 분석 노하우를 가진 아바쿠스 다이렉트를 인수 합병하고 오프라인 카탈로그 사업에도 진출한다. 이를 통해 웹과 오프라인의 결합을 시도

했는데, 인수 합병 당시 아바쿠스가 가지고 있던 수많은 개인정보가 누출될까 봐 우려하는 많은 기관들의 비난을 받기도 했다. 이런 부정적인 여론 때문에 더블클릭은 결국 아바쿠스 서비스 통합작업을 중지하고 강화된 개인정보 보호정책을 포함한 새로운 대책을 발표하는 우여곡절을 겪기도 했다.

✪__구글의 더블클릭 인수

구글은 2007년 4월 13일 31억 달러를 전액 현금으로 지급하는 조건으로 더블클릭을 인수한다고 발표했다. 이 합병은 개인정보와 광고시장 독점에 대한 즉각적인 우려로 8개월여의 실사를 거치게 된다. 연방거래위원회(FTC)는 2007년 12월 20일이 되어서야 이 합병을 승인했다. 마이크로소프트와 야후!도 더블클릭을 인수하기 위해 경합했었다. 그 덕분에 당초 20억 달러 정도로 예상되었던 인수가는 30억 달러를 돌파했다.

더블클릭은 디스플레이 광고분야에서 구글처럼 독점적인 지위를 누린 회사였기 때문에, 구글은 이 인수를 통해 검색기반 광고인 애드워즈와 롱테일 광고 플랫폼인 애드센스와 함께 온라인에서 나타날 수 있는 모든 광고에 대한 솔루션 및 서비스를 보유하게 되었다. 구글의 더블클릭 인수는 마이크로소프트의 미래전략에 더욱 큰 위기의식을 심어주게 되었고, 마이크로소프트는 같은 해 5월 무려 60억 달러를 들여 어퀀티브라는 더블클릭과 비슷한 성격의 회사를 인수하는 결정을 내렸다.

이 과정은 구글이 무선광고와 관련해 애플과 벌인 인수경쟁에서 승리해 애드몹을 인수하자 바로 뒤를 이어 애플이 2위였던 쿼트로 와이어리스를 인수하면서 광고 플랫폼 경쟁을 벌였던 2010년의 상황과 묘하게 일치한다.

⊕__더블클릭 인수효과

더블클릭은 왜 구글에 회사를 매각했을까? 당시 CEO였던 데이비드 로젠블랫에 따르면, 잡지나 TV 등에는 가장 덜 읽히는 기사나 시청률이 낮은 프로그램에 붙여야 하는 잉여광고가 약 30퍼센트 정도 있는데 이를 판매하는 경쟁에서는 구글과 같은 회사들이 롱테일 솔루션과 서비스를 가지고 있기 때문에 결국 고객사들이 더블클릭보다는 이들의 손을 들어줄 거라는 두려움이 있었다고 한다.

더블클릭은 이 문제를 해결할 수 없었고, 구글이 전체를 패키지 형태로 판매하는 전천후 광고 에이전시가 된다면 도저히 이길 수 없다는 판단이 섰다. 더블클릭이 보유하고 있던 고객사들이 등을 돌리기 전에 회사를 매각하는 것이 최선이라고 판단한 것이다.

구글로서는 더블클릭으로부터 데이터베이스와 광고주 네트워크를 결합하는 방법을 제공받아서 부족한 부분을 채울 수도 있었고, 특히 구글이 인수한 유튜브 동영상 서비스와 연계하면 소비자와 광고주 모두에게 최상의 서비스를 제공하는 회사가 될 수 있다는 점이 구미를 당겼다.

결국 구글은 더블클릭을 인수함으로써 사실상 광고주들에게 원스톱 광고쇼핑몰을 제공하는 것이나 마찬가지 효과를 누리게 되었다. 이렇게 하여 구글은 사업모델 측면에서 전 세계 최고의 광고서비스 및 솔루션을 광고주들과 잇는 네트워크까지 장악하며 명실상부한 광고회사로서 위용을 갖추게 되었다.

구글, 안드로이드를 삼키고
전장에 뛰어들다 | 2007

스티브 잡스가 2004년 무렵부터 아이폰에 대한 꿈을 키워가면서 비밀리에 스마트폰에 최적화한 운영체제와 새로운 하드웨어를 디자인하는 작업을 하고 있을 때, 미래를 예측하고 결국 스마트폰 싸움이 세상을 다시 한 번 바꾸게 되리라는 판단을 내려서 과감히 투자한 또 다른 회사가 있었으니, 바로 구글이다.

⊕__구글, 미래를 읽다

구글이 스마트폰 운영체제 회사인 안드로이드를 인수 합병한 것은 2005년 7월의 일이다. 당시 안드로이드는 캘리포니아에서 스타트업이라는 글자 그대로 이제 막 시작한 회사였다. 이 회사의 공동창업자인 앤디 루빈과 리치 마이너, 닉 시어스, 크리스 화이트 등은 안드로이드 합병을 계기로 구글에 합류했다.

인수 당시만 해도 안드로이드라는 회사의 정체는 베일에 싸여 있었다. 다만 공동창업자 대부분이 이동통신사나 웹TV 등과 관련해 풍부한 경험과 지식을 가지고 있다는 점을 고려할 때, 휴대폰용 소프트웨어를 만드는 곳이라는 정도만 알려져 있었다. 그래서 구글이 휴대폰과 관련한 서비스를 준비하고 있다는 소문만 조금 퍼졌을 뿐이다.

구글이 안드로이드를 인수한 시기는 아이폰이 실제로 출시되어 세계적인 히트를 기록한 2007년보다 2년 앞선 때였는데, 아이폰의 성공이 있기 전에 구글 역시 IT 업계의 판도 변화와 본격적인 혁신이 스마트폰과 함께할 것으로 예상하고 선투자를 감행한 것이다. 앤디 루빈이 맡고 있던 안드로이드팀은 리눅스커널을 기반으로 새로운 휴대폰 플랫폼을 개발하면서, 하드웨어 업체나 이동통신사들이 필요하다면 여러 가지 업그레이드를 할 수 있는 유연하면서 개방된 운영체제 개발을 목표로 삼고 조금씩 앞으로 나아간다.

2006년 12월 BBC와 〈월스트리트저널〉이 구글이 휴대폰 시장에서도 검색과 다양한 애플리케이션을 공급하려고 한다는 기사를 내보내면서 안드로이드팀의 노력은 조금씩 가시화되기 시작했다. 일부 언론들이 구글에서 자체 브랜드 휴대폰을 개발하고 있다는 소문을 내면서 구글의 움직임에 대한 관심은 계속 높아져갔다.

⊛__구글과 애플, 애증의 관계

원래 구글과 애플은 밀월관계라고 불릴 정도로 사이가 좋은 기업이었다. 구글과 애플의 로맨스는 스티브 잡스가 에릭 슈미트를 2006년 자신의 집에 초대하면서 시작되었다.

두 거물 CEO는 스티브 잡스의 거실 테이블에 바닐라 컵케이크를 놓고 차를 같이 마시면서 미래를 이야기했다. 당시 스티브 잡스는 2007년 출시할 예정인 아이폰이 성공하려면 구글의 강력한 서비스들이 필요했고, 구글은 차후 마이크로소프트와 벌일 클라우드 서비스 경쟁에서 이기기 위해 새로운 플랫폼이 필요했다. 자연스럽게 협력에 합의한 두 회사는 아이폰의 성공을 위해 공동으로 노력하기 시작했다.

2007년 아이폰 출시에 맞춰 아이폰 전용으로 만든 구글 지도, 검색, 메일 등 앱을 제공한 것이 협력의 시작이었다. 구글은 많은 인력을 투입해 구글 서비스를 아이폰에 이식하기 위해 노력했고, 애플은 아이폰에서 가장 중요한 앱으로 구글 서비스를 낙점하는 배려를 보이면서 협력은 순항했다. 아이폰에 유튜브가 올라가도록 애플이 신경 써주자, 구글은 유튜브에 애플의 퀵타임을 쉽게 올릴 수 있도록 모든 비디오를 플래시가 아닌 H.264 표준으로 작동하게 했고, 심지어 모든 웹 앱들을 아이폰에 최적화하기까지 했다.

아이폰은 뛰어난 운영체제와 하드웨어 그리고 앱스토어도 빛났지만 구글이 제공한 최고의 킬러 웹 서비스들이 조화를 이루면서 예상하지 못했던 성공을 만들었고, 애플과 구글은 서로가 가지지 못한 영역을 보완해주는 파트너로서 외부에서 보기에도 최고의 찰떡궁합을 자랑했다.

✪ __아이폰의 대성공, 구글의 고민

아이폰의 대성공으로 PC 중심의 컴퓨팅 환경이 드디어 모바일 중심으로 옮겨가게 되자, 구글이 오랫동안 꿈꾸어왔던 소비자 중심의 컴퓨팅이라는 환경 변화가 앞당겨지는 것처럼 보였다. 그러나 구글의 고민은 이런 대성공과 함께 커져갔다. 구글은 모바일 컴퓨팅의 시대가 오면 가장 적합한 광고를 찾아서 전달하는 서비스의 중심에 서고 싶었지만, 아이폰이 지배하는 세상이 된다면 구글은 결국 애플의 손아귀 안에서만 놀아야 한다는 두려움이 생기기 시작했다.

또한 구글은 이미 2005년 안드로이드를 인수해서 그와 관련한 작업을 진행할 인력과 자원을 확보한 상태였다. 아이폰의 성공을 보면서 구글은 비밀리에 안드로이드 프로젝트를 집중 지원하기 시작했다. 계속 아이폰이 세상을 장악하도록 내버려두면 안 된다는 판단이 선 것이다. 구글은 하드웨어와 소프트웨어가 지배하는 세상보다는 모바일 환경에서도 웹이 지배하는 것이 자신들을 위해 낫다고 판단했고, 애플은 가능하면 디바이스 수준에서만 활동하는 체계를 만들려고 했다.

2007년 11월 구글은 T-모바일, 삼성전자, 인텔, 이베이 등을 포함한 33개 회사와 협력해 안드로이드를 무상에 오픈소스로 공급하겠다고 발표한다. 이를 발표하는 자리에는 AT&T 등 이동통신사는 물론이고 노키아 그리고 구글 서비스로 톡톡히 재미를 보았던 애플도 참석하지 않았다. 휴대폰 제조업체나 이동통신사가 마음대로 변형할 수 있는 운영체제인 안드로이드는 스티브 잡스로 하여금 과거 매킨토시와 윈도의 악몽을 떠올리게 하기에 충분했다.

스티브 잡스는 구글에게서 '배신감'을 느꼈다고 표현했다. 로맨스는 끝나고 최고의 경쟁자로 돌아선 것이다. 전통의 우호관계였던 애플과 구글의 갈등이 시작되는 순간이었다.

🌐 _경쟁의 심화

이때부터 스티브 잡스는 구글과 안드로이드를 비난하기 시작했다. 많은 사람들이 모인 자리에서 구글의 모토인 '사악해지지 말자'

는 정말로 '엿 같은 소리'라고 강도 높게 비판하면서 구글에 대한 적
개심을 드러내기 시작했다.

스티브 잡스가 그런 반응을 보일 때도 에릭 슈미트는 애플 이사회
에 속해 있었고 점점 고립되었다. 에릭 슈미트만이 아니었다. 애플과
구글은 모두 세쿼이어 캐피탈이 대주주로 있었고 정말 형제처럼 이
사회가 밀접한 관계를 유지했는데, 안드로이드 프로젝트가 가장 중
요한 이슈가 되자 더는 좋은 관계를 유지할 수 없었다. 애플이든 구
글이든 선택해야 하는 기로에 선 것이다.

그럼에도 에릭 슈미트는 2009년 8월까지 애플 이사직을 유지했다.
에릭 슈미트는 그때까지도 애플에서 자신이 할 수 있는 역할이 있다
고 생각했다. 실제로 아이폰 최고의 앱과 서비스들은 구글이 제공한
것들이었다. 그러나 애플이 거의 인수할 뻔했던 최대 모바일 광고회
사인 애드몹을 구글이 중간에서 가로채듯이 인수하면서 완전히 돌
아올 수 없는 다리를 건넌다.

에릭 슈미트는 애플 이사직을 사임했고, 애플은 애드몹을 뺏긴 것
이 분했지만 2위 업체인 쿼트로 와이어리스를 인수하면서 일전을 준
비한다. 그것에 그치지 않고 래리 페이지와 세르게이 브린이 눈독을
들이고 인수하려던 음악 스트리밍 서비스 업체 라라를 전격적으로
인수하여 애드몹을 빼앗긴 사건에 대한 복수를 했다.

또한 구글의 성장에 엄청난 영향력을 행사했고, 에릭 슈미트가 초
기에 구글 CEO로서 안착하고 창업자들과 관계를 원만히 이끌어가
는 데 최고의 공헌을 했던 '코치' 빌 캠벨은 구글과의 관계를 정리했
다. 형제와 다름없는 스티브 잡스가 있는 애플을 선택할 수밖에 없었
기 때문이다.

Special Chapter

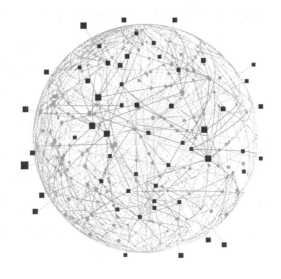

거의 모든
동아시아 IT의 역사

지금까지 거의 모든 IT 역사의 주된 무대는 미국이었다. 현재까지도 미국 내 다국적 기업들이 전 세계를 주도하고 있기 때문에 전체적으로 미국 중심의 거대 기업을 이야기하게 되는 것은 어찌 보면 피할 수 없는 일이다. 하지만 최근 들어 한국과 중국, 일본의 주요 기업들 중에도 전 세계 IT 역사에 큰 양향을 미치는 위상을 가진 곳들이 늘고 있어, 이번 10주년 기념판에서는 동아시아 3국의 IT 역사를 다루어보고자 한다.

동아시아 3국 IT 역사의 전체적인 흐름을 살펴보면 가장 먼저 선진국 반열에 오른 일본이 소니와 파나소닉 등 세계적인 전자제품 기업을 앞세워 주도했으나, 삼성전자의 약진과 초고속 인터넷 통신망의 보급을 통해 한국이 빠르게 따라잡았고, 거대한 시장 규모와 자본을 무기 삼아 최근 무섭게 성장하고 있는 중국이 미국과 경쟁할 수 있는 수준으로 치고 나가고 있다고 요약할 수 있다.

세계적인 전자제품 하드웨어 기업들을
탄생시킨 일본

제2차 세계대전 패전국에서 제조업 바탕의 경제 강국으로 재빨리 올라서게 만든 일본의 가장 큰 무기는 소니, 파나소닉, 도시바 등으로 대표되는 전자제품 하드웨어 제조업이었다. 이들은 뛰어난 제품 완성도와 최첨단 기술을 접목한 새로운 제품들을 끊임없이 내놓으면서 세계시장을 주름잡기 시작했다. 이들 중 대표 기업이라고 할 수 있는 소니의 탄생과 성장에 대해 간략히 알아보자.

소니의 역사는 제2차 세계대전 직후인 1946년 이부카 마사루가 도쿄의 한 백화점에 전자제품 가게를 연 것으로 시작한다. 그해 7월 모리타 아키오가 합류하면서 도쿄통신공업이라는 회사를 설립했다. 이후 제조업으로 탈바꿈해 1955년 TR-55라는 트랜지스터라디오를 제조했고, 1958년 일본 최초의 테이프 녹음기인 타입-G를 출시하면서 사명을 소니로 바꾸게 된다. 1960년대 소니는 세계적인 트랜지스터라디오 제품들을 지속적으로 내놓으면서 전 세계의 주목을 받았다. 모리타 아키오는 소니의 미국법인을 1960년 설립하고 지속적으로 전자제품을 미국에 수출하면서 전 세계에 일본산 전자제품에 대한 긍정적 인식을 심어주는 데 성공했다.

소니는 라디오와 휴대용 카세트테이프 녹음기에 이어 1970년대와 80년대에는 콤팩트디스크 플레이어와 컬러 TV, 1990년대에는 플레이스테이션을 대히트시키며 세계 최고의 전자제품 기업으로 인정받게 되었다. 당시 소니는 세계적인 기업으로서 위상을 과시하며 미국의 자존심이라고도 할 수 있는 기업체들을 인수해 위세를 떨치기도 했다. 대표적인 사례가 세계적인 레코드 회사였던 CBS 레코드를 1988년에, 최고의 영화사 중 하나였던 컬럼비아 픽처스를 1989년에 인수하면서 미디어 분야에서도 세계적인 영향력을 지니게 된 일이다. 이를 통해 영화와 음악, 디지털 전자제품을 아우르는 융합 접근을 추진했지만, 역설적이게도 이런 모험적인 시도가 그리 성공적이지 못했다고 판명 나면서 소니의 영화(榮華)는 이때부터 내리막길을 걷기 시작한다.

소니와 도시바, 파나소닉 등의 성공을 옆에서 지켜보던 한국에서는 삼성전자와 금성사가 이들의 성공 방정식을 따라하면서 탄탄한 내수시장을 바탕으로 빠르게 성장했다. 그러나 1990년대까지만 해도 이들이 일본의 세계적인 전자제품 기업들의 아성을 무너뜨릴 수 있을 거라고 믿었던 사람은 거의 없었다. 중국은 현재와 같은 고성장을 구가하기 이전이었고, 한국과 비교해도 경제력과 기술력, 인재 등 모든 면에서 상대가 되지 않았기 때문에 세계시장에서 존재감을 과시한 기업은 없었다.

✪ _ 일본이 선택한 폐쇄형 자국 PC vs 한국의 세운상가 PC

1970년대 후반 미국에서 애플II가 판매되고 코모도어 64를 위시한 8비트 PC 전성시대가 열리자, 일본에서도 당시 PC 3대장이라고 불리던 NEC, 후지쯔, 샤프를 중심으로 PC가 많이 제조되고 판매되었다. 일본의 PC 시장에서는 자국의 전자제품 기업들이 최고라고 믿었던 내수시장의 사용자들과 뛰어난 제조역량에 힘입어 당시 세계를 풍미하던 애플 호환기종 등이 그다지 위력을 발휘하지 못했고, 놀랍게도 IBM-PC 호환기종 역시 초기에는 별 재미를 못 봤다. 어찌 보면 일본 기업들이 뛰어난 역량으로 시장을 잘 지켰다고 생각할 수도 있겠지만, 오늘날까지 일본산업이 세계적인 확장을 잘 못 하는 소위 '갈라파고스화' 특징이 이때부터 있었다고 볼 수 있다.

일본 PC 3대장 가운데 맏형이라고 할 수 있었던 NEC는 정식 사명이 일본전기(니폰덴키)주식회사다. 1899년 설립된 장구한 역사를 가진 기업으로, 미국의 웨스턴 일렉트릭과의 합작회사로 설립되었다가 일본의 대표 재벌 중 하나인 스미토모 그룹이 제2차 세계대전 직전에 인수했는데, 일본의 패전 이후 미국이 재벌을 해체해서 독립하게 된 세계사의 큰 폭풍과 함께한 기업이기도 하다.

전신전화 사업을 주력으로 시작했지만, PC-9800 시리즈를 대히트시키며 일본 최고의 컴퓨터 제조와 반도체 기업으로서 위상을 공고히 했으며, 후지쯔와 슈퍼컴퓨터까지 개발했던 일본 IT 산업의 자존심과도 같은 기업이다.

일본의 PC 제품 개발의 역사는 미국과 비교해도 별로 뒤떨어지지 않는다. NEC는 최초의 PC라고 일컫는 알테어 8800과 유사한 개념의 취미용 단일보드 컴퓨터 키트인 TK-80을 1976년 내놓았는데, 알테어 8800이 1974년 12월 발표된 것을 감안하면 시기적으로 그리 큰 차이가 나지 않는다. NEC가 키트 형태의 최초 PC 타이틀을 일본에서 거머쥐었다면, 완성품 형태로 PC를 가장 먼저 출시한 곳은 1978년 베이식 마스터(Basic Master)를 발표한 히타치다.

그러나 일본시장을 주름잡게 되는 2개의 제품은 바로 그 직후

NEC와 샤프에서 나오게 되는데, 1979년 출시된 NEC의 PC-8001과 샤프의 MZ-80K 시리즈가 그것이다. 일본에서는 NEC의 PC-8001을 비롯한 PC-8000 시리즈와 이후 16비트 시대의 PC-9800 시리즈 등이 큰 히트를 치며 다소 우세했다. 하지만 샤프의 MZ-80 시리즈는 해외에도 많이 보급된 제품이었고, 1983년 삼성전자가 출시해 우리나라에서 애플II 호환기종과 함께 가장 많은 인기를 끈 제품 중 하나였던 SPC-1000이 MZ-80 시리즈를 컨버팅해서 만든 것이라는 주장이 있을 정도로 우리나라에 지대한 영향을 미쳤다.

후지쯔는 기업용 컴퓨터에서 조금 더 두각을 나타냈다. 1960년대부터 메인 프레임을 생산하기 시작했고, 현재까지도 서버용 하드웨어 및 SI 사업분야에서 일본 최고의 기업 중 하나로 군림하고 있다. 후지쯔의 PC 시장 진출은 NEC나 샤프보다 약간 늦은 1981년 이뤄졌다. 그러나 후지쯔의 FM 시리즈가 단기간에 시장에서 좋은 반응을 얻으면서 후지쯔는 샤프, NEC와 함께 일본의 8비트 PC 시장을 3등분하는 데 성공한다.

일본이 탄탄한 자국의 기술력을 바탕으로 독자적인 PC 생태계를 만들어가고 있을 무렵, 우리나라에서는 해외의 유능한 과학자들이 큰 활약을 펼쳤다. 1970년대 우리나라는 정부가 앞장서서 해외 과학자 유치 프로그램을 통해 해외에서 박사학위를 받은 유능한 과학자들의 귀국을 권유했는데, 그중에는 KIET 부소장으로 부임해 국산 컴퓨터 개발 프로젝트를 이끌던 이용태 박사가 있었다.

이용태는 집적회로 칩(Integrated Circuit, IC)을 이용한 PC의 시대가 열릴 것으로 생각하고 줄곧 정부에 개인용 컴퓨터를 개발해야 한다고

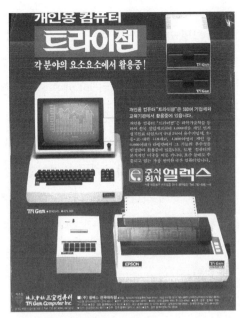

삼보컴퓨터에서 출시한 트라이젬 20

설득했지만, 정부가 움직이지 않았다고 한다. 그래서 1980년 KIET를 그만두고, 자본금 천만 원에 일곱 명의 직원을 데리고 직접 개인용 컴퓨터를 개발하기 위해 회사를 설립하게 되는데, 이것이 우리나라 최초의 개인용 컴퓨터 회사인 '삼보컴퓨터'다.

삼보컴퓨터가 만든 첫 번째 컴퓨터인 SE 8100은 1981년 탄생했다. 수작업으로 만들었기 때문에, 이용태의 말처럼 저렴한 컴퓨터가 될 수는 없었다. 가격이 천만 원이나 돼 기업의 회계용으로 판매되었다. 그래도 일단 할 수 있다는 자신감을 얻은 삼보컴퓨터는 원래 목표로 했던 가정용 PC 개발에 들어가는데, 이렇게 해서 탄생한 제품이 '트라이젬 20'이었다. 트라이젬 20은 공장에서 대규모로 생산하면서 가격을 42만 9천 원까지 낮추는 데 성공했다. 이 정도 가격도 당시 서민들이 사기에는 무리가 있었지만, 약간 무리할 생각을 한다면 구입하지 못할 정도는 아니었다. 이 제품을 시작으로 삼보컴퓨터는 국내 컴퓨터 시장을 장악하게 된다.

삼보컴퓨터의 뒤를 이어 금성사, 대우전자, 삼성전자 등이 PC 시장에 진출하면서 우리나라에도 본격적인 PC 시대가 열리기 시작했다.

그렇지만 우리나라의 PC 열풍에 가장 큰 기여를 한 것은 다름 아닌 청계천에 세워진 세운상가다. 1966년 제14대 서울시장 김현옥은 당시 윤락업소가 즐비하던 종로와 퇴계로 일대의 정비사업을 추진했고, 건축가 김수근이 종로3가와 퇴계로3가를 공중보도로 연결하는 독특한 주상복합 건물을 설계했다. 이 건물은 1966년 9월 착공해 1968년 8~17층 건물 8개가 모인 상가의 형태로 완공되는데, 이것이 바로 우리나라의 대표적인 전자상가로 이름을 날린 세운상가다. '세운(世運)'은 '세상의 기운은 다 모여라'라는 뜻으로 김현옥 시장이 지은 명칭인데, 그 이름에 걸맞게 한동안 우리나라의 전자산업을 주도했다는 말이 나올 정도로 중요한 역할을 했다.

세운상가는 특히 1980년대 개인용 컴퓨터 시대가 열리면서 전성기를 구가했는데, 우리나라에서 개발된 다양한 종류의 8비트 PC, 이후 16비트 IBM PC와 그 주변기기는 대부분 세운상가에서 거래되었다고 해도 과언이 아닐 정도로 호황을 누렸다. 특히 삼보컴퓨터나 금성사, 삼성전자의 PC 가격은 국립대학교 등록금에 맞먹을 정도로 비쌌는데, 세운상가에서 거래되는 애플 컴퓨터 호환 8비트 컴퓨터나 IBM 호환기종 PC 등은 그 가격의 절반도 되지 않으면서 성능이 우수했기 때문에 많은 사람들의 사랑을 받았다.

단순히 컴퓨터만 판매한 것이 아니라, 다양한 소프트웨어와 전문서적도 유통했다. 우리나라에서는 1987년 저작권법이 도입되기 전까지 소프트웨어 대부분을 복제를 통해 구했는데, 세운상가에는 다양한 소프트웨어를 불법복제해주는 곳들이 있었다. 보통 PC를 구입하면 필요한 소프트웨어를 통째로 카세트테이프나 플로피디스크 등에 담아 뭉치로 제공하는 것은 기본이었고, 각종 복사방지가 걸려 있는 소프트웨어들도 오늘날로 치면 강력한 해킹 기술을 바탕으로 간단히 부수고(이를 '깬다'고 표현했다) 복제하곤 했다. 필자도 중학생이던 1980년대 중반에 카세트테이프에 들어 있는 복사방지 코드를 카세트테이프를 플레이하면서 듣는 '청음'을 하면서 소리로 어디가 복사방지 지역인지 알아내 해당 부분만 정교하게 가위로 잘라내고 이어붙이는 방식으로 복사했던 기억이 새록새록 난다.

또한 세운상가에 있던 '세운기술서적'은 국내에서 좀처럼 구하기 어려웠던 해외의 컴퓨터 기술서적을 판매해, 국내의 여러 컴퓨터 엔지니어와 필자처럼 어리지만 컴퓨터를 열심히 공부하려고 했던 학생들에게 매우 중요한 보물창고와도 같은 역할을 했다.(이 책의 원고를 교정하던 2020년 11월 2일, 세운기술서적이 문을 닫았다는 뉴스를 접하게 되었다. 그야말로 역사의 한 막이 내리는 느낌이다.)

이처럼 세운상가에서는 뭐든지 주문만 하면 안 되는 것이 없다는 믿음이 확산하면서, 당시 사회에는 세운상가 사람들이 모이면 미사일이나 잠수함도 만들 수 있고 심지어 로봇 태권 V를 만들 수 있는 기술이 세운상가에 숨겨져 있다는 우스갯소리도 있었다. 이렇게 전성기를 누리던 세운상가는 1987년 새롭게 조성된 용산 전자상가로 많은 수가 이전하면서 화려했던 전성기를 마감하게 된다.

용산 전자상가는 1990년대 이후 16비트 IBM PC 호환기종을 생산하는 각종 조립식 PC 업체들이 호황을 누리면서 전성기를 구가했다. 직접 조립해서 판매하기도 했고, 알뜰 PC족에게는 가족이나 친척 그리고 친구 들에게 직접 컴퓨터를 조립하는 실력을 보여줄 수 있는 각종 부품들을 공급하는 쇼핑몰 역할도 했다.

✦ 협력을 통해 한 시대를 풍미한 MSX

1980년대 초반 일본의 8비트 PC 시장은 NEC, 샤프, 후지쯔라는 3대 PC 메이커가 점령하고 있었다. 그런데 이들은 가장 중요하게 생각했던 베이식 인터프리터 소프트웨어를 독자적으로 개발하기보다는 당시 세계에서 베이식 인터프리터를 가장 잘 만들었던 마이크로소프트에 제작을 맡기고 조금씩 다른 버전을 납품받아서 ROM에 탑재해 제품화하고 있었다. 이들 제품 간에 호환성이 별로 없었기 때문에 개발된 프로그램들을 포팅하기 어렵다는 단점을 알고 있었던 일본의 전자제품 후발업체들은 마이크로소프트를 설득해서 통일된 브랜드와 표준화를 통한 호환성을 강조하는 제품들을 가지고 3대 PC 메이커의 시장에 균열을 내려는 전략을 세우는데, 이렇게 해서 탄생한 것이 바로 MSX다. MSX에 참여한 기업들은 비록 PC 시장에는 큰 존재감이 없었지만 전자제품 자체는 매우 잘 만들었던 곳들로 소니, 파나소닉, 캐논, 카시오, 야마하, 파이오니아, 산요 등이 대표적이다.

MSX 개념을 처음 제시한 니시 카즈히코는 일본 최초의 컴퓨터 잡지인 〈ASCII〉를 발간한 인물로, 1978년에는 해외 출시된 게임 등을 일본어로 번역해 유통하는 기업도 설립했는데, 미국과 일본을 연결하는 사업을 하면서 마이크로소프트의 빌 게이츠와 친분을 쌓게 되었고 일본 마이크로소프트의 대주주이기도 했다. 니시 카즈히코는 과거 비디오테이프 표준과 관련해 소니의 베타맥스와 다른 전자제품 기업들 연합이 밀었던 VHS의 표준경쟁에서 성능이 우수한 베타맥스가 VHS에 패배하는 과정을 지켜보며, PC 시장에서도 이와 비슷한 상황이 나타나리라 생각하고 MSX를 계획했다고 한다. 일본 기업들 이외에도 해외에서는 우리나라의 금성사, 삼성전자, 대우전자와 유럽의 필립스 등이 동참했다.

MSX는 단순히 소프트웨어 측면의 호환성뿐만 아니라 하드웨어 확장에 대한 표준도 정해서 일본과 한국 시장에서 돌풍을 일으켰는데, 특히 카트리지를 통해 즉각적으로 게임을 할 수 있도록 한 개념이 게임기와 PC를 하나로 합친 듯한 경험을 선사했다. 하드웨어 스펙을 보더라도 당시로서는 고사양인 3.58MHz Z80 CPU에 텍사스인스트루먼트의 TMS 9918 그래픽카드와 16KB의 전용 VRAM을 탑재했으며, 사운드 등도 매우 훌륭해서 게임을 제작하는 데 이보다 좋은 컴퓨터가 없다는 평가를 받았다. 소프트웨어 측면에서는 마이크로소프트가 개발한 MSX 베이식을 모두 탑재했기에 강력한 소프트웨어 생태계를 만들 수 있었다.

1983년부터 다양한 제품들이 MSX 호환제품의 형태로 전 세계에 출시되었는데, 당시 애플II가 프리미엄 시장을 주도하고 코모도어와 아타리 제품 등이 저가시장을 장악했던 미국시장보다는 일본과 한

대우전자의 IQ-1000

국, 유럽 시장을 주 타깃으로 삼고 마케팅을 펼쳤다. 그러나 유럽시장에서도 이미 수년 전에 판매가 시작된 코모도어 64나 싱클레어 ZX 스펙트럼 컴퓨터 등에 밀리는 양상이어서 기대에 미치지 못했고 일본과 한국이 주된 시장이 되었는데, 이후 남미의 브라질과 아르헨티나, 유럽에서는 네덜란드와 스페인 등지에서 좋은 반응을 얻었다.

우리나라 PC 시장에서도 MSX는 큰 바람을 일으켰다. 1984년 금성사, 대우전자, 삼성전자가 나란히 제품을 출시했는데, 삼성전자와 금성사에는 SPC-1000과 패미콤이라는 독자 브랜드가 있었기 때문에 대우전자가 IQ-1000이라는 브랜드 명칭을 가지고 적극적인 마케팅을 통해 가장 많은 인지도를 쌓았다. 사실 규격이 비슷한 표준이라고 해도 실제로 호환이 잘 되게 만드는 것은 꽤 어려운 작업이었는데, 이들 3사의 제품이 잘 호환된 데에는 우리나라 최초 벤처기업 중 하나인 큐닉스(Qnix)의 역할이 컸다고 한다. 당시 마이크로소프트와 기술제휴 및 에이전트 계약을 맺고 있던 큐닉스가 3사를 모두 접촉해 한글 지원을 독자 개발하지 않고 큐닉스의 한글 바이오스를 공통으로 쓰게 하면서 한글 소프트웨어 호환성도 확보할 수 있었고, MSX 소프트웨어의 수입 및 개발에도 관여했다.

이처럼 MSX는 IT 역사 초기에 한국과 일본이 중심이 되어 나름 의미 있는 족적을 남긴 하드웨어와 소프트웨어 생태계를 구축했다. 니시 카즈히코의 꿈은 16비트 PC의 시대가 되어 IBM-PC로 시장의 주도권이 바뀌면서 그다지 성공하지 못했지만, 그가 생각했던 것처럼 독자적인 하드웨어와 소프트웨어만이 아니라 다양한 협력과 생태계를 갖추어야 경쟁에서 승리할 수 있다는 전략은 이후 IT 역사에서도 그대로 증명되고 있기에 MSX가 꾸었던 꿈은 역사적으로 평가할 만하다고 할 수 있겠다.

취약했던 동아시아 소프트웨어의 역사

일본과 한국이 주도했던 전자제품 하드웨어 제조업은 세계적인 경쟁력을 갖추고 있었지만, 소프트웨어의 경쟁력은 매우 취약했다. 많은 수의 주요 소프트웨어는 미국이나 영어권에서 제작되었고, 일본과 한국에서는 주로 자국 언어를 포팅하는 정도의 작업이나 일부 기업 등에서 꼭 필요로 하는 소프트웨어 시장 정도가 활성화되고 있었다.

그러던 와중에 현재까지도 세계 IT 기업의 역사에 엄청난 영향력을 미치는 기업이 한국계 일본인에 의해 탄생하기 시작했다. 그리고 한국에서는 한글 워드프로세서 시장에서 글로벌 기업과의 경쟁을 승리로 이끄는 기업이 등장한다.

⊕ _소프트뱅크의 탄생

소프트뱅크 손정의 회장은 1957년생으로, 일본 규슈 사가현에 있는 한인 집성촌에서 살았다. 할머니와 함께 손수레를 끌고 음식 찌꺼기를 거두러 다니면서 돼지를 키우기도 하는 등 매우 가난한 유년기를 보냈지만, 약관 24세의 나이로 소프트웨어 종합유통회사 소프트뱅크를 설립하고 현재는 일본, 아니 아시아 전체를 대표하는 초거대 기업의 회장이 되었다.

그의 모험은 고등학교 1학년 때 돌연 미국행을 결심하면서 시작된다. 1974년 1학년 1학기에 미국으로 건너간 손정의는 홈스테이를 하며 6개월간 어학연수를 받았다. 그리고 그해 여름에 샌프란시스코 인근 세라몬테 고등학교 2학년에 편입했다. 그런데 이때부터도 범상치 않았는데, 자신의 수준이 높다고 생각한 손정의는 불과 3일 만에 3학년으로 월반하고, 다시 3일 만에 4학년에 월반한 뒤 바로 고등학교 졸업자격 검정고시를 치러서 시험에 합격하고 1974년 10월 세라몬테 고등학교를 자퇴했다. 그후 SAT 시험 없이 입학이 가능한 커뮤니티 칼리지에 먼저 진학했다. 그런 그에게 1975년 엄청난 충격을 주는 사건이 일어난다. 바로 스티브 잡스와 빌 게이츠의 인생을 바꾼 그 잡지 〈파퓰러 일렉트로닉스〉를 본 것이다. 차이가 있다면 스티브

소프트뱅크 손정의 회장

잡스와 빌 게이츠는 세계 최초의 PC인 알테어 8800에 넋을 빼앗겼지만, 손정의는 인텔이 발표한 i8080 컴퓨터 칩의 확대 사진에 마음을 빼앗겼다는 점이다. 손정의는 2010년 3월 소프트뱅크의 대학 졸업자 채용을 위한 강연에서 다음과 같이 언급한다.

"처음으로 마이크로 칩의 사진을 보았습니다. 막 태어난 마이크로컴퓨터의 칩이었지요. 과학잡지 1페이지에 실려 있는 사진을 보고 엄청난 충격을 받았어요. 차에서 내려서도, 길에서도 읽으면서 걸었습니다. 그러니까 미래도시 같은, 미래도시의 설계서 같은 컬러 사진이었는데, 이게 뭐지? 참 이상한 사진인데, 처음 보는 사진이구나 하고 다음 페이지를 넘기자, 이것이 바로 마이크로 칩의 확대 사진이었다는 걸 알게 되었습니다.

집게손가락 끝마디에 딱 올라갈 정도의 크기였는데 그것을 보고, 눈물이 났습니다. 양손, 양다리의 손가락과 발가락 끝이 징~ 저려서,

멈추지 않았어요. 인류는 어쩌면 이렇게 엄청난 일을 해냈는가. 자신의 뇌를 능가할지 모르는 것을, 처음으로 만들어냈다! 발명했다! 뭐 끔찍할 정도의 충격과 감명을 받은 거죠.”

손정의는 홀리네임스 칼리지에서 2년의 공부를 마치고, UC버클리 대학교 경제학과 2학년에 편입했다. 이 시기는 빌 게이츠와 스티브 잡스가 막 창업해서 사업을 일으키던 시점이었다. 비록 학생이었지만 손정의 역시 역사의 흐름을 느끼고 하루에 하나씩 발명하겠다는 각오로 ‘아이디어 뱅크’라는 발명 노트를 작성했는데, 버클리 학부를 다니던 당시 제작했다는 이 노트에는 무려 250개 이상의 발명품이 영어로 상세히 기록되어 있다고 한다.

이렇게 여러 개의 아이디어 중에서 손정의는 세계 최초의 포켓PC 아이디어를 가장 먼저 사업화하고 싶었지만 현실적인 어려움이 많다는 걸 알고, 대안으로 ‘음성전자 번역기’라는 발명품을 선택했다. 낱말카드를 이용해 영어공부를 할 수 있었던 이 아이디어를 사업으로 발전시키기 위해 손정의는 당시 버클리의 포레스트 모더 교수가 음성 신디사이저 분야의 전문가라는 사실을 알아내고 무작정 교수를 찾아가 자신의 아이디어를 설명했다. 무모한 학생의 저돌적인 제안을 거절할 법도 했지만, 모더 교수는 손정의의 제안을 수락하고 1년간 기술 개발을 통해 1977년 특허를 내고 프로토타입을 완성했다. 1978년 손정의는 이 제품을 들고 파나소닉, 산요 등 큰 기업들을 찾아다녔지만 대부분 거절을 당한다. 그런 그에게 관심을 보인 곳이 샤프전자다. 당시 샤프전자의 사사키 다다시 중앙연구소장은 이전에 미국에서 우연히 손정의를 만나보고는 그의 열정을 높이 사고 있었기에 다소 무모해 보이는 이 청년의 도전을 흔쾌히 받아들였다. 이렇게 해서 탄생한 것이 1979년 샤프에서 출시된 최초의 전자사전 형태의 기기인 IQ 3000이다.

손정의의 버클리 대학교 재학시절 일화로 또 하나 재미있는 사건은 일본에서 인기를 끌던 아케이드 게임기를 미국에 사가지고 들어가서 버클리 대학교 아이스크림 가게에 처음 설치해 많은 돈을 벌었던 일이다. 이 사업은 손정의와 버클리에서 만난 친구인 대만의 루홍량이 동업했는데, 처음 게임기를 설치하고 반년 만에 350대까지 기계의 설치를 늘렸고, 1억 엔을 훌쩍 넘긴 수익까지 챙겼다. 그들의 성공을 보고 캘리포니아의 백여 개 회사가 이 사업을 벤치마킹했지만, 누구도 두 사람의 자리를 빼앗지 못했다고 한다. 이렇게 번 돈으로 그는 버클리 캠퍼스 근처에 있는 게임센터를 매입했는데, 이미 학창 시절부터 아이디어와 과감히 투자하는 DNA가 있었다는 점을 알 수 있다.

1980년 3월 미국 유학을 마치고 일본으로 귀국한 손정의는 귀국 1년 뒤인 1981년 일본 후쿠오카에 지금까지 누구도 시도하지 않은 소프트웨어 은행을 한번 만들어보자는 생각으로 소프트뱅크를 설립했다. 3개월 후 도쿄로 본사를 옮긴 소프트뱅크는 가장 먼저 지식을 전파하는 일이 중요하다고 생각해 IT 업계와 컴퓨터 관련 출판업으로 자신들의 존재를 세상에 알리기 시작했다.

그리고 본격적인 소프트웨어 유통업에 진출해 회사를 키워나갔는데, 앞서 언급한 MSX를 출범시킨 니시 카즈히코 역시 〈ASCII〉라는 커다란 잡지를 중심으로 관련 미디어 사업을 하고 있었기에, 이들은 일찌감치 라이벌 구도를 형성하게 되었다. 심지어 소프트뱅크가 사업을 한창 확장할 때 주요 잡지를 장악했던 니시 카즈히코가 본인이 직접 소프트웨어 유통업에 진출하겠다는 마음을 품고 소프트뱅크의 광고 게재를 계획적으로 거부했다는 소문도 있다. 손정의는 훗날 당시 니시 카즈히코와의 일을 두고 그때까지 한 번도 느껴보지 못한 분노를 느꼈다고 고백한 바 있으니, 이들의 라이벌 구도도 대단했던 듯하다. 상황이 이렇게 되자 소프트뱅크는 직접 컴퓨터 잡지 출판업에 진출하면서 미디어와 소프트웨어 유통에서 일본에서 가장 유명한 기업으로 발전하게 된다.

사업은 나름 탄탄하게 입지를 다져갔지만, 손정의의 건강은 그렇지 못했다. 1980년대 초반 손정의는 B형간염을 심하게 앓는 바람에 수년간 병원에 입원했다가 퇴원하는 생활을 반복했는데, 그 사이 IT 산업의 지형도 조금씩 바뀌어가고 있었다.

⊕ _캐나다 교포 청년들이 개발한 한글 워드프로세서

한글 워드프로세서는 소프트웨어 부문의 약소국이던 우리나라에서 외산 소프트웨어를 물리치고 국산제품들이 약진했던 유일한 분야다. 최초로 유명해진 한글 워드프로세서는 캐나다 토론토에 사는 20대 후반의 청년들이 내놓은 한글 2000이다. 고등학교 동창생인 정재열, 강태진, 한석주는 '한컴퓨터연구소'라는 회사를 설립하고 한글 워드프로세서를 만들기 위해 매진했다. 이들은 당시 실리콘밸리에서 가장 성공한 한국인으로 꼽히는 텔레비디오(Televideo)의 황규빈 사장을 만나서 개발비를 지원받아 텔레비디오 PC에서 쓸 수 있는 한글 워드프로세서를 만들기 시작했는데, 이것이 한글 2000 개발의 계기가 되었다.

이들이 만든 워드프로세서는 미국과 캐나다 등지에서 인기를 끌었고, 시장의 반응에 자신감을 얻은 한컴퓨터연구소는 한국에 들어와 본격적인 승부를 펼치기 시작했다. 이들이 한국에서 처음 자리를 잡은 곳은 당시 안과의사면서 동시에 한글과 관련한 연구에 평생을 바친 공병우 박사의 개인연구실인 종로구 와룡동의 한글문화원이다. 이곳은 이후 '한글과컴퓨터'가 초창기에 자리를 잡았던 곳이기도 하니, 우리나라 IT 역사에서 가장 중요한 장소 중 하나라고 할 수 있다. 한컴퓨터연구소와 공병우의 인연은 공병우가 자신이 개발한 세벌식자판을 애플II용으로 만들었던 한글III 워드프로세서에 넣어 달라고 1983년 요청하면서 시작되었다고 한다.

한글 2000은 워드프로세서와 스프레드시트인 칼크, 데이터베이스인 카드가 포함된 오늘날의 MS오피스와 비슷한 형태를 띠고 있었다. 당시로서는 혁신적인 매킨토시 컴퓨터에서 구현되었던 풀다운 메뉴를 지원했고, 한글카드 없이도 보는 그대로 편집할 수 있고 출력되는 '위지윅(WYSWYG, What You See is What You Get. 보는 대로 얻는다는 뜻)' 개념이 지원된 최첨단 소프트웨어로 많은 찬사를 받았으나, 그로부터 2년 뒤에 나온 '아래아 한글'과의 경쟁에서 우위를 점하지는 못했다. 이후 이 제품은 '사임당'으로 진화했는데, 사임당 역시 최초로 워드프로세서에 그래픽과 사진을 마음대로 쓸 수 있는 멋진 기능을 구현하고 높은 평가를 받았으나, 시장에서는 호평을 받지 못했다. 한컴퓨터연구소는 결국 1994년 말 '한글과컴퓨터'에 흡수되었다.

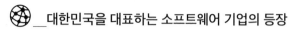# 대한민국을 대표하는 소프트웨어 기업의 등장

IT라고 하면 컴퓨터를 비롯한 하드웨어를 생각하던 시절, 처음으로 소프트웨어 전문기업이 우리나라에도 등장할 수 있다는 것을 보여준 '한글과컴퓨터'는 1990년 문을 열었다. 이 기업은 1988년 가을 서울대학교 컴퓨터연구회에서 만난 이찬진, 김형집, 우원식, 김택진이라는 4명의 대학교 동창 선후배들에 의해 탄생했는데, 이들은 1989년 3월 아래아 한글 0.9판을 발표하면서 우리나라를 대표하는 소프트웨어의 전설을 쓰기 시작했다. 최초의 상용버전인 1.0판은 1989년 4월 출시되었다. 파격적인 위지윅 기능과 아름다운 글꼴이 특히 많은 찬사를 받은 아래아 한글은 이후 꾸준한 판올림을 통해 그 기능을 계속 업그레이드했는데, 1990년 10월 이찬진이 한글과컴퓨터라는 이름으로 한글문화원 사무실 내부에 회사를 만들고 외부 직원들도 영입하면서 탄탄하게 성장하기 시작했다.

아래아 한글은 당시 세계를 주름잡던 MS워드와의 경쟁에서도 밀리지 않았다. 아래아 한글 2.0 버전의 강력한 기능과 함께, MS워드는 한글 2,350 글자만 나타낼 수 있는 완성형 코드를 지원했으나(이는 당시 우리나라 표준이 완성형 코드로 결정되었기 때문이다), 아래아 한글은 조합하는 방식의 조합형 코드를 지원해 한글 11,172 글자를 모두 표현할 수 있다는 것도 중요한 장점으로 부각되었다. 여기에 한발 더 나아가 '아래아' 등의 고어까지도 표기할 수 있다는 상징적인 이미지까지 가세해 국내 워드프로세서 시장의 절대강자로 군림하게 되었다. MS워드와의 경쟁에서 승리한 한글과컴퓨터는 1993년에는 매출액 100억 원을 넘어섰고, 10만 명이 넘는 정식 사용자들이 생겼다. 이찬진은 활발한 인수 합병을 통해 한글과컴퓨터의 사업영역을 넓혔고, 우수한 개발력도 확보하면서 거칠 것 없이 순항하는 듯했다.

✺ _불법복제와 윈도 95, 판세를 바꾸다

이렇게 대한민국을 대표하는 소프트웨어 전문기업으로 성장해서 잘나가던 한글과컴퓨터의 발목을 잡은 첫 번째 난관은 소프트웨어 불법복제였다. 소프트웨어 기업은 기능의 업그레이드를 위해 계속 비용을 들이는데, 불법복제 때문에 개발된 소프트웨어에 의한 수익이 늘어나지 않았던 것이다.

또 하나의 위협은 운영체제 환경의 급격한 변화였다. 마이크로소프트가 윈도 95를 출시하고 윈도 환경에 적합한 오피스 제품군을 적극적으로 마케팅하면서, 사용자들이 오피스로 이탈하기 시작했다. MS워드와의 단독 승부였다면 여전히 해볼 만했겠지만, 당시 오피스에는 엑셀이라는 막강한 조력자가 있었고 파워포인트도 점점 많은 사람들에게 알려지면서 사실상 공정한 워드프로세서로서의 경쟁구도가 아닌 상황이 되었다. 여기에 의욕적으로 회사 규모를 키운 탓에 경영도 빠르게 어려워졌다.

결국 한글과컴퓨터는 1988년 5월 13일 1차 부도를 냈다. 한 달 뒤에는 한글 워드프로세서 개발을 포기하고 소스코드를 넘기는 조건으로 마이크로소프트에게서 1,000만~2,000만 달러 상당의 투자를 받는다고 발표하기에 이른다.

이 소식은 방송사들이 메인 뉴스로 보도할 만큼 파장이 컸다. 많은 사람들이 한글과컴퓨터를 살리겠다고 나섰다. 1998년 6월 22일 메디슨 이민화 회장이 주도하고 한글학회 등 여러 단체가 참여해 '한글지키기운동본부'를 만들었고, 이곳에서 1998년 7월 20일 100억 원의 투자를 받는 조건으로 한글과컴퓨터는 마이크로소프트와의 계약을 파기했다. 이 과정에서 이찬진은 한글과컴퓨터를 떠났다.

한글과컴퓨터는 공룡 마이크로소프트에 맞섰던 기업이다. 비록 그들의 성공은 제한적인 수준에 그쳤지만, 그 패기만큼은 대단했다. 우여곡절이 있었지만, 한글과컴퓨터는 여전히 우리나라를 대표하는 소프트웨어 기업의 위상을 지키고 있다. 다만 과거와는 다른 종류의 사업을 통해 미래를 대비하는 중이다.

과거 개인용 컴퓨터 기반의 환경에서는 소프트웨어를 패키지로 판매해 수익을 올릴 수 있었지만, 이제는 모바일과 클라우드 환경으로 많이 바뀌면서 여기에 대응하는 것이 중요해졌다. 점차 다양한 디바이스들이 인터넷에 연결되고, 소프트웨어를 빌려 쓰는 것이 일반화되는 세상에서는 적극 변화하지 않으면, 윈도 95가 몰고 왔던 파괴적인 변화에 속수무책으로 당했던 과거를 만날 수 있다.

인터넷 혁명의 시작, 역동의 소프트뱅크와 한국의 약진

1990년 말 시작된 인터넷의 급속한 보급은 동아시아 지역의 IT 역사에도 막대한 영향을 미쳤다. 일본에서는 소프트뱅크가 일본시장을 벗어나 본격적으로 미국 진출을 추진하면서 세계 최대의 IT 분야

투자회사로서 위상을 키워나가기 시작했고, 한국은 초고속 인터넷 인프라를 세계 최고 수준으로 갖추고서 전 세계 어느 나라와 비교해도 손색없는 산업의 발전을 구가하기 시작한다.

⊛ 소프트뱅크와 야후!의 만남

1980년대 중반 컴퓨터 하드웨어와 소프트웨어에서 통신과 관련한 네트워크 사업이 크게 중요해지겠다고 느낀 손정의는 새로운 사업 아이템을 발굴하게 되는데, 전화를 하면 자동으로 저렴한 선로를 골라서 연결해주는 NCC 박스가 그것이었다. 이 사업은 통신사업자가 고객이 되어야 하기 때문에 소프트뱅크의 자회사로 데이터넷이라는 기업을 설립하고 여러 통신사업자들에게 제품을 라이선싱해 팔았다. 이 사업은 소프트뱅크가 통신업에 진출하는 중요한 계기가 되었고, 미국 야후!와 제휴를 맺고 미국에서 통신사업에 뛰어들었을 때도 중요한 역할을 하게 된다.

또한 1987년 빌 게이츠와 인터뷰를 위해 만났던 사건 역시 손정의가 미국으로 진출하는 데 중요한 계기가 된다. 빌 게이츠는 손정의를 만나 인터뷰를 하면서 미국 〈PC위크〉를 소개하고 이를 읽어보라고 권유하게 되는데, 손정의는 단순히 이 잡지를 알고 읽어보는 것에 그치지 않고 글로벌 미디어를 인수하는 데까지 생각을 확장했다. 이 꿈은 1995년 소프트뱅크가 〈PC위크〉를 발매하는 지프데이비스 본사를 인수하면서 실현되었다.

소프트뱅크는 1995년 미국시장 진입을 위해 지프데이비스와 당시 세계 최대 컴퓨터 전시회인 컴덱스전시회의 사업부문을 인수하면서 본격적으로 일본을 벗어나 세계적인 영향력을 가진 기업으로 성장했다. 지프데이비스에 대한 투자는 바로 미국을 중심으로 하는 글로벌 IT 산업 전반에 레이더를 단 것과 같은 역할을 했고, 미래지향적인 좋은 회사가 있다면 지프데이비스를 통해 언제든 발굴해 달라는 손정의의 지침은 곧바로 그해 말 매우 중요한 만남으로 이어진다. 인수한 지프데이비스 출판부문의 에릭 히포 사장이 야후!를 창업한 제리 양과 데이비드 필로와의 만남을 주선한 것이다. 야후!는 1995년 4월 창업 후 인터넷이 크게 성장하면서 매우 빠른 속도로 세를 키워나가던 스타트업이었다. 당시 야후!는 세콰이어 캐피탈로부터 200만 달러의 초기 투자를 받은 상태였다.

손정의는 야후! 본사를 바로 방문해 콜라와 피자를 시켜 먹으며 많은 이야기를 나눴는데, 특히 대만 출신 이민자인 제리 양과 통하는 것이 많았다고 한다. 그 대화 이후 바로 투자를 결정해 5퍼센트 지분을 확보하고, 야후!의 일본 진출을 직접 챙기겠다는 의사를 밝힌 후 1억 달러를 더 투자해 야후! 지분 29퍼센트를 추가로 얻는 데 성공한다. 당시 야후!는 연 매출 100만 달러에 적자가 200만 달러에 달했지만 미래를 내다본 손정의의 투자는 대성공을 거둔다. 이때 손정의는 거래를 마치기 전에 평소 친분이 있던 마이크로소프트의 빌 게이츠, 넷스케이프의 짐 클라크, 시스코의 존 체임버스, 썬 마이크로시스템스의 스콧 맥닐리 등에게 이메일을 보내 적극적인 반대자가 없다는 점을 확인하는 철두철미함을 보였다. 거래가 있던 당시 미국 언론들과 일본 모두에서 말도 안되는 거품에 과도한 투자를 했다는 반응을 보였지만, 이 거래를 바탕으로 소프트뱅크가 51퍼센트 지분을, 야후!

본사가 49퍼센트 지분을 가지고 일본에 야후재팬을 설립해서 야후! 서비스를 시작했는데, 야후재팬은 현재까지도 일본 최대의 포털로서 공고한 자리를 유지하고 있다.

사실 소프트뱅크가 전 세계적인 두각을 나타낸 데에는 앞으로 설명할 알리바바에 투자해서 큰 이익을 낸 일이 주요했지만, 이미 야후!에 투자한 당시에 최고의 기업으로 성장할 수 있는 기틀을 확실히 닦은 셈이다. 1996년 5월 30일 야후!가 나스닥에 상장하고, 1997년 야후재팬이 일본에 상장하면서 초기 투자액이 수백 배의 가치로 돌아오게 되었다. 이런 투자 이익을 바탕으로 E트레이드, 지오시티즈 등의 실리콘밸리 유망 벤처에 잇따라 투자하면서, 소프트뱅크는 세계 최고의 투자기업 중 하나의 자리에 우뚝 서게 되었다.

🕸 __대한민국을 IT 강국으로 만든 초고속 인터넷의 역사

1991년 미국에서는 앨 고어 당시 상원의원의 발의로 초고속 광섬유망을 이용한 컴퓨터 네트워크를 건설하는 사업과 관련한 법률이 발효되었고, 조지 부시에 이어 대통령 자리에 오른 빌 클린턴은 1994년 이를 전 세계로 확대하는 정책을 펼쳐나갔다. 우리나라도 이런 국제적인 조류에 발을 맞춰 초고속 정보통신망 구축계획을 세워나갔는데, 초기에는 광케이블 기반의 백본망을 구축하면서 동시에 정보통신부와 ETRI가 주로 연구하던 B-ISDN 기술을 상용화하는 방향으로 계획을 추진했다.

그러나 정부계획과는 달리 1998년 광케이블 백본망과 케이블 TV망을 이용한 두루넷이 최초로 초고속 인터넷 서비스를 시작하고 인기를 끌면서 B-ISDN보다는 초고속 인터넷 서비스가 대세를 차지하기 시작한다. 당시 광케이블 백본망은 기존의 동축케이블의 수십 배 속도를 낼 수 있었고, 제작 단가가 훨씬 저렴했으며, 동축케이블과 달리 통신케이블을 별도로 설치할 필요 없이 전기선이나 도로, 가스관과 함께 설치할 수 있었기 때문에 한국전력, 가스공사, 도로공사 등의 인프라 사업자도 광케이블망을 손쉽게 설치할 수 있었다. 그래서 이들을 통해 백본망을 쉽게 깔 수 있었고, 이후 이들이 지분을 가진 몇몇 민간회사들이 경쟁하는 체제로 전환되면서 수년 뒤 초고속 인터넷 대국의 명성을 얻게 되는 근간을 마련했다.

정부의 초고속 정보통신망 구축계획도 우리나라가 비교적 빠른 편이었지만, 민간에서의 과감한 투자도 우리나라가 매우 빨랐다. 이번에도 삼보컴퓨터의 이용태 회장이 나섰다. 그는 정부의 계획보다 훨씬 적은 1조원으로 전국에 초고속망을 구축할 수 있다고 이야기하기도 했지만, 무엇보다 과감히 초고속 인터넷 서비스를 상용화하는 두루넷(thurunet)을 설립해 사업을 진행했다.

이는 상당히 혁명적인 사건으로, 기간통신 사업자가 아닌 기업이 통신서비스를 시작할 수 있게 되었다는 것을 의미했다. 1996년 이전까지는 법적으로 통신망을 설치할 수 있는 사업자가 기간통신 사업자로 지정된 한국통신과 데이콤뿐이었고, 실제로 망은 한국통신이 전부 설치했다. 데이콤은 한국통신 망을 임대해 별도로 서비스하는 사업자였으며, 다른 기업들은 통신망을 설치할 수 없었다. 이 규제 때문에 1996년까지 통신사업은 사실상 독점체제를 유지했다.

1995년 7월 4일, 신규 기간통신망 사업자의 7개 분야 선정계획이 발표되었고, 삼보컴퓨터와 한국전력의 컨소시엄인 두루넷(당시 윈넷)과 대한송유관공사 중심의 지앤지텔리콤이 1996년 6월 10일 기간통신 사업자의 지위를 부여받았다. 이렇게 기간통신 사업자로서 통신망 사업을 할 수 있게 된 두루넷은 한국전력 광케이블 백본망의 배타적 사용권을 확보해 기업을 대상으로 전용선 임대사업을 시작했다. 100퍼센트 광케이블로 새로 구축하는 망을 이용해 경쟁력을 키워가던 두루넷은 1998년 7월 드디어 초고속 인터넷 서비스를 시작했다. 각 가정까지 연결되는 지역망은 지역의 SO(유선방송 사업자)들과 협의해서 지역 케이블 TV망을 이용했다. 최고 10Mbps라는 당시로서는 놀라운 속도의 초고속 인터넷 서비스는 이렇게 처음 국내에서 선을 보였다. 두루넷은 당시 빠르게 증가하던 PC방과 함께 승승장구하면서 우리나라에 초고속 인터넷 서비스가 일반화되는 전기를 마련했다.

이렇게 되자 정부의 초고속 정보통신 기반 구축계획의 일환으로 ATM 교환기를 이용하게 되어, ISDN망 개발에 주력하고 있던 한국통신과 데이콤이 난감한 상황에 처했다. 한국통신은 ISDN 개발이 주축이었기 때문에 이 사업에 뛰어들기를 주저하고 있었는데, 1997년 한국통신에 이어 제2 시내전화 사업자로 선정된 하나로통신이 과감히 미국에서도 실험 단계에 불과했던 ADSL 기술을 이용해 1999년 4월 초고속 인터넷 서비스를 시작하면서 승승장구하기 시작했다. 뒤늦게 대세의 변화를 느낀 한국통신은 그로부터 6개월이 지난 1999년 10월 공격적으로 ADSL 서비스를 시작하며 초고속 인터넷 서비스에 뛰어들었다. 두루넷과 하나로통신, 한국통신의 경쟁체제로 시작된 우리나라의 초고속 인터넷 서비스는 2000년 가입자 수가 300만 명을 돌파했고 2002년에는 1,000만 명을 넘어섰다. 이는 경제협력개발기구 (OECD) 국가 중 초고속 인터넷 가입자 비율이 가장 높은 수준이며, 아직도 전 세계에서 가장 빠른 수준의 인터넷 서비스를 제공하고 있다. 여기에 크게 일조한 3개 회사는 현재 두루넷은 LG U+, 하나로통신은 SK 브로드밴드, 한국통신은 KT로 통합되어 여전히 우리나라의 초고속 인터넷 서비스를 선도하고 있다.

✪ _인터넷 카페와 PC방, 인터넷 열풍의 도화선이 되다

1994년 상용인터넷 서비스가 시작되었지만, 가정집에서 이용하기에는 무리가 있었다. 특히 당시 인터넷을 활용하기 위해 가장 많이 이용되던 인터넷 웹 브라우저인 넷스케이프 등은 상당히 좋은 PC 사양을 요구했고, 특별히 인터넷에 특화된 콘텐츠도 많지 않아서 일반인들이 가정집에서 마음 놓고 서비스를 이용하기는 어려웠다.

반면 인터넷 서비스가 필요할 때 좋은 사양의 PC를 갖추고 시간제로 활용하고자 하는 사람들의 수요는 있었기 때문에, 자연스럽게 인터넷 카페가 등장했다. 우리나라 최초의 인터넷 카페는 1995년 9월 문을 연 홍익대학교 앞의 '넷스케이프'와 종로의 '네트'로 알려져 있다. 그리고 1996년 신림동에 첫 번째 점포를 낸 '인터넷매직플라자'는 3년 만에 100여개에 달하는 체인점을 확보할 만큼 성공가도를 달렸다.

인터넷 카페가 주로 인터넷을 사용하는 환경이었다면, 이후에는 온라인 게임 등의 인기와 특히 스타크래프트 열풍에 힘입은 'PC방'이 정말 폭발적으로 보급되었다. 1990년대 후반 보급되기 시작한 PC

문화의 거리, 젊음의 거리.. 홍대에서 시작되었습니다.

국내 최초 PC방은 어디?

1995년 9월,
인터넷 카페 '넷스케이프' 오픈

우리나라 최초의 인터넷 카페 넷스케이프

방은 1999년에는 전국에서 1만 5천여 점포가 성업했고, 2000년대 이후에는 중국과 동남아시아를 비롯해 초고속 인터넷이 구축된 전 세계로 그 문화가 확산되었다. 단순히 PC와 인터넷을 이용하는 문화만 확산된 것이 아니었다. 한국에서 대성공을 거두면서 세계적인 게임이 된 스타크래프트나 온라인 게임의 신화를 쓴 리니지도 PC방을 통해 전국과 전 세계적인 명성을 얻게 되었다.

일반 산업은 보통 사업이 한번 자리를 잡고 나면 웬만한 부침을 겪지 않고 꽤 오랫동안 버틸 수 있기 때문에, 지나치게 빠른 변화보다는 다소 보수적으로 운영하는 것이 경영의 정석으로 받아들여졌다. 그렇지만 IT 산업만큼은 그렇게 경영해서는 안 된다.

일본에서 대성공을 거둔 ISDN 기술에 일찌감치 투자하고 상용화의 타이밍을 엿보던 한국통신은 혜성같이 나타난 두루넷의 케이블 모뎀방식의 초고속 인터넷 서비스와 후발주자였던 하나로통신의 ADSL 기술에 밀려 짧지만 위기를 겪었는데, 이는 지나간 기술에 쏟아부은 투자비와 노력에 대한 아쉬움이 가져왔던 망설임 때문이었다. ISDN이 발달했던 일본의 경우, ISDN의 지나친 성공이 결국 초고속 인터넷 서비스 도입의 장애물이 되었다. 이는 다른 산업 대부분에서 한국보다 앞서 있다고 자부하는 일본이 초고속 인터넷 서비스에서만큼은 우리나라에 계속 뒤지는 결과를 초래했다.

🌐 _국내 최초 무료 웹메일 서비스의 돌풍

지금은 카카오에 합병된 다음은 1995년 인터넷의 가능성을 내다본 이재웅 대표의 아이디어로 시작되었다. 세 명의 창업자가 처음 서비스한 것은 1997년 시작한 무료 웹메일인 한메일이다. 1년 7개월 만에 100만 명의 회원을 모집했고, 5개월 뒤에 200만, 다시 3개월 뒤에 300만을 모을 정도로 반응이 뜨거웠다.

다음의 한메일은 세계 최초는 아니지만, 전 세계 인터넷의 역사에 견주어도 매우 이른 시기에 양질의 서비스를 제공한 웹메일이라고 할 수 있다. 세계 최초의 독립 웹메일은 사비어 바티아와 잭 스미스가 시작한 핫메일(hotmail)로 알려져 있다. 핫메일은 1996년 7월 4일 서비스를 시작했는데, 당시까지 주류였던 망접속 서비스인 ISP에서 독립한 웹메일을 제공한다는 측면에서 독립기념일을 서비스 시작하는 날짜로 삼았다. 초기 서비스는 저장공간의 한계가 2MB 정도로 오늘날과 비교하면 형편없이 작은 수준이지만 당시 이메일은 텍스트 기반으로 그리 크지 않았기 때문에, 독립된 서비스로 큰 인기를 끌었

다음의 이재웅 창업자

다. 이 서비스는 1997년 12월 마이크로소프트에 4억 달러라는 거액
에 인수되면서 더욱 폭발적으로 성장했다. 웹메일은 포털로 성장하
는 데 매우 좋은 무기가 될 수 있었다.

다음의 한메일도 많은 사람들에게 개인 계정을 하나씩 설정해주
는 역할을 하면서 사람들을 엮어내는 포털이 탄생할 수 있는 여지를
만들기 시작했다. 마치 카카오톡이 처음에는 무료 문자서비스와 같
이 시작했지만, 최근에는 게임을 비롯한 다양한 서비스의 플랫폼으
로 확장하고 있는 것도 이와 비슷한 맥락에서 이해할 수 있다.

한메일의 등장과 함께 다음이 제안한 인터넷상의 '1인 1 아이디'
시대는 많은 사람들의 호응을 얻은 것은 물론, 일부 사람들만이 제한
된 목적으로 사용하고 단지 일부의 정보를 찾아다니던 인터넷 시대
에서 많은 사람들이 네트워크에 자신의 아이디를 가지고서 자유롭
게 소통할 수 있는 새로운 인터넷의 시대로 전환하는 단초를 열기 시

작했다. 그런 측면에서 다음의 한메일은 단순한 웹메일이 아니라 하나의 아이디를 가진 사람들의 네트워크를 구성하는 기본단위가 되었고, 그것이 바로 다음의 한메일넷(hanmail.net)이라는 명칭과도 잘 맞아 떨어졌다.

🌐 __ 인터넷 카페의 등장과 네이버의 탄생

한메일의 성공 이후에 다음이 주시한 것은 인터넷 안의 편안한 휴식공간이었다. 그렇게 탄생한 것이 카페 서비스이고, 이로써 인터넷 커뮤니티 문화가 시작되었다. 다음 카페는 이재웅이 프랑스의 카페를 연상하면서 온라인상에도 그런 공간이 있으면 좋겠다는 생각에서 붙인 이름이라고 한다. '온라인 커뮤니티'라는 말은 이제 제법 익숙해졌지만, 다음 카페가 등장하기 이전에는 매우 낯선 용어였다. 다음 카페가 처음 등장했을 때는 커뮤니티라고 하기보다 PC 통신 서비스에 있던 '동호회'로 언론에서 보도했다. 다음 카페 초창기에 인기를 끈 카페도 주로 PC 통신 시절의 동호회와 유사했다. 당시만 해도 오늘날 우리나라 최고의 포털인 네이버는 존재하지 않았다. 네이버는 다음 카페 서비스가 시작된 다음 달인 1999년 6월 설립되었다.

당시 인터넷 서비스에서 가장 인기 있었던 아이템은 국내나 해외 모두 개인 홈페이지였다. 그러나 다음은 개인 홈페이지와 저가 웹호스팅 서비스를 이용한 사업보다는 카페를 중심으로 하는 포털전략을 펼쳤는데, 이 전략이 보기 좋게 성공했다. 다양한 문화현상도 다음 카페를 통해 시작되는 경우가 많았다. 2000년대 초 '얼짱(얼굴짱)' 열풍을 일으킨 곳도 다음 카페였는데, '5대 얼짱(cafe.daum.net/5i)'이란 이름의 다음 카페는 훈남훈녀라고 할 만한 일반인들의 사진을 소개하면서 '얼짱'이라는 말을 유행시켰다. 이 카페는 회원 수가 수십만 명이 넘는 초대형 커뮤니티로 성장했고, 후보 추천을 받고 네티즌 투표 등을 통해 선발된 얼짱들은 실제로 유명한 연예인이 되기도 했다. 대표적인 얼짱 1세대로 배우 구혜선, 박한별, 강은비 등이 있다.

네이버는 1997년 삼성SDS의 사내벤처였던 '웹글라이더'에서 비롯했다. 이후 1999년 삼성SDS에서 분사해, 2001년 온라인 게임업체인 한게임과 합병하면서 오늘날 NHN의 모습을 갖췄다. 1990년대 후반에 전 세계는 검색엔진 전쟁을 벌였고, 이 전쟁에서 승자가 된 구글이 전 세계 인터넷 서비스를 좌지우지했다는 건 잘 알려진 사실이다.

우리나라에서는 1997년 야후!가 진출한 이후, 라이코스와 알타비스타 등 당시 유명했던 세계적인 검색업체들이 국내 서비스를 시작했다. 그러나 한국시장은 그렇게 간단히 해외업체에 시장을 내주지 않았다. 무엇보다 한글이 가진 독특함이 가장 큰 이유였다. 최초의 한글 검색엔진은 1995년 등장한 '코시크(www.kor-seek.com)'로 알려져 있는데, 코시크를 개발한 사람은 충남대학교 화학공학과를 다니던 김영렬이다. 김영렬은 처음부터 직접 운영해서 크게 사업을 벌이기보다는 한글 검색엔진을 만들어 공개하면 누군가 계속 더 나은 엔진을 개발할 거라고 생각했다고 말하기도 했다. 1995년 1월에는 대구대학교 학생이던 김성훈이 '까치네'라는 검색엔진을 선보였고(네이버의 AI서비스 클로바팀을 이끌다가 2020년에 업스테이지라는 인공지능 기업을 창업했으며 홍콩과기대 교수이기도 하다), 계명대학교 재학생이던 박민우가 개발한 '와카노'(2020년 현재 크라우드웍스를 창업해 한국을 대표하는 데이터 기업으로 성장했다)

네이버를 설립한 이해진 창업자

와 KAIST의 승현석이 개발한 '미스다찾니' 등도 1996년에 등장했다.

이렇게 우리나라의 초기 토종 검색엔진에서는 대학생들 파워가 대단했다. 당시 빼놓을 수 없는 검색엔진으로는 한글과컴퓨터가 1996년 3월 서비스를 시작한 '심마니'도 있다. 그러나 이 전쟁의 초기 승부는 1997년 9월 전 세계를 주름잡던 야후!가 본격적으로 우리나라 서비스를 시작하면서 야후! 쪽으로 기울기 시작했다.

야후!와 라이코스, 알타비스타 등 외국 서비스들이 다른 나라에서와 마찬가지로 우리나라 검색시장을 놓고 일전을 벌이는 와중에 도전장을 던진 것이 바로 삼성SDS라는 거함의 지원을 받은 네이버와 최초의 자연어 검색이라는 기술로 도전한 엠파스(empas)다. 당시 야후!, 한메일과 카페로 이름을 날리던 다음, 그리고 1999년 5월 미래산업과 공동지분 출자로 라이코스코리아를 설립하고 과감한 마케팅을 통해 순식간에 국내 포털의 강자로 자리매김한 라이코스라는 3강체제에서 네이버와 엠파스는 새로운 바람을 일으켰다.

네이버는 1997년 이해진 창업자가 당시 삼성SDS에 만든 사내벤처 1호로 출발했으며, 1997년 12월 검색서비스를 전격 시작했다. 네이버가 삼성SDS에서 완전히 독립한 것은 1999년의 일로, 네이버팀에서 공동으로 마련한 3억 5천만 원에 삼성SDS로부터 투자받은 1억 5천만 원을 보태 자본금 5억 원의 독립법인 '네이버컴'이 설립되었다. 법인 설립 직후에 벤처캐피탈인 한국기술투자로부터 100억 원의 자금을 끌어와 검색서비스 기반의 포털 사이트로 발전할 수 있는 계기를 만들면서 대한민국 최대의 포털로 성장할 수 있는 기틀을 마련했다.

✪__야후!, 다음, 네이버의 포털전쟁

1999년 확보된 자금을 바탕으로 야후!, 다음과 경쟁을 시작했지만, 네이버는 야후!와 다음의 양강구도에 밀리고 있었다. 이런 상황을 타개하고 좀 더 공격적인 포털로 변신하기 위해 2000년 4월 27일 한게임과 합병을 추진하게 되는데, 이렇게 해서 탄생한 것이 바로 NHN이다. 당시 한게임의 최대주주였던 김범수 대표는 NHN의 2대 주주로 있다가 2007년 NHN을 떠나 새로운 스타트업의 길을 개척했는데, 그의 여러 프로젝트 중에서 모바일 시대 최고의 국내기업인 카카오가 등장했으니 그의 스타트업 특유의 모험정신은 연타석 홈런을 친 셈이다.

1997년 우리나라에 진출한 야후!는 세계적인 서비스답게 우리나

한게임을 이끌었던 김범수 설립자

라 포털 1위로 쉽게 등극했고, 승승장구했다. 그러나 토종 포털인 다음의 기세가 만만치 않았다. 다음은 특히 1999년 중앙일간지에 인쇄광고로 "광개토대왕님, 야후!는 다음이 꺾겠습니다." "이순신 장군님, 야후!는 다음이 물리치겠습니다." 등의 도발적인 애국 캠페인을 펼쳤고, 동시에 '다음 카페'의 폭발적인 인기를 바탕으로 야후!의 독주체제에 서서히 균열을 내기 시작했다. 결국 2002년 다음은 야후!를 제치고 우리나라 최대의 포털 자리를 차지한다.

이렇게 야후!와 다음의 치열한 경쟁구도에서 네이버가 선택한 전략은 새로운 검색모델을 내놓는 것이었다. 네이버는 2000년 세계 최초로 통합검색을 출시했는데, 이 서비스는 검색 대상이 되는 한글 페이지 수가 적다는 점에 착안해 검색기술 자체보다는 다양한 종류의 웹 페이지를 효과적으로 보여주는 것이 국내 사용자들에게는 더 낫겠다는 판단에 의한 것이었고, 그 전략은 잘 맞아떨어졌다. 동시에 통합검색의 효과를 극대화하기 위해서는 자연스럽게 사람들이 지식이나 문서를 생산하게 만드는 서비스가 필요했는데, 이를 구현한 것이 바로 2002년 시작된 '지식iN(지식인)'이다. 지식인은 야후! 'Answer', 바이두 '知度' 등의 벤치마킹 대상이 되기도 했다고 알려져 있다. 지식인과 통합검색의 조합이 큰 위력을 발휘하면서 네이버의 검색서비스는 2003년 4월 처음으로 야후!를 누르고 우리나라 검색서비스 1위를 차지했다.

네이버가 지식인 서비스를 계기로 포털문화를 주도하고 검색서비스 1위의 자리를 공고히 하면서 다음의 카페 이용자들도 네이버카페로 많이 이동했고, 연이어 블로그 서비스도 크게 성공했다. 이렇게 되자 네이버의 통합검색을 이용한 지배력도 점점 강화되었다.

온라인 게임의 발전

빠른 인터넷 환경을 기반으로 새로운 서비스를 구상한 건 비단 포털 사이트만이 아니었다. 이전에 없던 새로운 산업이 나타나기도 했다. 특히 우리나라 IT 산업에서 세계적인 경쟁력을 갖춘 분야가 등장하게 되는데, 그것이 바로 온라인 게임이다.

과거에는 아케이드 게임장에 가서 그냥 게임을 하는 형태였는데, 네트워크를 이용하는 온라인 게임이 가능해지면서 시장이 급속도로 확대되었다. 우리나라에서는 PC 통신이 활성화되면서 여러 명이 동시에 플레이하는 게임들이 처음 만들어지기 시작했고, 이후 여러 사

넥슨의 '바람의 나라'

람이 동시에 한 서버에 접속해서 플레이할 수 있는 온라인 게임의 형
태로 발전하게 되었다.

초기 온라인 게임은 텍스트 기반의 머드(MUD, Multi-User Dungeon) 게
임이었다. 우리나라에서 최초로 공개서비스를 한 머드는 KIT-MUD
로 KAIST에서 학부생들이 1992년부터 운영했다고 알려져 있는데,
텍사스 주립대학교의 주디 머드의 소스를 이용했다고 한다. 이렇게
취미처럼 이런저런 온라인 머드 게임들이 운영되다가, 1995년 상용
머드 '단군의 땅'이 최초로 등장했다. 그 뒤를 이어 '쥬라기 공원'도
등장하면서 PC 통신을 이용하던 사람들에게 신선한 충격을 안겨주
기 시작했다. 이들 게임 때문에 PC 통신을 하다가 월 이용료 수십만
원의 요금폭탄을 맞은 사람들도 많이 나왔다고 한다.

1996년에는 넥슨에서 머드에 그래픽을 도입한 '바람의 나라'를 발
표한다. 넥슨에서는 이것이 세계 최초의 MMORPG(Massively Multi-Player

엔시소프트의 리니지

Online Role Palying Game)라고 하는데 이에 대해서는 약간의 논란이 있지만, 이 게임이 대한민국 IT 역사에 한 획을 그은 대단한 게임이었다는 사실에는 변함이 없다. 당시 선풍적인 인기를 끌던 만화가 김진의 〈바람의 나라〉를 원작으로 했는데, 2011년 최장수 온라인 게임으로 기네스북에 등재되기까지 한다.

또한 '바람의 나라'는 대한민국 내 온라인 게임 중 처음으로 대한민국 이외의 국가에서도 서비스를 시작한 게임이며, 2013년 제주도에 문을 연 넥슨컴퓨터박물관에 오리지널 버전의 감성과 철학을 그대로 담아 소스코드를 복원해서 전시가 결정되는 등 온라인 게임의 살아 있는 역사라고 해도 과언이 아닌 게임이 되었다.

'바람의 나라'에서 온라인 게임의 유행이 시작되었다면, 여러 가지 사회적 부작용 때문에 욕도 많이 먹었지만 온라인 게임이 그 자리를 공고히 하면서 전성기에 들어가게 만든 게임은 엔씨소프트가

1998년 발표한 '리니지'였다. '바람의 나라'와 비슷하게 당시 최고의 인기를 모으던 만화가 신일숙의 원작을 바탕으로 한 리니지는 당시로서는 파격적인 그래픽과 타격감을 보여주며 수많은 열성팬을 양산했고, 15개월 만에 국내 최초로 100만 명의 사용자를 모으면서 온라인 게임을 더는 극소수 사람들만이 아닌 일반 대중도 쉽게 즐기도록 만드는 대중화에 성공했다. 이후 국내시장뿐만 아니라 대만, 중국, 일본 등지에도 진출해 큰 인기를 끌면서, 서비스를 시작한 지 9년 만인 2007년 단일 게임 최초로 누적 매출 1조원을 돌파하는 대기록을 세우기도 했다.

이처럼 온라인 게임은 대한민국 IT 역사에서 큰 반향을 일으키기도 했고, 게임중독, 사행성 등 오늘날까지도 논란이 되는 여러 가지 사회적 문제점을 노출하기도 했다. 그렇지만 게임은 IT를 중심으로 돌아가는 세상에서 빼놓을 수 없는 가장 중요한 구성요소가 이미 되어버린 상황이다.

전 세계 게임 시장의 가치는 2020년 현재 1,500억 달러 수준으로 추정되는데, 그중 온라인 게임 시장에서는 우리나라가 30퍼센트 정도를 차지하며 세계 2위의 규모를 자랑한다. 물론 최근에는 모바일 게임을 비롯해 또 다른 장르의 게임들이 많이 등장하고 있고 모바일 게임의 매출 규모도 빠르게 확대되고 있지만, 한국과 일본, 중국이 전 세계에서 가장 큰 시장을 형성하고 있고 세계적인 게임 기업도 많이 보유하고 있다.

전반적으로 일본이 초기에 콘솔 게임을 중심으로 시장주도권을 잡았지만, 한국이 온라인 게임에서 세계적인 경쟁력을 갖춘 기업들을 배출하면서 도전장을 냈고, 이어 중국이 거대한 자본과 시장을 바탕으로 뛰어들면서 동아시아 3국이 주름잡고 있는 세계가 게임 시장이다.

🌐 _전자상거래, 중국을 세계적인 IT 강국의 반열에 올리다

지금까지 동아시아 IT 역사에 그다지 존재감이 없던 중국에 혜성과도 같이 세계적인 전자상거래 기업 알리바바가 등장하면서, 중국이 거대한 시장 규모와 자본을 바탕으로 급속히 성장하기 시작했다.

항저우에서 영어를 가르치던 마윈은 인터넷이 세상을 바꾸게 되리라는 사실을 직감한 뒤 1995년 항저우에 하이보인터넷이라는 회사를 설립하고 사업을 시작했다. 이때까지만 해도 이 회사가 한 일은 기업의 홈페이지를 제작해주는 것이었는데, 당시 인터넷이 제대로 보급되지 않았던 중국에서 쉽게 사업을 확대하기는 어려웠다. 1997년 처음으로 다소 큰 기회가 찾아왔는데, 현재 중국 상무부의 전신인 대외경제무역합작부에서 국제전자 비즈니스센터 공식 홈페이지와 마켓플레이스 홈페이지 개설을 마윈의 회사에 맡겼던 것이다. 1년을 넘기며 작업했지만, 대다수 공공 프로젝트가 그렇듯이 들어가는 노력에 비해 수익은 크지 않았다고 한다. 그래도 기회는 아주 작은 연결고리를 통해서도 시작되는 법이다.

1998년 야후!를 크게 성공시킨 제리 양이 중국을 방문하게 되는데, 중국 대외경제부에서 마윈이 인터넷 사업도 하지만 영어도 잘한다는 점을 기억해내고 제리 양의 수행을 요청한다. 마윈과 제리 양은 방중 일정 내내 함께하고 IT 산업의 미래를 이야기하면서 만리장성을 거닐기도 했는데, 마윈은 제리 양과의 대화에서 새로운 사업의 가능성을 찾게 되고 제리 양은 마윈이라는 인물의 성공 가능성을 한눈에 알아보게 된다.

1999년 마윈은 새로운 사업을 바로 시작한다. 17명의 친구들과 함께 알리바바닷컴을 항저우에 있는 자신의 아파트에 설립하고, B2B 마켓플레이스 사업을 시작한다. 제리 양은 이 소식을 전해 듣고 손정의에게 마윈을 소개했는데, 2000년 마윈을 직접 만난 손정의는 마윈이 사업 설명을 시작한 지 5분 만에 2천만 달러라는 거액의 투자를 결정했다고 한다. 당시 투자상황을 손정의는 이렇게 말한다.

"마윈은 내가 만난 다른 창업자들과 달리 사업모델과 금액을 언급하지 않았다. 그저 자신의 비전만 얘기했다. 나는 그의 결의와 열정을 느낄 수 있었으며, 5분이 지난 뒤 나는 모두 이해했고 그가 세상을 바꾸려고 한다는 걸 알았다"

손정의의 투자를 통해 중국의 대표 전자상거래 기업으로서 입지를 다진 알리바바닷컴은 창업한 지 3년 만에 수익을 내기 시작했고, 2003년부터는 본격적으로 타오바오, 알리페이, 알리마마닷컴, 링스(Lynx) 등의 글로벌 전자상거래 플랫폼을 출시하면서 엄청난 속도로 성장하기 시작했다. 손정의의 소프트뱅크에 이어 2005년에는 야후!로부터 10억 달러의 투자를 유치하며 세계적인 기업으로 도약하게 된다. 야후!는 이때의 투자로 알리바바가 상장할 때 100억 달러의 투자수익을 냈다. 현재 알리바바는 중국을 넘어 전 세계 IT 산업을 상징하는 기업 중 하나가 되었다.

알리바바가 항상 꽃길만 걸은 것은 아니다. 가장 큰 위기는 2003년 이베이가 중국시장에서 본격적으로 확장하기 시작하며 매우 공격적으로 투자할 때 찾아왔다. 이베이가 알리바바의 자회사인 타오바오의 인수를 제안했으나 마윈은 이를 거절하고 정면대결을 선택했는데, 당시에는 이런 정면대결이 무모해 보였지만 마윈은 중국시장에 대한 높은 이해도를 바탕으로 결국 이베이가 중국시장에서 철수하게 만들며 완승을 거둔다.

알리바바를 시작으로 중국의 인터넷 기업들은 자국의 거대한 시장 규모와 자본을 바탕으로 글로벌한 경쟁력을 키우면서 엄청나게 빠른 속도로 성장했다. 중국 최고의 검색엔진과 최대의 포털 서비스를 제공하는 바이두, 이제 언급할 모바일 시대 SNS로 세계적인 회사로 성장하게 되는 텐센트와 함께 이들은 BAT(Baidu, Alibaba, Tencent)로 불리며, 전 세계 IT 역사에 확실한 족적을 남기게 되었다.

모바일 혁명의 시작, 삼성전자의 약진

2007년 아이폰을 시작으로 급격하게 진행된 스마트폰 중심의 모바일 혁명은 한국의 제조기업인 삼성전자의 약진이라는 예상치 못한 결과를 만들어냈다. 삼성전자는 훗날 LG전자가 되는 금성사와 함께 가전제품을 중심으로 하는 일본식 소비자 전자제품 제조업체로서 탄탄한 내수시장에 힘입어 성장하긴 했으나, 초기에는 글로벌한 경쟁력을 갖추지 못하고 있었다. 그러다가 반도체 산업에 과감히 투자하면서 글로벌한 거인으로 성장하는 계기를 만든다. 다른 주요 IT

산업의 글로벌 플레이어들처럼 드라마틱하게 빠른 속도로 성장한 건 아니지만, 탄탄한 기술력과 제품을 바탕으로 밑바닥을 다지면서 지금은 세계 최고의 기업 중 하나로 우뚝 서게 된 삼성전자의 성장에 대해 알아보자.

✪ __반도체 산업이라는 미래에 투자한 삼성전자

1970년대 우리나라 전자산업은 단순 조립사업에 불과해서 주요 부품과 기술의 대부분을 일본에 의존하는 형편이었다. 삼성전자가 반도체 산업에 뛰어든 건 아이러니하게도 이러한 환경 때문이었다고 한다. 일본 처지에서 보면 자기네가 부품을 다 공급하고 기술도 넘겨주었는데 삼성전자가 자신들이 만든 제품을 가지고 국외시장에 진출하는 경쟁자가 되자, 일본이 이를 견제하는 차원에서 주요 부품의 공급에 보이지 않는 지연작전 등을 쓰는 경우가 많아졌다. 삼성전자로서는 이런 위협에 대한 근본대책을 세워야 했고, 1974년 구체적인 행동에 들어간다. 마치 최근 한국과 일본이 빚은 갈등 때문에 일본이 불화수소 등의 핵심소재나 부품에 대한 수출을 규제해서 한국의 전자산업 전반에 타격을 입히려고 하자, 한국이 수입선을 다변화하고 자체 기술을 개발해 소재 공급차질 등의 위기를 타개한 최근의 상황을 연상시킨다. 이런 측면에서도 역사는 반복되고 많은 시사점을 안겨주는 듯하다.

사실 오늘날 우리나라 반도체 산업은 삼성의 독자적인 노력에 의한 것만은 아니다. 초기에는 국책연구기관이 많은 역할을 하면서 인재들을 끌어모았고, 이후 금성반도체와 삼성반도체 등이 설립되었다. 정부는 대학에서 반도체 관련 학과와 부설 반도체 연구소를 설립해 집중적으로 인재를 양성할 수 있도록 했고, 여기에 산학 공동 연구개발과 인력 교류가 이뤄지면서 반도체 분야에서 세계적인 경쟁력을 점차 확보하기 시작했다.

우리나라 반도체 역사는 1966년 KIST에 근무하던 정만영 박사가 NPN형 프래너 트랜지스터를 제작한 것에서부터 시작했다고 전해진다. 그러나 우리나라 반도체 산업을 일으킨 주역은 1960년대 말 당시 오하이오 주립대학교에서 반도체로 박사학위를 받고, 세계 최고의 반도체 기술력을 자랑하던 모토롤라 반도체 사업부의 생산부장을 지낸 강기동 박사다. 강기동은 1972년 캘리포니아 서니베일에서 당시 서울에서 켐코(KEMKO)라는 통신장비 수입상을 하던 김규한을 만나게 되는데, 이들이 사건을 일으킨다.

때마침 모토롤라의 분위기도 강기동이 결심하는 데 유리하게 작용했다. 당시 모토롤라에서 최고 실력자였던 MIT 물리학과 교수 출신의 레스터 호간이 실리콘밸리의 페어차일드로 떠나게 되자, 강기동도 독립을 결심하고 김규한과 함께 서니베일 스튜어트 드라이브 1010번지에 ICII(Integrated Circuit International Inc.)라는 회사를 세웠다. 또한 이들은 1974년 1월 경기도 김포군 오정면 내리(현재 부천시)에 한국반도체를 100만 달러의 자본금으로 설립했는데, 이들이 세운 공장은 3인치 웨이퍼를 가공해 칩을 만들고 테스트하는 국내 최초의 진짜 반도체 공장이었다. 당시 한국에 진출한 외국 반도체 업체나 국내업체 들은 반도체 제작의 마지막 공정인 금속 캔을 씌우는 임가공 조립 공장으로 진짜 반도체 기술과는 거리가 멀었다.

삼성그룹 고(故) 이병철 회장

그러나 이들이 세운 한국반도체는 금방 위기를 맞게 된다. 1973년 중동전과 제1차 석유파동으로 인해 모든 장비와 자재 값이 크게 올라서 자금 부족 상황이 이어지고 제품생산까지 자금을 지원하기로 했던 후원자들도 약속을 저버리면서, 공장을 간신히 10월에 준공하긴 했지만 12월 4일 부도가 나는 비운을 겪는다. 이때 구원투수로 나선 사람이 바로 이건희 당시 동양방송 이사다. 강기동이 기술을 지원하는 조건으로 이건희가 한국반도체를 인수하면서 우리나라 반도체 산업이 떠오르는 전기를 마련했다.

삼성전자만 반도체 산업에 뛰어든 것은 아니었다. 1979년에는 한국전자가 일본 도시바와 합작 형태로 트랜지스터, 다이오드 등 개별

소자 완제품을 생산하기 시작했고, 또 다른 반도체 조립회사였던 아남산업은 1982년 64K D램의 조립생산을 처음으로 시작한다.

1980년 이른 봄. 삼성물산 가스미가세키 빌딩 사무실에서 중요한 만남이 있었다. 도쿄를 방문 중이던 삼성 이병철 회장과 이나바 슈조 박사가 만난 것이다. 그는 일찍이 요시다 시게루 수상 아래서 일본의 경제정책을 수립한 인물이자 후지화학 회장이었다. 이병철은 이나바와의 대화에서 반도체 및 첨단산업에 대한 투자의 중요성을 느끼고, 그로부터 2년 동안 미국과 일본, 국내의 수많은 전문가들의 의견을 듣고서 반도체 분야에 투자할 결심을 하게 된다. 이병철은 다양한 반도체 분야 중에서 일본이 미국보다 유일하게 앞선 분야가 메모리라는 사실에 주목한 뒤, 비록 치열한 경쟁이 있을지라도 생산효과가 뛰어나고 시장 규모가 가장 큰 D램을 중심으로 생산하기로 결심하고 72세의 나이에 중대한 결정을 내렸다.

당시 삼성에서 투자해야 하는 규모가 최소한 1억 달러(1,200억 원)에서 10억 달러(1조 2천억 원)까지 육박하는 대형 프로젝트였기에, 이때 정부의 한 해 예산이 22억 달러임을 감안하면 정말 모든 것을 걸었다고 해도 과언이 아닐 정도의 중대한 결단이었다. 돈도 문제지만, 인재도 문제였다. 미국에 있는 한인 과학자들을 설득할 수 있다면 못할 일도 없다고 생각하고 많은 인재들을 영입하는 일에 일단 집중해서, 1983년까지 32명의 인재들을 확보하는 데 성공했다.

1983년 1월 9일 이병철은 마지막으로 6명의 출장팀을 실리콘밸리 서니베일로 파견해서 최종적인 신규사업 계획을 완성하는데, 향후 5년간 시설투자 4,400억 원, 연구개발비 1,000억 원을 투입하는 삼성반도체 투자계획이 이렇게 해서 나왔다. 그리고 1983년 3월 고심 끝에 일본 도쿄에서 이런 거대한 사업계획을 발표하게 되는데, 이것이 그 유명한 도쿄선언이다. 당시 삼성그룹이 제시한 '왜 우리는 반도체 사업을 해야 하는가'라는 제목의 그룹발표문 내용은 지금도 읽어볼 만하다.

"(……) 자원이 거의 없는 우리의 자연조건에 적합하면서도 부가가치가 높고 고도의 기술을 요하는 제품 개발이 요구되었다. 삼성은 그것만이 현재의 어려움을 타개하고 제2의 도약을 기할 수 있는 유일한 길이라고 확신해 첨단 반도체 산업을 적극 추진키로 했다. 반도체 산업은 그 자체로서도 성장성이 클 뿐만 아니라 타 산업으로의 파급효과도 지대하고 기술 및 두뇌 집약적인 고부가 산업이다. 이러한 반도체 산업을 우리 민족 특유의 강인한 정신력과 창조성을 바탕으로 추진하고자 한다."

그러나 이 결단을 긍정적으로 바라보는 시각은 국내외에 거의 없었다. 이런 부정적인 전망을 뒤집는 길은 결국 보여주는 것밖에 없었는데, 1983년 11월 삼성전자가 64K D램을 개발했다는 소식이 전 세계에 타전되었다. 본격적으로 사업에 들어간 지 채 얼마 되지 않아 세계적 수준에 접근한 기술을 개발했다는 뉴스는 국내외의 부정적인 시선을 바꾸기에 충분했다.

64K D램 개발로 전 세계 최고 기술을 4년 정도의 격차로 따라잡은 반도체 기술은 매년 그 격차가 줄어들었다. 1년 뒤인 1984년에 삼성전자는 집적도를 4배 높인 256K D램을 세계에서 세 번째로 개발하는 데 성공했고, 1986년에 1M D램, 1988년에 4M D램, 1989년에 16M D

램을 개발하면서 세계 최고 수준에 근접해갔다. 그리고 1992년 드디어 세계 최초로 64M D램을 개발하면서 메모리 반도체 시장에서 세계를 주도하기 시작해 오늘날 삼성전자라는 세계적 기업이 탄생할 수 있는 기틀을 마련했다.

🌐 __아이폰 vs 갤럭시 스마트폰 전쟁

애플이 아이폰을 처음 발표한 것은 2007년 1월이었다. 애플은 처음부터 우리나라를 출시국가 목록에서 제외했는데, 가장 큰 이유는 당시 우리나라의 모든 휴대폰에 탑재되도록 한 WIPI(위피) 때문이었다. 우리나라에서 만든 휴대폰 운영체제와 소프트웨어 플랫폼에 대한 경쟁력을 확보하고, 나아가 글로벌 시장을 장악하겠다는 원대한 의도로 개발된 위피는 국내 제조업체들이 의무탑재 조항이라는 규제를 이용해서 이동통신사들과의 협업을 통해 기본적으로 제공했기 때문에 초기에는 승승장구하는 것처럼 보였다. 그러나 이 규제는 아이폰뿐만 아니라 외국산 휴대폰 대부분의 진입장벽 역할을 하면서, 소비자들의 선택권을 제한한다는 지적을 받고 2009년 4월 1일 폐지되었다.

다행히 삼성전자 등은 비록 늦었지만 아이폰의 국내 도입 이후에 발 빠르게 추격하면서 세계적인 경쟁력을 갖출 수 있었다. 그러나 거의 준비를 못 한 LG전자는 해당 기간 동안 스마트폰의 전 세계시장 확대에 대한 오판을 하면서 시장에서 크게 뒤떨어지게 되었고, 현재까지도 당시 벌어진 격차를 따라잡느라 고전하고 있다.

위피 의무탑재 조항이 폐지되었지만, 그렇다고 쉽게 우리나라 이동통신사들이 아이폰을 들여올 수 있었던 것도 아니었다. 이후에 아이폰 도입을 위한 협상이 KT를 중심으로 적극 추진되었는데, 보조금과 요금제, 무선 인터넷 개방서비스 등 여러 가지 조건에서 우리나라 이동통신사들의 관행이나 국내 규제 등으로 인한 의견 차이를 좁히지 못하고 자꾸 아이폰 출시가 연기되어 '다음 달 폰'이라는 별명이 생기기도 했다.

우여곡절 끝에 KT는 2009년 11월 22일 판매 예약신청을 받았고, 11월 28일 아이폰을 공식 출시했다. 도입 첫날 '줄서기 마케팅'을 통해 수백여 명이 아이폰을 먼저 받기 위해 밤새워 줄을 서는 등 많은 화제를 불러일으켰다. 아이폰은 고가의 스마트폰임에도 출시 전 예약자만 4만~6만 명에 달했고, 출시 10일 만에 판매량 10만 대를 돌파하는 등 엄청난 돌풍을 일으켰으며, 이동통신사들의 가입자 이탈 현상도 발생했다.

아이폰이 국내에서도 엄청난 성공을 거두자, 애플의 경쟁사인 삼성전자와 LG전자도 옴니아2 등의 대응 스마트폰 가격을 인하하고, KT의 경쟁사인 SK텔레콤도 타사 스마트폰에 대한 보조금을 인상하는 등 대응했지만 뚜렷한 효과를 거두지는 못했다. 이런 극적인 위기 상황은 삼성전자와 LG전자 등이 구글의 안드로이드 운영체제를 탑재한 스마트폰을 개발하고 출시하는 데 전력을 기울이는 계기로 작용했고, 이를 통해 우리나라 휴대폰 제조업체들의 경쟁력은 급격히 높아지게 되었다.

그중에서도 제일 중요한 역할을 한 제품은 삼성전자에서 2010년 6월 24일 출시한 안드로이드 스마트폰인 갤럭시S다. 삼성전자는 기존 스마트폰보다 더 선명한 화면을 제공하고 크기도 아이폰보다 큰 4인치 디스플레이를 채택하면서, 애플에 대한 반격을 시도했다. 당시 구글에서 안드로이드를 개발했던 앤디 루빈 부사장이 갤럭시S 발표회장을 직접 찾아와 응원하기도 하는 등, 갤럭시S는 구글과 삼성전자의 공동전선을 통해 아이폰에게 급격히 넘어가던 우리나라와 전 세계 스마트폰 시장에 안드로이드의 위상을 굳건히 한 제품으로 자리매김했다.

이후 삼성전자는 갤럭시S 시리즈와 대화면을 채택한 갤럭시 노트 등을 앞세워 전 세계 스마트폰 시장에서 1위로 도약하는 계기를 마련했고, LG전자도 꾸준히 우수한 제품을 발표하면서 우리나라는 아이폰보다는 안드로이드를 중심으로 하는 스마트폰 시대를 열었다.

🕸 __소셜 웹 혁명, 한국에서 시작해 중국에서 꽃피우다

스마트폰으로 사용하는 인터넷의 속도가 점점 빨라지고 안정되면서 새로운 문화가 등장했다. 대표적인 것이 소셜 네트워크 서비스(Social Network Service, SNS)다. SNS는 문화의 확산속도를 더욱 높였고, 공통분모를 늘려서 때로는 국경을 초월하기도 했다.

스마트폰이 보급되고 트위터와 페이스북이 대중화된 2009년 이후에 이런 SNS의 전성기가 확대되었다고 보지만, 우리나라 IT 역사의 관점에서 보면 그 싹은 훨씬 오래전에 시작되었다. 1999년 국내 최초의 SNS 전용서비스이자 세계 IT 역사의 관점에서도 원조 논쟁을 불러일으키는 '싸이월드'가 탄생한 것이다.

1990년대 후반 들어 웹 기반 인터넷 서비스가 활성화되면서 PC 통신이 쇠퇴하기 시작했지만, 초창기 인터넷 서비스 중에 다음 '카페'와 프리챌 '커뮤니티' 등은 커뮤니티 서비스의 대표주자로 남아 있었다. 그러다가 국내에서 1999년 아이러브스쿨과 싸이월드가 잇따라 오픈했다. 아이러브스쿨은 출신 학교를 매개로 사람들을 엮었고, 싸이월드는 '1촌'이라는 제도를 도입해 사진 등의 게시물을 1촌에게만 공개할 수 있는 기능을 제공했다. 사실 대표적인 SNS라고 부르는 마이스페이스나 링크드인은 2003년에, 페이스북이나 트위터는 2006년에 서비스를 시작했으므로 원조 논란이 일 때마다 언제나 우리나라의 SNS 서비스들 이야기가 나오는 것도 무리는 아니다.

그러나 SNS의 전 세계적인 유행에는 역시 2007년 출시된 애플의 아이폰이 모바일 시대를 열면서 지대한 역할을 했다는 점은 누구도 부정할 수 없다. 아이폰이 촉발한 모바일 시대는 페이스북과 트위터라는 스타를 탄생시켰고, 우리나라에서도 카카오톡과 라인이라는 또 다른 종류의 SNS 열풍을 불러일으켰다.

⊛ _카카오톡과 라인의 경쟁

아베 신조 일본 총리는 2013년 9월 8일 휴대폰 메신저인 '라인(LINE)'을 이용해 직접 일본 도쿄가 2020년 하계올림픽 개최지로 결정되었다는 메시지를 보냈다. 일본의 라인 가입자는 당시 4,700만 명 정도로 추산되었는데, 이 숫자는 계속 늘어나고 있다. 우리나라에는 국민 메신저 카카오톡이 있는데, 역시 거의 전 국민이 가입했다고 해도 과언이 아닐 정도로 폭발적인 인기를 누리고 있으며 우리나라 대표 SNS으로 자리 잡았다. 실제로 이들은 단순한 메신저에 머무르지 않고, 게임의 유통 플랫폼이나 카카오 스토리와 페이지같이 더욱 다양한 서비스를 연결할 수 있는 플랫폼으로 진화하고 있다.

라인은 네이버를 운용하는 NHN이 100퍼센트 출자한 네이버의 자회사다. 라인의 경우 〈뉴욕타임스〉에서 기사화하며, 서비스 2년 만에 전 세계에서 2억 3천만 명의 가입자를 모았다는 사실을 대서특필했다. 이는 페이스북이 도달하는 데 5년이 걸린 것과 비교하면 얼마나 대단한 위세인지 알 수 있다. 현재 라인은 한국뿐만 아니라 일본, 태국, 타이완, 스페인, 인도네시아 등 여러 나라에서 최고의 인기를 누리고 있다.

☸ _중국의 위챗과 틱톡, 전 세계를 흔들다

알리바바, 바이두와 함께 전 세계 IT 산업의 중국파워를 보여주고 있는 텐센트는 마화텅 등이 1998년 케이맨 제도에 설립하면서 역사가 시작되었다. 1999년 이들은 인터넷 채팅 프로그램으로 유명한 ICQ를 참고해 중국 최고의 국민 메신저가 되는 QQ를 개발하면서 스타덤에 올랐다. 그렇지만 많은 수의 인터넷 기업들이 그렇듯이 텐센트도 초기 3년간 돈을 벌 수 없었다. 자금이 부족했던 텐센트는 남아프리카공화국의 거대 미디어 기업인 내스퍼스에 2001년 46.5퍼센트의 지분을 내주면서 사실상 지배권을 넘겼다.

초기에 텐센트는 QQ의 프리미엄 서비스나 광고를 통해 수익을 냈지만, QQ 모바일 서비스와 유명한 펭귄 캐릭터 사업이 다양해지면서 수익모델을 다변화했다. 이후 QQ 메신저를 통해 많은 사용자들이 게임을 소통하고 즐기는 것에 착안해 게임에 본격 투자하면서 전 세계 게임업계 최대의 큰손이 되었다. 한국에서 개발된 크로스파이어나 던전앤파이터 온라인 등도 텐센트를 통해 서비스되었다. 텐센트는 세계 최고의 인기 게임 중 하나인 리그오브레전드를 만든 라이엇게임즈, 클래시오브클랜즈와 클래시로얄 등의 대히트 게임을 만든 핀란드 슈퍼셀의 소유주이기도 해, 명실상부한 세계 최대의 게임 기업 중 하나다.

2018년에 텐센트는 파라마운트 픽처스의 투자사인 영화 제작사 스카이댄스 미디어에, 2019년에는 미국 뉴스 커뮤니티 사이트인 레딧에 거액의 지분투자를 하는 등 미디어 부문에도 전방위적인 투자를 하고 있다.

2011년에는 소셜 미디어 앱인 위챗(WeChat, 중국명 웨이신)을 출시했는데, 현재 위챗의 월간 활성 사용자 수는 10억 명을 넘는다. 2012년에는 한국 최대의 모바일 메신저인 카카오톡을 서비스하는 카카오에 720억 원을 투자하고 김범수에 이어 2대 주주 자리에 오르면서, 한국과 중국 최대의 모바일 메신저 플랫폼에 모두 관여하게 되었다.

위챗은 단순한 모바일 SNS 플랫폼이 아니라 중국에서 알리바바와 함께 중국의 거의 모든 생활에 관여하는 생활 플랫폼의 역할을 겸비하게 되었다. 2014년에는 알리바바의 알리페이와 함께 중국의 대표적인 지불 결제서비스인 위챗페이를 내놓았고, 2015년에는 중국 최초의 온라인 은행인 위뱅크 등을 설립하면서 사실상 위챗이 없으면 중국에서 생활이 어려울 정도의 거대한 플랫폼 에코 시스템을 구축했다. 2020년에는 텐센트의 시가총액이 페이스북을 능가하는 기염을 토한다.

텐센트의 위챗을 위시해 세계적인 SNS 플랫폼의 지위를 중국 기업들이 잠식하기 시작했는데, 최근에는 바이트댄스의 틱톡이 전 세계 10대들 사이에서 선풍적인 인기를 끌면서 태풍의 눈으로 떠올랐다. 15초 정도의 짧은 동영상을 몇 개 이어서 신나는 음악과 함께 모바일 전용 영상 SNS를 진행하는 틱톡은 유통뿐만 아니라, 재미있는 영상과 음악을 결합한 짧은 영상 콘텐츠를 쉽게 만들 수 있는 도구를 통합해 서비스하면서 가볍고 빠르게 전 세계 10대들 마음을 사로잡았다.

틱톡은 2016년 A.me라는 서비스로 시작했으나 도우인으로 중국 내에서 먼저 서비스되었다. 그러다가 바이트댄스의 장이밍이 중국 시장은 전 세계시장의 1/5밖에 되지 않으므로 글로벌 시장을 위해 완전히 리브랜딩해서 서비스를 런칭해야 한다고 주장해, 2017년 9월 새롭게 서비스를 시작한 것이 바로 틱톡이다.

틱톡이 이렇게 전 세계적인 인기를 끌게 된 데에는 여러 가지 이유가 있다고들 말하는데, 그중에서도 빼놓지 않고 등장하는 것이 2017년 11월 인수 합병한 뮤지컬리(Musical.ly)에 대한 이야기다. 바이트댄스는 상하이에서 시작해 캘리포니아 산타모니카에 사무실을 가지고 있는 뮤지컬리를 10억 달러라는 거액에 인수했는데, 2014년 8월 출시된 뮤지컬리는 짧은 립싱크와 코미디 비디오를 음악과 함께 아주 간단히 만들 수 있는 소셜 미디어 비디오 플랫폼이었다. 뮤지컬리의 서비스를 자연스럽게 틱톡이라는 하나의 앱으로 통합하면서 수많은 밈(Meme)을 일으키는 중독성 강한 영상들이 등장할 수 있었고, 이를 통해 바이트댄스는 원래 목표로 삼은 글로벌한 인기를 얻을 수 있게 되었다.

위챗과 틱톡은 중국에서 시작해 글로벌한 인기를 얻은 거대한 SNS 플랫폼으로서 자리를 공고히 하고 있지만, 동시에 미국과 중국 간 갈등의 희생양이 된 대표적인 SNS 플랫폼이기도 하다. 트럼프 행정부는 중국 기업의 플랫폼이 미국의 많은 주요한 인물들의 개인정보를 탈취하거나 스파이웨어와 같은 역할을 할 수 있다면서, 이들 플랫폼의 서비스를 중단하거나 미국 기업으로의 인수를 강력히 추진하고 있다. 그 결과가 앞으로 어떻게 진행될지는 알 수 없지만, 어떤 방향으로 진행되더라도 글로벌한 사용자 기반을 갖춘 대단한 서비스를 중국 기업들이 만들어냈다는 사실은 변하지 않을 것이다.

이처럼 SNS 서비스에서는 새로운 것들이 계속 나온다. 한때 최고 인기를 구가하던 싸이월드도 그 인기를 오래 유지하지 못했고, 페이스북도 사실 앞으로 얼마나 더 오래 지속될 수 있을지 아무도 모른다. 인스타그램과 틱톡 등의 새로운 SNS가 10대를 중심으로 최고 인기를 구가하게 된 것도 아주 최근의 일이다. 그렇지만 SNS의 존재 이유인 '공감'에 대한 사람들의 욕구는 계속될 것이다. 기쁨과 슬픔을 느끼고. 분노한 이야기를 쏟아내고, 행복감과 기대감을 표현하는 등의 공감 욕구는 사람인 이상 계속될 것이기 때문이다. 가상세계가 확산되고 디지털 기술이 일반화될수록 사람들은 어쩌면 더욱 따뜻한 인간적인 것을 원하고 공감하고 싶어할는지 모른다.

Chapter 7

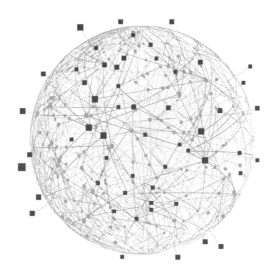

여섯 번째 전환:
클라우드와 소셜 웹 혁명

(2010~2016)

이제 마이크로소프트와 애플도 전체 흐름을 읽고 하나의 전장에서 맞섰다. 여기에는 페이스북이나 트위터같이 새로운 패러다임 인프라를 이끄는 회사들도 있다. 이들 중에서 시대적 흐름을 읽지 못하는 회사가 나온다면, 과거 멸종한 거대한 공룡들의 전철을 그대로 밟을 것이다.

2010년 5월 팔로알토의 한 커피숍. 두 중년이 앉아서 한가롭게 커피를 마시고 있었다. 한 명은 감색 스웨터에 베이지색 바지를 입고 있었고 마주앉은 다른 한 명은 검은색 터틀넥 스웨터에 청바지를 입었다. 평범해 보이는 만남이었지만, 이들은 안드로이드 발표 이후 다시는 얼굴도 보지 않을 것처럼 굴던 두 백만장자였다.

이 만남에서 에릭 슈미트는 주로 듣는 입장이었고 스티브 잡스는 내내 이야기를 했다. 아쉽게도 이들의 이야기는 들리지 않았다. 관계 회복을 위한 제스처인가? 새로운 투자인가? 그냥 우연히 만나서 개인적인 이야기를 나누는 것인가?

두 거인이 무슨 이야기를 했든 미래를 향한 역사의 수레바퀴는 돌아가고 있었다.

구글, 소셜 웹에서 길을 잃다

인터넷 세계 최강기업으로 군림하고 있는 구글, 그들에게는 어떤 약점이 있을까? 인터넷에서만큼은 패배를 모를 것 같은 구글이지만, 소셜 웹 서비스 분야에서는 아직 고전을 면치 못하고 있다. 페이스북과 트위터라는 걸출한 상대를 만나서, 그와 유사한 서비스를 하는 회사들을 인수하고 대응 서비스들도 내놓았다. 하지만 소셜 웹에서 구글이 과거와 같은 절대적인 힘을 발휘하지 못하는 이유는 뭘까?

🌐 소셜이 미래를 지배하게 되리라는 사실을 예상한 구글

과거 데이터 중심의 인터넷에서 인간 중심의 소셜 인터넷으로 무게중심이 옮겨가는 조짐은 여기저기서 보이고 있다. 인터넷 사이트를 복제하고 검색하는 정보 위주 세상에서는 구글을 이길 수 있는 서비스는 사실상 없다고 해도 과언이 아니다. 문제는 인터넷이 사람 중심으로 옮겨가는 변화에 구글이 그리 큰 영향력을 끼치지 못한다는 점이다.

페이스북과 트위터, 그리고 뒤를 이어 인스타그램과 틱톡까지 무서운 속도로 치고 올라오는 동안 구글도 소셜 웹으로 변화하는 물결에 동참하기 위해 무던히도 애를 써왔다. 이런 행동을 보면 구글에 확실히 선견지명을 가진 사람들이 많기는 한 것 같다. 그런데 구글은 다소 복합적인 특징을 지닌 유튜브를 제외하면 소셜 웹/소셜 미디어에서 그다지 큰 재미를 보지 못하고 있다.

2003년 구글은 프렌스터를 인수하려고 시도했었다. 이 서비스는 마이스페이스보다 먼저 성공작으로 떠올랐지만, 당시 프렌스터 경영진에서 자신들이 앞으로 더욱 높은 가치를 만들 수 있을 거라고 판단하고 구글의 인수 제안을 거절했다가 마이스페이스가 등장하면서 내리막길을 걸었다.

프렌스터 인수에 실패한 구글은 여전히 소셜 네트워크에 대한 진한 미련이 남았다. 그래서 다시 찾아낸 서비스가 오컷이다. 이 서비스는 구글의 오컷 바여콕텐이라는 직원이 자신이 자유롭게 쓸 수 있는 20퍼센트 시간을 활용해서 만들었는데, 구글 경영진이 보기에는 그 나름의 매력이 있어서 본격적으로 지원했다.

이 서비스는 2004년 1월 24일 공식 오픈했는데, 초대를 기반으로 한 소셜 네트워크 서비스로 커뮤니티 멤버가 되었다는 일종의 프리미엄 심리를 활용하는 특징을 가지고 있었다. 처음에는 미국에서 시작했지만 의외로 브라질에서 큰 인기를 끌면서 남미와 인도를 중심으로 서비스가 확대되었다. 그러나 미국에서는 마이스페이스와 페이스북의 위세에 밀려 크게 성공하지는 못했다.

오컷이 실패한 이유에 대해서는 여러 해석이 있지만, 남미와 인도에서 너무나 큰 인기를 끌면서 급속히 커진 나머지 서비스에 외국어가 범람했고, 이에 미국 사용자들이 오컷보다는 경쟁 서비스인 마이스페이스와 페이스북으로 기울면서 미국시장을 잡지 못한 점이 가장 큰 요인이라는 주장도 있다.

또 하나의 소셜 웹 서비스에 대한 구글의 시도는 2005년 인수한 닷지볼이다. 닷지볼은 뉴욕 대학교 학생이던 데니스 크로리와 알렉스 레이너트가 2000년 개발했으며, 오늘날 포스퀘어와 동일한 개념을 가진 서비스다. 닷지볼 로고를 보면 포스퀘어 로고와 매우 유사하다는 걸 단박에 알아차릴 수 있다. 포스퀘어는 스마트폰 보급과 함께 가장 히트한 위치기반 소셜 웹 서비스로 자리매김했지만, 2005년 닷지볼을 인수한 구글은 이 서비스를 크게 성공시키지 못했다.

닷지볼 공동창업자인 데니스 크로리는 구글이 닷지볼을 인수하고선 아무런 지원도 하지 않고 방치한 데 화가 나서 회사를 그만두고 나온다. 그러고 나서 창업한 회사가 바로 포스퀘어다. 포스퀘어는 기본적으로 닷지볼의 업그레이드판이라고 할 수 있는 서비스인데, 인터페이스를 가다듬고 게임요소를 가미해 사용자들이 재미있게 이용할 수 있도록 만들었다.

이처럼 구글은 크라우드소싱이나 게임요소 같은 감성적인 접근이 중요한 소셜 웹 서비스를 그동안 제대로 관리하지 못했다. 그 이후에도 구글은 오픈소셜과 같은 표준화 활동도 진행했고 호주에서 구글지도를 만들었던 팀들이 개발한 실시간 협업도구 웨이브, 그리고 G메일에 연계한 소셜 웹 모아보기 서비스이자 독자적인 소셜 웹 서비스였던 버즈 등을 시도했지만, 현재까지 성공한 서비스는 없다고 해도 과언이 아니다.

웨이브는 사용자가 없어서 조기에 서비스를 중단하는 수모를 겪었고, G메일과 통합해서 야심차게 출범시킨 버즈 역시 기대에 미치지 못하고 구글플러스(Google+)에 통합되었다가 구글플러스마저 2019년 서비스를 중단하면서 역사에서 사라지게 되었다.

✸ __몰라서 당하는 것이 아니라 문화의 문제?

이렇게 무던히 노력하고 인수도 하는 등 소셜 웹에 대한 투자를 계속했지만 현재까지도 구글이 소셜 웹 세상에서 확보한 영토는 그리 커 보이지 않는다(유튜브도 소셜 웹의 특징을 가지고 있으므로 유튜브가 대성공을 거두지 않았느냐고 반문할 수 있지만, 유튜브는 완전히 다른 장르를 연 것으로 봐야 한다). 도대체 문제가 뭘까?

여러 가지 이유가 있겠지만, 구글이 엔지니어링 문화와 기술지상주의에 젖은 회사이기 때문에 인간적이고 감성적인 접근이 필요한 소셜 웹 서비스에는 취약하다는 점이 가장 큰 원인으로 꼽힌다.

소셜 웹 서비스를 잘 활용하고 서비스하기 위해서는 소셜 스킬이 필요한데, 엔지니어들은 소셜 스킬이 좋지 않기도 하거니와 관심도 별로 없는 경우가 많다. 다시 말해 구글이 앞으로 다가올 소셜 웹 시대에 적응하지 못한다면, '엔지니어 DNA'를 극복하지 못한 점이 하나의 이유가 될 것이다.

구글에서 디자인팀 리더로 발탁되어 일하다가 트위터로 2009년 이직한 더글라스 보우만은 다음과 같은 말로 구글이라는 회사의 분위기를 단적으로 설명했다.

"구글에서 유능한 사람들과 함께 일하는 건 매우 즐거웠지만, 뭐든지 데이터 중심으로 공학적으로만 결정하는 회사의 업무 진행방식 안에서 디자인을 하는 건 너무나 힘들었다. 툴바에 적용할 파란색을 결정하기 위해 41종이나 되는 파란색 계열 컬러를 하나하나 테스트하고, 웹 페이지에 노출될 패선과 관련해 3픽셀이 좋을지, 4픽셀이 좋을지를 토론하는 수치지향적 환경에서는 진정한 디자인이 나오기 힘들다."

🌐 __DNA 개조작업이 필요한 엔지니어들

미래의 인터넷은 인간 중심의 소셜 웹이 가장 중요한 자리를 차지하게 될 것이다. 소셜 미디어 환경은 굉장히 빠르게 변화하기 때문에 구글에는 앞으로도 얼마든지 기회가 있을 것이고, 실제로 유튜브의 엄청난 성장을 지렛대 삼아 완전히 새로운 기회가 나타날 수도 있을 것이다.

그러나 구글이 주춤하는 사이 다른 글로벌 소셜 미디어 기업들이 빠르게 성장하면서, 현재 구글이 가지고 있는 지배적 포지션도 위협받기 시작했다.

다행인 건 구글의 창업자들이나 최고경영진이 이것이 진짜 위기의 시작이라는 걸 알고 있다는 점이다. 이들은 구글이라는 거대한 집단에서 엔지니어 중심 문화를 바꾸어야 한다는 정말 어려운 도전을 하고 있다. 이들의 도전이 성공할지 주목해보자.

마이크로소프트, 소셜 웹에 접속하다

애플은 아이폰을 발표하면서 휴대폰 시장에 돌풍을 일으키고 구글은 더블클릭을 인수하고 여러 서비스들을 내놓으면서 저만치 앞서가던 마이크로소프트를 따라붙은 2007년, 마이크로소프트가 대형 투자를 성공시키면서 미래전쟁에 대비한 최고의 원군을 확보한다.

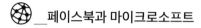 __페이스북과 마이크로소프트

2007년 10월 24일 마이크로소프트는 2억 4,000만 달러를 페이스북에 투자하고 그 대가로 페이스북 지분 1.6퍼센트를 취득하기로 페이스북과 합의한다. 2004년 2월에 시작한 신생 서비스가 3년 반 만에 150억 달러 가치를 지닌 거대 기업으로 성장한 것이다.

두 회사는 광고 파트너십을 확장하고 전략적 동맹관계를 체결해서 마이크로소프트가 페이스북의 독점적 광고 플랫폼 파트너로서 미국을 포함한 전 세계 사업권을 취득했다고 발표했다. 따라서 페이스북 플랫폼에 애플리케이션을 제공하는 서드 파티들도 마이크로소프트 애드센터 네트워크를 이용할 수 있게 되었다.

페이스북은 투자를 유치할 때 마이크로소프트와 구글의 긴장관계를 최대한 이용했고, 구글이 더블클릭을 인수하자 미래 서비스 시장을 대비할 성장 동력을 빼앗겼다고 판단한 마이크로소프트에게서 최대한의 베팅을 끌어냈다. 이로써 다가올 인터넷 주도권 경쟁에서 구글과 맞설 힘을 키우기 위한 현금자산을 확보했다.

페이스북이 투자를 유치한다는 소식을 흘리자, 구글과 마이크로소프트 그리고 야후!가 적극 대시했지만 마이크로소프트의 의지가 워낙 강해서 구글도 손을 들 수밖에 없었다. 마이크로소프트 내부에서도 페이스북의 가치를 150억 달러로 책정한 데 대해 과도하다는 말들이 많았지만, 2020년을 기준으로 페이스북은 월간 활성 사용자 수가 24억 명을 넘는 사용자 인프라를 바탕으로 구글에 버금가는 영향력을 이미 확보했기 때문에 당시 판단은 탁월했다고 할 수 있다.

마이크로소프트의 플랫폼 및 서비스 부문 사장이었던 케빈 존슨은 페이스북에 대한 투자를 놓고 다음과 같이 말했다.

"이번 투자와 파트너십 확장은 마이크로소프트와 페이스북을 세계 광고시장에서 좀 더 나은 기회를 가진 자리에 포지셔닝할 것이며, 두 기업만의 승리가 아니라 사용자와 광고주 들에게도 훌륭한 승리입니다. 우리는 지난 기간 동안 성공적으로 협력했고 미래에 흥미진진한 일들을 함께 수행하길 기대합니다. 광고 파트너로서 더욱 심도 깊은 협업 기회는 주식 취득을 결정한 중요 이유이고, 이번 파트너십의 장기적 경제성에 대해 자신하는 바입니다."

🌐 _소셜 네트워크로 소문난 긴박했던 투자전쟁

페이스북의 잠재력을 인지하고 있던 구글도 이 싸움에서 지고 싶지 않았다. 그런 면에서 세계 최고의 회사 두 군데를 경쟁으로 유도한 페이스북도 정말 대단한 회사가 아닐 수 없다.

이렇게 긴박했던 투자전쟁이 어떻게 진행되는지에 대해 언론이 관심을 보였지만 이런 특급기밀이 외부로 새어나갈 리 없었다. 그런데 공식 발표가 있기 전에 소셜 네트워크로 소문이 나기 시작했다. 이것이 의도된 일이었는지는 알 수 없지만 소셜 웹 시대에 걸맞은 현상이었다.

두 기업이 공식 입장을 발표하기 조금 전에 페이스북 PR 담당인 브랜디 바커가 마이크로소프트의 글로벌 영업과 마케팅 담당인 아담 손을 친구로 추가했다는 사실이 알려지면서, 마이크로소프트의 승리가 확실하다는 예측이 공식 보도자료보다 훨씬 빠르게 전파되었다.

마이크로소프트가 소유한 1.6퍼센트라는 지분은 투자한 금액에 비해 매우 적기 때문에 사실상 경영에는 아무런 영향을 줄 수 없는 듯하지만, 내부 지분을 제외하고는 가장 많은 외부 지분을 획득한 것이었다. 실제로 이 자금이 있었기에 페이스북에서 구글 출신 인재들이 만든 기술 중심 회사인 프렌드피드를 인수할 수 있었고 실시간 관련 기술을 확보할 수 있었다.

그동안 MS-DOS, 윈도와 오피스라는 거대한 성공신화를 써오던 마이크로소프트지만 가장 중요한 서비스 전쟁을 앞두고 번번이 구글에 밀렸었다. 아이폰의 인기와 구글 안드로이드의 약진으로 오랫동안 공을 들여오던 모바일 운영체제의 주도권을 빼앗긴 마이크로소프트에게 페이스북 투자는 미래에 대한 중요한 전환점 중 하나가 되었을 것이다.

페이팔 마피아들 유쾌하게 세상을 휘젓다

2010년 구글이 소셜 네트워크 게임(SNG)과 가상 커뮤니티 구축 애플리케이션 전문업체인 슬라이드를 인수했다는 뉴스가 있었다.

구글이 인수한 슬라이드는 페이팔의 공동창업자인 맥스 레브친이 지난 2005년 8월 설립한 회사로, 페이스북용 소셜 게임과 유튜브 등에 올라와 있는 각종 동영상을 친구들과 공유하게 해주는 '슬라이드 펀 스페이스' 등을 서비스하고 있다.

정확한 인수금액은 밝혀지지 않고 있지만 적어도 2억 달러 이상 지불했을 것으로 추정되는 대형 거래였다.

　맥스 레브친이 슬라이드로 대박을 터뜨리면서, 이미 유튜브를 창업해서 구글에 합류한 페이팔 시절 동료였던 스티브 첸, 채드 헐리, 자웨드 카림과 다시 만났다. 이런 성공을 두고 최근 페이팔 출신들의 놀라운 성공담이 화제가 되고 있다. 페이팔은 사실 CEO부터 금세기 최고 천재라고 할 수 있는 인물이었던 정말 대단한 회사였다.

🌐 _미국에 온 남아공 출신 컴퓨터 천재

　페이팔 창업자 중 한 명인 일론 머스크는 1971년 남아프리카공화국에서 태어나 어린 시절을 보냈다. 그의 아버지는 남아프리카 사람으로 엔지니어였고, 어머니는 캐나다 출신으로 뉴욕에서 다이어트 전문가 겸 모델로 활동했기에, 두 사람은 가끔씩 남아프리카에서 만나는 기러기 부부였다. 아버지 슬하에서 자란 일론 머스크는 자연스럽게 여러 기계들을 손쉽게 접할 수 있었고, 처음으로 컴퓨터를 산 것이 그의 나이 열 살 때였다. 독학으로 컴퓨터를 익혀서 열두 살에는 자신이 개발한 블라스타라는 게임을 500달러에 팔기도 했다.

　1988년 프리토리아 고등학교를 졸업한 일론 머스크는 부모에게 독립을 선언하고 미국으로 건너갈 결심을 한다. 그리고 일단 어머니의 고향인 서부 캐나다 지역으로 1989년 이민을 간다. 처음에는 사촌이 운영하는 농장 일을 도우면서 낯선 이국땅에 적응하기 시작했다. 그 이후에 통나무를 베거나 보일러 청소를 하는 등 노동을 하면서 삶을 꾸려나가다가 청운의 꿈을 안고 캐나다 중심도시인 토론토로 이주해 퀸스 대학교에서 공부를 시작했다.

1992년에는 미국 동부의 명문이자 뛰어난 경영/경제학부를 가지고 있는 펜실베이니아 대학교 경제학과에 장학금을 받고 입학했는데, 경제학뿐만 아니라 1년간 학업을 연장해서 물리학까지 복수학위를 취득했다. 그는 언제나 토머스 에디슨과 같은 사회혁신가가 되기를 원했고, 이를 위해서는 단순히 경영·경제뿐만 아니라 기술에 대해서도 최고 수준의 지식을 갖춰야 한다고 생각했다.

그리고 자신의 미래를 세 가지로 일찌감치 결정하는데 그것이 바로 '인터넷, 청정에너지 그리고 우주'였다. 놀랍게도 그는 이렇게 다른 세 영역 모두에서 세계적인 회사를 설립하고 궤도에 올리는 데 성공했다.

🌐 스탠퍼드 중퇴 후 창업한 페이팔

1995년 일론 머스크는 열정이 넘치는 땅인 캘리포니아에 입성한다. 응용물리학과 재료과학 대학원 과정으로 스탠퍼드 대학교에 입학했는데, 오자마자 집2(Zip2)라는 회사를 설립하기 위해 과감히 학교를 그만두었다. 그의 동생인 킴발 머스크와 함께 시작한 집2는 온라인 콘텐츠 출판 소프트웨어 회사였다.

그의 첫 번째 창업은 1999년 컴팩이 인수한 알타비스타 사업부가 현금 3억 7백만 달러와 3,400만 달러치 주식을 주고 집2를 인수하면서 대성공을 거뒀다. 회사를 성공적으로 창업하고 매각했지만, 그의 몸과 마음속에 끓어오르는 창업정신을 막을 수 없었다. 1999년 3월 그는 엑스닷컴이라는 회사를 설립한다.

엑스닷컴은 온라인 금융서비스와 이메일 결제서비스를 제공하는 회사였는데, 1년 뒤에 콘피니티라는 팜 파일럿 기반의 전자금융 솔루션 회사와 합병했다. 이 회사가 바로 오늘날 가장 주목받는 글로벌 페이먼트 서비스 회사인 페이팔이다.

페이팔은 2001년 2월 공식 출범하고 승승장구하는데, 특히 급속도로 커지던 이베이에서 가장 확실하고 널리 사용하는 지불방식이 되면서 회사 가치는 수직 상승했다. 페이팔의 가치를 알아본 이베이는 일론 머스크와 피터 씨엘, 맥스 레브친 등을 설득해 2002년 10월 페이팔을 인수하는데, 이베이의 주식 15억 달러 상당과 교환했다. 일론 머스크와 페이팔 공동창업자들 역시 이베이의 가치를 알아본 것이다. 또한 일론 머스크는 인터넷 이외에 청정에너지와 우주사업을 할 자금이 필요했기에 과감히 페이팔이라는 보물단지를 이베이에 넘기는 결정을 했다.

🌐 __우주로 나가는 꿈을 실현할 스페이스엑스

2002년 6월 이베이와 인수협상을 한창 진행하던 도중 일론 머스크는 스페이스엑스라는 세 번째 회사를 창업한다. 이 창업이 이베이에 페이팔을 매각하는 데 결정적인 영향을 미쳤는지도 모른다. 그는 CEO면서 동시에 CTO로 취임하고 일반인들이 우주여행을 한다는 공상과학소설 같은 이야기를 실현에 옮기기 위해 첫 발을 내디뎠다. 스페이스엑스가 처음 시작한 일은 로켓을 개발하고 제작하는 것이었다.

특히 저렴한 가격에 고성능을 구현하는 것이 목표였는데, 두 로켓 이름이 팔콘1과 팔콘9다. 그리고 우주선 이름은 드래곤이라고 붙였다. 2008년 12월 23일 스페이스엑스는 NASA로부터 그동안 기술을 개발한 공로를 인정받아 팰콘9 로켓 9기와 드래곤 우주선으로 국제 우주정거장(ISS)을 왕복하는 계약을 16억 달러 상당에 맺는 데 성공했다. 우주개발은 국가나 하는 일이라는 선입견을 통렬히 깬 그 도전은 2010년 첫 번째 로켓 발사에 성공한 것으로 보상받는다.

그는 인간은 결국 우주로 나가야 한다고 오래전부터 생각해왔다. 지구에 안주해서는 인류의 멸종을 막을 수 없고, 인류가 적극적으로 미래를 대비하기 위해서는 우주개척이 반드시 필요하다고 강조했다. 작은 소행성과의 충돌이나 엄청난 규모의 화산 폭발로 전 인류가 한꺼번에 죽을 수도 있는데, 이를 대비하지 않는다는 건 인류의 직무유기라고 본 것이다.

스페이스엑스는 이후 세계 최고의 우주개발 민간기업으로서 놀라운 성과를 계속 내고 있다. 2015년에는 팰콘9 로켓의 1단 추진체를 회수하는 데 성공하면서 우주탐사에 들어가는 비용을 극적으로 줄이는 성과를 냈고, 2017년에는 이렇게 회수한 로켓을 재사용한 뒤에 다시 회수하는 데 성공했다. 2020년에는 그동안 꾸준히 발사한 작은 인공위성 네트워크인 스타링크 프로젝트의 세 번째 발사에 성공하면서, 세계 최대의 상업용 인공위성 운영회사가 되었다. 또한 2020년에 드디어 우주인을 국제우주정거장에 보내는 데 성공하면서, 화성에 인류 정착지를 건설하겠다는 그의 원대한 꿈에 더욱 가까이 다가가게 되었다.

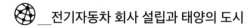
전기자동차 회사 설립과 태양의 도시

인터넷에서 대성공을 거뒀고 우주로 나가는 꿈을 실현하는 회사도 설립했고 이제 마지막으로 남은 것은 바로 청정에너지와 관련한 꿈이었다. 그중 자동차에 초점을 맞추고 앞으로 자동차는 전기의 힘으로 움직이게 될 거라고 굳게 믿으며, 현재 세계에서 가장 주목받는 회사인 테슬라 모터스를 2004년 설립했다. 회사를 설립한 후에 주로 투자자로서 8차례에 걸친 자금수혈을 책임진 그는 2008년 10월부터 정식으로 CEO가 되어 회사를 운영하기 시작했다.

테슬라의 첫 번째 상용차인 스포츠카 형태의 로드스터를 시작으로, 모델 X, 모델 S, 모델 3가 연달아 성공하면서 테슬라 모터스는 세계 최고의 전기자동차 회사로서 위상을 가지게 되었으며, 자율주행 기능인 오토파일럿 기술을 도입해 자율주행 부문에서도 세계를 선도하고 있다. 테슬라 모터스는 2017년 사명을 테슬라로 바꾸고 2019년 만성적인 적자에서 벗어나면서, 시가총액이 2020년 7월 1일 2,060억 달러를 기록해 토요타를 제치고 세계에서 가장 가치가 높은 자동차회사에 이름을 올리는 기염을 토했다.

테슬라와 함께 그가 청정에너지 부문에 투자한 곳이 솔라시티로, 태양광 발전기술을 개발하는 회사다. 테슬라와 솔라시티는 전 지구적인 환경재앙과 지구온난화를 막아야 한다는 사명을 이루기 위한 회사라고 그는 설명한다. 솔라시티는 2016년 테슬라에 합병되어 이제는 테슬라의 자회사가 되었다.

일론 머스크는 이렇게 뛰어난 사업가지만, 동시에 전 세계를 무대로 한 광범위한 자선활동으로도 유명하다. 자신의 이름을 딴 머스크

재단을 설립해서 활동하고 있는데, 주로 과학교육과 소아의 건강 그리고 청정에너지와 관련한 부문에 많은 돈을 사용하고 있다. 그밖에도 엑스 프라이즈 재단, 우주재단 등을 포함해 첨단과학과 우주에 대한 활동도 활발히 병행하고 있다. 그가 바로 영화 〈아이언맨〉의 주인공인 토니 스타크의 실제 모델이다.

🕸 __페이팔 마피아

'페이팔 마피아'는 일론 머스크를 중심으로 한 페이팔 출신들을 일컫는 말로, 유튜브가 구글에 인수되면서 처음 세상에 알려졌다. 페이팔을 이베이에 매각하고 페이팔 마피아 대부분은 엄청난 돈을 벌었다. 그후 그들은 각자 제 길을 갔는데, 자신들의 경험을 바탕으로 또 다른 성공신화들을 쓰고 있다.

페이팔 부사장 출신인 레이드 호프만은 대표적인 소셜 웹 서비스로 이름을 날리고 있는 링크드인(LinkedIn)을 설립하고 오랜 기간 CEO로 재직했다. 그가 링크드인을 설립할 때 일론 머스크와 함께 페이팔을 창업했던 피터 티엘로부터 투자를 받았다. 링크드인은 2016년 6월 13일 마이크로소프트가 262억 달러를 투자해 인수하면서 마이크로소프트의 소셜 웹 시대에 또 하나의 포트폴리오로 자리를 잡았는데, 이 인수는 현재까지도 마이크로소프트 최대의 M&A로 기록되어 있다.

피터 티엘은 직접 회사를 운영하지 않고, 페이팔을 매각하면서 번 돈으로 클라리엄 캐피탈이라는 헤지펀드를 설립해 운영하고 있다. 피터 티엘은 2010년 구글에 인수된 맥스 레브친의 슬라이드에도 투자했다. 링크드인도 그의 주요 투자 포트폴리오이고, 페이스북에도 초기에 투자한 것을 감안하면 피터 티엘의 돈 굴리는 솜씨는 정말 대단하다고 하지 않을 수 없다.

페이팔의 COO로 일했던 데이비드 삭스는 룸9 엔터테인먼트라는 영화제작사를 설립했다. 담배회사들을 풍자한 〈흡연, 감사합니다〉라는 영화를 만들어 2,400만 달러 수익을 올렸는데, 영화 제작비를 페이팔 마피아로부터 공급받았다는 이야기가 있다.

페이팔 CFO로 일했던 로엘로프 보사는 페이팔 매각 이후에 이 책에서도 자주 언급한 대표적인 벤처캐피탈인 세콰이어 캐피탈 파트너로 일을 시작했다. 그 역시 페이팔에서 일했던 채드 헐리, 스티브 첸, 자웨드 카림이 설립한 유튜브에 세콰이어 캐피탈이 투자하는 데 결정적인 역할을 했고, 결국 유튜브가 구글에 매각되면서 큰 성공을 거뒀다.

스마트 폰 기반의 대표적인 위치기반 서비스인 옐프의 탄생 일화도 유명하다. 옐프는 여러 도시의 식당, 백화점, 병원 등에 대한 평판을 크라우드소싱(기업 외부에 있는 비전문가 다수의 의견을 수렴하는 등 대중의 인력을 이용하는 방식)을 이용해서 모으는 서비스로 위치정보를 활용한다.

2004년 여름, 맥스 레브친의 29살 생일에 샌프란시스코에 있는 한 베트남 식당에서 페이팔 동료 16명이 모였다. 이들은 한참 환담을 나누다가 '좋은 치과의사 찾기가 얼마나 어려운 일인지'에 대한 이야기를 하기 시작했다. 이때 옐프 콘셉트를 머릿속에 그리고 있던 러셀 시몬스와 제레미 스토펠만은 자신들이 준비하고 있는 크라우드소싱 평판 서비스에 대한 아이디어를 이야기했다. 식사를 마치고 맥스 레브친의 사무실에 들른 시몬스와 스토펠만은 아이디어를 더 자세히 설명하는 자리를 가졌는데, 그 다음 날 맥스 레브친이 100만 달러를 투자했고 이것이 옐프의 탄생으로 이어졌다.

페이팔 마피아가 유명한 것은 성공한 기업가가 일반적으로 하는 행동과 다르게 행동했기 때문이다. 젊은 나이에 많은 돈을 벌었지만, 이를 쓰면서 편하게 살기보다는 기업가 정신으로 똘똘 뭉쳐서 여전히 새로운 도전을 계속했고 서로에게 지속적인 자극을 주었다.

우리나라에서도 성공한 선배 벤처기업가들이 이렇게 후배들을 밀어주는 선순환 고리가 형성되면서 제2, 제3의 스타가 탄생할 수 있는 시스템을 정착시킨다면 매우 의미 있는 일이 될 것이다.

이제는 실리콘밸리뿐만 아니라 우리나라에서도 부를 대물림하기보다는 성공한 선배 창업자가 싹수 있는 후배 창업자에게 투자하고 이들의 성공을 뒷받침하는 모습이 그리 낯설지 않게 되었다. 이런 사례가 더욱 증가해서 젊은 혁신 기업가들이 더욱 많이 등장하는 사회가 된다면 우리 사회가 조금은 더 긍정적인 방향으로 발전할 수 있지 않을까 기대해본다.

아마존, 웹 운영체제와 전자책으로 세 거인에게 도전하다

인터넷에서 영토 다툼을 벌이는 구글과 마이크로소프트, 그리고 그 틈을 비집고 아이폰으로 모바일 산업에서 태풍의 눈으로 등장한 애플 사이에서 전쟁이 벌어진 2006~2008년, 미래의 가장 거대한 시장을 클라우드 컴퓨팅으로 정의하고 새로운 서비스를 준비하며 도전한 세력이 있었으니 그것은 바로 전자상거래의 거인 아마존이다.

✪ __전자상거래의 거인이 눈을 돌린 웹 운영체제

아마존은 단순히 서적시장만을 노리지 않았다. 아마존 CEO 제프 베조스는 자신의 전자상거래 플랫폼을 이용하는 수많은 작은 기업들(최근에는 많은 수의 개인들도 포함된다)에 웹 기반의 기술적인 환경을 제공하고 여기에 익숙해지도록 만들어서 자연스럽게 일반 PC의 웹 환경 플랫폼까지 장악하려는 야심을 가졌다.

이런 서비스 플랫폼에 아마존은 웹OS라는 거창한 이름을 붙였고, 이를 위해 아마존 웹 서비스(Amazon Web Service, AWS)라는 서비스를 먼저 디자인했다. 아마존의 전략이 훌륭한 이유는 덩치가 큰 운영체제를 한꺼번에 개발해서 릴리스하는 것이 아니라 철저히 수요가 있는 서비스 스택부터 하나씩 모듈화해서 내놓았다는 점에 있다. 과도한 리소스를 사용하지 않되 필요한 조각들을 순차적으로 차세대 웹 플랫폼으로 내놓고 이들이 지속적으로 사용될 환경을 조성하는 것이다. 2006년 말에 아마존은 이런 개념을 정리해서 미래의 웹OS 플랫폼 다이어그램을 발표했다.

아마존은 서비스 플랫폼과 인프라를 이루는 플랫폼을 분리했는데, 서비스 플랫폼을 이용해 아마존 웹 사이트에 개방형 상점들이 쉽게 입점하도록 했다. 어찌 보면 가장 중요한 정보인 방대한 상품 데이터를 누구나 자유롭게 사용하게 했고 이를 작은 소매상이나 소규모 기업 들이 다양하게 활용하도록 개방했으며, 여기서 더 나아가 이를 쉽게 사용하게 도와주는 도구까지 제공하고 나섰다.

이 작업은 비교적 초창기인 2002년부터 진행하기 시작했는데, 수많은 소매업자와 인터넷 사업을 처음 시작하려는 개인들이 이 웹 서비스를 이용해 아마존 상품 데이터베이스에 접근했고, 동시에 자신들이 개설한 사이트에서 아마존의 상품을 마음껏 판매하기 시작했다. 이 웹 서비스를 이용한 소규모 사이트는 상품의 정보와 결제시스템 전반까지도 아마존의 것을 이용할 수 있었으며, 자신들은 사업 특성에 맞는 서비스 개발에만 전념하면 되었다.

처음 웹 서비스를 공개한 지 1년도 채 지나지 않은 기간 동안, 수천만 명의 소비자들이 이 서비스를 이용해 만들어진 소규모 소매 사이트에서 아마존 상품을 구입했다. 아마존은 이런 웹 서비스를 이용해 발생한 매출 일부를 수수료로 가져갔는데, 이와 같은 전자상거래 경제권에서 나오는 수익이 마침내 아마존의 원래 서비스에서 나오는 수익을 상회하기 시작했다.

⊕ _상업적으로 성공한 클라우드 컴퓨팅 서비스

2006년 발표한 웹OS는 이런 서비스 플랫폼 이외에도 인프라 플랫폼을 포함하고 있었다. 전통적인 로컬 PC 기반의 운영체제가 CPU, 메모리, 저장공간(하드디스크, CD-ROM 등), 입출력 장치(마우스, 키보드, 디스플레이)들을 총체적으로 관리한다고 볼 때, 사용자는 언제나 하드웨어를 업그레이드하고 싶은 유혹에 빠진다. 그리고 이렇게 한정된 메모리나 리소스를 관리하는 것이 운영체제의 역할이다.

웹 기반 운영체제라면 어떨까? 수없이 연결된 수많은 클라우드(많은 수의 서버 기반의 네트워크 컴퓨팅 환경을 구름에 비유해 말하는 단어)에 우리의 컴퓨터 또는 휴대폰이 접속한다고 가정하면, 거의 무한대에 가까운 공간에 저장된 수많은 정보를 제대로 뽑아내기 위해 다양한 검색엔진 및 개인화된 색인기능 그리고 빠른 속도를 위해 물려 있는 모든 컴퓨팅 리소스를 최대한 활용해서 기능을 극대화하는 방법이 필요할 것이다.

사실 엄청나게 큰 규모의 웹 기반 소프트웨어를 만든다는 건 대단한 모험이다. 그래서 아마존이 선택한 방법은 그동안 자신들이 전자상거래를 통해 쌓아올린 인프라를 개방하는 것이었다. 간단한 검색과 저장 그리고 데이터 관리와 관련한 핵심 서비스를 API 형태로 개발하고 자신들이 구축한 복잡한 비즈니스 로직은 거대한 서버 클라우드 속에 캡슐화해두었다. 그리고 이 서비스를 이용하는 데 최소한의 비용만 받음으로써 수많은 비즈니스 파트너들이 이를 이용하도록 유도했다. 큰 규모의 회사들은 이 서비스를 이용하지 않았지만, 소위 비즈니스 롱테일에 속하는 수많은 작은 기업들이 여기에 동참했다. 이렇게 2006년도에 시작한 서비스가 바로 EC2(Elastic Compute Cloud)와 S3(Simple Storage Service)다.

인터넷에 존재하는 가상화된 저장공간과 웹 서비스를 제공하고 사용량에 따라 적당한 비용을 부과함으로써, 수많은 초기 스타트업 회사들이 아마존 웹 서비스를 이용해 서비스를 시작했다. 과거처럼 고정비용에 많은 투자를 하지 않아도 되고, 트래픽이 몰리면 그만큼 성공 가능성이 높아지기 때문에 자체적인 서비스 인프라는 그 이후에 구축해도 충분했다.

　서버상에서 모든 것을 구현하고 이를 인터넷에서 활용하는 개념은 과거 네트워크 컴퓨터를 상상하던 시절부터 이야기해온 것이지만, 실제 서비스로 성공을 거둔 것은 아마존이 최초다. 에릭 슈미트도 이런 클라우드 컴퓨팅에 대한 열정을 가지고 있었고, 이를 위해 G 메일을 시작으로 구글의 다양한 서비스를 클라우드 서비스로 출시하기 시작했다. 워드와 스프레드시트, 파워포인트의 기능을 인터넷상에서 작동시킬 수 있는 구글 독스(Google Docs)라는 클라우드 서비스도 구현해서 서비스하기 시작했다. 아마존의 성공은 구글에도 큰 자극이 되었고, 뒤이어 마이크로소프트 역시 회사의 사운을 걸고 대대적인 투자를 하기 시작했다.

🌐__비즈니스 구조를 무너뜨린 아마존

　아마존은 출판역사를 두 번이나 혁신으로 이끈 역사적인 기업이다. 그래서 그와 관련한 출판을 역사의 관점에서 한번 바라보고자 한다. 출판산업은 구텐베르크가 인류에게 가장 큰 변혁의 계기를 마련해준 금속활자를 발명하고 이 기술이 널리 퍼지면서 많은 사람들이 지식을 접한 데에서 시작한다. 전통적인 출판산업은 저자와 출판기획, 생산, 마케팅, 영업과 배포 등을 담당하는 출판사 그리고 이를 판매하는 서점이 역할을 분담하면서 발달해왔다. 가격문제로 출판사는 적어도 수천 부 이상이 깔리는 책만 기획해야 했고, 잘 팔리지 않는 책에 대해서는 적자를 감수해야 했다.

　이러한 전통적인 구조에 거대한 변화의 바람을 몰고 온 것이 바로 아마존이다. 사실상 전자상거래라는 것을 확고하게 정착시킨 아마존의 혁신은 대단한 반향을 일으켰다. 과거에는 판매대에 올릴 수 없었던 무수한 책들까지 모두 가상 판매대에 진열하고 검색과 추천을 가능하게 한 아마존 시스템은 롱테일 비즈니스라는 새로운 현상을 낳으며 예전 산업구조를 일거에 무너뜨렸다.

아마존의 등장은 전통적인 저자-출판사-서점의 구조에서 끝점에 있는 서점의 존재감을 극도로 약화시켰고, 유통과 관련한 비용 및 효율을 출판사에 돌려주면서 예상과는 달리 출판사와 콘텐츠를 생산하는 저자들 모두에게 긍정적인 효과를 주었다.

출판사는 이제 위험을 감수한 채 책을 많이 찍어서 재고로 안고 있을 필요가 없어졌고, 주문수량과 판매추이, 영업 및 마케팅 노력에 따라 효과적으로 책을 찍어내는 관리가 가능해졌다. 심지어 예약판매라는 제도를 통해 일정 부분 판매량을 예측할 수도 있게 되면서 출판산업 전체가 활황에 들어갔다. 이것이 초창기 아마존이 일으킨 출판산업의 혁신이다.

한 차례 거대한 혁신을 일으킨 아마존이 이번에는 콘텐츠 제작과 관련한 혁신을 가져왔다. 바로 킨들이라는 전자책 디바이스가 그것이다. 아마존은 킨들을 2007년 11월 일반에게 처음 공개했다. 킨들은 전자잉크 기술을 이용해 책과 유사한 느낌을 주었고 배터리도 매우 오래가며 가벼웠기 때문에 기존에 존재했던 전자책 디바이스들에 비해 강력한 경쟁력을 가지고 있었다. 킨들은 종이라는 실물에 인쇄하던 출판물을 완전한 가상세계에서 거래할 수 있는 토대를 마련했고, 이 혁신도 결국 성공했다.

디지털 저작물은 인쇄물과는 달라서 생산에 들어가는 비용이 0에 수렴하며, 저자와의 협의에 따라 다양한 계약 및 수익모델이 나올 것이다. 저자가 디지털 저작물을 직접 만들어서 출판까지 할 수 있는 능력자라면 1인 출판의 형태로 진행될 테지만, 많은 지식 콘텐츠 생산자들은 그래도 출판사들과 기획, 마케팅, 브랜드 등을 협업하는 방향을 선택할 것이다.

마이크로소프트, 윈도 7과 클라우드 서비스에 미래를 걸다

윈도 비스타도 실패하고, 인터넷 서비스에 거듭 도전했으나 별다른 성과를 내지 못하던 마이크로소프트. 당장은 수익을 내고 있었지만 미래에 대한 불안감을 반영하듯 최고 수준이던 주가는 계속 하락하고 있었다. 이렇게 마이크로소프트의 위기상황이 지속되려는 순간 과거와는 달리 과감하게 새로운 운영체제 카드를 뽑아드는데, 그것이 바로 윈도 7이다.

✪__윈도 7으로 위기를 타개한 마이크로소프트

윈도 비스타의 참담한 실패가 명확해지자, 보통 5년 정도 기간을 가지고 운영체제를 업그레이드하고 발표하던 마이크로소프트의 발걸음이 빨라졌다. 느리고 무거우며 하드웨어 호환성이 떨어진다는 등 제기된 문제를 취합해 비교적 단기간에 문제를 해결할 수 있는 방법을 총동원해서 2009년 7월 22일(미국시간) 윈도 7 OEM 버전을 내놓았고, 소매 버전은 10월 22일 여섯 가지 에디션으로 출시했다.

윈도 7은 데스크톱, 노트북 컴퓨터, 태블릿 PC, 미디어 센터 PC를 비롯한 여러 가지 컴퓨터에 이용할 수 있었다. 이 발표는 윈도 비스타가 출시된 지 3년이 채 지나지 않은 일로, 기존 사이클과 비교하면 훨씬 빠르게 대응한 셈이고 기대에 부응하듯이 윈도 7은 윈도 비스타의 실패를 딛고 화려한 성공을 거두었다.

윈도 비스타에서는 욕심이 앞선 탓인지 새로운 기능을 많이 도입했으나 이런 기능들이 하드웨어 호환성에 문제를 일으키고 운영체제가 느리고 무거워지는 상황을 연출했는데, 윈도 7은 응용 프로그램 및 하드웨어 호환성을 개선한 것은 물론 직관적이고 빠른 운영체제로의 변신을 시도했다. 개발 초기에는 윈도 블랙콤이라는 코드네임으로 불렸으나, 2006년 1월부터는 코드네임이 비엔나로 변경되었다.

윈도 7의 성공적인 발표와 오피스 2010의 인기로 마이크로소프트는 2009년 4분기 사상 최대의 흑자를 기록하면서 세간에서 제기하던 '마이크로소프트 위기설'을 잠재웠다. 윈도 7 발표 이후 9개월간 전 세계에서 1억 7,500만 카피가 판매된 것으로 집계되었는데, 이는 마이크로소프트의 윈도 역사상 가장 빠른 판매속도였다.

이로써 마이크로소프트는 역대 최고 매출액과 이익을 기록하면서 미래를 대비한 투자의 교두보를 마련할 수 있었다. 아이폰과 안드로이드로 대표되는 모바일 혁명의 물결에서 주도권을 빼앗겼지만, 그래도 마이크로소프트의 저력을 무시할 수 없는 이유는 막대한 이익과 현금이 뒷받침되기 때문이다.

__스마트폰 시장에서의 완벽한 패배

마이크로소프트는 그동안 스마트폰과 관련해 가장 오랫동안 투자를 해온 회사다. 2001년 발표한 '디지털 라이프스타일' 전략을 통해 윈도 CE를 발표하면서 임베디드 시장에 투자하기 시작했고, 스마트폰의 경우에는 국내의 삼성전자와 LG전자를 비롯한 여러 회사들이 마이크로소프트의 운영체제를 기반으로 해서 오랫동안 제품을 내놓았다. 그러나 스마트폰에서 RIM의 블랙베리에 밀리는 양상을 보이더니 2007년 발표한 아이폰에 이어 2009년에는 안드로이드에까지 밀리며 마이크로소프트의 입지는 날이 갈수록 좁아졌다.

마이크로소프트의 스마트폰이 위기를 맞은 진정한 이유는 그동안 워낙 윈도 모바일 시리즈가 죽을 쑨 탓도 있지만 제조업체들과의 신뢰관계가 깨졌기 때문이다. 마이크로소프트 운영체제로 작업을 해온 많은 제조업체들은 마이크로소프트에 지불하는 비용뿐만 아니라 시시때때로 들어오는 많은 간섭 그리고 그들에게 매여서 빼도 박도 못하는 난처한 신세를 겪은 일에 대단한 거부감을 가지고 있다.

최근 웹 2.0을 중심으로 한 개방전략은 폐쇄적이던 애플의 철학조차 상당 부분 흔들어놓았다. 특히 애플은 수많은 외부 개발자나 외부 조력자 들에게 애플을 도우면 같이 잘살 수 있다는 믿음을 주었기 때문에 성공을 이룬 것이나 마찬가지다. 개발에 투입되는 리소스도 적고 아직 어느 정도 관리는 하지만, 철저히 외부 협력을 애플의 역량으로 받아들이는 아웃사이드-인을 촉진하는 전략을 펼친 것이다. 안드로이드는 더하다. 자유도도 높고, 동시에 거의 추가 부담 없이 저마다 특화하는 것도 일부 가능하다. 강력한 제조기반을 갖추고 특별한 서비스를 추가할 수 있는 제조업체라면 자신들만의 특화폰도 내놓을 수 있다.

이처럼 아이폰과 안드로이드 생태계가 주도하는 스마트폰 시장에서 별다른 성과를 내지 못하자, 마이크로소프트는 결국 눈물을 머금고 스마트폰 사업에서 철수하는 결정을 내리게 된다. 이 과정이 그리 순탄치는 않았다. 윈도폰 7과 8을 출시했지만 시장의 차가운 반응을 확인한 마이크로소프트는 2013년 9월 3일 스마트폰 시대가 오기 전까지만 해도 세계 최대의 휴대폰 제조업체였던 노키아의 모바일 부문을 70억 달러에 인수했다. 이것이 마이크로소프트로서는 스마트폰 시장에서 주도권을 잡기 위한 마지막 몸부림이 되었다.

✳️__마이크로소프트, 젊은 신성에게 미래를 걸다

2014년 2월 4일 스티브 발머가 마이크로소프트 CEO에서 물러나고, 마이크로소프트의 클라우드와 기업시장 부문을 담당했던 사티아 나델라가 새로운 CEO로 임명되었다. 동시에 존 톰슨이 빌 게이츠가 맡고 있던 마이크로소프트의 회장 자리를 승계했다. 이는 마이크로소프트가 창업자들과 결별하고 새로운 길을 걷겠다는 것과 마찬가지 메시지였고, 그만큼 모바일 시대에 들어서 애플과 구글에 리더십을 빼앗기고 쇠락하는 공룡과도 같은 이미지의 마이크로소프트를 혁신하고자 하는 이사회의 의지가 강했다고 할 수 있다.

이때부터 마이크로소프트의 놀라운 변신이 시작되었다. 사티아 나델라는 CEO로 임명되자마자 2014년 4월 25일 노키아의 디바이스와 서비스 부문을 72억 달러에 인수하고, 9월 15일에는 마인크래프트라는 게임을 개발한 것으로 유명한 모장(Mojang)을 25억 달러에 인수하는 등 매우 공격적인 전략을 펼치기 시작했다.

사티아 나델라의 어머니는 산스크리트어 강사였고 아버지는 인도의 공무원이었다. 사티아 나델라는 인도 하이데라바드라는 도시에서 태어났으며, 1988년 카마타카의 마니팔공대에서 전자공학을 전공하고 미국 유학길에 올라 1990년 위스콘신 주립대학교 매디슨에서 컴퓨터 과학으로 석사 학위를 받았다. 이후 경영분야에 관심을 두고 시카고 대학교에서 1996년 MBA 학위를 취득했다.

그의 첫 직장은 닷컴 버블이 시작되기 직전에 미래의 컴퓨팅 플랫폼을 제시하던 실리콘밸리의 유망주 썬 마이크로시스템스였다. 그러나 썬 마이크로시스템스에 재직한 기간은 그리 길지 않았고, 마이크로소프트로 이적해서 주로 클라우드 컴퓨팅과 관련한 프로젝트를 맡았다. 클라우드 컴퓨팅과 관련한 사업의 비중이 점점 높아지면서 그의 입지도 점점 올라갔다. 젊은 나이임에도 온라인 서비스와 사업분야의 R&D 책임을 맡는 부사장을 거쳐, 서버와 도구(Server and Tools) 사업분야의 사장에 임명되면서 주로 소비자 소프트웨어에 치우쳐 있던 마이크로소프트의 사업영역을 데이터베이스와 서버 제품군, 개발도구 애저(Azure) 클라우드 부문의 신규 사업으로 확대하고 실제 매출액도 크게 성장시켰다. 그의 이런 실적을 눈여겨보던 마이크로소프트 이사회는 과감히 젊은 사티아 나델라에게 마이크로소프트라는 공룡의 완전한 변신을 책임지고 맡겼다.

그는 사업실적도 훌륭했지만, CEO에 임명되자마자 마이크로소프트라는 회사가 가지고 있던 선입견이나 기존 철학 등을 무너뜨리는 발언을 거듭하면서 문화적인 측면에서도 큰 변화를 이끌어냈다. 대표적인 것이 당시 마이크로소프트의 가장 큰 경쟁 플랫폼 중 하나인 리눅스에 대한 발언과 행동으로, 2014년 '마이크로소프트♡리눅스'라는 캠페인을 펼치면서 애저 클라우드에 리눅스 진영을 적극적으로 포용하는 정책을 펼치기 시작하더니, 2016년에는 리눅스 재단의 플래티넘 멤버로 참여하는 결정을 내렸다.

그는 마이크로소프트의 미션도 바꿨다. 창업자들이 세웠던 마이크로소프트의 기존 미션은 '가정의 책상마다 컴퓨터 한 대(a computer on every desk and in every home)'였는데, 사티아 나델라는 이 미션을 바꾸지 않고서는 큰 변화를 이룰 수 없다고 생각하고 '지구의 모든 사람과 조직이 더욱 많은 것을 달성하기 위한 힘을 준다(empower every person and every organization on the planet to achieve more)'로 미션을 변경했다. 이는 제품이나 소프트웨어 중심에서 사람과 조직을 중심에 두는 철학의 변화를 의미하며 매우 거대한 패러다임 시프트를 예고한 것이었다. 동시에 공감을 강조하고, 협업과 성장을 위한 마인드셋으로 마이크로소프트를 지속된 학습과 성장을 통해 끊임없이 변화하는 조직으로 만들기 위해 역량을 집중했다. 사실상 세계시장 전체를 독점한 운영체제와 킬러 소프트웨어 제품군을 가지고 있어서 방어적이고 혁신에 둔감할 수밖에 없었던 공룡을 깨우지 않으면 마침내 무너질 수도 있다고 느꼈던 것이다.

그의 이런 패러다임 전환은 커다란 성공으로 다가왔다. 단순히 신규 사업을 발굴하고 매출액과 이익을 늘리는 것을 넘어, 마이크로소프트가 구글이나 페이스북 등과 같은 후발주자들보다도 더욱 혁신적이라는 이미지를 젊은 세대에게 심어주었다. 이런 유무형적인 성과는 고스란히 마이크로소프트의 시가총액에도 반영되어 그가 CEO로 임명된 이후 4년 만에 가치가 3배로 뛰었으며, 이 책을 집필하고 있던 2020년 8월 기준으로 구글과 페이스북 등을 꽤 큰 차이로 따돌리고 애플, 아마존과 함께 3강을 형성하게 되었다.

⊛ __클라우드와 오픈소스의 선도기업

마이크로소프트는 앞으로도 클라우드 서비스에 집중할 것으로 예상된다. 아마존과 구글이 경쟁자이지만, 마이크로소프트에는 그동안 장악해온 업무용 소프트웨어 시장이 있다. 업무용 시장에는 콘텐츠 생산 및 공유뿐만 아니라 프라이버시와 보안이라는 중요한 이슈가 있고, 업무용 소프트웨어를 지배해온 오피스라는 든든한 보루가 있다.

이런 전략을 뒷받침하듯, 마이크로소프트의 클라우드 서비스인 애저는 마이크로소프트 오피스의 클라우드 서비스인 오피스 365와 원노트 등의 지원사격을 받아서 그 영토를 더욱 공격적으로 확장할 수 있었다. 이는 마이크로소프트가 그동안 소프트웨어를 일종의 공산품처럼 판매하던 전략을 근본적으로 바꿨다는 걸 의미한다. 이런 전략을 수행하기 위해 마이크로소프트는 그동안 오피스 클라우드를 구축하는 데 가장 큰 투자를 감행했는데, 과거 마이크로소프트의 오피스 제품군이 잘 팔릴 때 영업이익의 2/3가 오피스 판매에서 나왔다는 점을 감안하면 가히 '창조적 파괴'를 실제로 진행했다는 걸 알 수 있다.

클라우드 서비스가 중요한 또 다른 이유는 이것이 결국 스마트폰과 태블릿 같은 모바일 환경에서의 경쟁력도 좌우하기 때문이다. 구글이 안드로이드로 성공을 거두고, 나아가 아이폰이 성공한 데에는 이들의 클라우드 서비스가 한몫했다는 점을 부정할 수 없다. 앞으로 미래에는 더욱 다양한 컴퓨팅 장비를 사람들이 활용하게 될 텐데, 서로 다른 컴퓨팅 장비로 일관된 작업을 하기 위해서는 클라우드 서비스에 더욱 기댈 수밖에 없을 것이다. 그런 측면에서도 사티아 나델라의 클라우드 올인 전략은 미래를 적절히 내다본 현명한 결정이었다고 할 수 있다.

애플, 아이패드를 통해 콘텐츠-서비스 융합 마켓을 노리다

애플은 2007년 아이폰으로 거대한 혁신을 일으킨 데 이어, 2010년 아이패드를 발표하면서 컴퓨팅 환경 전체를 새롭게 재편하려고 시도했다. 처음에는 조금 큰 아이폰 정도로 치부되던 아이패드는 아이폰과는 또 다른 방향의 큰 반향을 일으켰다.

⊛ __애플의 새로운 야심작, 아이패드

애플은 아이패드를 2010년 3월 12일 예약판매한 데 이어 4월 3일부터는 애플스토어에서 판매를 개시했다. 초기에 비관적인 전망도 있었지만, 아이패드가 큰 성공작이 되었다는 점을 증명하는 데에는 그리 오랜 시간이 걸리지 않았다.

아이패드가 중요한 이유는 단순히 또 하나의 히트작이 애플로부터 나왔다는 점이 아니고 현재 우리의 생활습관을 바꾸는 단초 역할을 했다는 점에 있다. 아이패드는 PC에서 랩톱으로 이어진 로컬 스토리지와 설치형 소프트웨어 패러다임을 개인화/모바일 장비와 인터넷 서비스 패러다임으로 바꾸는 도화선이 되었다.

아이패드의 첫 번째 제품이 가졌던 9.7인치 형태는 개인이 가지고 다닐 수 있으면서도 멀티미디어 가독성을 갖춘 크기였다. 기본적으로 두께가 많이 두껍지 않기 때문에 다이어리나 서류가방에 끼워서 들고 다니는 개인용 저작도구 및 멀티미디어 소비도구 역할을 하게 되었다.

아이패드는 다양한 문서뿐만 아니라 멀티터치를 포함한 뛰어난 UI를 바탕으로 쉽게 멀티미디어 콘텐츠를 제작할 수 있고, 종이 다이어리나 노트의 역할도 대신할 수 있었다. 또한 자신이 원하는 콘텐츠를 마음껏 소비하고(가족들과 같이 볼 필요가 없는 영상 등), 공부도 하고 경우에 따라서는 즉석에서 소규모 그룹의 협업 또는 게임도 가능하다.

아이패드의 등장은 이후 다양한 다른 태블릿 제품들의 대응과 생태계를 같이 촉발시켰으며, 전자책과 다양한 콘텐츠 소비와 관련된 서비스 시장과 맞물려 여러 산업에 다양한 변화를 가져오면서 새로운 개인 스크린의 시대를 열었다.

✪ __콘텐츠 생산자의 마음을 얻는 정책

아이패드를 기획하면서 스티브 잡스는 콘텐츠 제작업체들의 마음을 얻기 위해 동분서주했다. 아이패드의 성공에는 온라인 콘텐츠를 만들어낼 수 있는 곳의 도움이 절실했기 때문이다. 과거 아이팟의 성공을 위해 음원 저작권을 보유한 회사들을 찾아다니며 일일이 설득해서 아이튠즈 뮤직스토어를 성공시켰던 때와 유사한 모습이다.

2009년 하반기부터 애플 본사인 쿠퍼티노에는 세계적인 잡지사 임원들이 거의 상주하다시피 하면서 애플과 협의하는 장면이 자주 목격되었다. 이들이 애플의 강력한 지지자가 되었다. 화려하고 새로운 형태의 전자잡지는 잡지사에게 유료 앱으로 판매할 수 있다는 희망을 보여주었고, 잡지사들이 보여준 콘텐츠 데모는 대중에게 아이패드의 성공 가능성을 보여주었다.

또한 ABC, NBC, CBS와 DVD 우편 렌탈 서비스로 미국 최고의 DVD 회사로 등극한 넷플릭스는 환상적인 온라인 스트리밍 서비스 앱을 제공하면서 아이패드가 콘텐츠 소비 플랫폼으로서 위상을 가지는 데 큰 버팀목이 되었다.

✪ __환경디자인과 콘텐츠 유통을 포함한 생태계

필자는 개인적으로 아이폰과 아이패드가 성공한 이유는 환경디자인이 잘되었기 때문이라고 생각한다. 이는 디자인 원칙과 관련해 부캐넌이 4단계로 진화의 순서를 언급한 데에서 비롯된 생각으로, 1단계는 심벌을 중심으로 한 그래픽 디자인, 2단계는 물건에 초점을 둔 산업디자인, 3단계는 상호작용과 행동에 초점을 맞춘 상호작용 디자인, 마지막 4단계가 바로 생각과 우리 주변의 전체적인 환경에 초점을 맞춘 환경디자인이다.

애플을 싫어하는 사람들은 제품들 각각의 부품과 여러 구성요소를 하나씩 파헤쳐보면서 어디가 부족하고, 어떤 부분에 문제가 있고, 원가에 비해 가격이 터무니없이 비싸다거나 마음대로 해볼 수 없는 폐쇄적인 구조에 대해 한마디씩 하지만, 이런 비판들로부터 애플을 지탱하는 힘은 탄탄한 고객충성도와, 아이팟-아이폰-아이패드로 이어지는 제품군에 꾸준히 적용되고 있는 생태계의 힘과 생태계 구성원들을 지원하는 환경디자인에 있다.

고객들은 제품 내부에 들어 있는 부품을 사는 것이 아니다. 해당 제품이나 제품군들을 구매함으로써 도대체 어떤 가치를 내가 느끼고 소비할 수 있는가에 질문을 던진다. 이런 철학을 이해하지 못한다면 신기술이 새로 들어간 혁신적인 제품이 나온다고 해도 애플을 이기기는 쉽지 않을 것이다.

아이패드는 단순히 기기만 출시한 것이 아니다. 강력한 디지털 콘텐츠 유통체계와 기존의 아이튠즈, 앱스토어와 동일한 유통시장을 결합시켜서 어려움을 겪고 있던 잡지사와 신문사 들을 대상으로 수익모델을 제시해 이들을 모두 아이패드의 강력한 지지자로 만들었다. 아이패드를 이용하면 기존 방식의 구독료 모델을 적용할 수도 있고, 소프트웨어와 결합해서 한 번 플레이할 때마다 과금하거나 또는 광고와 결합해서 공짜로 배포하는 사업모델도 가능해지기 때문에 이들에게는 놓칠 수 없는 기회였다.

TV나 영화산업도 마찬가지다. 과거에는 콘텐츠를 일방적으로 전달하고 광고주들에게 돈을 받거나, 또는 강력한 배급력을 활용한 일부 영화들만 간택될 수 있었던 상황을 아이패드가 일거에 무너뜨렸다. 구독에 대한 모델, 생중계 콘텐츠나 프리미엄 콘텐츠에 대한 페이퍼플레이(PPP) 모델, 기존 광고모델, 여기에 새로운 형태의 서비스 확장모델까지 이들이 선택할 수 있는 모델은 매우 다양하다. 아이패드용으로 출시된 방송 앱이나 넷플릭스의 비디오 스트리밍 앱은 정말 대단한 호응을 얻으면서 넷플릭스라는 스타기업의 성장에도 큰 역할을 했다.

이미 음악분야에서 세계 최대 콘텐츠 유통시장을 가지고 있는 애플로서는 아이패드 출시와 함께, 게임과 영화, 잡지와 출판, 방송과 신문에 이르는 콘텐츠 산업 전반에 대한 마켓 플레이스를 확보하는 동시에 이들에게 디지털 시대의 구세주와도 같은 대접을 받게 되었으니 이거야말로 '꿩 먹고 알 먹고'가 아니겠는가. 기술의 문제가 아니라 이런 구도로 환경을 디자인한 것이 바로 키포인트다.

아이패드를 통해 전통적인 콘텐츠를 제작하는 사람들과 소프트웨어를 제작하는 사람들이 만날 기회가 많아졌다. 이들은 하나의 단일 유통채널만 생각하면 되고, 다양한 방식의 협업과 이익분배가 가능하다. 더구나 시장은 한 나라가 아니라 전 세계다. 이 얼마나 흥분되는 일인가!

확실한 것은 아이패드 같은 태블릿 보급이 사람들로 하여금 훨씬 많은 디지털 콘텐츠를 소비하게 만드는 환경을 제공했다는 점이다. 애플의 회사 가치는 2010년 5월 27일 마이크로소프트의 시가총액을 뛰어넘었다. 드디어 이때부터 애플이 선두에 나서기 시작한 것이다.

구글, 안드로이드와 크롬 쌍두마차로 달리다

구글은 마이크로소프트나 애플에 비해 원대한 꿈을 꾸고 있는 기업이고, 꿈의 크기가 지나치게 커서 걱정되는 회사이기도 하다. 이들이 회사를 운영하는 진정한 목적을 필자는 아직도 잘 모르겠다. 기업이므로 당연히 이윤을 추구하겠지 생각하면서도, 지금까지 구글의 역사나 기업에서 풍겨 나오는 묘한 기운에 가끔은 판단이 흐려질 때가 있다.

🌐__운영체제 전장에 뛰어든 구글

이미 안드로이드를 통해 스마트폰 운영체제 시장에 뛰어들어 아이폰과 함께 양강구도를 성사시킨 구글은 브라우저 기반 웹OS 시대를 열기 위한 작업에도 속력을 내고 있다.

텍스트 기반 운영체제에서 스티브 잡스가 GUI를 바탕으로 리사와 매킨토시를 개발하면서 한 차례 혁신을 했고, 맥을 본 빌 게이츠가 윈도를 개발하면서 GUI 기반이 대세가 된 것은 모두 잘 알고 있는 사실이다. 당연히 운영체제는 텍스트 기반이어야 한다는 선입관을 깨버린 것이다.

이제 또 한 번 선입관을 깨버릴 때가 왔다는 것이 구글의 주장이다. 운영체제의 중심이 자신이 가지고 있는 컴퓨터에 있다는 생각을 버려야 한다는 것이다. 하드웨어보다는 개인이 사용하는 서비스의 조합, 그리고 이를 어떻게 이용하느냐와 관련한 개인 패턴에 중심을 둔 웹 기반 운영체제의 필요성을 역설한다.

웹 기반 운영체제는 기술의 중심이 무언가를 소유하는 것에서 네트워크상에서 공유하는 개념으로 변화한다는 것을 의미한다. 지금까지 무수한 소프트웨어를 개발했던 회사들은 이제부터는 클라우드를 이용한 다양한 웹 기반 애플리케이션들을 개발해서 서비스해야 할 것이다.

지금까지 운영체제의 발전 방향을 보면 지속적으로 컴퓨팅 파워는 높아지고 운영체제가 건드리는 내용과 분량은 점점 많아지고 있다. 이전 운영체제와 호환하기 위해 날이 갈수록 복잡해지고 진화한 UI를 따라잡기 위해 프레임워크는 점점 거대해지고 느려졌다. 이것이 윈도 비스타가 실패한 이유고, 마이크로소프트 역시 이를 인지하고 클라우드 서비스를 강화하고 있다.

복잡하고 커다란 컴퓨터를 가지고 있어봐야 유지할 것만 많아지고 불편해지기 시작했다. 그러면서 자연스럽게 작고 가벼운 넷북과 그 중간의 노트북 시장이 각광을 받았었고, 아이폰을 시작으로 스마트폰에 이어 아이패드와 태블릿으로 이어지는 새로운 기기들이 대세를 장악해나가기 시작했다.

안드로이드에 이어 구글이 주력하고 있는 제품은 바로 자사 브라우저인 크롬을 중심으로 구축한 운영체제인 크롬OS다. 구글 크롬 브라우저가 리눅스커널 위에서 새로운 윈도 시스템을 돌리는 것이 골자인데, 가장 많이 이용되는 x86과 ARM 계열의 CPU를 모두 지원한다. 구글이 일관되게 밝히고 있는 크롬OS의 모습은 속도와 단순함이다. 곧바로 이메일 서비스를 이용할 수 있고, 부팅 시간이라는 것이 거의 없으며 브라우저를 띄울 필요도 없는 운영체제다.

🌐 __크롬OS와 크롬북의 약진

크롬OS는 이미 구글이 구사하고 있는 거대한 클라우드 컴퓨팅 전략의 일환으로 이해해야 한다. 다른 모든 서비스가 이미 상당 부분 클라우드에서 작동하고 있고, 철저히 개방전략을 취함으로써 다른 업체들의 매시업이나 뛰어난 서비스들도 쉽게 이용할 수 있도록 했다.

구글이라는 회사는 이미 거대한 운영체제를 개발해왔고 이제 막바지 작업을 하고 있는 것이나 마찬가지다. 이미 구글 클러스터라는 엄청나게 커다란 분산 컴퓨터가 하나 있고, 이 거대한 클러스터를 하나의 서버 컴퓨터를 운영하듯 하는 톱니바퀴처럼 잘 조직된 운영체제를 이미 개발해서 블랙박스처럼 작동시키고 있다.

이렇게 개발된 구글 클러스터 운영체제에 전 세계 사용자들은 계정을 이미 하나씩 만들었거나, 오늘도 G메일이나 구글 독스 등을 통해 계정을 열고 있는 셈이다. 안드로이드 스마트폰을 쓰는 사람들도 구글 클라우드에 자동 접속하고 있다고 보아야 한다.

구글의 클러스터 컴퓨터는 하루가 멀다 하고 점점 커지고 있다. 클러스터 컴퓨터의 사용자인 우리는 서버가 확장되는 것과는 아무 상관없이 서비스를 이용하고 있다. 이미 구글 클러스터 운영체제는 안정성이나 확장성 그리고 사용자들에 대한 서비스를 완벽하게 구현하고 있는 것이다.

일단 안정된 클러스터 운영체제를 구축한 구글은 뒤를 이어 웹 환경에 적합하면서, 자신의 클러스터 운영체제를 이용하는 사용자들을 위한 거대 웹 서비스를 개발해서 오픈했다. 이것이 바로 G메일과 구글 독스로 대표되는 서비스들이다. 처음에는 베타 꼬리표를 달고 등장했고 서비스 자체나 완성도가 그리 높지 않았지만, 이제는 상당히 쓸 만한 수준이 되었다. 이제 클러스터 운영체제에서 클라우드 애플리케이션들이 원활하게 작동하기 시작한 것이다.

또한 이 거대한 클러스터 컴퓨터는 세계 최고로 꼽히는 검색엔진을 장착하고 있다. 오피스 클라우드 애플리케이션뿐만 아니라 쇼핑 가격 비교 엔진 그리고 각종 지도와 전화번호부, 도서관 엔진, 여기에 동영상 서비스와 같은 수많은 서비스들을 공짜로 사용자들에게 제공하기 시작했다. 어쩌면 이미 전 세계에서 가장 커다란 컴퓨터이자 가장 앞선 운영체제인지도 모른다.

크롬OS는 이러한 커다란 구글 운영체제를 완성하는 마지막 남은 조각이다. 지금까지는 마지막 조각에 대한 민감성 때문에 마이크로소프트나 파이어폭스 브라우저에 역할을 맡겼지만 이제는 크롬을 통해 웹 브라우저 기술에 자신감이 생겼다. 다른 운영체제에 맡기지 않고도 인터넷 전용기기를 만들 기반을 닦았다.

크롬OS가 할 역할은 명확하다. 운영체제의 구성요소가 클라우드에 상당 부분 존재하기 때문에 이를 다시 만들 이유가 전혀 없다. 브라우저가 처음 시동할 때 클라이언트 컴퓨터의 하드웨어와 잘 매칭되도록 하는 것, 디스플레이를 최적화하는 것, 간혹 있게 될 오프라인 상태에서의 지속성을 관리하기 위한 로컬 파일 관리 및 동기화, 그리고 완벽한 실시간 업데이트 및 보안 등을 완성하는 것 정도가 크롬OS의 숙제다.

이를 바탕으로 구글은 과감히 노트북 형태의 크롬북(Chrome Book)을

2011년 6월 15일 처음 출시했다. 크롬OS를 장착한 이 제품은 매우 저렴한 가격과 빠른 반응속도, 웹에 최적화된 기능성 등을 무기 삼아 동영상 스트리밍, 단순한 문서작업 및 인터넷 서핑을 주로 하는 태블릿이나 저사양 노트북 시장에 빠르게 진입하는 데 성공했다. 기존 윈도나 맥용 소프트웨어를 사용할 수 없다는 한계가 있는데도 특히 교육시장에서 뚜렷한 존재감을 보여주고 있다.

액티브엑스 등의 PC에 특화된 소프트웨어 등이 많은 대한민국의 교육시장과는 달리, 미국과 유럽에서는 윈도 의존성이 없는 표준화된 웹 기반의 소프트웨어나 서비스가 대세이기 때문에, 크롬북의 성능과 가격은 큰 장점으로 작용한다. 미국 교육시장의 크롬북 컴퓨터 점유율은 2012년 겨우 1퍼센트에 불과했지만, 2014년 39퍼센트, 2019년에는 60퍼센트에 달하면서 크롬북 컴퓨터가 이미 과반 시장을 장악했다.

이렇게 급격한 성공가도를 달렸기에, 크롬북 진영에 가담해 제품을 생산하는 하드웨어 기업도 크게 늘었다. 삼성전자, 에이서스(ASUS), 레노버 등 주요 제조기업들이 대부분 크롬북을 생산 판매하고 있다. 이런 보급률을 바탕으로 해서 구글은 2019년 '크롬북 앱 허브(Chromebook App Hub)' 서비스를 선보이기도 했다. 이 서비스는 크롬북으로 수업을 진행하는 학교 교사, 교육기관의 IT 관리자, 교육용 앱과 서비스를 개발하는 개발자가 함께 이용할 수 있는 서비스로, 코로나19 이후 원격교육이 중요해지는 상황에서 더욱 시장지배력이 강력해지는 양상이다.

구글의 처음 전략은 최종 클라이언트 운영체제의 조각을 안드로이드와 크롬 두 갈래 길로 선택하는 것이었던 걸로 보인다. 클라이언트 운영체제가 브라우저와 클라이언트 컴퓨터 하드웨어의 매칭, 디스플레이 최적화, 로컬 파일 관리 및 동기화에 초점을 맞춘다고 볼 때 스마트폰이 가지는 디스플레이 및 저장공간(HDD가 아닌 메모리) 카테고리와 태블릿이나 노트북이 가지는 디스플레이(7인치 이상) 및 저장공간(HDD)의 차이는 상당히 크다. 요구사항이 워낙 다른 만큼 각각에 적합한 운영체제를 선택한 것이다.

향후 크롬OS와 안드로이드가 이렇게 계속 독자적인 운영체제로 남을 것인지 아니면 하나로 통합될 것인지에 대해서는 여전히 의견이 갈린다. 궁극적으로는 통합 가능성에 대한 이야기가 계속 흘러나오지만, 당분간은 두 운영체제가 공존할 가능성이 높아 보인다.

🌐 _구글, 세대교체의 방아쇠를 당기다

2014년 마이크로소프트가 사티아 나델라를 CEO로 전격 임명하면서 새로운 바람을 일으킨 것과 마찬가지로, 구글 역시 기업을 이끌고 나가는 경영진과 법인의 형태에 많은 변화를 주기 시작했다. 가장 먼저 나타난 변화는 업계의 어른과도 같은 리더십과 구글이라는 혁신 기업을 안정되게 성장시킨 에릭 슈미트가 드디어 구글 창업자들에게 CEO 자리를 넘겨준 일이다. 2011년 4월 두 공동창업자 중 기업경영에 더 관심이 많은 래리 페이지가 에릭 슈미트에 이어 구글 CEO 자리에 올랐다. 오랜 기간 CEO로서 역할을 충실히 해낸 에릭 슈미트는 회장으로 승진하며 경영 일선에서 물러났다.

래리 페이지가 CEO 자리에 오르면서 남긴 재미있는 일화도 있다. 2011년 1월 20일 에릭 슈미트가 CEO 자리에서 물러나겠다고 발표하자, 레리 페이지는 트위터에 "더는 어른의 감독이 필요치 않아요"라는 트윗을 올려서 자신의 시대가 본격적으로 열렸음을 외부에 알렸다.

구글의 새로운 CEO로서 래리 페이지가 세운 가장 중요한 목표는 경영진이 중요한 결정을 자율적으로 내릴 수 있도록 자율성을 부여하는 일과, 매우 높은 수준의 협업과 소통에 더해 팀의 통합을 유도하는 문화를 정착시키는 일이었다고 한다. 페이지는 이를 위해 'L-팀'이라는 것을 출범시켰는데, L-팀은 부사장들이 자신에게 직접 모든 것을 이야기하는 일종의 그룹으로, 최소한 일주일에 며칠은 이들이 자신과 매우 가까운 자리에서 일하도록 했다고 한다.

또한 래리 페이지는 지나치게 많았던 구글의 제품들을 성과에 따라 정리하기 시작했는데, 취임 2년 뒤인 2013년까지 최소 70개 이상의 제품군이나 서비스들을 종료시키거나 다른 서비스나 제품군에 통합시켰다. 더불어 구글 제품들의 정체성을 부여하기 위한 작업으로 속칭 '프로젝트 케네디'를 진행시켰는데, 특히 뉴욕에 있는 구글 크리에이티브 랩(Google Creative Lab)의 디자인팀들과 함께 새로운 디자인에 기반한 비전을 세우기 시작했다. 2011년부터 2013년까지 진행된 프로젝트 케네디의 철학은 이후 구글이라는 기업의 움직임에 매우 중요한 영향을 미쳤는데, 〈더버지〉는 이 프로젝트의 핵심가치를 '개선, 하얀 공간(white space), 깨끗함, 유연성, 유용성 그리고 단순함'으로 언급했다.

과거에 비해 프로세스와 가치에 집중한 래리 페이지의 구글은 이후 더욱 파격적인 변신을 하게 된다. 2014년 10월 래리 페이지는 구글의 경영구조 전체에 대한 대대적인 재구조화를 발표했다. 래리 페이지 자신이 매일매일 제품과 관련한 의사결정에 관여하지 않고도 구글의 핵심사업이 언제나 자연스럽게 지속적으로 돌아가면서 발전하는 구조를 가지게 하되, 본인은 구글 파이버, 하드웨어 기반의 네스트랩(Nest Lab) 등이 속해 있던 에너지나 초고속 통신망 사업인 구글 X 등과 같은 차세대 혁신 프로젝트에 초점을 맞추겠다고 발표한 것이다.

이 발표의 연장선으로, 당시 크롬 브라우저를 안착시키고 크롬OS와 크롬북의 성공으로 좋은 평가를 받고 있던 순다 피차이에게 구글의 핵심제품에 대한 운영을 맡겼다. 1년 정도 이행과정을 지켜본 래리 페이지는 2015년 8월 10일 다양한 구글의 사업들을 독립된 기업의 형태로 만들고, 이를 지주회사처럼 관리하는 알파벳(Alphabet)의 탄생을 발표했다. 그리고 래리 페이지는 알파벳 CEO로 취임하고, 알파벳의 자회사 중 하나이자 가장 큰 사업을 담당하는 구글(알파벳에서 G를 담당한다)의 CEO로는 2014년부터 매일매일의 운영을 맡았던 순다 피차이를 공식 임명했다.

마이크로소프트의 사티아 나델라와 마찬가지로 인도에서 나고 자란 순다 피차이는 인도 타밀 지역인 마두라이에서 태어났다. 전자공학 엔지니어이자 전자제품 부품을 생산하는 플랜트를 가지고 있던 아버지의 영향을 받으며 인도 첸나이에서 자랐는데, 인도 최고의 공대로 불리는 IIT(Indian Institute of Technology)를 졸업하고 역시 미국 대학원으로 유학을 오게 된다. 스탠포드 대학교에서 재료공학으로 석사

학위를 받고, 펜실베이니아 대학교에서 MBA 과정을 이수한 후에 세계 최고의 컨설팅 기업 중 하나인 맥킨지&컴퍼니에서 컨설턴트로 재직하다가 2004년 구글에 입사했다. 인도에서 태어나 학부까지 마치고, 미국에서 공학으로 석사학위를 받고, MBA 과정을 밟은 것까지 마이크로소프트의 사티아 나델라와 매우 흡사한 커리어를 쌓았다.

구글에서 그가 맡은 역할은 주로 구글의 클라이언트 소프트웨어인 크롬, 크롬OS, 구글 드라이브 등을 관리하는 일이었는데, G메일이나 구글 지도 등의 개발에도 관여했다고 한다. 순다 피차이의 위상이 크게 올라간 것은 2009년 11월 19일 크롬OS를 공식 발표하는 자리에서 본인이 직접 프리젠테이션을 하면서부터다. 이때부터 순다 피차이는 상대적으로 부끄러움이 많아 대중 앞에 나서기를 꺼려했던 래리 페이지를 대신해 구글 제품을 발표했고, 간판으로 활약하기 시작했다.

2013년에는 구글의 간판 제품 중 하나였던 안드로이드의 제품관리도 안드로이드를 개발한 앤디 루빈에게서 넘겨받으면서 구글의 차기 간판 자리를 공고히 했다. 크롬과 안드로이드라는 구글 차세대 먹거리의 총책임자가 된 순다 피차이에게 차기 CEO 자리가 넘어온 건 어쩌면 이미 예견된 사건이었다. 다만 그 시기가 문제였는데, 마이크로소프트에서 그가 구글 CEO로 낙점받게 만드는 데 일조했다는 야사도 있다. 2014년 새로운 CEO를 찾던 마이크로소프트가 순다 피차이에게 접근해서 그를 마이크로소프트의 차기 CEO 자리에 후보로 올렸던 것이다. 사티아 나델라와 순다 피차이가 차세대를 노리는 마이크로소프트와 구글의 간판으로서 벌이는 라이벌전은 이미 그때부터 시작되었는지도 모른다.

구글 CEO로서 2015년부터 활약해온 순다 피차이는 래리 페이지가 CEO로 있던 알파벳의 CEO로도 2019년 12월 임명되면서 사티아 나델라와 마찬가지로 구글이라는 거함의 완전한 세대교체를 완성하게 된다.

✷__웹이 거대한 운영체제로 작동하는 세상

웹 기반 운영체제, 클라우드 컴퓨팅의 기본개념은 2000년 NC(Network Computer)라는 개념으로 알려진 적이 있는 그다지 새로울 것 없는 접근방법이다. 특히 구글 CEO였던 에릭 슈미트가 과거 썬 마이크로시스템스 CTO 시절에 이를 처음 주창한 사람이라는 점이 우연의 일치는 아닐 것이다. 그런데 그때와 지금은 무엇이 다를까? 바로 네트워크 환경이 달라졌다.

스마트폰이 나오고 유무선 네트워크, 심지어는 3G, 4G를 거쳐 5G 등의 무선 네트워크가 널리 보급되면서 어디서든 네트워크를 마음대로 선택해 스마트폰이나 태블릿 등을 연결할 수 있는 환경을 갖추게 되었고, 가격도 무척 저렴해지고 있다. 스마트폰의 경우에는 기본적으로 무조건 네트워크에 연결할 수 있다는 것을 가정한다. 연결이 안 되면 쓸 수가 없다. 그런 측면에서 태블릿이나 노트북 등도 마찬가지다. 주변에 Wi-Fi가 있으면 이를 자동으로 잡아 쓰고 아니면 4G LTE/5G 네트워크를 사용하면 된다. 다시 말해 인터넷 불통 지역이 사실상 사라지고 있다는 것이다.

구글은 이런 환경변화를 염두에 두고 패러다임을 바꿀 운영체제와 새로운 디지털 컨버전스 기기들을 이끌어가는 선봉 역할을 하기 위해 운영체제 및 클라우드를 만들었다.

미래는 흐름을 읽고 준비하는 사람에게 돌아간다. 구글이 유튜브를 거액에 인수한 데다 수년간 눈덩이처럼 불어나는 적자를 감내하고 추가로 투자할 때, 주변에서는 구글이 정말 어리석은 선택을 했다고 수군거렸다. 하지만 결국 콘텐츠의 중심은 동영상으로 옮겨가고 있다. 2010년 유튜브는 드디어 처음 흑자를 내기 시작했고, 이후 계속 발전하면서 현재는 구글의 가장 중요한 플랫폼이자 수익원이 되었다.

가장 중요한 혁신 키워드는 '쉽고 싼 혁신'이다. 구글이 노리는 혁신도 역시 '쉽고 싼 혁신'이다. 이미 안드로이드를 채용한 태블릿이나 스마트폰 등은 전 세계 수많은 제조업체들에 의해 매우 저렴한 가격에 지속적으로 출시되고 있다. 이를 통해 다양한 디지털 컨버전스 기기들의 등장이 현실화되었다.

구글은 어쩌면 이렇게 원대한 꿈을 실현에 옮기면서 모든 것을 공짜로 제공하는 모델을 이용했기 때문에 언젠가 광고 수익모델에 문제가 생기면 급격하게 위험에 빠질 가능성도 있다. 그러나 이들이 구축한 클라우드 클러스터와 서비스들 그리고 혁신은 사라지지 않는다. 구글이라는 회사가 망할 수는 있어도 이들의 혁신은 IT 역사에 누구도 부인할 수 없는 큰 족적을 남겼다.

이제 하드웨어 세상에서, 소프트웨어 세상에서 그리고 인터넷 세상에서 벌어진 세 거인의 전투는 마지막을 향해 달려간다. 구글, 마이크로소프트, 애플은 미래의 헤게모니를 거머쥐기 위해 전략싸움을 치열하게 짜낸다. PC와 인터넷이라는 영토보다 훨씬 거대한 모바일과 소셜 웹이라는 새로운 영토전쟁이 지금까지와는 완전히 다른 양상으로 펼쳐지는 가운데, 이들 세 기업 이외에도 아마존을 비롯해 번뜩이는 아이디어로 무장한 젊은 장수들이 이끄는 새로운 회사들이 본격적으로 도전장을 내기 시작했다.

　IT 역사의 미래지도는 과연 어떤 모습으로 그려질 것인가? 흥미진진한 미래세계로 들어가 보자.

Chapter 8

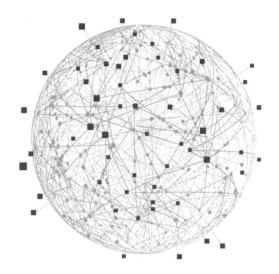

IT, 마침내 인간을
초월하다

(2016~)

앞으로는 경험이 경제의 중심 품목이 될 것이다. 제품이나 서비스의 경계를 넘어 직접 경험의 가치를 측정하고 이를 구매 또는 공유하거나 잠시 이용하는 형태의 경제시스템이 소비자 입장에서 보았을 때 훨씬 공정하고 올바르기 때문이다.

8장에서는 2016년 이후의 변화된 상황과 새롭게 주목해야 할 기업들, 그리고 인공지능과 코로나19로 대표되는 새로운 미래의 변화 트렌드를 포괄해 미래지향적인 이야기를 전달하려고 한다.『거의 모든 IT의 역사』에 등장하는 많은 기업들 중에서 앞으로 전개될 미래를 내다보고 잘 준비하는 곳은 더욱 빠르게 성장할 것이고, 그렇지 못하고 관료화하고 내부 조직들이 자신들의 이익과 정치만을 위해 다투는 기업은 결국 미래를 대비하는 새로운 스타기업에 주인공 자리를 내주고 말 것이다.

정보화 사회에서 초연결 사회로 변화하다

20세기 중반에 컴퓨터가 보급되기 시작했다. 처음에는 주로 국방과 학술, 금융 같은 산업분야에서 엄청난 비용을 들여 대형컴퓨터를 도입하면서 과거에는 꿈도 꾸지 못했던 복잡한 일을 해내는 등 생산성을 향상시키기 시작했다.

1970년대 들어서는 애플II를 위시한 개인용 컴퓨터 시장이 열리면서 사무자동화라는 용어가 유행했고, 컴퓨터를 적용한 산업영역이 중소기업까지 확대되면서 정보화 사회라는 시대 인식이 이후 IBM과 마이크로소프트가 이끄는 1980~90년대까지 자리 잡았다.

잘 들여다보면 컴퓨터는 결국 기존 산업의 생명주기 전반에 걸쳐 적용되긴 하지만 산업 자체를 바꾸거나 하지는 않았다. 그러나 생산성의 차이를 가져왔기 때문에 정보화를 적극 받아들이고 생산성 혁신을 이룬 곳은 고속성장했고, 과거 방식에 갇혀 혁신하지 못하고 생산성에서 밀린 기업은 경쟁력을 잃고 사라져갔다.

과거에 비해 영속하는 기업은 줄어들었고 글로벌 산업화까지 진행되면서 훨씬 치열한 경쟁이 펼쳐지기 시작했다. 자본 측면에서 보면 과거에는 도저히 통제할 수 없었던 복잡한 계산이 가능해지면서 자본은 거대해졌고 일부 다국적 금융세력은 덩치를 계속 키워갈 수 있었다.

정보화 사회와 정보화 기술은 기업이 거대해지면 내부 모순도 강화되어 무너지는 경영상의 문제점을 해결하면서 기업이 좀 더 쉽게 거대해질 수 있는 토대를 제공했다. 지식경영까지 도입되면서 각 개인의 지식으로 남아 있던 암묵지를 기업이 좀 더 쉽게 이용할 수 있는 형식지로 전환시켰고, 이를 바탕으로 기업 구성원인 직원들에 대한 지배력을 강화했다.

이러한 막강한 경영정보 시스템을 활용해서 내부 모순을 줄였기 때문에 '규모의 경제'로 부를 획득하는 것이 상대적으로 쉬워졌다. 일부 기업은 덩치를 계속 키워나가며 경쟁에서 승리를 거두었고, 이는 다국적 기업의 지배체제를 잉태하는 계기가 되었다. 이런 지배체제에서 특화되고 전문적인 일을 하는 작은 기업 또는 집단은 거대 기업에 의존할 수밖에 없었고, 대기업 체제에 반하는 형태의 혁신은 억압되었다.

다시 말해 정보시스템과 정보화 혁신이 중앙 집중을 가속화한 주범인 것이다. 누가 정보와 네트워크의 접근을 통제하며, 어떻게 관리할까? 누가 정보의 종류를 제어하고 법적으로 소유할까? 개인의 활동과 통제를 통한 인간소외 현상이 더욱 심화된 건 아닐까?

🌐 _주도권이 개인으로 넘어오는 소셜 웹 사회

소셜 웹 혁신은 무엇이 다를까? 컴퓨터와 인터넷이라는 기본 인프라는 바뀌지 않았다. 바뀐 것은 정보화가 회사나 비즈니스 단위에서 이뤄지는 것이 아니라, 개개인의 네트워크와 관계 그리고 관심사 등을 바탕으로 비즈니스 경계를 넘어서 이뤄진다는 점이다.

소셜 웹 사회에서 준거집단과 집단행동은 회사 단위로 이뤄지지 않고 개인의 판단에 의해 휴먼 에너지가 모이는 양상에 따라 이뤄진다. 트위터와 페이스북 등은 이런 소셜 웹 네트워킹을 전 세계 수준에서 완전히 개방된 형태로 만들 수 있는 인프라를 제공했고, 스마트폰은 컴퓨팅 환경을 개인화하며 이를 가속시켰다. 그 뒤를 이어 등장한 인스타그램은 스마트폰이 가진 사진이라는 강력한 개인 미디어를 소셜 네트워크화하는 데 성공하면서 10~20대 젊은이들의 강력한 지지 속에 스마트폰과 소셜 웹으로 분리되었던 두 개의 거대한 흐름을 하나로 결속시켰다. 이어 바이트댄스에서 출시한 틱톡은 사진 중심이던 스마트폰 미디어를 동영상 중심으로 이동시키고, 동시에 편집과 생산도구 자체를 스마트폰만으로 가능하게 하면서 Z세대들 최고의 소셜 웹 서비스로 자리 잡고 있다.

이런 변화는 결국 회사와 집단의 지배력을 약화시킬 수밖에 없고, 개인 네트워크를 통한 혁신사례를 대거 배출하면서 회사가 가지고 있는 내부 모순이 부각되는 형태로 발전하게 될 것이다.

이런 변화는 산업혁명 이후 소위 말하는 '회사' 중심의 이데올로기가 '개인'으로 넘어오는 초석이 되고 있다. 이는 새로운 시대가 열린다고 표현할 만한 사회 전체의 중대한 변화다. 그렇다고 개인의 힘이 집단의 힘보다 강한 것은 아니다. 다만 '회사'로 표현되는 폐쇄형 집단보다는 개인이 휴먼 에너지를 바탕으로 해 동적으로 결합하는 개방형 집단의 힘이 더욱 강하게 발현될 가능성이 높아진 것이다. 개방형 집단의 힘은 결국 개개인의 힘에서 나오게 되며, 각 개인이 역량을 강화하고 창의적인 혁신을 많이 일으키는 집단이 훨씬 경쟁에서 유리한 고지를 점하게 될 것이다.

소셜 웹 중심의 혁신이 정보화 사회와 근본적으로 다른 점은 바로 이런 것이다. 기존 회사들도 이러한 변화를 인지하고 각 조직원이 창의력과 혁신성을 최대한 발휘하는 열린 집단으로 거듭나지 않으면, 다른 혁신조직에 의해 결국 도태될 수밖에 없다. 우리는 현재 엄청난 시대 변화의 시작점에 와 있다.

🌐 _초연결 사회, 시냅틱 웹으로 진화하다

인간의 뇌는 어떻게 인지하고, 기억하는 걸까? 과거에는 신경세포와 그 전달물질 같은 좀 더 물질적인 부분에 중점을 두고 연구가 진행되었지만, 최근 신경과학자들은 신경세포 간 연결의 집합과 경로가 더욱 중요하다고 믿고 있다. 그중에서도 신경세포 간 연결을 시냅스(synapse)라고 하는데, 시냅스 연결은 뇌세포 수와는 별개로 새롭게 만들어지기도 하고 끊기기도 하는 등 일생을 살아가면서 끊임없이 변화한다.

사춘기가 지나서 어른이 되면 인간의 뇌세포/신경세포 수는 계속 줄어든다. 그래도 신경세포 간 연결을 만들어내는 능력은 인간이 죽을 때까지 큰 영향을 받지 않는다. 시냅스를 만들어내고 변경하고 강화하는 등의 작용을 뇌과학에서는 다른 말로 변형성(plasticity)이라고 한다. 이런 변형성은 근육이 운동을 통해 강화되듯이, 수련을 통해 강화될 수 있다. 이것이 이후에도 언급하겠지만, 인공지능 시대를 연 신경망 기술의 기초 원리다.

이 이야기를 현재의 초연결 사회에 적용하면 어떻게 될까? 실제로 인간의 뇌 활동과 유사하게 인터넷이 발전하고 진화하게 될 거라고 말하면서 미래의 인터넷을 시냅틱 웹(synaptic web)이라고 표현하는 그룹이 있다. 가만히 생각하면 월드와이드웹도 인간의 뇌와 비슷한 구석이 한둘이 아니다. 인터넷상에는 수많은 사이트 또는 하나의 영구적인 주소로 표현되는 객체(object)들이 있으며, 이들은 각각의 중요성을 띠지만 서로 연결되면서 더욱 큰 의미를 가질 수 있다. 어떤 연결이 만들어지느냐에 따라 새로운 경험이 생겨나게 되고, 새로운 가치가 만들어진다.

인터넷 커넥션이 집이나 사무실에 있던 PC에서 들고 다니는 개인화 장비들로 확대되고, 사물인터넷을 지원하는 기기들이 끊임없이 보급되면서, 우리가 살아가는 세상 전체가 연결되는 시기에 들어서고 있다. 인터넷은 문서와 콘텐츠를 전달하고 주고받는 수준의 데이터 웹이면서, 동시에 더욱 다양한 인간의 활동영역을 커버하는 인간 중심의 소셜 웹으로 이미 발전했다. 결국 데이터 웹과 소셜 웹이 유기적으로 연계되고 이들 사이를 또다시 연결하는 다양한 융합서비스들도 계속 등장하고 있다.

이런 지속된 연결의 확대는 우리 뇌가 특정한 경험이나 교육을 통해 새로운 시냅스들을 만들고 기존에 있던 시냅스나 경로를 강화하는 것과 마찬가지로, 새로운 웹의 영역이 색다른 이벤트나 경험 등에 의해 확대되고 그 연결이 강화되는 현상을 계속 만들어내고 있다. 다양한 정보와 더불어 연결된 사람들의 상태 및 행위들이 실시간으로 소셜 웹 인프라 구조를 통해 전파되고, 이를 통해 유용한 서비스들은 지속적으로 강화된다. 그에 비해 기존에 만들어졌던 연결과 그와 연관된 서비스들 중에서 집단지성에 의해 오랜 시간 선택되지 않거나 유용한 경험을 제공하지 못하는 것들은 자연스럽게 퇴보하면서 시냅스가 끊어지거나 변질되는 경험을 한다.

페이스북이나 트위터, 카카오나 라인, 인스타그램과 틱톡 같은 소셜 네트워크 서비스에는 소셜 그래프(social graph)라는 개념이 있다. 이는 개인과 관련한 이미지, 프로필, 링크나 그룹 등과 같은 소셜 객체(social object)를 연결하는 것으로, 이를 적극적으로 활용한 다양한 서비스들이 앞으로 새로운 경험을 만들어내는 데 중요한 역할을 하게 될 것이다. 결국 페이스북이나 카카오톡, 인스타그램이나 틱톡 등은 소셜 웹의 플랫폼으로 동작하며, 과거의 포털처럼 사용자와 협업자 들이 직접 혁신을 일으킬 수 있는 구조로 발전할 것이다.

여기에 소셜 객체들의 변화 및 추가는 실시간 스트림의 형태로 바뀌어가고 있다. 개인이나 사물, 또는 기업들의 기초적인 프로필과 데이터들을 일종의 신경세포라고 하면, 실시간으로 자신이 올리는 짧은 글이나 링크, 상태 업데이트나 위치정보, 모바일 브라우저를 통한 서비스 이용과 같은 정보, 신체에서 나오는 데이터 등은 실시간 정보 스트림의 형태를 띠면서 새로운 연결이나 경로 들을 다양하게 만들어낼 수 있는 전기에너지 자극 같은 역할을 하게 될 것이다.

이런 다양한 노드와 시냅스의 연결 속에서 일정 수준을 넘는 자극이 생기면 신호를 다른 네트워크로 전달하게 되는데, 이것이 신경생리학에서 신호가 전달되는 방식이다. 인간의 뇌처럼 소셜 웹의 환경에서도 이런 신호의 전달현상이 동시다발적으로 여러 곳에서 발생하게 되며, 이들의 집단적인 패턴이 하나의 큰 의미를 가지거나 현상을 만들어낼 수 있다. 어떤 경우에는 우리가 명확히 알 수 없었던 내면의 작은 변화가 수많은 사람들이 비슷하게 느꼈던 에너지를 끌어내면서 하나의 커다란 신호의 물결을 일으킬 수도 있을 것이다.

이처럼 다양한 센서를 통해 무수한 데이터들이 쏟아져 들어오는 시냅틱 웹에서는 검색보다 필터링이 중요한 역할을 할 것이다. 수많은 정보들이 스트림 형태로 실시간 흘러 다니기 때문에, 절대적으로 스팸에 가까운 스트림들을 제거하는 것은 물론 자신이 필요로 하고 감내할 수 있는 수준으로 최적화할 수 있는 필터링 기술이 발전할 것이다. 필터링 역시 다양한 형태로 실시간 이뤄져야 할 텐데, 자신이 관심을 가지는 노드나 사람들의 그룹, 또는 관심분야와 위치와 지역 등의 다양한 요소가 파라미터로 고려될 수 있을 것이며, 필터링이 실시간으로 스트림의 변화를 조절한다. 마치 다양한 수도꼭지들이 있어서 이를 돌릴 때마다 나오는 물의 온도와 색깔 그리고 양이 조절되는 것을 연상하면 된다.

⊕ __인공지능과 가상현실을 만나는 초연결 사회

그렇다면 인터넷의 고도화를 통해 소셜 웹과 시냅틱 웹으로 진화한 초연결 사회는 앞으로 어떻게 발전하게 될까? 유명한 벤처투자자인 DST의 유리 밀너의 발언에서 약간의 힌트를 얻을 수 있다. 그는 페이스북의 미래가 인공지능에 있다고 밝히고, 다음과 같이 말한다.

"제 생각에 10년 내에 당신은 소셜 네트워크에 질문을 던지고 답변을 듣게 될 텐데, 그것이 컴퓨터가 한 답변인지 사람이 한 것인지 알지 못하는 수준이 될 겁니다. 반대로 질문을 받았을 때도 그 질문이 사람이 한 것인지 인공지능이 한 것인지 잘 모르게 될 겁니다. 이런 질문에 답변할 때마다 컴퓨터가 알고리즘을 더욱 정교하게 만드는 데 도움이 되겠지요."

펭장히 도전적으로 느껴지는 발언이지만, 그럴 가능성은 충분하다. 페이스북에는 Ultral Hal이라는 앱이 등장해서 한때 인기를 끈 적이 있는데(〈스페이스 오디세이〉에서 영감을 얻은 것이 분명한 듯하다), 인공지능 채팅 인터페이스를 웹에 구현한 것이다. 이 앱은 자바웨어(Zabaware)에서 만들었는데, 인공지능 분야에서 권위 있는 상인 뢰브너 상을 받기도 했다.

Hal은 페이스북의 친구들과 채팅을 하면서 자신의 인공지능을 키워나간다. 자바웨어는 이 앱의 상업용 버전도 판매하는데, 현재는 엔터테인먼트 목적으로 쓰이거나 어느 토픽이든 토론할 수 있으며, 개인 또는 사무실의 비서 용도로 이용된다고 한다. 또한 얼마 전에는 인간의 목소리를 듣고 감정상태를 알아챌 수 있는 소프트웨어 기술이 발표되기도 했다. 그래서인지, 뒤에서 인공지능과 관련한 역사에서도 언급하겠지만, 페이스북은 전 세계 IT 기업들 중에서도 구글과 함께 FAIR(Facebook AI Research)를 설립해 가장 적극적으로 인공지능 기술에 투자하고 있다,

사실 소셜 네트워크는 인공지능을 증진하고 발전시키는 데 더없이 훌륭한 플랫폼이라고 할 수 있다. 수많은 언어들로 대화가 진행되는데, 이런 글들은 인공지능 알고리즘을 증진하고 언어를 배우게 하는 데 무척이나 소중한 자원이 된다. 소셜 네트워크 서비스가 더욱 많은 사람들을 연결하고, 더욱 다양한 언어들을 지원하며, 다양한 형태의 상황에서 이용될수록 인공지능 기술과 알고리즘은 정교하게 변화할 것이다.

또 한 가지 미래가 기대되는 건 가상현실(Virtual Reality)과 증강현실

(Augmented Reality) 기술이 근미래 초연결 사회의 매우 중요한 요소기술로 일반화될 가능성이 있다는 점이다. 이 분야에서도 페이스북이 가장 적극적이다. 페이스북은 2014년 당시 가장 앞선 가상현실 헤드셋을 개발하는 스타트업이었던 오큘러스를 20억 달러라는 거액에 인수하며 가상현실과 소셜 네트워크의 결합을 사실상 미래의 가장 중요한 전략으로 내세우기 시작했다.

지난 수년간 가상현실 기기와 산업이 생각보다 크게 성장하지 못하면서 다소 부정적인 전망이 나오기도 했지만, 이 기간에 경쟁기업이던 HTC의 바이브(Vive)나 삼성전자의 기어(Gear) 제품군이 사업을 포기하거나 단종했음에도 페이스북은 꾸준히 기술을 개발하고 우수한 제품을 지속적으로 발표한 결과, 코로나19와 함께 심도 있는 비대면 소셜 플랫폼의 중요성이 높아진 시점에서 사실상 오큘러스 퀘스트 제품군을 통해 독점적인 지위를 누리기 시작했다. 페이스북과 인스타그램이라는 걸출한 플랫폼 서비스를 가지고 있고, 여기에 가상 아바타도 생성시키는 등 가상현실과 소셜 네트워크의 결합을 위해 한발 한발 나아가고 있는 듯하다.

미래의 인터넷 인터페이스 중 안경처럼 쓰는 형태로 스마트폰과 같은 커다란 혁명적 변화를 가져올 기술로 기대를 모은 증강현실 기술 역시 머잖아 꽃을 피우리라고 기대된다. 포켓몬 고(Pockemon Go) 등의 게임처럼 스마트폰을 이용한 재미있는 킬러 콘텐츠들도 속속 등장하는 데다, 마이크로소프트가 2015년 안경 형태의 증강현실 HMD(Head Mount Display) 기기인 홀로렌즈(Hololens)를 발표하고 2019년에는 홀로렌즈 2를 개발해 비록 3,500달러에 달하는 고가이긴 하지

만 일반에도 판매하면서, 증강현실 기술의 일반화에 많이 근접했다
는 이야기도 나오고 있다.

또한 완전한 증강현실 기술은 아니지만 페이스북의 오큘러스 퀘
스트 시리즈 경우에는 기기에 장착된 카메라를 통해 가상현실 기기
를 착용한 사용자들이 외부를 마치 안경을 쓴 것처럼 볼 수 있도록
하는 패스쓰루(Pass-Through) 모드를 지원하고 있기 때문에 증강현실
기기를 보급하는 데 가장 큰 애로사항이던 가격 측면의 장애물도 무
너뜨리고 있다(2020년 발매된 오큘러스 퀘스트 2는 299달러에 불과한 가격으로 판매
된다). 이런 기기들의 판매가 활성화하고 동시에 증강현실과 가상현
실 그리고 웹 브라우저를 간단히 연결해서 협업할 수 있는 스페이셜
(Spaital) 같은 회사의 플랫폼도 개발되면서, 미래의 초연결 사회는 PC
와 스마트폰을 넘어 웨어러블 컴퓨터의 시대로 이행할 거라는 강력
한 신호를 보여주기 시작했다.

맞춤형 작은 기업의 영향력이 확대되다

앞으로 다가오는 미래환경에서는 협업이 가능한 작은 기업의 영
향력도 커질 수밖에 없다. 작은 기업은 큰 기업보다 변화에 적응하
는 속도가 빠르고, 혁신의 힘도 강한 경향이 있다. 이들의 역량을 받
아들여서 같이 커나갈 수 있는 구조를 만든 대기업-중소기업-소비
자 그룹이 또 다른 대기업-중소기업-소비자 그룹과 경쟁하는 일종
의 컨소시엄 대결구도가 만들어질 가능성이 크며, 이 경쟁은 컨소시

엄의 혁신성과 협업의 역량총합에 따라 승패가 갈리게 될 것이다. 그 대표적인 사례가 '애플-독립 콘텐츠 사업자-강력한 지지 소비자군' vs '구글 연합군' 구도인데, 이들은 총체적인 협업의 힘과 시스템 효율로 경쟁하고 있다. 그밖에도 내부 역량 강화와 경영 변화를 이끌어갈 수 있는 개방형 리더십, 소비자 중심의 경영기획 전략을 디자인하는 방법 등도 필요하다.

미래사회의 가장 큰 변화 중 하나가 바로 대량생산 체제가 무너지고 있다는 점이다. 과거에는 일정한 품목을 대량생산하고, 이로 인한 원가 절감과 가격경쟁력이 중요했다. 현재도 이러한 패러다임이 완전히 무너진 건 아니지만, 미래에는 점점 다품종 소량생산 및 롱테일이라고 불리는 다양한 수요에 입각한 비즈니스가 더욱 활성화할 것이다. 이러한 탈대량화 현상은 과거에 중요시되던 공정과 부품, 근로조건 및 임금 등에 이르는 전반적인 규격화도 무너뜨리고 있다.

생산라인과 자신의 역할에 따라 일을 수행하는 분업과 전문화 철칙도 무너지고 과거에는 깨기 어려워 보였던 프로페셔널리즘도 붕괴되고 있다.

인터넷의 개방성과 검색 등을 통해 비전문가로 여겨졌던 사람들도 원하는 정보에 쉽게 접근할 수 있게 되었다. 이미 블로그를 통해 직업 기자들의 영역으로 생각되던 저널리즘과 미디어에도 아마추어 블로거들의 참여가 가속되고 있고, 1인 유튜버들이 대형 방송사들과 직접 경쟁에 들어가고 있다. 이러한 프로페셔널리즘 붕괴는 한두 가지 직업군에 국한되는 현상이 아닐 것이다.

하버드 대학교의 유명한 개방형 플랫폼 지지자 중 한 명인 조나단

지트레인은 '인터넷과 웹의 창조적인 힘은 결국 개방형 플랫폼에서 나오며, 누구의 허락이나 통제를 받지 않고도 아이디어나 생각 또는 서비스를 시작할 수 있고, 국경도 필요치 않다'고 하는 '개방성의 힘' 을 역설한 강의로 유명하다. 이런 개방 지상주의가 최근 인터넷의 주류 사상이라는 점은 모두 인정할 것이다. 그런데 최근 이런 전체적인 변화에 제동을 거는 회사가 일으키는 실험이 모두를 다시 한 번 새로운 고민에 빠뜨리고 있다. 그 회사가 바로 애플이다.

✸ _ 통제가 개방을 이긴다?

애플의 앱스토어는 역사상 가장 통제가 강력한 소프트웨어 플랫폼 중 하나가 아닐까 한다. 모든 애플리케이션들이 판매에 앞서 애플의 승인을 받아야 하고, 구매행위 역시도 애플이 제공하는 방법을 따라야만 한다. 이제는 개발도구까지 제한하니 개발하는 방법까지도 애플이 통제하는 셈이다.

그런데 이런 통제방식을 사용하는 플랫폼이 역사상 최고로 성공적인 소프트웨어 플랫폼으로 자리매김하고 있다. 애플은 애플의 앱스토어 생태계가 2019년 한 해에만 전 세계적으로 5,190억 달러 규모의 매출 및 판매실적을 지원했다고 발표했다. 애플 CEO인 팀 쿡은 "앱스토어는 혁신가 및 이상가 들이 자신의 아이디어를 실현할 수 있고, 이용자들은 자신의 삶을 더 나은 방향으로 이끌 수 있는 안전하고 신뢰할 수 있는 도구를 찾을 수 있는 곳"이라고 주장하면서, 이를 통해 미래를 위한 지속적인 혁신을 촉진하고 일자리를 창출하며 경제 성장을 이끌고 있다고 말한다.

과거라면 마땅히 비난받아야 할 통제적인 정책이라고 할 수도 있지만, 그 동안 애플의 앱스토어는 수많은 개인과 소규모 기업 개발자들의 협력 속에 적절한 통제와 협업 그리고 분배에 대한 균형점을 찾아내는 데 성공하면서 큰 성과를 거뒀다고 판단할 수 있다.

이런 현상은 개방형 플랫폼이 우수하고, 통제하는 방식은 창조성과 혁신에 방해된다는 기존 믿음과는 반대되는 결과다. 어쩌면 적당한 통제와 갇힌 구조가 도리어 창조성과 혁신에 좋은 영향을 미치는 건 아닐까 의심하기에 충분하다.

이런 앱스토어의 경쟁력은 어디서 나올까? 이런 애플의 성공을 바탕으로 '통제가 개방을 이긴다'고 결론내릴 수 있을까? 잘못하면 섣부른 판단이 더욱 잘못된 판단을 이끌어낼지도 모른다. 특히 우리나라 기업들처럼 통제에 익숙한 곳들에서 통제가 좋다는 잘못된 오해를 하게 만든다면 더욱 문제가 될 수 있다.

개인적으로 앱스토어의 경쟁력은 인간의 심리구조가 복잡함을 싫어한다는 것을 간파하고, 단순한 결정구조를 만들었다는 점에 있다고 본다. 사용자 입장에서는 단일 지불구조를 채택한 애플의 단순한 경험을 통해 한 번의 터치와 패스워드 입력만으로 앱을 구매할 수 있으며, 특히 저렴한 앱은 구매를 결정하기에 크게 부담되지 않고 지웠다가도 다시 생각나면 추가 비용 없이 재설치할 수 있는 편리함 등이 크게 어필했다.

또한 앱스토어는 다양한 방식으로 선택의 고민을 줄여주는 요소를 도입했는데, 베스트셀러만 팔리는 히트 구조의 문제점을 극복하기 위해 짧은 주기의 실시간 랭킹 변화를 알려주고 다양한 카테고리

도입을 통해 판매되는 앱의 수를 다변화함으로써 중소 규모 개발회사 및 개발자 들에게도 앱스토어 활성화의 과실을 나눌 수 있도록 배려한 점이 눈에 띈다. 다시 말해 원 터치로 저렴한 앱을 실시간으로 간단히 다운받아서 쓸 수 있도록 하고, 중소 개발사들이 쉽게 이익을 얻을 수 있도록 한 세심한 배려가 잘나가는 원동력이 아닐까 한다.

소비자로서도 저렴하고 신기한 앱이 눈에 보이면 쉽게 구매해서 테스트할 만한 믿음이 앱스토어에 생겼다는 점이 중요하다. 소비자는 애플의 검열을 통해 바이러스나 사용자에게 위해를 끼칠 수 있는 이상한 앱들이 올라오지는 않았을 거라고 믿고, 최소한 시스템에 큰 문제를 일으키지는 않을 거라고 생각한다. 개발자 입장에서는 다양한 하드웨어 플랫폼이 아니라 하나의 하드웨어 플랫폼과 개발방법을 적용하면 된다는 점도 비용 측면에서 큰 이익이다.

앱의 승인과정이나 매출에 대한 분배과정 그리고 개방형 혁신을 쉽게 적용할 수 없다는 측면에서 통제 자체를 좋아할 사람은 거의 없다. 분명히 개방에 의한 혁신 가능성이 차단된다는 점은 무시할 수 없다. 또한 애플이라는 회사의 이익에 반한다거나 상당히 정치적인 이유로 통제를 악용할 가능성도 있다. 그렇지만 현재와 같이 아이폰과 아이패드가 깔아놓은 안정된 시장과 구조 속에서 개발자나 소비자 모두 통제된 플랫폼이라도 애플의 품을 벗어나는 것이 큰 이익이 되지 않는다고 판단되는 동안에는 애플의 정책은 그다지 바뀌지 않을 것이고 그럴 필요도 없을 것이다.

필자는 개방형 플랫폼의 철학은 여전히 강력하다고 믿고 있다. 아무리 애플이 훌륭하다고 해도 전 세계를 한 회사가 장악할 만큼 세상은 호락호락한 곳이 아니다. 모든 것을 통제된 환경에서 만들고 유통시키는 한, 애플의 성장성에는 명확한 한계가 있다.

개방형 플랫폼 특유의 개방형 혁신을 일으키는 기업이나 소프트웨어가 나오지 말라는 법도 없고, 하드웨어 제조업체들 중에서도 정말 뛰어난 회사가 나올 수 있다. 안드로이드 중심의 개방형 플랫폼은 전 세계에 다양한 앱스토어 플랫폼을 탄생시켰고, 이들의 경쟁을 통해 또 하나의 거대한 성공을 일구고 있다. 다만, 구글도 자신들이 직접 관리하는 플레이스토어 중심의 앱스토어 생태계에서는 애플과 유사한 통제방식의 평가 및 유통구조를 가지고 있는데, 이는 일정 정도의 품질과 고객의 편의성 그리고 건전한 생태계가 커나가기 위해서는 완벽한 개방형 플랫폼으로는 쉽지 않다는 점을 인정한 것이라고 볼 수 있다. 단순히 개방철학만 가지고 승부하기에는 비즈니스와 소비자들은 훨씬 까다로운 상대다.

인공지능,
새로운 IT 역사전쟁의 격전지가 되다

2016년 3월 대한민국의 수도 서울 광화문에 위치한 포시즌 호텔 특별대국장. 전 세계의 이목이 집중된 가운데 당대 최고의 바둑기사로 불리던 이세돌 9단과, 지금까지 아무리 컴퓨터와 인공지능의 성능이 향상되어도 인간과의 격차가 상당했던 바둑이라는 게임에 도전한 구글 딥마인드의 알파고가 5번기 승부에 들어갔다. 많은 이들이 이세돌 9단의 무난한 승리를 예상했으나, 알파고는 이 세기의 이벤트에서 4 대 1로 승리하면서 인공지능이 IT 역사에서 가장 중요한 기술 중 하나가 될 것임을 예고했다.

✳️ __1차 인공지능의 붐과 겨울

사실 인공지능은 IT 역사에서 이미 두 차례의 붐과 겨울을 겪었다. 1차 인공지능의 붐은 제2차 세계대전이 끝나고 전쟁과 함께 개발된 많은 기술들이 꽃을 피우는 환경에서 나타났다. 1950년 앨런 튜링의 튜링테스트와 관련한 논문, 그리고 클로드 섀넌의 체스를 하는 기계에 관한 논문이 소개되었고, 1951년에는 MIT 인공지능 연구실을 설립한 마빈 민스키의 개념을 구체화한 아주 기초적인 신경망 기계인 SNARC(Stochastic Neural Analog Reinforcement Calculator)를 딘 애드몬즈가 제작했으며, 1955년에는 인공지능과 인터랙션 사이언스, 인지과학 등을 만든 허버트 사이먼과 앨런 뉴엘이 〈Logic Theorist〉라는 논문을 발표했다.

이처럼 일반적인 기계를 넘어 '생각하는 기계'에 대한 연구가 다수 진행되면서 이런 연구들을 하나로 모아 학문 형태로 정립하고 정형화하고자 하는 인물이 등장했는데, 그가 바로 다트머스 대학교의 존 매카시다. 그는 1956년에 수많은 연구자들을 초청해 워크숍을 열었는데, 이때 인공지능(Artificial Intelligence)이라는 용어가 대중에 처음 알려졌다. 실제로 용어가 사용된 것은 1955년의 일로, 워크숍을 개최하겠다고 할 때 제출하는 제안서에 처음 썼다는 말도 있다.

1955년과 1956년을 시작으로 '생각하는 기계'에 대한 이론들이 모여 인공지능이 탄생했다. 머신러닝(Machine Learning)이라는 용어는 1959년 아서 사무엘이 처음 사용했다. 이처럼 컴퓨터의 발전으로 인해 인간처럼 생각하는 기계와 인공지능 기술이 빠르게 성장하리라고 믿었던 시대가 있었고, 이런 분위기가 첫 번째 인공지능의 붐을 만들어냈다.

1956년 역사적인 다트머스 컨퍼런스는 당시 젊은 소장학자 존 매카시가 주도한 워크숍의 형태로 진행되었는데, 다트머스 대학교에서 수개월 동안 계속되었다. 당대 최고의 학자들이 모여 저마다 생각하는 기계 또는 인공지능에 관해 토론했다. 원래 목표는 이런 과정을 통해 하나의 통합된 학문을 이루고, 실질적인 프로젝트도 만들어 펀딩까지 하는 것이었으나, 목표 달성에는 실패했다.

그렇긴 해도 다트머스 컨퍼런스에 참석한 수많은 학자들이 이후에 현대 인공지능의 아버지로 불렸고, 다양한 인공지능과 관련한 학문과 조직을 만들었으며, 최초의 인공지능 붐을 주도했다. 이 때문에 다트머스 컨퍼런스는 인공지능 역사에서 굉장히 중요한 역할을 했다고 할 수 있다. 이후 인공지능의 첫 번째 붐이 일어났다가 꺼지면서 이들에 대한 비판도 많이 제기되었지만, 그 후손들이 지금의 인공지능 전성기를 만들어냈기에 이들의 노력은 역사적인 관점에서 긍정적인 평가를 받아야 할 것이다.

1차 인공지능의 붐을 이끌었던 기술은 인간을 비롯한 동물들의 신경세포 형태를 본떠서 만든 인공신경망 기술이었다. 인간을 비롯한 동물들의 신경세포는 핵과 세포체, 핵에 비해 훨씬 긴 축삭과 여러 개의 수상돌기가 길게 촉수처럼 늘어진 형태를 이룬다. 여기에 다른 신경세포 돌기들이 닿아서 시냅스를 형성하고, 또 여기에 전기 포텐셜(electric potential)이 흐르면서 정보가 전달된다.

인공신경망의 구조도 이와 유사하다. 동물의 신경세포 정보를 전달하고 학습하는 방식에 착안해 기계의 형태로 만들었는데, 대표적인 것이 코넬 대학교의 로젠블랫이 제작한 퍼셉트론(Perceptron)이다.

이렇게 신경세포가 동작하는 방식을 본뜬 신경망이 인기를 끌었고, 조만간 인공지능이 인간을 넘어 발전할지도 모른다는 생각이 한창 들끓었다. 당시 우주개발과 관련한 프로젝트도 많이 진행되고 있었고, 스탠리 큐브릭의 〈2001 스페이스 오디세이〉나 스타트렉 TV시리즈 같은 SF영화나 미디어가 이런 과학적 성취를 기반으로 해 미래의 인공지능에 대한 기대가 높았던 것도 이런 생각들을 부채질했다. 하지만 생각보다 기술의 발전은 더뎠고, 투자된 금액에 비해 성과가 좋지 않다는 비판이 일기 시작했다.

이때 최초의 신경망 하드웨어를 만든 마빈 민스키가 다시 나선다. 이번에는 추후에 MIT 미디어랩을 만드는 세이무어 페퍼트와 함께였다. 두 사람은 1960년대에 『퍼셉트론스』라는 책을 함께 썼는데, 이 책은 놀랍게도 자신들이 관여했던 신경망과 관련한 모든 신화를 깨뜨리는 데 앞장선 책이다.

이들은 가장 기본적인 논리회로 중 하나인 'XOR'을 구현할 수 없다는 사실을 증명했다. 당시만 해도 모든 것은 기초가 중요한데, 가장 기초적인 논리회로 중 하나를 구현할 수 없다면 이는 모래 위에 성을 짓는 것과 다름없다는 생각을 심어줄 수 있었기 때문에, 신경망 자체가 매우 불완전한 것으로 비쳐졌다. 그렇지 않아도 성과가 나오지 않는 상황에서 이것은 아주 좋은 공격거리였다.

사실 민스키와 페퍼트가 'XOR'를 구현할 수 없다고 한 말은 1980년 대에 딥 러닝의 아버지로 불리는 제프리 힌튼 교수가 다중으로 신경 망을 쌓으면 'XOR'을 구현할 수 있다는 것을 증명하면서 인공지능 역사의 난센스가 되고 말았다. 그러나 이미 20년 이상의 시간을 허비하고 거대한 인공지능의 겨울을 몰고 왔기에, 마빈 민스키는 인공지능의 붐을 일으킨 주인공이면서 동시에 인공지능의 발전을 20년 이상 뒤처지게 만든 장본인이 되고 말았다.

✪ _PC 보급, 2차 인공지능의 붐을 이끌다

두 번째 인공지능의 붐은 언제 왔을까? 개인용 컴퓨터인 PC가 본격적으로 보급되기 시작한 1980년대다. 이 시기에는 PC를 이용해 다양한 프로그램을 설치하고 이를 의사결정에 이용하면서 기업들이 손쉽게 정보시스템을 경영에 도입하기 시작했고, 이 시기 규칙에 기반한 프로그램을 만든 곳들이 성공 스토리를 쓰기 시작한다.

이때 전문가들의 지식을 여러 개의 규칙으로 풀어서 컴퓨터 프로그램으로 만들어 활용하는 전문가 시스템을 기반으로 한 인공지능과, 추론과 기호를 활용한 인공지능이 인기를 끌었다. 또한 민스키와 페퍼트 이후 거의 망하다시피 했던 신경망 역시 다중으로 신경망을 쌓으면 'XOR' 문제가 해결된다는 것을 밝혀낸 제프리 힌튼과 많은 연구자들의 활약으로 다시 연구하는 사람들이 늘기 시작했다.

그러나 1990년대를 넘어서는 상황에서도 인공지능과 관련한 연구와 실제 활용을 위해 투입된 인공지능 프로그램들이 지엽적이고 제한된 부분에서는 제법 괜찮은 결과를 내긴 했지만, 조금만 복잡해도 문제를 잘 풀어내지 못했으며 상용화하기에는 많이 미흡한 결과를 보여주는 경우가 다반사였다. 다시 부활한 신경망도 컴퓨터 성능이 떨어져서 많은 양의 데이터를 처리하기에 역부족이었고, 학습할 수 있는 데이터 자체도 풍족하지 않았기 때문에 학습을 바탕으로 하는 신경망 기술 역시 지지부진했다. 이렇게 결과가 신통치 않은 상황이 지속되자 다시 인공지능에 대한 회의론이 확산되면서 '2차 인공지능의 겨울'이 찾아온다. 이후 세 번째 인공지능 붐이 나타낼 때까지 또다시 10여 년의 시간 동안 인공지능을 연구하는 연구자들이나 상용화를 기획하며 창업한 기업들이 어려움을 겪었다.

🌐 __GPU, 빅데이터, 딥 러닝의 조화가 만들어낸 3차 인공지능의 붐

두 번이나 겨울을 경험하면서 몰락하는 것처럼 보였던 인공지능이 다시금 세 번째 붐을 2010년대에 일으키게 된 원동력은 구체적으로 무엇이었을까? 크게 세 가지 요인을 들 수 있다.

첫째, 강력한 GPU(Graphic Processing Unit)를 바탕으로 컴퓨팅 환경이 매우 좋아진 점을 들 수 있다. 인공지능 하드웨어를 만드는 기업으로 매우 유명해진 nVIDIA는 원래 3D 그래픽 기능을 강력하게 제공하는 GPU를 만드는 회사였다. 이곳에서 만드는 GPU는 3D 그래픽을 실시간으로 그려낼 수 있어서 실시간 3D 게임을 즐길 수 있게 만드는 데 주로 사용된다.

3D 게임에 3D 렌더링(3차원 물체를 그려내는 기술)을 활용하기 위해서는 행렬계산을 잘해야 한다. 이를 위해 nVIDIA는 병렬로 행렬을 매

우 빠르게 계산할 수 있는 칩을 개발했는데, 이것이 GPU다. 그런데 재미있게도 딥 러닝에서 이야기하는 학습 계산방식 역시 행렬계산으로 이뤄졌기 때문에, GPU를 활용하면 매우 빠르게 계산할 수 있다. 이로써 과거에는 오래 걸리던 계산이 비교적 짧은 시간에도 가능해지면서 컴퓨팅 파워의 한계로 인공지능의 발전에 장애가 되던 상황이 상당 부분 해소되었다.

둘째, 방대한 학습자료들이 등장했다. 스마트폰이 보급된 이후 다양한 소셜 미디어나 유튜브 영상, 스마트폰으로 촬영한 사진 등에 위치나 해시태그와 같은 다양한 형태의 텍스트가 붙어 있고 이를 바탕으로 그 의미를 추정할 수 있는 데이터의 양이 증가하면서, 학습 가능한 데이터들이 기하급수적으로 많아졌다. 학습 가능한 데이터가 많아지면 자연스럽게 학습 가능한 작업도 늘어난다.

셋째가 딥 러닝(Deep Learning) 기술의 등장이다. 2012년을 기점으로 널리 알려지기 시작한 이 머신러닝 알고리즘이 세 번째 인공지능 붐의 화룡점정이 된다. 인공신경망을 믿을 수 없다고 주류 학계에서 배척하는데도 토론토 대학교의 제프리 힌튼 교수를 중심으로 캐나다 정부에서 연구지원 프로그램을 지원한 뚝심이 오랜 고난의 세월을 넘어 성과를 내기 시작하면서, 때마침 공급되기 시작한 GPU, 빅 데이터의 유행과 함께 위력을 발휘했다. 이렇게 세 가지 요인이 인공지능의 세 번째 붐을 일으킨 원동력이었다.

한 가지 추가한다면, 인공지능에 대한 일반인들의 관심이 커졌다는 점도 들 수 있다. 이와 관련해서는 2011년 IBM의 인공지능 왓슨(Watson)이 세계에서 가장 유명하고, 왓슨이 오래된 TV 퀴즈쇼 프로그램인 〈제퍼디! Jeopardy!〉에 나가 인간 퀴즈왕들을 꺾은 사건은 좋은 사례다. 비록 왓슨에 도입된 기술은 오늘날 인공지능 붐을 일으킨 딥 러닝 기술과는 차이가 있지만, 인공지능에 대한 일반인들의 관심도를 높이고 여러 IT 기업들이 인공지능에 본격적인 투자를 감행하는 계기가 되었다는 사실은 부정하기 어렵다. 2011년 왓슨이 언론의 관심을 받으며 일반인들에게 인공지능 붐을 일으키기 시작한 단초가 되었다면, 기술적으로는 2012년 이미지넷 챌린지에서 혜성과 같이 등장한 딥 러닝 기술이 제일 주요했다.

토론토 대학교의 제프리 힌튼 교수 연구실의 슈퍼비전팀이 기존 기술로는 극복하기 어려웠던 이미지넷 챌린지의 TOP5 이미지를 구분하는 작업에서 당시로서는 깨기 어렵다고 믿었던 에러율 20퍼센트의 벽을 깨면서 딥 러닝 기술이 크게 전파되기 시작한다. 특히 이들의 작업이 오픈소스로 공개되고 쉽게 재현이 가능하다는 점이 밝혀지면서 매우 빠른 속도로 개량되기 시작했다. 그 결과 2015년에 드디어 스탠퍼드 대학교 대학원생들이 이 작업을 수행하고 에러율 5퍼센트라는 수치를 기록한다. 이 작업을 주도한 연구자 중 한 사람인 스탠퍼드 대학교 페이페이 리 교수는 TED 강연을 통해 다음과 같이 회고했다.

"우리는 이미지넷을 만드는 것에 흥분했고 모든 연구자와 혜택을 나누고자 했습니다. 그래서 TED와 같이 모든 데이터를 전 세계의 연구자 커뮤니티에 무료로 공개했습니다. 우리가 사물인식 모델을 훈련하는 데 사용한 전형적인 신경망에는 2천 4백만 노드, 1억 4천만 매개변수, 150억의 결합이 존재합니다. 이미지넷의 방대한 데이터와 현대의 CPU와 GPU에 힘입어, 수렴신경망 기술(CNN, 딥 러닝 기술의 일종)은 아무도 예상치 못한 방식으로 꽃피웠습니다. 사물인식에서 흥미롭고 새로운 결과를 내는 우수한 구조가 되었습니다."

이로써 딥 러닝 기술은 세 번째 인공지능 붐의 제일 중요한 기술이 되었고, 이미지뿐만 아니라 음성이나 번역 등 자연어 처리와 관련한 부문에서도 큰 발전을 가져왔다. 이렇게 되자 마침내 딥 러닝 기술이 세상을 획기적으로 바꿀 수도 있겠다는 믿음이 조금씩 전파되기 시작했다.

그렇지만 3차 인공지능 붐의 가장 큰 공로자는 바로 '공유문화'다. MIT, 스탠퍼드 대학교 등과 같은 최고의 대학교 연구진과 구글이나 페이스북 등 기업의 연구자들이 진행한 논문들이 1년에 한 번씩 열리는 학회 등이 없어도 매우 빠른 속도로 'arXiv'라고 불리는 논문공유 사이트에 올라가 즉시 공유되었다. 또한 일반인들이 딥 러닝 기술을 쉽게 이해하고 공부할 수 있도록 온라인 코스웨어 강의가 코세라(Coursera), 에드엑스(edX), 유다시티(Udacity) 등의 MOOC(Massive Online Open Courseware) 플랫폼 등을 통해 무료로 제공되기 시작했다.

더불어 자신들이 만든 데이터나 코드를 'GitHub'를 통해 공유하면서 누구나 딥 러닝을 경험하고 다시 만들 수 있게 되자, 이 기술은 빠른 속도로 확산되기 시작했다. 여기에 트위터, 레딧, 스택 오버플로와 같은 지식공유 소셜 서비스까지 활성화하기 시작해, 공유와 개방 중심의 문화가 인공지능 커뮤니티에서는 가장 중요한 문화로 자리 잡았다.

이렇게 개방적인 문화가 뛰어난 인재들을 만나면서 더욱 빠르게 인공지능 기술을 발전시켰다. 이런 문화를 따르지 않는 곳은 경쟁에서 뒤처지고 인재를 확보할 수 없었기에 폐쇄적인 기업들의 문화도 정말 빠르게 변화하기 시작했다. 이처럼 인공지능의 겨울을 두 차례 극복하고 찾아온 세 번째 인공지능의 붐은 안정기로 들어가면서 새롭고 매우 실질적인 변화를 가져오고 있다.

그렇다면 세 번째 인공지능의 겨울은 언제 오냐고 묻는 사람들이 많은데, 필자가 생각하기에 세 번째 인공지능의 겨울은 오지 않을 것 같다. 어쩌면 과도하게 부풀려진 것에 대한 실망감이 있을 수 있으므로, 가을 정도는 올 수도 있겠다. 하지만 이 기술들이 우리 삶과 사회에 직접적인 영향을 미치는 사례가 대폭 늘고 있기 때문에 과거와 같은 의미의 겨울은 오지 않는다고 믿어도 좋을 것이다.

✴ __ 알파고 이벤트와 인공지능 프레임워크 전쟁

2012년 이미지넷 챌린지에서 딥 러닝 기술의 가능성을 확인한 곳들이 2013년에 들어서자 연구기관에서 사업 주체로 나서는 손바꿈이 일어나기 시작한다. 가장 적극적으로 움직인 곳은 구글이다. 구글은 딥 러닝의 창시자인 제프리 힌튼을 2013년 영입하고, 인공지능의 최신 기술을 조직 내부에 전파하기 시작했다. 여기에 그치지 않고 토론토 대학교 박사과정 학생들이 중심이 되어 창업한 DNN리서치(딥뉴럴네트워크 리서치. 회사 이름이 딥 러닝을 연구한다는 뜻이다)를 당시 제품도 없고 연구실적만 있는 상태에서 거액에 인수했다. 당시 DNN리서치는 알렉스 크리제프스키와 일리야 서츠케버라는 대학원생들로 구성되어 있었는데, 사실상 이 두 명의 인재를 영입하기 위해 거액을 쓴 셈이었다. 구글의 기대에 부응해서 이들은 현재 전 세계 AI 연구를 주도하며 구글의 AI 연구를 이끄는 동량이 되었다. 이렇게 기업의 제품이나 특허 등이 없는 상태에서 단지 해당 기업의 인재를 영입하기 위해 M&A를 하는 방식을 합병(acquire)하면서 고용(hire)한다고 해 어크하이어(acqhire)라고 하는데, DNN리서치를 시작으로 인공지능 분야에 대한 과감한 투자가 글로벌 IT 기업들에 의해 이어지게 된다.

뒤이어 구글과 경쟁하고 있던 페이스북도 본격적으로 뛰어들기 시작한다. 제프리 힌튼을 구글에 빼앗긴 페이스북은 뉴욕 대학교 얀 르쿤 교수를 접촉해 페이스북 AI리서치(Facebook AI Research, FAIR)를 설립했다. 이때 얀 르쿤의 요구를 받아들여 프랑스 파리와 뉴욕을 헤드쿼터로 삼고 실리콘밸리와 함께 복수의 연구조직을 만드는 투자를 감행했다.

페이스북이 경쟁자로 등장하자, 구글은 다시 영국에서 혜성같이 등장해 강화학습(reinforcemet learning)이라는 AI 기술을 새롭게 재발견하는 데 성공한 딥마인드 사를 2014년 무려 5억 달러에 인수하는 과감한 투자를 하면서 AI 분야에서 선두주자로 나서기 시작했다. 그밖에도 2013년 무렵부터 여러 기업들이 본격적으로 움직였다. 애플은 많은 사람들이 알고 있는 시리(Siri) 관련 기술을 개발하고 이에 투자하기 시작했고, 왓슨으로 유명한 IBM은 헬스케어를 비롯해 AI에 대한 투자를 적극적으로 늘리기 시작했다. 중국 1위 포털회사인 바이두는 유튜브에서 개와 고양이 문제를 푼 일로 유명한 앤드류 응을 영입해 중국 최고의 AI 기업으로서 위상을 다진다는 변화를 모색했다.

글로벌 기업들의 이 같은 노력에도 불구하고 2015년까지 인공지능은 여전히 연구영역에 머물러 있었다. 비록 2013년과 2014년을 기점으로 여러 기업들이 인공지능 조직도 만들고 인공지능과 관련한 스타트업도 인수하면서 대거 투자했지만 실질적인 변화를 이끌어내는 데에는 다소 부족한 면이 있었다.

가장 큰 문제는 흔히 새로운 기술이 나왔을 때 나타나는 기술수용주기(Technology Adoption Lifecycle)였다. 선각 수용자와 혁신 수용자 들이 가장 먼저 새로운 기술을 받아들이지만, 이것이 많은 사람들의 인정을 받기 위해서는 전기다수 수용자들의 인정을 받아야 한다. 그런데 선각 수용자가 새로운 기술을 사용하는 것까지는 어려운 일이 아니지만, 이것이 전기다수 수용자들에게 받아들여지기 위해서는 캐즘으로 불리는 골짜기를 넘어야 하는데 이 골짜기를 넘기가 매우 어렵다고 한다. 이런 이론이 바로 기술수용주기다.

인공지능의 경우에도 2012년 이후 일부 관심 있는 연구자들과 지속적으로 공부하려는 학생들, 그리고 비록 초기지만 미래를 알아본 일부 기업들에 의해 많은 투자가 진행되었지만, 이것이 규모의 경제를 만들고 실제로 변화한다는 확신을 주기에는 부족했다.

그러던 와중에 구글이 인수한 딥마인드에서 만든 알파고가 2016년 3월 당대 최고의 바둑기사인 이세돌 9단에게 도전장을 던진다. 이때만 해도 구글의 딥마인드가 왜 알파고를 만들었는지, 구글은 왜 알파고를 만들기 위해 딥마인드를 수천억이라는 거액을 주고 인수했는지, 그리고 그렇게 만든 바둑을 잘 두는 AI를 상업적으로 어떻게 활용할 수 있을지 다들 궁금해했다. 누가 바둑 잘 두는 AI에 거액을 지불할 수 있을까? 그에 대한 해답은 알파고 이벤트가 끝나고 나서 알려지기 시작했다.

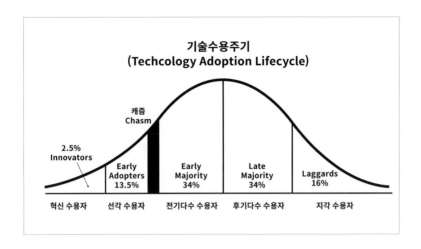

잘 알려진 것처럼 알파고는 이세돌 9단을 4 대 1로 이기고 인공지능에 대한 센세이션을 일으킨다. 그런데 이들이 왜 이런 이벤트를 벌였는지에 대해서는 당시 명확한 설명이 없었다. 하지만 이후에 일련의 상황을 살펴보면 이는 구글과 딥마인드의 매우 전략적인 행동이었음을 알 수 있다.

바둑은 대다수 사람들이 컴퓨터가 인간을 따라잡기 어려울 거라고 믿어온 게임이었다. 필자 또한 당시에는 이세돌 9단이 이길 거라고 생각했고, 많은 전문가들도 비슷한 의견이었다. 그랬기에 알파고의 승리에 큰 충격을 받을 수밖에 없었고, 사회에 충격파를 던지는 세기의 이벤트가 되고 말았다. 이 알파고 이벤트가 바로 인공지능이 놓치고 있던 기술도입 사이클의 캐즘을 넘는 역할을 했다.

알파고가 바둑을 선택해서 인간이 절대 인공지능에 당분간 지지 않을 거라고 확신했던 게임에서 이기는 모습을 보여줌으로써, 구글이라는 회사가 2013년과 2014년에 있었던 수많은 인공지능 기업과 대학교들이 만들어낸 인공지능 기술들과의 치열한 경쟁에서 비교 우위에 있다고 홍보할 수 있었다. 아마도 이보다 더 효과적이고 충격적인 마케팅 수단은 거의 없었을 것이다.

알파고의 성공은 2016년까지만 해도 수많은 기업들이 거의 대등하게 경쟁하던 상황에서 구글과 딥마인드가 한 발 앞서간다는 신호를 많은 사람들에게 던져주었다. 이것을 실제 성과로 만들어내기 위해 구글은 곧이어 다소 지지부진하던 인공지능 개발 프레임워크인 텐서플로(TensorFlow)의 새로운 버전을 발표했다.

텐서플로는 구글이 주도해서 만들고 있는 오픈소스 프레임워크로, 현재는 AI를 개발하는 데 가장 많이 사용되는 라이브러리다. 그러나 알파고가 나오기 전까지만 해도 다른 것들에 밀려 3위나 4위를 하는 정도에 불과했다.

알파고 이벤트 한 달 뒤에 텐서플로에 대한 본격적인 마케팅과 함께 다양한 교육자료가 발표되었다. 수많은 일반인과 컴퓨터 프로그램 개발자들이 알파고 이벤트를 보면서 AI를 공부하고 싶다는 마음을 먹게 되었고, 만약 도전한다면 무엇으로 공부하고 구현할 것인지 고민하던 순간 텐서플로의 새로운 버전이 발표된 것이다. 처음 공부하고 기술을 개발하고 싶은 사람이라면 알파고를 개발한 구글이 만든 도구를 선택해서 공부해야겠다고 생각하는 것은 매우 자연스러운 의식의 흐름이었다. 이런 과정을 거쳐 텐서플로가 이 분야의 선두에 올라서서 사람들 사이에 알려지기 시작한다.

다음 그래프는 2014년부터 2018년까지 딥 러닝 인공지능 프레임워크 전쟁이 어떻게 진행되었는지 보여준다. 텐서플로의 상승폭을 보

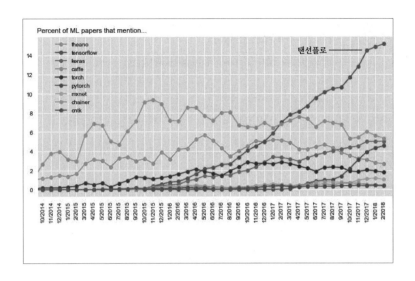

Percent of ML papers that mention...

텐서플로

면 2016년 이후부터 독점적인 위치에 도달했음을 알 수 있다.

굵은 세로선이 알파고 이벤트가 있었던 시기다. 이때만 해도 텐서플로는 당시 1등이던 카페(Caffe)는 물론 띠아노(Theano), 토치(Torch)에도 밀리는 하위권 프레임워크였다. 그러나 알파고 이벤트를 기점으로 도입이 폭발적으로 늘어나면서 2017년이 되자 단연 1등으로 채택된 프레임워크가 되었다.

이처럼 알파고 이벤트 이후 구글이 가장 중요한 인공지능 개발자 생태계를 주도할 수 있었고, 여기에 알파고가 큰 영향을 미쳤다고 할 수 있다. 따라서 알파고는 단순히 바둑에서 인간을 이기기 위한 이벤트가 아니었다. 이로부터 많은 사람들이 인공지능에 관심을 가지고 공부하고 개발하기 시작했다. 구글은 이런 변화를 시의적절히 활용했고 알파고 이벤트를 기반으로 인공지능 분야에서 선두기업으로서 자리를 공고히 하기 시작했다.

✸ __아직 끝나지 않은 전쟁,
하드웨어와 클라우드까지 결합된 총력전

알파고 이후 텐서플로의 독주로 구글과 딥마인드가 주도하는 것처럼 보였던 인공지능 전쟁터에도 다양한 합종연횡과 클라우드, 하드웨어까지 변수로 등장하면서 앞날을 쉽게 점치기 어려운 상황으로 접어들고 있다.

텐서플로가 거의 독점적인 점유율을 지켜가는 듯했던 인공지능 프레임워크 전쟁에서도 페이스북이 지원한 파이토치(PyToorch)가 점유율을 급상승시키며 이제는 양대 산맥 수준의 경쟁구도를 만드는 데 성공했다. 여전히 개발자들의 선택은 텐서플로인 경우가 많지만, 파이토치가 쉬운 개념의 아키텍처를 무기 삼아 최소한 인공지능 연구 커뮤니티에서는 텐서플로와 동등하거나 더 많이 채택되는 양상을 보여주면서, 자칫 시들해질 수 있었던 경쟁구도가 재점화되고 있다.

2017년 중국에서 진행된 구글과 딥마인드의 알파고 제로 이벤트를 기점으로 사실상 nVIDIA가 독점하는 것처럼 보였던 인공지능 하드웨어 전쟁터도 복잡한 양상으로 진행되고 있다. 중국의 커제 9단을 위시한 여러 중국 고수들과 바둑을 두고 전승을 기록하며 은퇴를 선언했던 알파고 제로 이벤트도 겉으로는 새로운 강화학습 기술을 선보이면서 2016년의 알파고를 넘어섰다는 점을 알리는 것처럼 보였다. 하지만 2016년의 알파고 이벤트가 그랬듯이 2017년의 알파고 제로 이벤트도 거대한 마케팅 행사였다.

딥마인드 CEO인 데미스 하사비스는 알파고 제로가 전승을 거둔 직후 트위터에 알파고 제로가 구글에서 새로 개발한 TPU(Tensorflow

Processing Unit)라는 칩을 통해 학습과 추론을 하는데, 과거에 활용했던 GPU들에 비해 월등한 효율성과 성능을 보여준다고 발표했다. 이 트윗으로 구글이 더는 nVIDIA와 보완적 협력관계가 아닐 수 있다는 사실이 명확해졌다.

nVIDIA의 반격도 매서웠다. 2017년 자사의 중요 이벤트인 GTC를 통해 신제품군을 발표하고 TPU와의 경쟁을 본격화한 것은 물론, 구글이 추진하는 클라우드 기반의 딥 러닝 서비스에 대항할 수 있는 GPU 클라우드 서비스를 발표하면서 자신들이 단지 하드웨어만 공급하는 회사가 아님을 분명히 했다.

구글과 페이스북, nVIDIA 등에 인공지능 시대의 주도권을 다소 뺏기는 듯했던 마이크로소프트와 아마존은 자신들의 강점인 클라우드를 무기 삼아, 라이벌인데도 연합전선까지 구축하면서 특히 구글에 대항하기 시작했다. 구글이 자사의 클라우드와 텐서플로를 무기로 독점적인 지위를 강화했으니 어찌 보면 힘을 합칠 수밖에 없는 상황도 존재했다.

먼저 움직인 것은 마이크로소프트였다. 마이크로소프트는 2017년 구글에 대항해 페이스북과 손잡고 ONNX(Open Neural Network Exchange)라는 머신러닝 상호호환을 위한 개방형 표준을 출범시켰다. 이를 통해 자사의 머신러닝 프레임워크인 CNTK를 페이스북의 파이토치와 호환될 수 있는 구도를 만들었다.

마이크로소프트와 페이스북이 손을 잡자 아마존에서도 자사의 프레임워크인 MXNet도 ONNX를 지원하겠다고 발표하면서 페이스북-마이크로소프트-아마존의 연대가 만들어졌고, IBM과 ARM, 퀄컴 등도 뒤를 따르면서 구글을 제외한 굵직한 인공지능 관련 IT 기업들이 사실상 반구글 연합을 결성했다.

마이크로소프트와 아마존은 또한 클라우드 서비스의 완성도와 점유율 우위를 바탕으로 딥 러닝이나 머신러닝 기술의 성능보다는 사용 편의성과 사용자 경험의 우위를 적극 홍보하면서 인공지능 전쟁터에서 나름의 입지를 확보하기 시작했다는 평가들이 나오고 있다.

이 책에서 자주 언급한 주요 IT 기업들 이외에도 IBM, 인텔, 퀄컴, ARM, 애플, 삼성전자, 바이두, 텐센트 등도 인공지능 플랫폼이나 하드웨어, 인공지능 서비스 등 저마다 자신들이 부각될 수 있는 영역을 찾아서 다양한 제품군을 발표하고, 동시에 합종연횡하고 있다. 이들을 모두 소개하기에는 지면이 부족하기 때문에, 현재로서는 이 정도로 정리한다.

자칫 구글의 압도적인 우위로 싱거워질 뻔했던 미래의 인공지능 플랫폼 전쟁의 최종 승자는 어디가 될 것인가? 향후 10~20년 정도 IT 역사의 판세는 PC 하드웨어와 소프트웨어, 인터넷, 모바일이 그랬듯이 인공지능이 좌우할 가능성이 높기에 참전하는 기업들은 모두 어떤 식으로든 작은 영토라도 움켜지기 위해 필사의 노력을 기울이고 있다.

이들이 벌이는 경쟁은 결국 소비자들과 기술의 발전에 매우 긍정적인 요소로 작용하게 될 것이다.

아마존과 뉴럴링크,
IT 우주를 벗어나는 외계인들

IT 역사는 크게 정보를 처리할 수 있는 전용기계인 컴퓨터와 스마트폰, 이런 기계를 이용해서 동작시킬 수 있는 소프트웨어, 그리고 이들을 연결하는 네트워크와 네트워크상에서 동작하는 다양한 서비스 또는 솔루션으로 정의되어왔다. 이 책에서도 이런 흐름에 따라 IT 역사를 설명해왔고, 이 분야의 혁신기업과 인물 들이 주인공이 되어 역사를 이끌어왔다고 할 수 있다.

그런데 사물인터넷 시대가 진행되고 인터넷이 사실상 거의 모든 물체와 사람 들을 엮어낼 수 있는 상황이 되면서, 이제는 IT 산업을 따로 분류하기 어려운 경우가 점점 늘고 있다. 특히 인터넷과 온라인상의 강력한 경쟁력을 바탕으로 기존 산업에 도전해 전통기업들을 물리치고 성공가도를 달리는 IT 기업들이 크게 늘고 있는데, 이들의 약진은 이제 IT 기술이 특정 산업의 것이 아니라 사실상 거의 모든 산업의 인프라가 되고 있다는 점을 보여주고 있다.

그중에서도 지난 수년간 제프 베조스의 아마존과 일론 머스크가 창업한 테슬라, 스페이스엑스, 뉴럴링크 등은 IT 우주를 벗어나 비상하는 외계인들이라고 할 수 있을 정도로 놀라운 약진을 하고 있다.

✪__아마존, 온라인의 한계를 넘다

전자상거래를 통해 IT 역사에 거대한 족적을 남긴 아마존은 클라우드 컴퓨팅이라는 또 하나의 거대한 인프라 산업을 개척하며 사실상 B2B 온라인 서비스의 지배자가 되었지만, 그들은 온라인 세계 안에 안주하기를 거부했다.

2012년 로봇 고객주문 처리업체 키바시스템(Kiva Systems)을 7억 7,500만 달러에 인수하고 '로봇'이라는 물리적인 기기사업에 본격적으로 뛰어든 아마존은 물류 배송체계의 효율도 높이고 비용도 절감하면서, 아마존 프라임 서비스에서 약속한 빠른 배송서비스를 달성하게 되었다. 그 뒤를 이어 2013년 12월에는 CEO인 제프 베조스가 CBS의 〈60분〉이라는 프로그램에 출연해 프라임 에어라는 드론 배송시스템을 개발 중이며 이를 통해 30분 내 배송이 가능할 거라는 당시로서는 꿈과 같은 전망을 한다. 당시 미국 규제 당국은 기술이 개발되더라도 2020년까지 상업용 드론 배송을 허가할 수 없다는 입장을 내놓으며 아마존의 계획에 딴지를 걸었으나, 아마존은 이에 아랑곳하지 않고 기술의 업그레이드를 거듭한 끝에 마침내 2020년 8월 31일 미국 연방항공청(FAA)으로부터 배송용 드론에 대한 운항 허가를 받는 데 성공했다. 어찌 보면 아마존도 거짓말을 하지 않았고, 미국 규제 당국도 2020년에 허가를 내준 상황이므로 절묘한 타협점을 찾은 셈이다.

아마존의 로봇 관련 기술에 대한 투자는 여기서 그치지 않았다. 2019년에는 상품 배송 자율주행 로봇인 아마존 스카우트(Amazon Scout)를 개발해 주행 테스트를 시작했다. 워싱턴주 스노호미시 카운티에서 처음 상품 배송서비스를 시작한 아마존 스카우트는 시애틀 본사 연구실에서 직접 개발했으며, 바퀴를 6개 갖고 있고 전기를 동력으로 움직이는 소형냉장고 크기의 로봇이다. 사람의 보행과 비슷한 속도로 인도를 이동할 수 있고 사람과 장애물을 피할 수 있다.

배송과 물류유통에서 매우 공격적인 투자를 이어가던 아마존은 급기야 오프라인 매장을 직접 열고 운영한다는 결정을 내리면서 월마트, 코스트코 등 기존 강자들을 바짝 긴장시킨다. 2015년 11월 아마존은 본사가 있는 시애틀 인근 워싱턴 주립대학교 근처에 오프라인 서점인 아마존북스를 오픈해서 처음으로 오프라인 매장 운영의 시동을 걸더니, 2016년 12월에는 시애틀에 있는 아마존 본사 건물 데이원(Day1) 1층에 아마존고(Amazon Go)라는 파격적인 개념의 매장을 열었다. 아마존고는 고객이 계산대 앞에 줄을 설 필요도 없고 계산할 필요도 없다는 의미의 '노 라인즈, 노 체크아웃(No Lines, No Checkout)' 매장인데, 아마존의 오프라인 매장 진출이라는 담론을 넘어 로봇이 단순 노동력을 대체해 일자리 부족까지 일으킬 수 있다는 논란까지 일으켰다.

2017년에는 136억 달러라는 거액을 투자해 미국에서 급성장하던 식료품 체인 홀푸드마켓을 인수하며, 이제는 온라인과 오프라인 매장을 모두 제대로 운영하는 거대 상거래 기업이 되었다는 점을 사실상 표방하게 된다. 홀푸드마켓에 아마존고를 적용하면 홀푸드마켓의 5만 명 가까운 직원들이 처리하던 일을 4,000여 명으로 감당할 수 있다는 계산이 나와서, 또다시 일자리에 대한 문제의식이 제기되었다. 이에 아마존은 2012년 인수한 키바시스템을 적용했을 때 물류창고에서 일하는 직원들의 고용불안에 대한 우려가 있었던 사례를 언급하며, 매장의 활성화와 효율적 운영이 사업의 확대로 이어지는 선순환 구조가 동작하리라고 내다보았다.

이처럼 물류공장 로봇과 드론, 자율주행 로봇과 완전 무인매장에 이르기까지 아마존의 로봇 기술과 오프라인 매장의 결합은 또 다른 차원의 미래지향적인 상거래 플랫폼으로서 진화를 보여주고 있다. 아마존의 약진이 더욱 무서운 이유는 이렇게 안정되고 매력적인 수요기반을 갖춘 로봇 기술을 다른 용도와 상품으로 변형해 또다시 다른 산업으로 진출할 수 있다는 점에 있다. 그래서 IT 역사를 그동안 쥐락펴락했던 애플, 마이크로소프트, 구글이라는 전통적인 3대 기업의 아성을 위협하기 시작하더니, 2019년 1월에는 드디어 이들을 모두 제치고 전 세계 기업 시가총액 1위를 달성하는 기염을 토했다. 현재는 애플, 마이크로소프트, 구글과 함께 항상 톱4를 형성하고 있기에, 이제는 IT 역사가 3국시대를 지나 4국시대로 진입한 느낌이다.

이 책에서 더 자세히 다루지는 않지만, 아마존 CEO인 제프 베조스는 아마존 이외의 기업에도 많은 투자를 감행하며, 테슬라의 일론 머스크와 함께 미래를 현실로 만들어가는 드리머(dreamer)로서 라이벌 관계도 형성하고 있다. 언론분야에서는 미국 최고의 언론사 중 하나인 워싱턴포스트를 2013년 사재를 털어 인수한 뒤 혁신하고 있으며, 우주여행의 시대를 열겠다는 야심찬 계획을 실행하기 위한 민간 우주기업 블루오리진(Blue Origin)을 2000년 설립해 낮은 비용과 높은 신뢰성의 로켓으로 개개인이 우주에 접근할 수 있는 기술을 개발하면서 일론 머스크의 스페이스엑스와도 경쟁하고 있다.

✪ _일론 머스크, 증강인간의 꿈에 도전하다

제프 베조스와 함께 미래지향적인 기업들을 잇따라 창업하며 굵직한 뉴스거리를 연일 만들어내고 있는 일론 머스크의 테슬라, 스페이스엑스 등에 대해서는 이미 앞서 소개한 바 있다. 그런데 일론 머스크가 최근에는 인공지능의 급부상에 따른 우려에 대응하기 위한 새로운 기업으로 인간의 뇌에 칩을 심어서 인간의 지능을 증강시킬 수 있는 뉴럴링크를 설립해 상당한 성과를 내고 있다.

특히 2020년 8월 29일 데모를 전격 발표하며 기대를 더욱 높이고 있는데, 새로운 인재 발탁과 기술진척도를 보여주는 이날 행사에서 그는 새로운 버전의 뉴럴링크 대뇌 임플란트와 시술 로봇, 시술실험을 한 돼지들을 선보였다.

뇌에 꽂을 수 있는 브레인 칩 또는 브레인 프로스테시스(brain prosthesis, 실제 공식적으로는 이 용어를 많이 사용한다) 연구는 특히 미국 국방부 예산으로 운영되는 방위고등연구계획국(DARPA)에서 주로 주도해왔다. 이곳은 국방부에서 운영하지만 국방과 직접적인 연관이 없고 인류에게 매우 중요한 첨단기술에 투자도 많이 하기 때문에, 세계 최첨단 연구의 추세로 볼 때 DARPA의 연구과제들은 언제나 초미의 관심사다. 전 세계를 연결하는 인터넷도 여기서 출발했고, 브레인 프로스테시스 관련 연구에도 최근 많은 지원을 했다. 특히 2017년 7월에는 뉴럴 임플란트 프로그램에 6,500만 달러의 연구비를 지원한다고 발표했다.

얼핏 듣기에는 끔찍하고 무섭게 느껴질 수도 있지만, 인간의 뇌에 기계나 칩을 삽입하는 연구의 역사는 생각보다 길고, 상당한 성과도 내고 있다. 청각장애인들의 청각을 회복시켜주는 달팽이관 임플란트, 만성통증 환자나 파킨슨병 환자의 증상 완화를 위해 시술하는 뇌심부자극 치료도 뇌에 삽입한 기구를 활용하는 기술이므로 같은 범주에서 생각할 수 있다.

시각장애인들을 위한 기술도 있다. 인간의 망막은 진화상으로 볼 때 인간의 뇌가 특화되어 시각 신호를 받아들이도록 발전한 것으로, 망막이 제대로 동작하지 못하면 사물을 볼 수 없다. 성인이 된 이후에 시각을 잃는 가장 흔한 원인이 망막 질환에 의한 것인데, 망막에 꽂는 칩이 이들에게 희망을 안겨주고 있다. USC 도헤니 눈 연구소에서 시작한 속칭 '아이칩(eye chip)'은 이미 시각장애인이 눈앞의 장애물을 인지하고 피할 수 있는 수준의 기술이 개발되어 실제로 시술되고 있고, 이제는 훨씬 높은 수준의 사물을 볼 수 있게 하는 연구가 진행 중이다.

여기에 더해 USC의 버거 교수 연구실에서는 기억력을 관장하는 것으로 알려진 뇌의 해마에 칩을 삽입해 기억력을 회복하는 연구를 진행했는데, 영장류를 포함한 다양한 동물실험을 성공적으로 마쳤다. 이 기술은 커널이라는 기업의 설립으로 이어져 큰 규모의 투자까지 유치하고, 임상실험을 포함한 본격적인 상용화 준비에 들어갔다.

그렇다면 이런 여러 연구들이나 이미 제품화된 기존의 브레인 임플란트들과 비교해 일론 머스크의 뉴럴링크는 무엇이 다를까? 가장 비슷하다고 할 수 있는 뇌심부자극(Deep Brain Stimulation)은 주로 대발작 환자나 파킨슨병 등에 처방되는 임플란트로서 뇌심부에 위치시킨 뒤 몇 개의 전극을 통해 자극을 주어 치료목적을 달성하는 것이기 때문에 뉴로모듈레이션(neuromodulation)을 위한 것이다. 그에 비해 뉴럴링크는 1,024개의 전극 채널을 가지고 있으며, 읽기와 쓰기가 모두 가능한 임플란트다. 이는 일단 대뇌피질 특정 부위의 전기 신호를 밀도 있게 수집하고 미래에는 대뇌에 자극도 섬세하게 주겠다는 의도를 가진 것이어서, 기존 뇌심부자극이 해부학적 부위에 자극을 주겠다고 표방한 것 이상을 목표로 삼고 있다는 점을 알 수 있다.

이번 돼지를 이용한 동물실험에서는 주로 운동과 관련한 대뇌피질에 이식하고 팔다리 근육의 활성을 예측하는 실험을 실시했고, 올해 하반기 승인을 받은 임상실험도 경추 손상에 의한 사지마비 환자가 컴퓨터를 쉽게 조작하도록 만드는 것을 목표로 하기에 지금은 그 정도의 활용도를 가지고 기술을 개발하겠지만, 향후 시각피질이나 청각 관련 피질에 삽입해 시각장애인이나 청각장애인, 나아가서는 의사소통과 관련한 분야에 적용하고자 한다는 의사를 분명히 하고 있다.

또한 매우 인상적인 것은 수술 로봇으로 뇌의 미세혈관을 피해 1,024개에 이르는 미세전극을 안전하게 심을 수 있도록 한 점이다. 그는 이를 통해 시술 당일 입원과 치료, 퇴원이 가능하고 의료비도 매우 저렴하게 만들겠다고 발표했다. 많은 수의 의료기기를 개발하는 기업 또는 DARPA의 지원을 받아 연구하는 여러 연구팀들이 임상적인 유효성이나 임상실험 절차, 새로운 기술이나 재료 등에는 많은 신경을 쓰지만, 실제 의료현장에서 이 기술을 활용하는 의사나 환자들의 경제적 부담 등을 고려하는 경우는 매우 드물다. 이를 고려한다고 해도 상용화 후반부에 변경하는 경우가 대부분인데, 뉴럴링크처럼 기술 개발 초기 단계에서부터 이런 프로시저와 그와 연관된 수술 로봇을 같이 개발하는 것은 일론 머스크가 의료전문가가 아니라 소비자 제품을 개발하고 상용화하는 테슬라 등의 기업을 운영하고 있기에 가능한 발상의 전환이라고 생각된다. 그는 이를 통해 뇌의 여러 부위에 안전하고 쉽게 칩을 심을 수 있다는 것을 보여줌으로써 뇌에 칩을 심는 것에 대한 막연한 두려움과 윤리적인 이슈를 피하려는 듯하다.

또한 DARPA 등에서 지원하고 있는 매우 공격적인 연구주제들에 비해 단계별로 난이도를 높여가되 궁극의 목표는 매우 달성하기 어려운 수준에 놓고 단일한 플랫폼 기술을 활용하겠다는 접근방법도 독특하다. 보통 의료와 관련한 기술은 일부 영상의학 장비를 제외하면 특정 질환별로 따로 임상실험을 하고 승인받기 때문에, 특정 용도로 개발되는 경우가 많다.

그런데 뉴럴링크는 브레인 칩 소프트웨어와 하드웨어를 활용해 공통된 방식으로 여러 부위에 다양한 용도로 쓰겠다고 공표하고, 사지마비부터 시작해 다양한 임상적 응용분야로 적용을 확대한 뒤 궁극에는 정상인들에게도 간단히 시술해 인공지능과의 경쟁에서도 밀리지 않도록 하겠다고 공언한다. 만약 마지막 목표만 이야기한다면 많은 사람들이 사기꾼으로 여기거나 말도 안 된다고 부정적인 반응을 보이겠지만, 그는 이렇게 가기 위한 중간 단계로서 기술 개발과 상용화가 가능한 단계부터 차근차근 난이도를 높여가는 전략적 접근을 취하고 있다. 바로 이 점이 단순히 연구개발만 하는 사람들과 가장 차별되는 요소다.

실제 그가 공언한 우주개발 사업이나 전기차 사업의 경우에도 스페이스엑스나 테슬라를 통해 매우 먼 미래의 목표를 이야기하되, 반드시 필요한 사업화를 단계별로 밟아나가며 기술을 개발해서 많은 투자자들의 투자와 일반인 및 연구자 들의 지지를 받아왔는데, 뉴럴링크도 이처럼 매우 전략적으로 접근하고 있다.

뉴럴링크를 시작으로 앞으로 뇌에 대한 직접적인 연결을 시도하는 다양한 기술들이 더욱 많이 등장하게 될 것이다. 신체장애를 다양한 임플란트 및 로봇 기술 등으로 대체하는 일이 자연스러워지고 있기 때문에 이런 기술의 개발과 발전은 필연적이다. 그렇지만 연구개발이라는 측면에서 과학과 기술에만 지나치게 관심을 두기보다, 일론 머스크처럼 전략적이고 장기적인 안목과 단기적으로 도달 가능한 목표를 적절하게 조합해서 새로운 기술을 개발하고 사업화를 할 수 있는 역량을 갖추는 것이 앞으로는 매우 중요하다.

2020년의 에필로그

코로나19, IT 역사를
새로운 세계의 역사로 만든다

『거의 모든 IT의 역사』 10주년 기념판 마지막 내용은 2020년 코로나19가 전 세계를 강타해 모두가 뉴노멀(new normal)을 준비해야 하는 세상으로 전환되는 상황에서 어떻게 'IT의 역사'가 새로운 미래세계에 역사의 중심이 될 수밖에 없는지에 관한 것이다.

중국 우한에서 시작해 전 세계적인 팬데믹으로 번진 코로나19는 단순히 하나의 전염병이 전 세계를 위협하는 수준을 넘어 국제정치학적인 역학의 변화, 사람들이 살아가는 우선순위에 대한 가치관의 변화, 기업경영과 산업의 변화, 개개인의 삶을 살아가는 행위의 변화 등 전방위적인 인류사의 변화를 요구하고 있다. 더구나 코로나19가 조기에 종식되기도 어렵지만, 종식된다고 해도 또 다른 변종 바이러스가 근시일 내에 다시 등장할 것이 거의 확실하고, 나아가 기후변화 등으로 인한 글로벌한 재난상황도 지속적으로 발생하고 있어, 지난 수백 년간을 지배해온 산업혁명 이후 우리의 삶 자체가 크게 바뀔 것으로 예상된다.

그런데 IT 역사와 IT 역사를 지탱해온 디지털 트랜스포메이션이 코로나19 이후 뉴노멀 시대에 가장 중대한 역할을 할 수 밖에 없음은 시간이 지날수록 명확해지고 있다. 과연 IT는 특정한 산업이라는 한계를 넘어 인류사 전반에 혁명적인 변화를 실제로 가져오게 될 것인가?

🌐 __글로벌 정치와 경제 패러다임의 변화

코로나19는 정말 많은 것을 바꾸어놓았다. 글로벌 정치저널로 유명한 〈포린폴리시〉는 코로나19로 바뀌게 될 전 세계적인 역학변화에 대한 세계적인 학자들의 10대 기고문을 특집으로 싣기도 했다. 그중에서 스테펀 월트는 전 세계의 철학적, 정치적, 문화적 중심이 서구 사회에서 동아시아로 넘어가는 일대 사건이라는 의견을 펼치면서, 직접적으로 싱가포르와 한국의 사례를 들며 지난 수백 년을 지배한 자유로운 왕래와 자본주의, 개인의 선택과 기업을 중심으로 번영해 온 글로벌화에서 사회를 중시하고 공공의 이익을 위해 같이 노력하고 협력하는 동아시아적 철학과 가치관으로 주류가 바뀌고 있다고 표현했다.

국제정치적인 역학관계뿐일까? 글로벌 경제 측면에서도 코로나19는 사실상 대공황에 버금가는 충격을 전 세계에 안겨주고 있다. 대다수 국가들이 마이너스 성장을 당연한 일로 여기고, 미국의 2020년 2분기 성장률이 -32.9퍼센트라는 믿기 힘든 수치를 기록할 정도로 코로나19는 글로벌 경제에 파괴적인 영향을 미쳤다. 문제는 과거 홍콩독감이나 사스 등의 상황이 닥쳤을 때와는 달리 코로나19는 전 세계적인 팬데믹으로 발생했고, 100년 전 스페인독감과 마찬가지로 최소한 2차 파급을 통해 2년 이상의 기간에 전 세계에 영향을 미치면서 장기화한다는 점이다.

실업률도 절망적인 수준의 데이터를 보여주고 있다. 미국 노동부 발표에 따르면 1주일에 보통 35만 명 정도가 신청하는 실업수당을 2020년 4월에는 600만 명이 넘게 신청하는 등 20배 가까운 실업자가 양산되고 있다. 코로나19로 인한 침체가 장기화하면서 이 수치는 크게 줄어들지 않고 있다. 산업에서는 특히 고용효과가 큰 소매와 도매 유통이 급격히 무너지고 있고, 항공과 여행, 관광업계도 직격탄을 맞고 있다. 전반적인 경기침체로 농업과 제조업 등의 부진도 장기화하고 있다.

도시의 변화도 가속되고 있다. 일찌감치 코로나19의 장기화를 대비해 2021년 말까지 재택근무를 연장한 구글 등과 같이 재택근무를 기본으로 하는 실리콘밸리 기업들이 크게 늘었다. 이에 따라 임대료가 비싼 실리콘밸리를 떠나서 이동하는 소위 '실리콘밸리 엑소더스' 현상도 나타나고 있다. 세계 1위의 경제 중심지인 뉴욕 역시 많은 이들이 떠났는데, 이들 대부분이 이동한 지역은 밀집도가 높은 도시가 아니라 상대적으로 저밀도인 교외 지역인 것으로 파악된다.

✪ __코로나19, 기업환경을 극적으로 바꾸다

이로 인해 기업들의 경영환경도 크게 바뀌고 있다. 특히 코로나19 이후 시대에 잘 대응하는 것이 앞으로 기업경쟁력에 큰 영향을 미칠 것으로 예상되면서, 상당수 선두기업들은 선제적으로 기업경영의 체질을 바꿔나가고 있다. 이런 변화의 대부분은 IT 기술과 연관되어 있으며, 이로 인해 IT와 관련이 없어 보였던 많은 수의 전통기업들도 IT 기술을 잘 도입하고 활용하는 것이 기업경쟁력과 직결되는 상황을 맞이하고 있다.

이런 변화를 가장 잘 정리한 보고서가 세계적인 비즈니스 저널인 〈유로피언 비즈니스 리뷰〉 2020년 4월자에 영국의 세계적인 투자자 사이먼 돌란 등이 코로나19 이후의 기회와 가치, 리더십 등에 대해 공동 기고한 글이다. 이들은 이 글에서 개인과 조직 차원의 주요한 7가지를 전망하고 이를 철저히 대비해야 미래가 있다고 언급하는데, 이 중에서 놀랍게도 5가지가 IT와 관련된 것들이다. 이를 간단히 언급하고, 필자의 간략한 해석을 보태면 다음과 같다.

1. 비즈니스와 교육은 디지털 기술로 대폭 이동할 것이다. 특히 버추얼 컨퍼런싱/워크샵(virtual conferenceing/workshop), 집에서 일할 수 있는 홈오피스, 재택교육 등에 대비하라.

사실상 줌이나 구글 미트 등의 플랫폼 등을 활용해 작업할 수 있는 환경을 갖추지 못하면 기업경영 자체를 할 수 없는 상황이 발생할 수 있다고 경고한 것이다. 나아가 집에서 일도 하고 교육도 받는 상황이 일상화된다면 집에서 일을 할 수 있는 홈오피스를 구축해야 하는데, 이는 결국 주택이나 오피스 환경의 변화도 추동하게 될 것이다.

2. 팬데믹이나 다른 위기에 대처할 수 있는 스마트 머신과 인간의 지능적인 협력을 준비하라.

IT 기술의 도입이 활성화되고, 디지털 기술이 기업과 개인, 정부 등에 녹아들기 시작하면 데이터 기반의 대처가 가능해질 수밖에 없고, 이렇게 되면 인공지능이 큰 역할을 하게 된다. 이들이 인공지능이라는 표현보다 스마트 머신이라는 용어를 쓰고 사람들과의 협력을 중시한 것은 더욱 실용적인 접근을 강조한 것으로 볼 수 있다.

3. 직접적인 대면접촉보다 디지털 채널을 커뮤니케이션 채널로 우선 고려하라.

어찌 보면 가장 큰 변화인지도 모르겠다. 지금까지는 영업활동이든 고객활동이든 직접 만나서 하는 것을 중요하고 기본적인 예의로 생각하는 사회에서 살았다. 이제 더는 그렇지 않게 될 것이다. 외부 사람들과도 일단은 이메일로 먼저 소통하게 될 것이고, 심지어 기업 내부의 사람들과도 슬랙(slack) 등의 디지털 협업도구를 먼저 쓴다. 대면으로 만나는 것은 많은 일이 진척되고 화상통화 등을 통해 충분히 진행된 후에 마지막으로 확정지을 것이 있는 경우거나, 아니면 이마저도 생략될 가능성이 높다.

대중을 만나는 퍼블릭 커뮤니케이션 채널은 더욱 큰 변화를 겪을 것이다. 과거 장소를 빌리고 대형 이벤트와 PR자료를 뿌리면서 소비자와 고객 들을 만나던 풍경은 사라지고 유튜브, 인스타그램, 틱톡 등의 퍼블릭 디지털 소셜 채널을 제대로 활용하는 기업들이 크게 두각을 나타낼 수밖에 없다. 가장 극적인 변화를 가져온 곳이 공연예술계라고 할 수 있는데, 이들은 콘서트장에 관람료를 지불하고 입장한 관객들에 의해 벌어들이는 수입이 가장 컸기 때문에 코로나19의 가장 큰 직격탄을 맞았다. 그런데 놀랍게도 과거보다 더 많은 팬들을 만나고, 이들의 지원을 받는 곳들도 있다. 방탄소년단이나 아이즈원 등의 아이돌 그룹은 디지털 채널을 소유한 플랫폼 기업들과의 협력을 통해 수백만 명, 수천만 명을 대상으로 한 가상콘서트를 유료로 개최해 막대한 수익을 얻고 있으며, 나아가 팬사인회나 가볍게 개별적으로 인사하는 이벤트도 디지털 플랫폼을 활용해 유료로 성공리에 개최하고 있다. 공간과 시간의 제약으로 만나기 어려웠던 전 세계 팬들을 디지털 시공간에서 직접 만나면서 위기를 기회로 바꾸고 있는 것이다.

4. 온사이트-온디맨드(On-Site, On-Demand) 생산이 중요해진다.

코로나19는 글로벌 제조업에도 막대한 영향을 미치고 있다. 한국 등과 같이 제조업이 활성화되어 있는 국가들은 국가 내부에서 처리할 수 있는 일이 많았기에, 국제 교류와 글로벌 공급체인이 제대로 동작하지 않는 상황에서도 상대적으로 큰 영향을 받지 않았다. 하지만 글로벌 교역에 많은 것을 의존하는 미국이나 서유럽 국가들은 큰 위기를 겪었다. 이로 인해 제조업을 다시 국내로 들여오는 리쇼어링(reshoring) 전략을 펼치는 국가가 늘어날 가능성이 크고, 당장은 위기가 닥쳐도 공급체인 다변화를 통해 이에 대응하는 것이 중요해졌다.

기업의 관점에서도 생산기업과 수요기업 모두 시장의 극적인 변화에 발 빠르게 대응할 수 있는 체계를 갖춘 곳이 이런 위기에 강할 수밖에 없다. 이를 위해서는 스마트팩토리 등과 같은 제조공정 전반과 시장상황, 경영상의 판단을 모두 연결할 수 있는 프로세스 디지털화가 매우 중요해질 것이다. 생산 자체도 다품종 소량생산을 쉽게 할 수 있는 기술의 중요성이 부각될 텐데, 이 때문에 산업용 3D 프린터 기술이 다시 주목받을 거라는 이야기가 나오고 있다.

5. 알고리즘에 기반한 솔루션 등의 디지털 소유권이 확대된다.

이 전망은 다소 장기적인 것이다. 최근 인공지능 기술은 단순한 도구를 넘어 영상, 글, 음악 등을 쉽게 생성할 수 있게 되고부터 언제나 사용자가 생산성을 위해 사용하는 도구가 아니게 되었으며, 인공지능 플랫폼이 생성한 것들 자체의 가치를 인정받을 가능성이 높아졌다. 따라서 인간과 인공지능 알고리즘의 협업을 통해 만들어진 것들의 디지털 소유권이 점점 더 중요해질 터이므로, 이에 대비하라는 것이다.

이처럼 코로나19는 개인과 조직의 관리 및 기업경영에서 IT 기술을 가장 기초적인 역량으로 바꾸어놓고 있다. 빌 게이츠가 과거 『생각의 속도』라는 저서를 통해 기업경영에 PC와 소프트웨어를 활용해서 경쟁력을 갖춰야 경쟁에서 승리할 수 있다고 주장한 것을 넘어, 사실상 코로나19는 IT 기술의 도입과 활용을 기업 생존과 직결된 것으로 바꾸어놓고 있다.

사회의 발전방향이나 미래로의 변화양상은 비교적 명확하다. 작은 바람이 있다면 앞으로 10년 정도 뒤에는 우리나라 기업 중에서 역사의 주인공은 되지 못하더라도 자기 영토를 굳건히 지킬 정도의 문화와 철학을 보여주는 곳이 나왔으면 한다. 그러려면 제조업 기반의 따라잡기와 원가절감 패러다임으로는 어렵다. 이런 분야에서는 이제 세계 최고 수준에 와 있지 않은가! 우리도 새로운 철학과 패러다임을 만들고 이를 주도하는 역량은 이미 쌓았다. 국내기업에서 어마어마한 매출에 덩치가 커졌다는 소식보다는 세상을 바꿀 만한 패러다임을 내놓았다는 소식을 전해주기를 기대해본다.

참고문헌

위키피디아 - Wikipedia.org

이 책은 위키피디아가 없었다면 탄생하지 못했을 것이다. 책 내용의 50퍼센트는 위키피디아가 정보의 원천이 되었다. 다양한 표제어를 중심으로 검색해서 인물과 기업, 그리고 각종 사건에 대해 없는 것이 없을 정도로 방대한 백과사전을 만들어 준 지미 웨일즈와 20만 명이 넘는 위키피디언들에게 진정으로 감사의 말을 전하고 싶다.

너무 많은 내용을 참조했기에 각각의 표제어들을 모두 나열하지 못했다. 이 책에 등장하는 모든 기업의 이름과 등장인물, 소프트웨어 이름과 하드웨어 이름 등에 해당하는 표제어들은 모두 참고자료가 되었다고 보면 될 것이다.

참고자료

·《구글드 Googled》켄 올레타 저, 김우열 역, 타임비즈, 2010
·《잡스처럼 일한다는 것》린더 카니 저, 안진환/박아람 공역, 북섬, 2008
·《세계 최고의 디지털 리더 9인의 이야기》김정남/김정현 공저, 팜파스, 2007
·《미래를 만든 Geeks》앤디 허츠펠드 저, 송우일 역, 인사이트, 2010
·《전자책의 충격》사사키 도시나오 저, 한석주 역, 커뮤니케이션북스, 2010
·《아이폰과 아이패드 애플의 전략》최용석 저, 아라크네, 2010
·《빌 게이츠 @ 생각의 속도》빌 게이츠 저, 안진환 역, 청림출판, 1999
·《제 4의 불》정지훈 저, 열음사, 2010

· 《거의 모든 인터넷의 역사》 정지훈 저, 메디치미디어, 2014

· A Complete History of Breakout,
  http://classicgaming.gamespy.com/View.php?view=Articles.
  Detail&id=395

· Apple II History, http://apple2history.org/

· The First Spreadsheet - VisiCalc - Dan Bricklin and Bob Frankston,
  http://inventors.about.com/library/weekly/aa010199.htm

· How John Sculley Saved Apple From Steve Jobs,
  http://www.wired.com/gadgetlab/2008/02/how-john-sculle/

· John Sculley and Steve Jobs,
  http://www.silicon-valley-story.de/sv/apple_sculley.html

· The Soul Of A New Microsoft,
  http://www.businessweek.com/magazine/content/06_49/b4012001.htm

· Michael Spindler: The Peter Principle at Apple,
  http://lowendmac.com/orchard/06/michael-spindler-apple.html

· The Rise and Fall of Gil Amelio at Apple,
  http://lowendmac.com/orchard/05/gil-amelio-apple.html

· Gates-Ballmer Clash Shaped Microsoft's Coming Handover,
  http://online.wsj.com/article/SB121261241035146237.
  html?mod=googlenews_wsj&apl=y&r=125394

· Apple: America's best retailer,
  http://money.cnn.com/magazines/fortune/fortune_archive/2007/03/
  19/8402321/index.htm

· Apple, a Success at Stores, Bets Big on Fifth Avenue,
  http://www.nytimes.com/2006/05/19/technology/19apple.html?_
  r=2&pagewanted=all

· Apple Store strategy: "Position, permission, probe",
  http://counternotions.com/2007/10/21/apple-store-strategy/

· The Complete History Of Xbox,
  http://www.computerandvideogames.com/article.php?id=131066

· Paul Buchheit on Gmail, AdSense and More,
  http://blogoscoped.com/archive/2007-07-16-n55.html

· The genius behind Steve,
http://money.cnn.com/2008/11/09/technology/cook_apple.fortune/
index.htm
· Apple's Jobs has cancerous tumor removed,
http://www.sfgate.com/cgi- bin/article.cgi?file=/c/a/2004/08/02/
MNGMJ816F41.DTL
· Why MySpace Failed,
http://www.wesleyverhoeve.com/why-myspace-failed-or-when-you-
kill-the-user-experience-you-kill-yourself
· Facebook's Mark Zuckerberg: Hacker. Dropout. CEO,
http://www.fastcompany.com/magazine/115/open_features-hacker-
dropout-ceo.html
· Did Mark Zuckerberg's Inspiration for Facebook Come Before Harvard?,
http://www.readwriteweb.com/archives/mark_zuckerberg_inspiration_
for_facebook_before_harvard.php
· The Untold Story: How the iPhone Blew Up the Wireless Industry,
http://www.wired.com/gadgets/wireless/magazine/16-02/ff_
iphone#ixzz0wVcR44pF
· Five reasons for the failure of Vista,
http://www.articleinspector.com/articles/2128/1/Five-reasons-for-the-
failure-of-Vista-/Page1.html
· How Apple and Google's Romance Turned To Hate,
http://gizmodo.com/5483662/how-apple-and-googles-romance-turned-
to-hate
· https://foreignpolicy.com/2020/03/20/world-order-after-coroanvirus-
pandemic/)
· https://www.reuters.com/article/us-usa-economy-idUSKCN24V0FO)
· https://www.europeanbusinessreview.com/the-covid-19-crisis-as-an-
opportunity-for-introspection/)

연대표

연도	IT의 역사
1955	스티브 잡스, 빌 게이츠, 에릭 슈미트 탄생
1968	빌 게이츠, 폴 앨런과 만남
1970	스티브 잡스, 스티브 워즈니악과 만남 팔로알토에 제록스 파크 연구소 설립
1972	스티브 잡스, 오리건 리드 칼리지 입학 빌 게이츠, 트래프-오-데이터 창업
1973	빌 게이츠, 하버드 대학교에 입학하고 스티브 발머와 만남 세르게이 브린, 래리 페이지 탄생 게리 킬달, CP/M 개발 제록스 파크 연구소, GUI가 구현된 컴퓨터 알토 개발
1974	스티브 잡스, 아타리에 입사
1975	빌 게이츠, 마이크로소프트 창업
1976	스티브 잡스와 스티브 워즈니악과 로널드 웨인, 애플 컴퓨터 창업 애플Ⅰ 출시하고 200여 대 정도 판매 성공
1977	애플 컴퓨터, 애플Ⅱ 출시
1978	마이크로소프트의 일본법인 ASCII 마이크로소프트 설립 애플, 애플Ⅲ와 리사 프로젝트 시작
1979	마이크로소프트, 시애틀로 이전 애플, 애플Ⅱ+ 출시하고 매킨토시 프로젝트 팀 조직, 최초의 킬러 소프트웨어인 비지캘크 출시 세르게이 브린, 구소련에서 미국으로 이민

1980	IBM, PC 사업 시작 애플, 기업공개. 포드의 기업공개 이후 최대의 자금이 몰림. 애플 III 발표 스티브 발머, 마이크로소프트 합류
1981	IBM, 첫 번째 PC 발표 스티브 잡스, 매킨토시 팀 합류 스티브 워즈니악, 비행기 사고 당함 마이크로소프트, 86-DOS 권리를 사들여 MS-DOS 개발
1982	최초의 IBM PC 호환 클론 제품이 탄생
1983	애플, 리사 컴퓨터 출시 스티브 워즈니악, 애플로 복귀 존 스컬리, 펩시콜라를 떠나 애플 CEO 취임 로터스, 로터스 1-2-3 발표
1984	애플, 애플III 공식적으로 생산 중지. 광고계의 기념비적인 작품 '1984' 상영 IBM, AT 기종 출시 마이크로소프트, MS-DOS 3.0 출시 HP, 잉크젯 프린터 상용화에 성공 마이클 델, 델 컴퓨터 창업
1985	스티브 잡스, 애플 퇴사 마이크로소프트, 윈도 1.0 출시 애플, 어도비의 포스트스크립트 기술을 받아들여 레이저라이터 출시하고 전자출판 시대 개막
1986	존 스컬리, 전자출판과 그래픽 분야에 매진해 애플 흑자 전환 어도비, 매킨토시용 일러스트레이터 발표 스티브 잡스, 조지 루카스로부터 존 래스터 그룹 인수 후 픽사 창업
1987	마이크로소프트, 윈도 2.0 출시
1988	애플, 마이크로소프트 상대로 윈도에 대한 특허침해 소송 제기
1989	워드퍼펙트 5.1 발표 마이크로소프트 오피스 탄생 팀 버너스 리, 웹 구현
1990	어도비, 매킨토시용 포토샵 발표 마이크로소프트, 윈도 3.0 발표

1991	애플, 파워북 발표 스티브 잡스, 로렌과 결혼 리누스 토발즈, 리눅스커널 개발 썬 마이크로시스템스 제임스 고슬링, 자바 프로그래밍 언어 개발 시작
1992	마이크로소프트, 윈도 3.1 발표
1993	마크 앤드리센, 에릭 비나와 함께 모자이크 완성 세르게이 브린, 스탠퍼드 대학원 입학 존 스컬리, 애플 CEO 사임. 애플의 마이클 스핀들러 시대 시작
1994	빌 게이츠, 멜린다와 결혼 마크 앤드리센, 넥스케이프 커뮤니케이션스 창업하고 네비게이터 첫 번째 버전 발표 제리 양과 데이비드 필로, 야후!의 전신 서비스 시작 IBM, OS/2 운영체제 발표
1995	넷스케이프, 기업공개 닷컴 버블 시작 마이크로소프트, 윈도95 발표하고 윈도 95 플러스! 팩에 인터넷 익스플로러 기본 탑재 제리 양과 데이비드 필로, 야후! 창업 세쾨이어 캐피탈, 야후!에 투자 결정 제프 베조스, 아마존 창업 피에르 오미디아르, 이베이 창업 썬 마이크로시스템스, 자바 프로그래밍 언어와 개발도구 공개 래리 페이지, 스탠퍼드 대학원에 입학하고 세르게이 브린과 만남
1996	야후!, 나스닥 상장 IBM, 로터스 도미노 웹 서버 발표 구글, 스탠퍼드 대학교에서 백럽 서비스 시작 애플, 마이클 스핀들러 사임하고 길 아멜리오 CEO 임명. 스티브 잡스의 넥스트 인수
1997	마이크로소프트, IE 4.0 발표하고 핫메일 인수 아마존, 나스닥 상장 애플, 스티브 잡스를 iCEO로 선임

1998	애플, 아이맥 발표 스티브 잡스, 빌 게이츠와 회담하고 협력 약속 마이크로소프트, 윈도 98 발표하고 익스플로러로 브라우저 전쟁에서 승리 넷스케이프, AOL에 매각 이베이, 나스닥 상장 구글, 앤디 벡톨샤임의 자금으로 창업
1999	KPCB와 세쿼이어 캐피탈, 한 회사(구글)에 동시 투자 마이크로소프트, 핫메일 계정을 중심으로 패스포트 시스템 시작하고 MSN 메신저 서비스 시작 에반 윌리엄스, 블로거닷컴 서비스 시작
2000	닷컴 버블 붕괴, 7개월간 나스닥 주가 78퍼센트 하락 야후!, 구글을 공식 검색엔진으로 사용 구글, 전 세계 검색 건수의 40퍼센트 점유 애플, 맥 월드에서 맥 OS X 발표 마이크로소프트, 윈도 2000 출시하고 MSN 메신저 3.0에 인터넷전화 서비스 구현
2001	애플, 맥 월드에서 '디지털 허브'전략 발표하고 아이팟과 애플스토어 발표 마이크로소프트, CES에서 '디지털 라이프스타일' 전략 발표하고 엑스박스와 윈도 XP 발표 구글, 에릭 슈미트를 CEO로 선임
2002	야후!, 검색엔진 잉크토미 인수 구글, 검색광고 애드워즈 발표하고 구글북스 프로젝트 시작 프렌스터, 미국 최초 소셜 웹 서비스 시작
2003	야후!, 구글과 검색엔진 계약 파기 애플, 아이튠즈 뮤직스토어 오픈 마이스페이스 서비스 시작, 음악 커뮤니티 중심으로 큰 인기 구글, 파이라랩스 합병으로 블로거닷컴 서비스 시작
2004	구글, 나스닥 상장 마크 주커버그, 페이스북 창업 에반 윌리엄스, 트위터의 전신이 되는 오데오 창업
2005	미국출판인협회와 작가들, 구글북스 프로젝트에 대한 저작권 침해소송 제기 구글, 구글 지도와 구글 어스 서비스 시작하고 안드로이드 인수 루퍼트 머독의 뉴스코퍼레이션스, 마이스페이스 인수 스티브 첸과 채드 헐리와 자웨드 카림, 유튜브 창업

2006	구글, 유튜브 인수 합병 트위터, 첫 서비스 시작
2007	마이크로소프트, 윈도 비스타 출시하고 페이스북에 투자 애플, 아이폰 발표하고 스마트폰 시장 장악 구글, 더블클릭 인수로 온라인 광고분야 독점적 지위 구축하고 안드로이드 프로젝트 공식 발표 아마존, 킨들 발표
2008	쉐릴 샌드버그, 구글을 떠나 페이스북 COO로 취임
2009	페이스북, 프렌드피드 인수 합병 마이크로소프트, 윈도 7 발표 애플, 아이폰 3GS 발표
2010	구글, 소셜 웹을 위한 인재 영입 애플, 아이패드 출시하고 아이폰 4 발표
2011	애플, 스티브 잡스 사망, 팀 쿡 CEO 등극 IBM 왓슨, 제퍼디!에서 인간 퀴즈왕과 경쟁해 승리 카카오, 카카오톡 모바일 앱 출시
2012	페이스북, 기업공개 딥 러닝, 이미지넷 챌린지에서 에러율 마의 20% 벽 돌파 마이크로소프트, 윈도 8 출시
2013	구글, DNN리서치 인수하고 인공지능에 집중 투자 마이크로소프트, 노키아 인수 소니, 플레이스테이션4 발표 마이크로소프트 엑스박스원 발표
2014	구글, 딥마인드 인수 애플, 왓치 출시 사티아 나델라, 마인크래프트 CEO 취임
2015	구글, 순다 피차이 CEO 취임하고 지주회사 알파벳 설립 아마존, 인공지능 스피커 아마존 에코 출시
2016	딥마인드 알파고, 이세돌 9단과의 대국에서 승리 테슬라 모델 3, 출시 이벤트 후 대규모 계약 넷플릭스와 아마존 프라임 비디오의 급격한 성장

2017	비트코인 등 암호화폐 열풍 아마존, 홀푸드마켓 인수 우버의 급성장과 소프트뱅크의 대규모 투자
2018	애플, 시가총액 1조 달러 돌파 일론 머스크, 테슬라 자동차를 우주로 보냄 페이스북, 대통령선거 스캔들
2019	5G 서비스, 한국에서 시작 페이스북, 오큘러스 퀘스트 발표 한일 반도체 소재 전쟁
2020	코로나19, 디지털 전환 가속화 줌, 실리콘밸리 역사상 가장 빠른 성장 라인, 소프트뱅크 M&A

10주년 기념 스페셜 에디션

거의 모든 IT의 역사

세상을 바꾼 위대한 혁명가들과
새로운 도전자들

정지훈 지음

개정판 1쇄 2020년 11월 30일 발행
개정판 10쇄 2022년 9월 5일 발행

ISBN 979-11-5706-215-7(03300)

만든 사람들

기획편집	한진우
편집도움	강경희
디자인	this-cover.com
마케팅	김성현 김예린
인쇄	천광인쇄사

펴낸이	김현종
펴낸곳	(주)메디치미디어
경영지원	전선정 김유라
등록일	2008년 8월 20일 제300-2008-76호
주소	서울시 중구 중림로7길 4, 3층
전화	02-735-3308
팩스	02-735-3309
이메일	editor@medicimedia.co.kr
페이스북	facebook.com/medicimedia
인스타그램	@medicimedia
홈페이지	www.medicimedia.co.kr

이 책을 읽는 당신이 궁금합니다.

 카메라를 켜고 QR코드를 스캔해 주세요.
담해주시는 분들 중 추첨을 통해
소정의 선물을 드립니다.